잔향의 중국철학

잔향의 중국철학

언어와 정치

나카지마 다카히로 지음
신현승 옮김

글항아리

일러두기

1. 이 책은 다음의 책을 한국어로 옮긴 것이다. 中島隆博, 『殘響の中國哲学—言語と政治』, 東京大學出版會, 2007
2. 지은이 주 외에 한국 독자의 이해를 돕기 위해 옮긴이가 추가한 주에는 '—옮긴이'라고 명기했다.
3. 중국 인명은 몰년을 기준으로 신해혁명(1911) 이전 사람은 우리 한자음, 그 이후는 중국음으로 표기했다. 중국 건국(1949) 이전에 사용된 지명은 우리 한자음, 그 이후의 지명은 중국음으로 표기했다.
4. 옮긴이의 말을 독서 가이드로서 옮긴이 서문으로 실었다.

차례

제2부 기원과 전달

제3부 타자의 목소리

옮긴이 서문

현대사회에서 언론과 권력이 불가분의 관계이자 상호 유착관계라는 점을 부정하는 이는 드물 것이다. 그만큼 언어(말)가 권력을 생산하며 권력이 또한 언어를 수단으로 삼고 있기 때문인지도 모르겠다. 이러한 관계는 현대에서만 두드러진 현상이 아니다. 동서고금을 막론하고 언론과 권력은 서로 밀착하며 끈끈한 유대관계를 형성해왔다. 우리 사회에서도 언론과 권력의 유착이라는 문제는 종종 이슈가 되는 일이 많으며, 이러한 현상은 아직도 그 해결의 실마리를 풀지 못하고 있는 것도 사실이다.

이 책은 이와 같은 낡고도 또한 새로운 난제難題에 대해 중국철학과 서양철학의 역사적 사실들(언어로 기록된 책)을 통해 되묻고 있다. 그 물음의 대상은 중국철학이라는 범주 안에서 이루어지고, 동아시아 권역과 문명·문화를 달리하며 탄생한 서양철학의 범주로까지 확대된다. 즉, 언어와 권력의 관계, 말과 뜻의 관계 등을 물으면서 서양의 정치철학자들에게까지 확대해 난제에 대한 질문을 과감히 던지고 있는 것이다.

이 책의 제목은『잔향의 중국철학 : 언어와 정치殘響の中國哲學 : 言語と政治』다. 여기서 '잔향殘響'이란 실내의 '발음체發音體'에서 내는 소리가 그친 뒤에도 벽이나 천장 등에 반사되어 지속적으로 들려오는 음향을 의미한다. 즉, 한마디로 '뒤울림'이라 할 수 있다.

주로 물리학에서 사용하는 용어로, 음원이 동작을 멈춰 '직접음'을 들을 수 없게 된 뒤에도 주위 물체의 반사로 인해 음이 계속 존재하는 현상이다. 이 '잔존음'을 '잔향음'이라 한다. 또 '직접음'이 없어진 순간부터 잔향음의 에너지가 감쇠할 때까지 걸리는 시간을 '잔향 시간'이라 한다. 이렇게 볼 때 이 책의 원제목은 독특하다.『잔향의 중국철학』, 저자는 중국철학의 '잔향음'을 무엇이라 생각하고 어떻게 듣고 싶었던 것일까. 기존의 중국철학 연구에서 소홀히 다루었던 '잔향음'은 무엇이라는 것일까. 이 책을 열면 그 잔향음이 바로 '언어와 정치'였다는 것을 알 수 있다. 그리고 언어와 정치의 관계가 저자의 귀에 '뒤울림'으로 들렸던 것이다.

그런데 이 책의 일본어 원판 표지에는 다음과 같은 문구가 있다. "중국철학과 서양철학의 교차점에서 무엇이 보이는가. 장자, 주자학, 루쉰魯迅, 포칵, 아렌트, 레비나스 (…) 언어와 정치를 둘러싼 고금의 '사고思考' 속으로 헤치고 들어가 지워 없앤 듯이 사라진 소리聲의 울림을 들어 타자들을 위한 철학의 가능성을 연다. (이 책은) 중국철학을 탈구축脫構築하고자 하는 의도에서 기획되었다."

즉, 동양철학과 서양철학의 역사 속에서 사라진 잔향을 듣고자 하는 것이 저자의 의도이며, 그러한 잔향을 들음으로써 중국철학을 새롭게 '탈구축'하고자 하는 논리다. 다른 한편으로 동서철학의 대화가 가능한지에 대해서도 묻고 있다.

저자가 중국철학의 역사에서 가장 중요하게 생각하는 점은 언어와 정치의 관계성에 관한 물음이다. 저자의 말을 빌리면 언어라는 것은 개개인에게 태어날 때부터 각인되어 있던 것은 아니며, 이 언어는 그 누구에게 있어서도 항상 '타자의 언어'이며, 그것을 몸에 익히고 그 언어의 공동체에 참가하는 일이 선천적으로 요구되고 있다는 사실이다. 따라서 인간과 언어 사이에는 비대칭적인 힘의 관계가 존재하고, 그것을 '폭력'이라고까지 규정한다. 또 이 폭력은 '근원적인' 폭력이며, 이 폭력의 힘이 끊임없이 배후에서 작용한다.

그리고 저자는 중국철학이 그러한 언어의 근원적인 폭력을 길들이고 자신들이 원하는 방향으로 이용했다고 말한다. 즉, 언어를 그 근원으로부터 지배함으로써 언어가 가능해지는 전달의 '공공공간公共空間'을 자신들이 원하는 대로 만들어냈다는 것이다. 저자에게 중국철학은 이처럼 언어를 지배하려는 과정 속에서 언어의 근원적인 상태를 발견하는 것이었고, 또 하나의 상태로서의 언어가 발한 중국철학의 잔향을 듣고자 했던 것이다. 이 잔향의 배후에 존재하는 키워드는 언어와 정치이며 이 책의 전체를 관통하는 시선도 언어와 정치의 관계성에 놓여 있다.

책의 전체 구성을 보면 저자가 왜 중국철학의 역사에서 언어와 정치의 관계성에 집착했는지를 알 수 있다.

제1부 '언어와 지배'는 언어에 관한 고대 중국의 철학 논쟁이다. 제1장에서는 『순자荀子』의 언어철학이라 할 수 있는 '정명正名'을 다루면서 올바른 언어 아래에서의 정치적인 다스림治의 실현을 논하고 있다.

제2장에서는 언어의 타성他性에 대한 공포와 그 봉인의 욕망이 하나의 정점을 맞이한, 육조시대六朝時代의 '언진의言盡意 · 언부진의言不盡意'를 둘러싼 논쟁을

다룬다. 왕필王弼의 '망각된 언어'가 등장하고, 그것의 정치적 귀결이라는 문제에까지 소급한다.

제3장은 『장자莊子』가 등장하고 왕필의 철학적인 태도에 의해 소멸되어 버린 『장자』를 다시 읽어내는 작업이다.

제4장에서는 서양의 정치철학자 J. G. A 포칵Pocock의 논의를 단서로 삼아 고대 중국에서 언어론의 정치적인 의미를 탐구하고 있다.

제2부 '기원과 전달'은 중국문학과 형이상학에 관한 논의다. 즉 육조에서 근대에 이르기까지 중국 문학이론과 그것을 지탱한 형이상학에 관한 문제를 다루고 있다.

먼저 제5장에서는 중국문학사에서 중요한 위치를 점하는 유협劉勰의 『문심조룡文心雕龍』이 문제시되고, 『시경』과 『초사楚辭』에 관한 논의를 진행한다.

제6장부터는 중국 고대와 중세 시대를 마감하고 새로운 학풍의 학지學知가 등장하는데, 여기서는 신유학新儒學의 시원이라 할 수 있는 한유韓愈의 '고문古文'이 언급되고 '자기발출自己發出'의 형이상학이 언어론과 함께 등장한다. 저자는 이 형이상학을 계승해 전개한 이가 주희朱熹라고 말하면서 그의 사상을 논의한다.

제7장은 근대 중국에서 고문에 대항해 '백화白話'를 주장한 후스胡適에 관한 논의가 중심을 이룬다. 즉, 후스의 백화문은 옛 고문의 이상을 재현한 것이며, 후스의 경우에 자기발출의 형이상학이 역사에 대한 '자각自覺'의 철학으로서 반복되었다고 한다.

제3부 '타자의 목소리'에서는 언어의 지배와 특정한 공동체를 형성하는 정치에 저항해 타자에게 목소리를 돌려줄 가능성을 묻고 있다.

제8장에서는 복수의 평등한 타자가 목소리를 교환하는 '공공공간'을 재구

성하고자 했던 한나 아렌트Hannah Arendt의 정치철학을 논의한다.

제9장은 에마뉘엘 레비나스Emmanuel Levinas의 정치철학에 관한 논의로서, 레비나스의 윤리와 정치의 문제에 관해 다루고 있다.

제10장은 이 책의 마지막 장으로, 다시금 중국으로 돌아가 루쉰의 언어론과 문학론을 언급하고 그의 종말론적 사고를 레비나스의 '말하는 것'과 '메시아적 평화'에 중첩시키면서 논의를 전개한다.

이상이 이 책의 구성 체계인데, 저자는 제1장부터 제10장까지 동서양 철학의 경계를 넘나들며 논의를 전개하고 언어와 정치의 관계라는 키워드를 설정하면서 동서양 철학의 잔향에 귀를 기울이고자 했다. 어쩌면 기존의 중국철학사와는 이질적인 저자의 이런 논의가 국내 독자들에게는 조금 낯설게 느껴질지도 모르겠다. 하지만 분명한 점은 저자의 의도처럼 중국철학의 역사에는 우리가 발견하지 못한 '잔향'이 확실히 있다는 것이다. 독자가 그러한 중국철학의 잔향을 이 책을 통해 듣게 된다면 옮긴이로서는 더할 나위 없는 기쁨이 될 것이다.

끝으로 이 책이 세상에 나오기까지 애써주신 분들의 고귀한 존함을 언급하지 않으면 안 될 것 같다. 옮긴이가 학문이라는 길을 걷는 기나긴 도상에서 근원적 뿌리이자 고향이 되어주고 있는 강원대학교 철학과와 지금 재직하고 있는 상지대학교 교양과의 모든 교수님께 감사의 말씀을 드린다.

2015년 3월 어느 날
톈진天津과 도쿄東京를 회상하며
옮긴이 신현승

프롤로그

"중국에 철학은 없다."

이 언명은 근대에 중국철학이라는 '학學'이 탄생한 그 순간부터 던져진 피상적인 축복이었다. 그리고 이에 응답하는 방식에는 크게 두 가지 전형이 있었다. 하나는 유럽 근대의 범형적範型的(패러다임)인 철학에 준한 '중국적 철학'이 존재한다는 것이다. 그리고 또 하나는 철학이 보편적인 철학인 경우에 중국에서도 철학적 영위가 가능하다는, 즉 '중국의 철학'이 존재한다는 것이다. 이두 가지 반응 가운데 어느 쪽에서도 의심받지 않았던 것은 '철학'이라는 개념이었다.

바로 '근대'라는 개념이 그러했던 것처럼 일단 철학이 등장하자마자 '동양'이라고 표상된 지역에 존재했던 학문은 '전철학前哲學' 또는 '비철학非哲學'으로 정의되었다. "중국에 철학은 없다"고 서술된 연유가 바로 이것이다. 그 상태에서 중국적인 '준철학準哲學'(사상이라고도 불리는)이나 중국에서의 철학(특히 논리학)

이 '발견'되었던 것이지만, 이와 같이 철학을 중국 속에서 찾아내는 영위 그 자체는 철학적이었다. 왜냐하면 철학이 그 내용에서 어떤 종류의 '지知'를 논하는 바람직한 상태인 경우에 철학과 그 타자他者를 구분할 수 있는 방법적인 패러다임이었기 때문이다. 중국철학은 그 패러다임으로서의 철학을 탄생시키고 그것을 몸에 걸치고 실천하는 것에서 성립된 철학적인 영위였다.

그러했기 때문에 처음부터 중국철학에는 비대칭적이며 모순으로 가득한 과잉이 항상 떠나지 않았다. 그것은 스스로를 '철학의 타자'로서 정의한 상태에서 철학적 내용을 거기에서 발견하고자 하는 철학적 실천에 다름 아니었기 때문이다. 중국철학은 철학적인 것이라고 말하면 말할수록 철학이 되지 못했다.

그렇다고는 하지만, 중요한 점은 근대가 낳은 중국철학이라는 학學의 괴물스러운 모습을 지탄하는 것은 아니다. 오히려 필자 자신은 그 '키메라 Chimera'[1]적인 모습에 깊은 애착을 느낄 정도다. 그런데 여기서 생각하고 싶은 것은 중국철학이라는 과잉에 의해 중국이나 철학이라고 하는 개념이 물음에 부쳐지는 일도 없이 어떤 특정 방식 그대로 보존돼 버렸던 것은 아닐까라는 점이다. 달리 표현하자면 패러다임으로서의 철학이 지닌 패권적인 힘에 충실한 나머지, 철학이 가진 또 하나의 다른 힘, 즉 전제前提로부터 의심하고 스스로가 의거한 기초에 대해 비판하는 힘을 간과하고 있는 것은 아닐까라는 것이다.

정말 패러다임으로서의 철학으로 일단 파악되면 그 밖으로 나가는 일은 결코 쉽지는 않을 것이다. 그중에서도 스스로를 '철학의 타자'로 정의를 내린 자에게는 한층 더 곤란한 문제가 될 것이다. 왜냐하면 패러다임으로서의 철학을 몸에 걸치고 철학적인 것을 실천하는 중국철학에서 '철학의 타자로서의 중국은 이미 완전한 타자가 아니라, 철학과 서로 밀접하게 통한 '내부의 타자'가 돼 버리기 때문이다. 즉, 중국철학에서 중국은 철학에 의해 보호된 타자로 바뀐 것이다. 이것은 스스로 내부를 향해 들어간 오리엔탈리즘의 구조 그 자체다.

이 구조를 파괴하는 데 필요한 것은 그것을 보호하는 (또는 무시하는) 철학의 시선으로부터 중국을 해방시키고 중국을 비판 가능한 타자로서 존중하는 일이다.

그러기 위해서는 중국철학에서 상정된 철학의 내용(준철학이든 순수철학이든)을 다시 묻는 일과 동시에 중국철학에 덧씌워진 '철학적인 의식'을 되풀이해 의심하지 않으면 안 된다. 따라서 중국철학은 근대철학·현대철학에 대한 비판과 함께 사고해야 하고, 역으로 근대철학·현대철학은 중국철학에 대한 비판을 통해 문제를 풀어나가야 한다.

이것이 '중국철학의 탈구축脫構築'이라는 언설 아래 이 책에서 시도하고자 하는 작업의 핵심이다. 그것은 중국철학이라는 극도의 긴장을 통해 중국과 철학을 각각 뒤흔들어 그 공범共犯 관계를 캐묻는 일에 의해 한편으로는 철학의 패러다임 그 자체의 한계를 별도의 방식으로 획정해 그 외부로 이르는 또하나의 출구를 찾아내는 일, 그리고 다른 한편으로는 철학에서 형편이 좋은 타자라는 위치로부터 중국을 해방시키고 그것을 비판이 필요한 '철학의 중국'으로 해독하면서 그것으로 '철학화哲學化'되는 것이 뜻대로 되지 않을 가능성을 찾아내는 일이다. 요컨대 '중국철학의 탈구축'이란 중국과 철학의 어느 쪽에서도 아직 듣지 못한 타자의 목소리를 듣는 토포스topos(늘 사용되는 주제, 개념, 표현)를 개척하는 일이다.

한편 이 책에서 구체적으로 논의하는 것은 언어와 정치라는 문제영역이다.

중국철학의 역사에서 언어와 정치는 가장 중요한 물음의 초점으로 지속돼 왔다. 그 기원을 더듬는 일이 권리상이나 사실상으로 곤란함에도 불구하고 우리는 어떤 특정한 언어를 화제로 삼아 생각을 서로 전하고 있다. 그때 그 특정한 언어가 개개인에게 태어날 때부터 각인되어 있었던 것은 아니다. 언어는 누구에게나 항상 타자의 언어이므로 우리는 그것을 몸에 익혀 그 언어의 공동체에 참가해야 한다. 우리와 언어 사이에는 비대칭적인 힘의 관계가 있다. 그것을 폭력이라고 말할 수도 있을 것이다. 하지만 그 폭력은 '근원적인' 폭력이다. 왜냐하면 그 힘의 존재는 우리가 언어를 획득한 후부터 소행적遡行的(거슬러 올라감)으로밖에 발견되지 않는 것이기 때문이다. 그 힘은 끊임없이 배후에서 작용하고 있다.

그런데 중국철학은 그러한 언어의 근원적인 폭력을 어떻게 해서든지 길들여서 원하는 방향으로 이용하려고 했다. 즉, 언어를 그 근원으로부터 지배함으로써 언어가 가능해지는 전달의 공공공간公共空間을 뜻하는 바대로 만들어 내려고 했던 것이다. 여기서 등장한 것이 각종의 언어기원론과 공동체론이었다.

그렇지만 언어는 결코 별도의 폭력으로서의 정치에 포섭된 상태를 유지하지 못하는 것이기도 하다. 근원적인 폭력으로서의 언어는 특정의 정치와 윤리를 비판하는 조건이기도 하며, 또한 타자와의 관계를 별도의 방식으로 이룩하는 것이기도 하기 때문이다. 중국철학은 언어를 지배하려고 하는 프로세스 속에서 이러한 언어의 근원적인 상태(모습)와 조우하고, 그 또 하나의 상태로서의 언어가 발한 잔향殘響(남아 있는 소리)을 들었던 것이다.

이와 같은 언어와 정치의 관계를 응시하면서 이 책의 서문에서는 중국에서 그 탄생의 순간부터 문자가 '귀鬼(망령, 유령)'와 깊게 연결된 관계에 있던 상황에서부터 논술을 시작한다. 문자는 귀신鬼을 타파하는 것이지만, 그와 동시에 문자야말로 귀신을 산출하는 것이다. 이 더블 바인드double Bind(이중구속 혹은 이중속박)를 피하면서 어떻게 하면 사람을 귀신이 되는 일로부터 구할 것인가. 이것이 이 책을 관통하는 물음이다.

제1부 '언어와 지배'에서는 고대 중국에서 논의된 언어에 관한 철학논쟁을 문제 삼는다.

제1장에서는 선진先秦 시기 『순자荀子』의 언어론인 '정명正名'을 다룬다. 정명이란 언어를 올바르게 하여 그 올바른 언어 아래에서 정치적인 다스림治을 실현하고자 하는 생각이다. 『순자』가 중요한 것은 정명을 기초할 때 '기호의 자의성'을 상정한 상태에서 '약約(사회적 약정)'에 의한 명분의 제정을 논했기 때문이다. 그것은 본질적으로 환원할 수 없는 작위의 차원을 개척했다고 해도 좋을 것이다. 그렇다면 언어는 끊임없이 다시 만들어지고 다시금 약정되는 일이 원리적으로 허용되는 셈이다. 그런데 『순자』는 언어를 끝까지 지배하고자 한다. 아니 좀더 정확히 말하면, 최종적으로는 언어를 떨쳐버리려고까지 한다. 왜냐하면 특정의 '정명'이 충분히 기능하는 공동체에서 자신의 의도가 타인에게 올바르게 전달된다면 전달을 위한 도구인 언어는 오히려 불필요하기 때문이다. 여기에는 언어가 다른 방식으로 기능하는 것에 대한 두려움과 그것을 어떻게 하든 봉인하고 싶어하는 욕망이 있다.

제2장에서는 이러한 언어의 타성에 대한 두려움과 그 봉인의 욕망이 하나의 정점을 맞이한, 육조시대의 '언진의言盡意'와 '언부진의言不盡意'를 둘러싼 논쟁을 다룬다. 어느 쪽의 입장에 서든 '말言은 뜻意을 다할 수 있는가'라는 물음

에 대해 철학적인 짐을 부여받은 언어가 제기된다. 그중에서도 왕필王弼이 말하는 '망각된 언어'는 결정적이다. 그것은 언어의 타성을 사전에 환원해 뜻을 순수하게 표현해버리는 언어이기 때문이다. 그 '망각된 언어'가 관철하는 세계는 모두가 '하나一'로 결집된 세계다. 왕필은 '무명無名'이라는 도가적 사고에 호소하면서 언어를 사전에 망각하는 것으로써 유가의 『순자』와 똑같이 정치적 귀결에 도달한다.

제3장에서는 왕필이 참조한 『장자莊子』로 되돌아가 왕필의 철학적 태도에 의해 소멸돼버린 『장자』의 가능성을 다시 한번 읽는다. 『장자』에는 한편으로 구어口語(음성언어)의 선양과 문장어의 폄시貶視라는 언어의 타성에 대한 두려움이 확실히 존재한다. 그렇지만 다른 한편으로 왕필과는 달리 『장자』에는 아이로니컬하게도 '언어의 망각'이 불가능하다는 것을 나타내는 언급이 있다. 그것은 『장자』에는 언어에 대한 근원적 신뢰가 잠복해 있기 때문이다. 즉, 『장자』는 인간의 소리와 함께 바람소리나 나무들의 웅성거리는 소리 등 울려 퍼지는 오랄리테oralité(이하 오럴리티로 통칭)[2]의 차원을 인정하고 있었던 것이다.

제4장에서는 J. G. A 포칵Pocok의 논의를 안내의 실마리로 삼으면서 유가의 '정명'과 도가의 '무명'에 관한 논의를 묵가墨家와 법가法家를 포함해 확대하고, 고대 중국에서의 언어론이 가진 정치적 의미를 탐구한다. 의례儀禮라는 비언어적 수단과 법 혹은 언어라는 두 가지 수단의 조합에서 유가는 법보다도 의례를, 묵가는 의례보다도 언어를 존중했다. 그러나 이미 밝혀진 바와 같이 의례를 중시하는 유가는 '정명'이라는 언어를 도입하지 않을 수 없었다. 그 한편에서 묵가는 언어로 호소할 때에 언어의 반박 가능성을 억누르기 위해 '상위자와의 동의同意'라는 단계를 도입해 그것을 위로 계속해서 겹겹이 쌓아 올라간다. 그런데 그 종말에 하늘天이라는 최종 심급審級을 이끌어냄으로써 오

히려 유가 이상으로 비언어적인 권위의 원천에 호소해버렸다. 이러한 유가와 묵가에 비해 도가는 의례와 함께 언어도 거부한다. 하지만 거기에서 상정된 사회는 사람들이 '무지무욕無知無欲'에 놓이고, 성인聖人이 무제한으로 권력을 휘두르는 공동체에 지나지 않는다.

그렇다면 법에 호소하는 법가는 어떠할까. 그것은 또 한 번 언어를 다시금 긍정한다. 다만 그것은 부동의不同意를 해소하기 위함이 아니라, '부동의'를 유지함으로써 그것을 부분적으로 해소해주는 권력자를 사람들이 끊임없이 원하도록 만들기 위함이었다. 포칵은 여기서 순자로 되돌아간다. 그것은 언어와 함께 의례를 다시 한번 도입하는 언설이었기 때문이다. 다시 말해 의례와 언어는 동일한 평면에 있고, 양자 모두 사회를 가능하게 해주는 구별의 원리다. 따라서 '정명'을 확립하면 모든 것이 적절하게 구별된 장소에 놓이기 때문에 의례도 관철된다. 여기서 필요한 것은 '정명'의 효과를 어지럽히는 듯한 언어의 타성을 제거하는 일이다. 문제의 관심은 다시 제1장으로 돌아간다. 즉, 하늘에도 호소하지 않고 형벌에도 호소하지 않으며 '정명'도 '무명'도 아닌 방식으로 언어를 존중하고, 사람들에게 언어를 돌려주기 위해서는 어떻게 하면 좋을까.

제2부 '기원과 전달'에서는 육조시대에서 근대에 이르는 중국의 문학이론과 그것을 지탱한 형이상학에 관해 고찰한다.

제5장에서는 중국의 문학이론 가운데 하나의 정점을 이루는 유협劉勰의 『문심조룡文心雕龍』에 대해 논의한다. 유협의 생각 속에서 주목하고 싶은 것은 언어의 타성을 단지 부정하는 것이 아니라, 그것을 '기器'로서 받아들이고 시문詩文의 장식성과 고유성을 동시에 풍부하게 하려고 했던 점이다. 여기서 유협은 기원이자 근원이다. '정正'의 원리로서의 『시경』에 대해 또 다른 문학작품

인 『초사楚辭』를 '기'의 원리로서 배치해 적절한 '기'를 받아들이고, 역으로 『초사』를 초과할 정도의 '기'의 과잉은 배제한다. 수사기법의 측면에서 말한다면 '비比의 명유明喻'보다는 '흥興의 은유隱喻'를 중시한다. 이렇게 말하는 것은 전자는 쉽게 과잉된 수식에 빠져 장식성과 고유성의 조화를 어지럽히는 데 비해 후자는 스스로를 '숨기는=망각하는' 것으로 조화를 완성하기 때문이다. 그렇다고는 하지만 '기'는 이러한 조화적인 '정正'에 그대로 회수되지는 않는다. 그것은 『문심조룡』이 정하는 규정을 초월해 새로운 시문을 지속적으로 산출해 온 것이다.

제6장에서는 우선 한유韓愈의 '고문古文'의 의론에 관해 언급한다. 그것은 『문심조룡』으로 대표되는 육조 시기의 시문을 비판하는 개념이고, 언어의 기원에 '자기自己'를 이끌어낸 것이다. 즉, 고문은 '자기'라는 기원으로부터 발출하는 오리지널 언어이며, 아무것도 모방하지 않고 순수하게 '도道'를 표현한다. 여기서 처음으로 '자기발출自己發出'의 형이상학이 언어론과 함께 등장한다. 이 형이상학을 계승해 전개한 이가 바로 주희朱熹다. 그 자기발출='자自-발發'의 형이상학은 '성의誠意'(뜻을 '자기충실'화 하는 일)에 의해 세계의 의미를 모두 내재적으로 명확히 하고자 한다. 그러나 그 '성의'에 성공한 것을 어떻게 타인에게 전달하면 좋을 것인가.

여기서 주희는 '격물치지格物致知'라는 개념에 호소한다. 그것은 외부성에 다시금 호소해 마음心이라는 내부의 자기충실을 외부에 있는 사물·물사物事의 '이치理'를 궁구하는 일로써 보증하려는 것이다. 이렇게 외부로 우회한 뒤, 주희는 '스스로를 새롭게 하는自新 백성民'이라는 이상적 타인을 이끌어내어 한층 더 확실하게 전달한다. 그리고 최종적으로는 '자-발'의 형이상학에 근거해 자기계몽에 의한 구제를 거부하는 타자는 존재하지 않는다. 한유는 애당초 불교도佛教徒를 '언어가 통하지 않는다'고 하여 잘라버렸고, 마찬가지로 주희는 소인小人을 배제했다. 자기발출의 형이상학에는 인간을 분할해 특정의 '우리'를 공동체로 하는 정치가 기능하고 있었던 것이다.

제7장에서는 고문과 자기발출의 형이상학이 그 후에도 중국의 언어론에 그 대로 덧씌워진 상태였다는 것을 고찰한다. 근대 중국에서 고문에 대항해 '백화白話'를 주장한 후스胡適의 의론이 구체적인 고찰 대상이다. 후스의 백화문은 단순한 언문일치의 구어문이 아니라 옛 고문의 이상을 재현한 것이었다. 또 자기발출의 형이상학도 후스에게는 역사에 관한 '자각自覺'의 철학으로서 반복되었다.

근대 중국에서 철학을 도입해 '중국철학'이라는 개념을 발명한 후스에게 중국과 철학을 결합하는 열쇠는 바로 '자각'이었다. 후스에게 철학은 내적인 로고스의 역사를 자각하는 일이고, 그것을 중국의 역사 속에서 찾아내는 일이 중국철학이었던 것이다. 따라서 중국철학은 필연적으로 중국철학사다. 그리고 그 중국철학사의 최종 단계에 가장 자각적인 철학으로서 존재한 것이 후스의 '중국철학사'였다. 그러나 그것도 또한 역사의 자각을 원리에 고정시키지 않은 자나 자각의 역사로서의 중국에 속하지 않은 자를 배제하는 것에 의해서만 성립한다. 중국철학을 탈구축하는 일은 그러한 타자들을 위한 토포스topos를 개척하는 일에 다름 아니다.

제3부 '타자의 목소리'에서는 이제까지 살펴본 언어를 지배하는 일과 특정한 '우리'의 공동체를 만들어내는 정치에 저항해 타자에게 목소리를 돌려줄 가능성을 모색한다.

제8장에서는 '형이상학과 철학의 무장해제'를 행하고 복수의 평등한 타자가 목소리를 교환하는 공공공간을 다시 한번 구성하고자 했던 한나 아렌트

Hannah Arendt의 정치철학을 다룬다. 아렌트는 공공공간을 파괴하는 '악惡의 진부함'에 저항하기 위해 판단력을 정치적 능력으로 이끌어낸다. 그러나 그 의론 속에도 복수성複數性을 제한해 어떤 종류의 사람들을 전달의 공동체로 부터 배제해버리는 공포가 잠복해 있다. 그것을 피하기 위해서는 판단을 앞 지르지 않고 시간을 내주는 일이 불가결하다.

제9장에서는 아렌트와 동시대의 사상가인 에마뉘엘 레비나스Emmanuel Levinas에 대해 논의한다. 레비나스는 바로 '타자를 위해'라는 논리의 차원을 개척해 '나'의 무한한 책임을 논했다. 그런데 그 레비나스의 의론 속에도 타자 를 구별하는 정치, 나의 책임을 완화하는 정치가 있다. 그 구조를 타파하는 것은 극히 곤란하지만, 그럼에도 불구하고 타자에게 정의를 돌려준다고 하면 타자를 감축하는 윤리와 정치의 아말감amalgam³을 지속적으로 묻지 않으면 안 된다. 그것은 타자와 함께 있는 별도의 공간(어쩌면 약함의 공간)을 개척하 는 일이고, 정합적인 빛의 언어에 회수되는 일이 없는 중얼거림이나 말의 우 물거림에 귀를 기울이는 영혼 본연의 상태를 발견하는 일일 것이다.

제10장에서는 다시 중국으로 돌아가 그러한 약함의 공간과 귀 기울이는 방 법에 관해 생각한다. 그 가능성을 위해 루쉰魯迅의 언어론·문학론과 종말론 적 사고를 레비나스의 '말하는 것'과 '메시아적 평화'에 중첩시키면서 극한까 지 밀고 나가려고 한다. 그리고 '모성母性'이라는 정신 본연의 상태가 '번역'을 통해 틈사이로 엿보이는 것을 제시한다. 번역이야말로 타자의 언어를 껴안으 면서 그것을 몇 번인가 다시 이야기하는 기회이고, 아직 듣지 못한 타자의 목 소리를 듣는 토포스 그 자체다.

*

위의 내용을 통해 이 책을 『잔향의 중국철학: 언어와 정치』라고 이름 붙인 이유도 쉽게 알 수 있을 것이다. 그것은 교착하는 두 가지 생각에서 비롯했다.

하나는 중국철학이라는, 곧 근대가 탄생한 순간부터 철학으로서의 자격이 의심되어 현재의 일본에서는 이미 그 운명이 다한 것처럼 보이는 '키메라'적인 학學에 대한 애착이다. '잔향'으로밖에 존재하지 않는 듯한 중국철학이라하더라도, 그렇기 때문에 더더욱 잔향 속에 그대로 내버려둔 채여서는 안 된다. 잔향 속에 남겨두는 일이 그 자체로 철학의 정치적인 태도와 다름이 없기 때문이다.

또 하나는 그 중국철학이 언어의 지배라는 정치를 꿈꾸는 일에 의해 아직 듣지 못한 타자의 목소리인 '약한 목소리'가 감쪽같이 지워진 일에 대한 경계다. 중국철학은 결코 소박한 것이 아니다. 그 철학적인 문제 계열의 하나인 전달 가능성을 보증하는 공공공간에서 '약한 목소리'는 사전에 배제되었다. 그 배제의 구조에 물음을 제기하면서 어떤 방법으로 약한 목소리에 귀 기울일 것인가를 묻지 않으면 안 된다. 그것은 중국철학 속에 있는 미세한 잔향을 청취하는 일이다.

잔향 속의 중국철학과 중국철학에서의 잔향. 우리는 두 귀로 각각의 소리를 청취하지 않으면 안 된다. 들으려 하고 있는 것은 귀의 체제를 변경하는 일로서 처음으로 들려오는 잔향이다. 그 잔향에서 처음으로 중국철학은 마이너리티minority(소수자)를 위한 마이너리티 철학으로 변모하는 것이다.

문자의 탄생─밤에 우는 귀신

언어에 대해 사고思考한다.

써놓고 보면 아주 당연한 것처럼 보이는 이 명제는 그러나 끊임없이 사람을 불안감에 빠지게 한다. 그 까닭은 언어야말로 사고를 가능하게 해주는 근거인데도 그것을 사고하려고 하기 때문이다. 사고에 선행하는 언어라는 가능성의 조건을 어떻게 다루면 좋을까. 이것은 뭔가 부적절하며 권위적인 행위가 아닐까. 어떤 사람의 마음을 숨김없이 드러내게 하기 위해 심장을 도려내면 그 사람이 죽게 되는 것처럼, 언어에 대해서도 그리고 사고에 대해서도 언어에 관해 사고하는 것은 그 방식으로는 결정적인 타격을 줄 수가 없다.

아마도 언어에 비밀 같은 것은 없을 것이다. 왜냐하면 언어가 바로 비밀이기 때문이다. 하지만 비밀을 만들고 그것을 욕망하게 만드는 유혹이 언어에는 있다. 왜 언어가 있는 것일까, 왜 언어를 통해 전달이 행해지는 것일까, 그리고 어떻게 사람은 언어로 사고하는 것일까라는 유혹이다.

현명하다면 이런 물음의 유혹에 귀를 막을 것이다. 이러한 물음과 그에 대한 회답이 만들어내는 문제 계열은 종종 언어를 이용하고 사고를 유도해 적절함이나 타당성으로 이루어진 규범을 강화하는 데 도달해 버렸기 때문이다. 그것은 비밀을, 이러한 규범을 동요시키는 터무니없는 외부로서가 아니라, 이러한 규범을 확실한 것으로 하는 큰 근거로 만들어낸다. 그렇지만 비밀의 유혹에 대해 현명함으로 귀를 막는 것도 아니라, 또한 비밀을 근거로 만들어 이익을 올리는 것도 아니라, 언어라는 비밀에 기대어 따를 수는 없는 것일까. 언어에 대해 사고한다는 과잉을 통해 어떤 종류의 환희를 불러일으킬 수는 없는 것일까.

에마뉘엘 레비나스가 말한 바와 같이 "영혼(귀신)은 한 줌의 광기다"(『존재와 다르게: 본질의 저편』)라고 한다면, 그 환희란 바로 영혼 혹은 마음이라는 광기에 접하고, 마음을 주고 마음을 받아들이는 일이다. 그것은 있을 리도 없는 덧없는 영원의 순간인 것이다. 또 심장을 도려내는 이상으로 불온한 행위이기도 할 것이다. 하지만 언어라는 비밀의 가장 분명한 모습은 이와 같이 자연에 반한 차원으로 등장할 수밖에 없는 것이다.

중국의 고사故事에 따르면, 태고의 황제黃帝 시절에 창힐蒼頡[1]이 문자를 만들자 하늘天이 곡식을 비처럼 뿌리고 귀신이 밤에 울었다고 한다(『회남자淮南子』「본경훈本經訓」). 그 창힐은 네 개의 눈을 갖고 한편으로는 천상天象[2]을 보고, 다른 한편으로는 새의 발자국이나 귀갑龜甲(거북의 등딱지)의 모양을 보면서 그것들을 모방해 서자書字의 형태를 제정했다. 후한後漢의 고유高誘는 이 대목에 다음과 같은 주석을 달았다. 문자를 만든 일로 인해 사위詐僞(거짓됨과 속임수)가 싹틈에 사람들은 전답을 경작하는 일을 그만두고, 얼마 안 되는 이익을 얻고자 했다. 그 때문에 굶주림에 고통스럽게 되어 하늘이 속粟(곡식)을 내렸다. 또 귀신(망령, 유령)은 문자에 의해 질책 받는 것을 두려워해 밤에 곡을 했다. 즉, 글말(문장어)인 문자는 사람들 사이에서 허위를 양산해 굶주림으로 이끈 것과 함께 귀신을 질책하는 견책의 도구이기도 했다고 서술한 것이다.

그러나 이것은 어떤 일일까. 문자가 인간을 '진실의 지혜'로부터 멀리 떼어 놓는다는 것은 플라톤의 『파이드로스Phaedrus』에 기록된 고대 이집트 발명의 신 토트Thoth의 이야기에도 보이는 말이다. 구어(음성언어)가 아닌 문장어로서의 문자는 지금 여기라는 제약을 피하는 일로 의미의 충실한 현전現前(바로 눈앞에 있는 것)이 아니라는 점, 즉 허위를 도입해버린다. 그렇다면 문자에 의해 허위가 초래된다고 한 고유高誘의 전반 부분에 대한 해석은 어느 정도의 일반적 타당성이 있다고 해도 좋을 것이다.

그렇다면 후반 부분은 어떻게 해석해야 할까. 도대체 왜 문자 때문에 귀신이 밤에 울게 되었던 것일까. 이와 관련해서는 흥미진진한 해석이 있다. 시대를 조금 내려와 당唐의 장언원張彦遠은 『역대명화기歷代名畫記』의 서두에서 회화의 기원을 논하면서 다음과 같이 말했다.

창힐은 네 개의 눈이 있어 우러러 천상天象을 보았다. 그리고 새의 발자국이나 거북의 등딱지의 모양을 본떠서 마침내 서자書字의 형태를 제정했다. 그러자 조화(조물주)는 그 비밀을 숨길 수 없게 되었고 하늘은 곡식을 내렸다. 영괴靈怪는 그 모습을 감출 수 없게 되어 귀신이 밤에 울었다. 이때 글자와 그림은 동체이고, 아직 나누어져 있지 않았다. 형상에 의한 표현은 막 만들어진 채였고 아직 간략한 것이었다. 뜻(말하고 싶은 것)을 전달하는 것이 없었기 때문에 글자가 등장했다. 형상을 표현하는 것이 없었기 때문에 그림이 등장했다. (여기서 말하는 뜻이나 형상은) 천지·성인의 뜻이다.

장언원, 『역대명화기』, 「그림의 원류를 서술한다」,
나가히로 도시오長廣敏雄『역대명화기』1, 4~5쪽[3]

　즉, 장언원은 문자 발명의 의의를 허위를 가져오는 것으로서가 아니라, 그것에 의해 조화가 그 비밀을 숨길 수 없게 되었던 일로 보았다. 글쓰기(écriture, 혹은 서법)의 예술인 서화書畫의 기초를 세우고자 했던 장언원에게 '상象(형상)'이라 불리는 최초의 특권적인 문장어는 자연을 모방해 만들어진 것이었지만, 그것은 자연의 비밀을 움켜쥐는 장치이기도 했다. 바꿔 말하면 자연은 문화(문자, 서화)의 기원이지만, 그 문화에 의해 자연이 '문자화'되고 스스로의 비밀을 드러내는 것이다. 이 연장선상에서 귀신이 밤에 우는 이유도 설명된다. 즉, 문자는 또 하나의 비밀인 귀신을 붙잡고 그 모습을 백일하에 드러내는 것이다.[4]

　그렇다면 문자와 귀신은 문자의 출현 이래 적대관계에 있는 것일까. 여기서 문자와 귀신의 관계를 지속적으로 생각했던 루쉰魯迅을 언급해보자. 마루오 쓰네키丸尾常喜에 의하면 루쉰의 『아큐정전阿Q正傳』은 바로 '아큐阿Q＝아귀阿鬼'라는 귀신에 관한 소설이다. 앞에서 말한 창힐의 고사를 염두에 두면서 마루오는 거기에다 '문자와 귀신鬼의 역사적 숙원宿怨'(마루오 쓰네키『루쉰 : 「인」 「귀」의 갈등魯迅 : 「人」 「鬼」の葛藤』, 207쪽)을 인정하고, "'아큐＝아귀'설에 입각하면, 아큐가 붓을 들자 '귀신이 사방으로 흩어지듯魂飛魄散' 일정한 방향으로 움직이게 된 것은 움직이기 어려운 역사적 인연이었던 것이다"(같은 책, 196쪽)라고 서술했다. 즉, 루쉰은 문자에 의해 귀신을 타파하고자 했던 것이다.

　그렇다고는 하지만 문자와 귀신은 그저 단순히 적대하는 것도 아니다. 루쉰이 타파하고자 했던 귀신은 '인간이 인간을 잡아먹는'(『광인일기狂人日記』)다고 하는 중국 구사회 그 자체였다. 그 악귀는 문자의 권화權化[5]로서의 예교에 의해 재생산된 것이다. 그렇게 귀신은 문자 속에서만 머무는 것이다. 그렇다면 귀신이 된 '국민의 혼魂'을 구제하기 위해서는 문자에 호소해야 하고, 동시에 문자에 호소해서는 안 된다는 논리가 성립한다.

여기서 루쉰은 문자를 두 가지로 나누었다. 바로 고문古文과 백화문白話文이다. 그 지독한 까다로움으로 인해 전달을 거부하고 '마음의 소리心聲'(「마라시력설摩羅詩力說」, 「파악성론破惡聲論」)를 잃어버리게 하는 고문을 단호하게 배척하고, '진정한 소리'이자 전달이 용이한 '살아 있는 구어'인 백화문을 사용하지 않으면 안 된다(「소리 없는 중국無聲的中國」). 하지만 다시 주의를 기울여보자. 이 백화문도 문장이라는 것을 피할 수 없는 이상, 즉 '소리聲'가 없어지게 되어도 무언가를 전달해버리는 이상, 그것도 또한 별도의 고문이 되고, 다시 귀신을 만들어낼 위험이 있다. 그것을 방지하기 위해서는 백화문이 '빨리 썩는(노쇠하는)' 것이 아니면 안 된다. 이것이 『아큐정전』의 서두에서 전달의 문제를 언급하면서 아큐=썩어야 할 귀신의 '전傳'은 '불후不朽의 문장'이 아니라, '속후速朽[6]의 문장'으로 쓰여야 한다고 루쉰이 서술한 연유다.

이렇게 중국의 역사를 얼마쯤 활짝 펴서 읽어보는 것만으로도 문자가 유령적인 것과 복잡하게 서로 연결되어 있는 모습을 간파할 수 있다. 이 책에서 생각해보고 싶은 것은 문자, 게다가 언어 일반이 유령을 외부로 쫓아내는 일에 의해 이 세계를 성립시키면서도, 이 세계를 악귀가 배회하는 아수라장으로 변화시켜버리는 구조에 관해서다. 그것은 몇 번이고 거듭해서 얽힌 구조를 이루고 있고, 함흥차사가 될 위험에 빠져 있다. 그렇더라도 이 세계를 변용시켜 타자에게 소리를 돌려주는 방법을 생각한다고 하면 무엇이 있을 수 있을까. 이 물음을 향해 언어와 정치라는 문제 영역에 초점을 맞추면서 고찰해보고자 한다.

제1부

언어와 지배

제1장

올바른 언어의 폭력

중국에서 언어가 어떻게 사고돼 왔는가를 탐구할 때에 최초로 거론하는 것은 『순자荀子』 「정명正名」 편이다. 거기에는 언어에 대한 두 종류의 어프로치approach, 즉 언어의 원리를 묻는 어프로치와 언어의 기능을 묻는 어프로치가 있다. 이 두 가지는 전자가 후자를 지탱하는 관계에 있는 것이지만, 실은 이 두 가지가 정합적으로 관련되어 있지는 않다. 언어라는 비밀에 다가가고자 하면서도, 역으로 어떤 특정한 목적을 위해 언어를 말소해버리는 것이다. 이 두 가지의 어프로치와 그 연관의 찢어지고 터진 곳을 나타내는 일로, 중국에서의 언어에 관한 사고의 계보학을 추적해보고자 한다.

1

정명이란 무엇인가

'정명正名(명분을 바로잡는 것)'이라는 말을 듣고 맨 먼저 떠오르는 것은 『논어論語』 「자로子路」 편의 말이다.

자로가 말했다. "위衛 군주가 선생님을 기다려 정치를 맡기려 하고 있습니다. 선생님께서는 장차 무엇을 우선 하시렵니까." 공자께서 대답하셨다. "반드시 명분을 바로잡겠다."

『논어』 「자로」

이 묻고 답하는 과정에서 분명히 알 수 있듯이 '명분을 바로잡는다'는 일은 무엇보다도 우선 정치다. 다른 편에서 정치의 요체를 "임금을 임금이라 하고, 신하를 신하라 하고, 아버지를 아버지라 하고, 자식을 자식이라 하는"(『논어』 「안연顏淵」) 일이라고 한 것과 아울러 생각해보면 언어를 지배하고 안정된 의미의 질서를 부여하는 일이 정치라고 이해되는 것을 알 수 있을 것이다. 이러한 정명과 정치를 직접 연결시키는 『논어』의 정명설正名說은 시대가 내려오면서 명분론名分論이라는, 역사학 속에서 유명한 의론과 결부된다. 즉, 명名과 그것이 표현하고 있는 '의미=직분職分'은 일치한다는 것이다. 혹은 역사상의 사건을 그것에 어울리게 명명하는 일로 그 사건의 의미를 판단해 훼예포폄毀譽褒貶[1]을 분명히 밝힌다는 것이다.

그런데 왜 언어가 정치와 연결될 수 있는 것일까. 가장 큰 이유는 언어가 항상 공동성과 관계하기 때문이다. 언어는 복수의 사람들 사이에서 성립하고,

언어를 통해 타인과 생각을 서로 전달할 수 있다. 따라서 만일 언어를 지배할 수 있으면 군주의 의도를 틀림없이 사람들에게 전달할 수 있고, 군주가 기대하는 바와 같은 조리條理의 의미를 세계에 부여해 사람들에게 그것을 체득시킬 수 있다. 이것이 바로 이상적인 다스림治의 극한이다.

그렇다고는 하지만 어떻게 해야 언어를 지배할 수 있을까. 공자도 이미 그러했듯이 눈앞에 전개된 현실은 명분이 어지럽고 통치가 구석구석까지 미치지 못하는 혼란스런 상황이다. 그것을 극복하고 언어를 지배하기 위해서는 언어의 원리를 파악하지 않으면 안 된다. 이를 통해 처음으로 흐트러진 언어를 바로잡는 방법을 알 수 있게 된다. 『순자』 「정명」 편의 과제는 우선 지배해야만 할 언어의 정체를 파악하는 일에 있었다.

2

기호의 자의성

『순자』 「정명」 편에서 가장 핵심적인 의론은 다음의 부분이다.

명名(명칭)에는 고유의 의미가 없다名無固宜. 약속하여 명명命名하고, 그 약속이 정착하여 관습이 되면約定俗成, 그것을 (그 명의) 의미라고 한다. 약속과 다른 경우라면 의미가 되지 못한다. 명에는 고유의 지시 대상이 없다名無固實. 약속하여 실實이라 명명하고, 그 약속이 정착하여 관습이 되면, 그것을 실명實名이라 한다. 명에는 고유의 선함이 있다名有固善.[2] 편안히 알기 쉽고 무책임한 엉터리가 아니면徑易而不拂 그것을 선명善名이라 한다.

페르디낭 드 소쉬르Ferdinand de Saussure를 방불케 하듯이, 여기서 표명되고 있는 것은 '기호의 자의성恣意性'이다.[3] '명'이라는 언어기호에는 원래 고유의 의미宜도 고유의 지시대상實도 없지만,[4] 약속이라는 사회적인 규정의 행위約에 의해 그것들과 결합되고, 그 결합이 관습으로서 정착하면 안정된 언어기호가 된다.[5] 이상이 『순자』에서 말하는 언어의 근본적인 '원리'다. 다만 언어기호에는 고유의 선함이 구비되어 있다. 즉, 원활하고 잘못됨 없는 전달을 가능하게 한다는 선함이다. 이것이 『순자』에서 논하는 언어의 '기능'이다.

'기호의 자의성'을 '원리'로 두는 이상, 『순자』에서 언어는 끊임없이 재구성될 수 있는 것, 역사적인 것, 그리고 복수의 방법으로 있을 수 있는 것이다. 왜냐하면 약속이라는 계약은 항상 변경할 수 있고, 실제로도 언어체계는 시대에 따라 크게 변화하고 있으며, 외국어라는 다른 언어체계도 존재하기 때문이다.[6] 그렇다고는 하나 '기호의 자의성'을 원리로 두는 일은 '명(명칭, 명분)을 바로잡는 일', 혹은 '명을 제정하는 일'을 가능하게 하는 조건으로만 머물러 있지는 않다. 그것은 동시에 '정명正名을 어지럽히는 일'도 가능하게 한다. 별도의 방법으로 '명名'과 '의宜', 그리고 '실實'을 결합시키는 일이 원리적으로 가능한 이상, 최종적인 심급審級에 '특정의' 정명을 붙박아놓는 일은 어렵다.

그런데 『순자』는 가능한 복수의 '제명制名' 사이에 서열을 배치했다. 한편은 왕자王者의 '제명'이고, 다른 한편은 '부절도량符節度量을 위조하는 죄'에도 해당하는 '난명亂名'이다. 도대체 이 양자를 나누는 기준은 무엇일까. 『순자』는 그것을 상세히 서술하고 있지만, 결국은 언어의 '기능'으로서 설정한 원활하고 잘못됨 없는 전달을 가능하게 하는지 여부가 가장 중요한 기준이었다.

3

명名을 제정하다—구명舊名, 선왕, 후왕

도대체 명名의 약속約은 누가 행하는 것일까. 이 유혹적인 물음은 충분히 경계하지 않으면 안 되는 물음이다. 예를 들면, 이에 대해 지금까지 주어진 대답은 이 사회를 구성하는 사람들이라거나 군주라는 것이었다. 그러나 어느 것이라 하더라도 불충분한 대답이 아닐까. 생각해보면 언어체계 이전에 약속이라는 행위를 행하는 일은 곤란하고, 언어체계 이전에 복수의 '주체'나 정치적인 권력을 상정하는 일도 곤란하다.

그렇다면 '명무고실名無固實'이나 '약정속성約定俗成'에서 이야기되는 것은 과거에 일어난 사건이 아니라, '명'과 '실'이 어떤 특정한 방식으로 결합해 있는 현실로부터 소급해서 찾아낼 수 있다. 더불어 결코 실제로는 일어나지 않는 절대적 과거에 속하는 언어의 생성과정은 아닐까. 이것은 권리상의 시간에 속하는 것이고, 사실상의 시간에 속하는 것은 아니다.

그런데 『순자』는 이 언어의 생성과정을 사실적인 역사와 중첩해 보여주고 있다. 그 때문에 '약約'이라는 계약의 주체로서 사람들이나 군주를 상정했던 것이지만, 『순자』가 행한 독창적인 열쇠는 그 언어의 생성과정을 실제로 반복하는 중심에 '후왕'[7]을 배치한 일이었다. 만일 정치학이나 정치활동과는 다른 차원에서 '정치적'이라는 말을 사용한다면, 다시 말해 정치라는 권력 행사의 앞에서 권력을 가능하게 하는 조건을 설정하는 조치를 '정치적'이라고 정의한다면, 이 『순자』의 행동은 확실히 '정치적'이다. 왜냐하면 '기호의 자의성'이라는 언어의 원리가 특정한 중심적 주체를 차지하고 있기 때문이다. 『논어』이래 정명正名의 정치가 심화된 형식이 여기에는 있다.

다음의 두 인용문을 살펴보자.

따라서 왕자王者가 명을 제정하는 일은 명이 정해짐으로써 사실이 분명해지고, 그러한 도道(세계의 분절分節)가 행해짐으로써 의도가 통한다志通는 것이다. 그렇게 되면 백성을 신중히 통솔하여 하나로 할 수 있다.

『순자』「정명」

만일 왕자가 출현하는 일이 있으면, 반드시 옛 명칭舊名에 따라 새 명칭新名을 만들 것이다.

『순자』「정명」

첫 번째 인용문에서는 '약'의 프로세스가 생략되어 있지만, '기호의 자의성'의 원리는 관통하고 있다. 즉, 왕자의 '제명制名'에서는 명名이 정해지는 일로 실實이 변별되고, 그렇게 하여 이 세계가 '분절화'되면 '지志'(의도, 말하고 싶은 것)가 전달된다. 그런데 두 번째 인용문은 어떨까. 그 왕자의 '제명'은 "옛 명칭에 따라 새 명칭을 만드는" 것이라고 말한다. 절대적인 과거에 있어서 언어가 자의적으로 생성된다고 하는 권리적 차원에다가 특정한 사실상의 과거에 속한 '옛 명칭'을 새롭게 반복해 '새 명칭'을 만든다고 하는 역사적 차원이 중첩한 것이다.

이 효과는 실로 크다. 그것은 '기호의 자의성'에 대해 어떤 방향을 부여할 수 있고,[8] 옛 명칭에 따르는 주체로서 후왕後王이라는 현재의 왕자王者를 소환할 수 있기 때문이다.

후왕後王의 성명成名. 형벌의 명(명칭)은 상商의 것을 따르고, 작위의 명칭은 주周의 것을 따르고, 문文(문식)의 명칭은 예禮(주례)에 따른다. 만물에 붙여진 각종의 명칭은 중국의 정착된 관습에 따른다.

『순자』「정명」

여기에는 후왕이 따라야 할 옛 명칭의 구체적인 예로서 상商이나 주周라고 하는 이전 왕조의 이름이 열거되어 있다. 후왕은 백지의 상태에서 '제명'하는 것이 아니라, 역사적으로 이미 실재한 범례를 새롭게 반복하는 것이다.

더 확실하게 서술하면, 후왕은 현재의 왕자를 말한다. 일반적으로 유가에서는 옛 '선왕先王'을 강조하는 데 대해 후왕을 언급하는 것이 『순자』의 특징이라고 이해돼 왔다. 그렇지만 『순자』가 선왕을 소홀히 한 것은 결코 아니다. 후왕이라는 지금 현재의 시점에서 찬란하게 빛나는 왕자는 다른 장소에서도 존재해 있고, 예전에도 존재하고 있었다고 상정해 선왕을 예전의 후왕으로서 존중하고 있는 것이다.9 따라서 『순자』의 의론에서 중요한 것은 후왕을 강조한 것보다도 그것이 선왕의 업적을 지금 여기서 다시금 반복하고 '재활성화'하여 계승한다고 하는 역사성을 설정했다는 것이다.

4

예의禮儀를 제정하다

이러한 역사적 차원의 설정은 『순자』의 가장 독특한 사고 가운데 하나일 것이다. 여기서 조금 우회하여 『순자』의 성론性論을 검토해두고 싶다. 실은 이 '성론' 또한 역사적 차원을 설정하는 일로 여타의 의론으로부터 구별되는 것이기 때문이다.

'인간의 본성은 악惡하다'라고 잘 알려진 명제는 다음과 같이 논해지고 있다.

사람의 선천적 본성性은 악惡하며, 사람이 지닌 선善의 요소는 후천적 작위僞에 기인한다. 지금 사람의 본성을 생각해보면, 그것은 타고날 때부터 이익을 좋아하는 성질을 가진다. 이 성질대로 살아간다면 그 결과로 서로 다투고 빼앗고 하여 양보하지 않게 된다. 또 그것은 태어날 때부터 남을 미워하고 시기하는 성질을 가진다. 이 성질대로 살아간다면 그 결과로 사람을 상해하여 신의나 신뢰가 없어져버린다. 그리고 태어나면서부터 귀나 눈과 같은 감각기관에 속한 욕망, 즉 소리나 색채를 좋아하는 성질을 가진다. 이 성질대로 살아간다면 그 결과로 절도를 잃은 음란함이 생겨나서 예의나 규범은 없어지고 만다. 이와 같이 사람의 본성을 방임하여 태어나면서부터의 감정情대로 살아간다면 반드시 서로 다투고 빼앗고 하는 상황이 생기고, 직분을 침범하고 사회질서를 혼란하게 하여 폭력적인 사태로 귀결되는 상황이 되고 만다. 따라서 필연적으로 스승의 가르침으로 교화하고 예의로 이끌어야 한다. 이렇게 해서 후에 서로 양보하게 되면 사회규범과 합치하여 안정된 상태가 되고, 다스림治이라는 사태로 귀결하는 것이다. 이상의 사항으로부터 살펴보면 사람의 선천적 본성이 악하다고 하는 것은 분명해질 것이다. (때문에) 사람의 선善의 요소는 모두 후천적 작위에 기인하는 것이다.

『순자』「성악性惡」

『순자』의 비판은 성性이라는 본질 그 자체를 향하고 있다. 성 그리고 정情이라는 천부적 속성대로 따르면 질서가 혼란한 폭력적 사태가 일어나는 것은 필연적으로 정해진 일이다. 따라서 필요한 것은 "선천적 본성性에 반하여 감정情에 어긋나는 일"(『순자』 「성악」)이고, 자연적인 본질에 반하여 그 밖에서 선善의 근거를 추구하는 일이다.

그러면 『순자』가 선의 근거를 추구한 외부란 무엇인가. 말할 것도 없이 그것은 결코 '하늘天'은 아니다. 『순자』가 하늘과 사람을 단절했다는 것을 상기해 보자.[10] 사람은 하늘이라는 초월적 심급에 직접 호소할 수는 없다. 왜냐하면 그것은 보다 강력한 본질에 지나지 않고, 결코 선천적 본성의 외부가 아니기 때문이다. 그러면 사람이 호소하는 외부란 무엇인가. 『순자』는 그것을 '작위僞'에서 추구했다. 이 '작위'는 일상적 인간을 뛰어넘은 성왕으로서의 군주가 이룩하는 창조적이고 제작적인 행위이며, 거기서 예의가 제정되고 또한 명名이 제정된다.[11]

그렇다고 하면 본질의 외부인 '작위'라는 창조적이고 제작적인 행위의 차원은 하늘이 초월적이라는 의미에서의 초월적인 차원이 아니라, 예의나 명名이라는 인간의 가능성의 조건을 구성하고 있는 한에서 '초월론적'이라고도 부르는 편이 보다 차원적이라고 해야 할 것이다. 다만 초월론적이라고 해도 순수한 그런 것은 아니다. 『순자』에서의 '작위'는 '역사적'인 것이기도 하기 때문이다.

방금 앞에서 살펴본 바와 같이 '명'을 제정하는 행위에서 『순자』는 선행하는 '명'의 반복이라는 역사적인 차원을 이끌어냈다. 그것과 똑같은 일을, 선천적 본성을 비판하고 예의를 제정하는 일과 관련해서도 행했던 것이다.

"사람의 선천적 본성이 악하다고 한다면 예의는 도대체 어디에서 생겨난 것인가"라고 묻는 사람이 있다. 그에 답하여 말한다. "무릇 예의는 성인의 후천적 작위에서 생긴 것으로, 처음부터 사람의 선천적 본성에서 생겨난 것은 아니다. 도공陶工은 점토를 이겨서 그릇을 만든다. 그릇은 도공의 후천적 작위에서 만들어진 것으로서 처음에 사람의 선천적 본성에서 만들어진 것은 아니다. 목수는 나무를 세공하여 목기木器를 만든다. (그렇다면) 목기도 목수의 후천적 작위에서 만들어진 것으로서 처음에 사람의 선천적 본성에서 생겨난 것은 아니다. (마찬가지로) 성인은 사려思慮를 거듭하여 후천적 작위의 축적인 예로부터의 관습을 습득하여 그로 말미암아習僞故, 예의를 만들어내고 법률제도를 정한 것이다. (그렇다면) 예의나 법률제도도 성인의 후천적 작위에서 생겨난 것으로서 처음에 사람의 선천적 본성에서 생겨난 것은 아니다."

『순자』「성악」

이 의론에서 『순자』는 본질의 차원으로 되돌아가는 것을 철저히 거부하고 있다. "사람의 선천적 본성이 악하다고 한다면 예의는 도대체 어디에서 생겨난 것인가"라는 물음에는 예의를 제작할 가능성이 본질로서 인간에게 갖추어져 있지 않으면 안 되는 것인데, 그렇다고 한다면 본질을 악으로서 비판하는 일은 자기모순에 빠지고 마는 트랩trap(함정)이다. 『순자』는 그 트랩을 피하고 철저하게 작위의 차원에서 머무르고자 한다.

창조는 본질로 환원되지 않고, 절대적인 기원(시초)을 거기에 새겨넣은 것이다. 다만 '명'의 제정과 마찬가지로 예의의 제작에 있어서도 또한 '습위고習僞故', 즉 옛날의 작위를 모방하는 역사성이 도입되지 않으면 안 된다. 작위는 권리라는 측면에서 보면 절대적인 기원을 새기는 행위이면서, 사실상은 과거의 작위를 계승하고 그것을 반복하는 역사적인 일인 것이다.

5____
역사적인 차원을 설정하는 의의−정통성, 정치권력

그러면 이와 같이 작위라는 역사적 차원을 설정하는 일은 무슨 의의가 있을까. 이미 서술한 바와 같이 이것은 정치적인 행동이자 태도다. 애당초 자연적이지도 본질적이지도 않은 작위의 차원에서는 정의상定義上 '명'이든 '예의'이든 어느 것이나 자의적으로 제정할 수 있는 것이다.

그런데 거기에 구체적인 과거에서 만들어진 '명'이나 '예의'의 반복이라는 계기를 도입하는 일은 반복의 방향성과 반복하는 행위의 주체를 저절로 결정하는 일이 된다. 즉, 그것에 의해 자유도自由度가 제약되는 일로, 올바른 '명'이나 바람직한 '예의', 그리고 그것들을 자신의 손에 넣은 통치자라고 하는, 권력의 정통성이 확보된 정치의 차원이 지속적으로 등장하는 것이다.

맹자는 "사람의 선천적 본성은 선善하다"라고 말한다. 그러나 나는 이 설이 잘못되었다고 생각한다. 무릇 옛날부터 지금까지 세상에서 일반적으로 선이라고 부르는 것은 바르고 질서 잡히고, 평온하게 다스려지는 상태이다. 악惡이라고 하는 것은 편벽되고 불공평하고 도道에 거스르고 어지러운 것이다. 그리고 이것이 선과 악의 구분이었다. 그러면 지금 사람의 선천적 본성이 참으로 태어나면서부터 바르고 질서 잡히고 평온하게 다스려져 있다고 간주할 수 있을 것인가? 만일 그렇다면 그 위에 어째서 성왕聖王이 있을 필요가 있는가? 또 어째서 예의가 필요하단 말인가? 또 성왕이나 예의가 있다고 하더라도 바르고 질서 잡히고 평온하게 다스려져 있는 상태에 무엇을 덧붙인다고 할 것인가? 그러나 실제는 그렇지 않다. 사람의 선천적 본성은 악한 것이다. 따라서 옛날에 성인은 사람의 선천적 본성이 악하기 때문에 그대로는 본성이 편벽되고 불공평하고 바르지 않은 것이 되고, 도에 벗어나서 혼란한 나머지 다스려지지 않았음을 생각하였다. 그래서 군주라는 권세勢를 확립하고, 또 그렇게 함으로써 백성들에게 그것에 기대게 하고, 예의를 분명히 밝혀 사람들을 교화하고, 올바른 법률을 만들어 백성들을 다스리며, 형벌을 무겁게 하여 사람들에게 (악행을) 금지시키고, 천하를 안정되게 다스려 선에 합치시키려고 했던 것이다.

『순자』「성악」

여기서『순자』가 행하고 있는 것은 정치 차원에서의 기초 세우기다. 군주라는 권세와 규범적인 법권력法權力의 발생에 대해 계보학적인 시선을 던지고, 성인이 어떻게 정치의 차원을 발명하게 되었는지에 관해 말하고 있다. 사실상 난亂(어지럽고 혼란함)이라는 악이 있고, 권세나 권력이 그것을 규제해 치治(다스림)라는 선善을 실현하는(정치의 차원) 일로부터 더듬어 올라가면, 권리상 자연적인 본성을 벗어나는 작위의 차원(정치적인 차원)이 있을 것이다.

또 그것이 악을 제약하고 선을 행하는 것이지만, 권세나 권력을 만들어내는 목적(정치의 차원)을 향해 그 작위의 차원은 이제 방향성을 갖지 않으면 안 된다.

그런데 이와 같은『순자』의 정치적 태도에는 어려운 질문이 기다리고 있다. 그것은 어떻게 하면 예의로 사람들을 교화할 수 있느냐는 물음이다. '명'의 경우에는 약約이라는 행위로써 사람들을 받아들이는 일을 가상적으로 구상했다.

다만 그 경우라도 성왕인 후왕後王이 옛 명칭舊名을 반복해 만든 새 명칭新名

에 관해서는 사람들이 그것을 어떻게 받아들이고 유통시키는가에 대한 적절한 답이 존재하지 않았다. 그것과 마찬가지로 반복 속에서 만들어진 예의를 사람들에게 어떻게 침투시킬 것인가는 실로 어려운 일이다.

본질주의를 피하고 의미와 가치의 근거를 본질의 외부적 작위의 차원에 두는 이상, 그것을 사람들에게 어떻게 전달하고 준수하도록 하면 좋을 것인가라는 물음은 아포리아aporia적¹²인 물음에 다름 아니다. 사람들이 그 '성(본질)'부터 준수하든지 혹은 저절로 전달될 것이라는 식의 회로回路를 원리적으로 설치할 수 없기 때문이다. 이 아포리아를 조금이라도 빼내기 위해서는 어딘가의 힘을 도입하는 길밖에 없다. 그것이 『순자』가 호소한 군주의 '세(권세)'라는 개념이다. 그것은 정치의 차원을 도입하는 불가피성을 별도의 각도에서 분명하게 밝혀주는 일일 것이다.

그렇다고는 하지만, '명'이나 예의라는 의미와 가치의 근거를 사람들이 공유하게 하는 길이 '세'라고 하는 강제력밖에 없다면, 그것들은 애초에 한계가 정해진 것이라는 점도 확실하다. 강제력은 유한할 수밖에 없기 때문에 새로운 '명'도 새로운 예의도 결코 충분히 확산해 공유되지 않으며, 항상 그 이전에 별도의 '명'이나 별도의 규범이 지속적으로 창조되기 때문이다. 난亂은 결코 멈추지 않는 것이다.

6

명名을 버리다

그러면 『순자』는 세勢에 호소하면서 멈추는 일이 없는 창조 혹은 혼란을 어떻게 하려고 했던 것일까. 다음 인용문을 읽어보자.

현명한 군왕明君은 백성들에게 권세를 가지고 임하고, 도道로 인도하고, 명령으로 철저하게 하며, 포고布告로 분명히 밝히고, 형벌로 금지한다. 그러면 백성들이 도에 감화되는 것이 신비한 작용에 의한 것처럼 되어 변설辯說을 사용할 필요 따위가 없다. 그런데 이제 성왕聖王이 없고, 천하가 혼란하여 간교한 말들이 일어나고 있다. 그리고 군자에게는 여기에 임해야 할 권세가 없고, 금지해야 할 형벌이 없다. 따라서 변설을 늘어놓는 것이다.

『순자』「정명」

이 문장에서 확연히 드러나듯이, 하나는 강제력을 더한층 강화하고 형벌을 도입해 금지·억압하는 것이다. 그런데 이러한 이상理想은 이미 지나가버렸다. 현명한 군왕明君의 권세勢가 없는 지금, "천하가 혼란하여 간교한 말들이 일어나고 있는" 것이다. 그것을 바로잡기 위한 권세가 없는 이상, 변설이 판을 칠 수밖에 없다. 이것이 난亂에 대한 또 하나의 대처법이지만, 그것은 난을 다스릴 수 없을 뿐 아니라 오히려 난을 확대해버린다.

여기서 중요한 사실은『순자』에서는 언어로 사람과 논쟁하는 일이 존중되지 않는다는 점, 아니 그뿐 아니라 마이너스의 가치가 부여된다는 점이다. 이러한 언어의 경시는 정명正名의 주장과 상반되는 것처럼 보이기도 한다. 하지만 이것은 결코 우연한 언명言明이 아니라, 두 가지 이유에서 필연적인 언명이다.

하나는 공자 이래로 정명의 주장은 논쟁적인 언어를 거부해왔기 때문이다. 공자는 "반드시 송사訟事함이 없게 하라"(『논어』「안연」)고 말했는데, 이로 인해 사람들이 서로 소송하고 논쟁하는 일이 없는 것이 이상적인 상태가 되었다. 『순자』도 또한 그것을 계승하고 있는 것이다.

그러기에 말을 분석하여析辭 제 마음대로 명名을 만들어 정명을 혼란하게 하고, 민중을 의혹하게 하고, 사람들에게 많은 논쟁과 소송을 일으키게 한다. 이것을 대간大姦이라 부른다. 그 죄는 바로 문서(혹은 수인, 도장)나 도량형(저울)을 위조하는 죄에 상당한다.

『순자』「정명」

"말을 분석하여析辭 제 마음대로 명名을 만들어 정명을 혼란하게 하는" 일이 악惡인 이유는 "사람들에게 많은 논쟁과 소송을 일으키게 하기" 때문이다. 논쟁적인 언어는 정명이 지배하지 않을 때에 만들어진다. 역으로 말하면, 정명은 논쟁이 없는 상황인 것이다.

여기서 또 하나의 이유가 등장한다. 논쟁이 없다고 하는 것은 어떤 사람(최종적으로는 후왕後王이고 군주다)의 '지志(의지, 말하는 싶은 것)'가 투명하게 타인에게 전달된다는 말이다. 이미 논증했다시피 『순자』에서 언어의 '기능'은 순조롭고 잘못됨이 없는 전달에 있다. 그 기능을 발휘하는 것이 정명의 목표다. 그것은 바로 '지통志通(의도가 통하는 것)'이며, "의도가 이해되지 않는 걱정이나 사업이 잘 되지 않을 화근禍 등이 없는 상태"(『순자』「정명」)다.

이 '지통'을 방해하는 것은 무엇일까. 얄궂게도 그것은 다름 아닌 언어다. 따라서 『순자』의 경우에 정명의 이상理想이란 언어 자체가 투명하게 되고 의도가 순수하게 전달되는 상태다.

군자의 말은 세상에 널리 미치면서도 정밀하고, 보통 사람의 말에 가까운 듯하면서도 법칙이 있고, 어지러이 흐트러진 것 같아도 질서가 정연하다. 군자는 명칭名을 정확하게 사용하며 언사辭가 적절하여 말하고자 하는 의미를 명백히 하는 데 힘쓴다.

그 명사名辭라는 것은 말하고자 하는 의미의 사용이고, 그것에 의해 서로 자신이 말하고 싶은 것이 통하면 그것으로 버려지는 것이다. 게다가 위곡委曲(자세한 사정이나 곡절)을 위해 애쓰고자 하는 것은 간악한 일이다. 따라서 명칭이 충분하게 대상實을 가리키고, 언사가 말하고 싶은 것의 근본을 나타낼 수 있다면 (그것으로) 끝나는 것이다. 여기서 벗어나는 것은 인訒(어려운 말 혹은 이해가 안 되는 것)이다. 그것은 군자가 다시금 돌아보지 않고 버리는 것인데, 어리석은 사람愚者은 이것을 거두어 자신의 보물로 삼을 뿐이다.

『순자』「정명」

여기서 결론으로 나와 있는 것처럼 『순자』의 경우에 언어는 최종적으로 불필요하다. 언어는 의도와 그 의미를 표현하는 도구에 지나지 않으며, 상대방에게 의도가 통하면 버려진다. 목표로 하는 것은 언어가 투명한 매체로서 자신의 의도와 그 의미를 상대방에게 전달하는 상태다. 정명이란, 언어를 모두 지배하고자 진력하는 욕망인 것이다.

그러나 정명에 의해 실현되는 투명한 언어의 세계, 혹은 언어를 미련 없이 떨쳐버린 세계란 어떠한 세계인 것일까. 거기에서는 '명名에 고유의 선함', 즉 '순조롭고 알기 쉬운' 것이 충분히 발휘될 것이다. 막히는 일도 없고, 반문하는 일도 없고, 언어가 결코 다른 의미를 만들어내지 않고, 온갖 '혹惑(미혹)'으로부터 자유로운 상태의 세계다.[13] 언어의 기능으로 상정된 투명하고 극히 짧은 시간의 전달이 최후에는 '기호의 자의성'이라는 원리를 억압하는 것이다.

하지만 이것은 '군자'의 세계일지는 모르겠지만, 우리 같은 '우부우부愚夫愚婦'의 세계는 아니다. 『순자』가 기대한 것과 같은 역사적으로 정통성을 지닌 계승의 위에서 이루어져야 할 작위와는 달리, '어리석은 사람愚者'은 '자기 멋대로 하는' 언어를 발명하고 순수한 전달을 지속적으로 휘젓고 어지럽게 한다.

정말로 중국철학 속에 정명正名과는 별도의 방식으로 언어의 다양성을 존중하는 것과 같은 그런 가능성은 없는 것일까. 갈지자의 행보가 되겠지만, 한 걸음 한 걸음씩 걸음을 옮겨 논의를 진행해 나가보자.

제2장

어떻게 언어를
말소할 수 있을까

투명한 의식과 전달에 위협이 되는 것은 언어의 타성他性과 다양성이다. 정명正名이라는 욕망도 원래는 이 언어의 타성으로부터 만들어졌다. 그것은 '기호의 자의성'이라는 명名의 자유도를 분명히 하면서도, 또한 그 때문에 그것을 특정의 방향으로 이끌고, 정치권력을 바탕으로 언어를 지배하고자 했던 것이다.

그러나 '명무고의名無固宜(명에는 고유의 의미가 없다)'나 '명무고실名無固實(명에는 고유의 지시 대상이 없다)', 게다가 '약정속성約定俗成(약속이 정착해 관습이 된다)'이라는 언어의 원리가 나타내는 바와 같이 언어는 결코 특정한 힘으로만 온통 지배되어 버리는 것이 아니다. 또 세勢라는 정치적 권력도 그것이 단순히 외적인 강제력에 머무르는 한, 그 침투력에는 한계가 있다.

그런데 중국철학은 여기서 정명을 계승하면서도 그와는 이질적으로 언어를 지배하는 방식을 발명해냈다. 그것은 철저하게 언어를 말소하는 방식과 언어를 정명 이상으로 투명한 언어로 취하는 방식이었다. 이 두 가지 방식은 『순자』가 최종적으로 그러했던 바와 같이 결코 별도의 것은 아니다. 투명한 언어는 언어를 말소하는 일과 일치하기 때문이다.

그러나 결론을 서두르기 전에 정명이 어떻게 반복되었는지를 살펴보지 않으면 안 된다. 여기서는 육조六朝 시기의 논쟁인 '언진의言盡意'와 '언부진의言不盡意'를 다뤄보고, 언어 지배의 계보를 더듬어 가보도록 하자.

1

말은 뜻을 다한다─구양건

"말言은 뜻意을 다하는 것인가." 이 물음에 대해 새롭게 질문을 던진 이가 서진西晉의 구양건歐陽建(270경~300)이다. 구양건은 『역易』 「계사상전繫辭上傳」에서 유래하는 "말은 뜻을 다하지 못한다"라는 강력한 전통에 대항해 "말은 뜻을 다한다"는 것을 어떻게든 옹호하려고 했다.

진晉의 구양건이 전개한 언진의론言盡意論은 다음과 같다.

뇌동雷同 군자가 위중違衆 선생에게 질문하였다. "세상의 논자論者들은 말이 뜻을 다하지 못한다고 생각하고 있는데, 그 유래는 오래된 것입니다. 뛰어난 재능과 풍부한 견식을 가진 사람까지도 모두 그렇게 생각하고 있습니다. 예를 들면 장공蔣公이 눈동자를 논하고,[1] 종회鍾會와 부하傅嘏가 재성才性을 말하는[2] 때도 반드시 이 일을 인용하여 논증으로 삼고 있을 정도입니다. 그런데도 선생은 그렇지 않다고 생각하고 계십니다. 어찌된 일입니까."

선생께서 대답하셨다. "무릇 하늘天은 아무것도 말하지 않는데도, 사시四時는 돌고 있다. 성인은 아무것도 말하지 않는데도 감식鑑識은 움직이고 있다. 모양形은 이름 붙여지지 않아도 네모난 것인지 둥근 것인지는 이미 분명하며, 색은 일컬어지지 않아도 흑백이 분명하다. 이와 같이 생각한다면 명名(명칭)이라는 것은 사물에 대하여 아무것도 보태지 않으며, 말言이라는 것은 의미理에 대하여 아무것도 작용하지 않는 것이 될 것이다. 그런데도 옛날이나 지금이나 정명正名에 힘쓰고 성현이 말을 떨쳐버릴 수 없는 것은 무엇 때문일까. 의미가 마음에 얻어지더라도 말에 의하지 않으면 말할 수 없고, 사물物이 거기에 확고히 서 있다 하더라도 말에 의하지 않으면 변설辨說할 수 없다. 말이 의도를 말하지 않으면 상대방과 관계하는 수단이 없어지고, 명名이 사물을 변설하지 않으면 감식도 분명하게 움직이지 않는다. 감식이 분명하게 움직여서 (사물의) 명칭의 종류가 구별되는 것이다. 말이나 명칭에 의해 (상대방과) 관계하기 때문에 감정情이나 뜻志이 표현되는 것이다.

이러한 사정의 원인과 유래를 더듬어 살펴보자. 사물에는 자연의 명칭名과 같은 것이 없고, 의미理에는 그렇게 자연적으로 결정된 명칭과 같은 것이 없다. 따라서 (사물에 관해서는) 그 지시대상實을 변설하기 위해서는 그 명칭을 구별하지 않으면 안 된다. (이理에 관해서는) 그 의미나 의도를 말하기 위해서는 그 명칭을 세우지 않으면 안 된다. 즉, 명칭은 사물에 따라 변하고, 말은 의미에 의해 변한다. 이것은 정확히 소리聲가 발하면 울림響이 응답하고, 모양이 존재하면 그림자影가 달라붙는 것과 같은 논리이다. 따로따로 두 개의 것으로 할 수 없는 것이다. 두 개의 것으로 할 수 없다고 한다면, (말이 뜻을) 다하지 못한다고 하는 일은 없다. 나는 그 때문에 (말은 뜻을) 다한다고 생각한다."

'위중 선생'의 의론을 재구성해보도록 하자.

(1) 언어활동 이전에 사물이 분절화分節化되어 존재하고, 그 의미도 또한 분명하며 그것을 파악하는 성인의 '감식鑑識'도 작용하고 있다고 한다면, 언어는 사물이나 그 의미理에 대해서 아무것도 부가하지 않는, 관계가 없는 것이라고 가정한다.

(2) 그런데 고래로 '정명'을 행하고 있고, 성인마저도 언어를 포기할 수 없는 것은 왜일까. 그것은 언어를 빼고서는 타자에게 전달할 수 없기 때문이며, 언어에 의한 분절화 없이는 '감식'도 충분히 분명해지도록 제대로 작용하지 않기 때문이다.

(3) 그 사정을 더한층 더듬어 살펴보면, 애당초 사물物에는 자연의 명칭名과 같은 것이 없고, 의미理에는 그렇게 필연적으로 결정된 명칭과 같은 것이 없다. 언어란 사물이나 의미를 변별하기 위해서 그것들에 응답해 정해진 것이다.

(4) 그렇다고 하는 이상, 소리聲에 대한 울림이나 모양形에 대한 그림자와 같이 말은 뜻에 바싹 달라붙어 있는 것이다. 말과 뜻이 따로따로 두 개의 것이 아닌 이상, 반드시 말은 뜻을 표현하려고 사력을 다한다.

이 의론은 '언부진의론'의 정의와 그에 대한 비판으로부터 시작된다. 구양건에게 '언부진의'란, "언어와는 관계없이 세계는 '분절화'되어 의미·의도가 성립해 있다"는 소박한 실재론이었다.(1) 만일 그렇다고 하면, 언어는 애당초 불필요하고 방기放棄(내버려져 아예 돌아보지 아니함)할 수도 있는 셈이다. 그런데 언어는 실제로 방기되지 않는다. 이 사태는 구양건이 상정한 소박한 실재론으로서의 '언부진의론'의 구조로는 파악할 수 없다. 필요한 것은 말과 뜻의 관계를 새로운 구조로 다시금 파악하는 일이다. 즉, 자신의 의도를 타인에게 전달하는 일과 '감식'이라는 의미의 변별(특히 인물 평가)이라는 두 가지 면에서 언어가 필요불가결하다는 점을 보여주는 것이다.(2) 한마디로 말하면, 뜻이 성립하기 위해서는 말이 불가결하다는 것이다. 구양건은 타자에 대한 전달과 언어에 의한 세계의 분절화의 작용에 주목함으로써 "언어와 관계없이 세계는 분절화되어 의미·의도가 성립해 있다"고 하는 '언부진의론'를 뛰어넘고자 했던 것이다.

이러한 태도는 이미 『순자』「정명」 편의 의론을 검토한 안목으로는 반드시 새로운 것은 아니다. "애당초 사물에는 자연의 명칭과 같은 것이 없고, 의미에는 그렇게 필연적으로 결정된 명칭과 같은 것이 없다. 언어란 사물이나 의미를 변별하기 위해 그것들에 응답해 정해진 것이다"(3)라는 명제는 '명무고의名無固宜'나 '명무고실名無固實'이라는 『순자』의 의론을 방불케 하는 것이다.

그렇다고는 하나, 구양건은 거기에서부터 말과 뜻의 불이不二를 이야기하고, '말은 뜻을 다한다'라고 결론 내린 것이지만(4), 이것은 명名의 혼란으로 고민에 빠진 정명의 의론과 비교해보면 조금 소박하다고 할 수 있다. 왜냐하면 구양건은 스스로가 비판한 '언진의론'과 마찬가지로 뜻에 대해 말이 종속적이라는 점을 전제하고 있고, 뜻에 반향反響이 없는 말이나 뜻과는 별도의 그림자(영향)를 나타내는 말의 가능성을 고려하려고 하지 않았기 때문이다. 그것은 언어의 타성他性을 『순자』 이상으로 간과하고 있다는 점에서 불충분하다고 이해된다.

구양건의 의론은 언표言表에 대한 경시 혹은 불신에 대하여 언어의 가치를 재확인하고, 순자류의 선진先秦 유가사상으로 되돌아갔다는 것과 함께, 무한정의 불분명한 뜻 속에 명쾌한 리理의 관념을 갖고 들어온 것이다. 그러나 그 반면, 선진 유가에서 그러했던 것처럼 '말에서 벗어나는 뜻은 사상捨象' 된 것이며, 거기에 구양건의 의론의 불완전성이 존재했다고 할 수 있을 것이다.

하치야 구니오蜂屋邦夫, 『중국의 사유中國の思惟』 141쪽

그러나 이미 살펴본 바와 같이, 구양건 의론의 중요성은 '말에서 벗어나는 뜻'을 전제로 하는 사고를 거부하는 것에 있다. 만일 '구양건의 의론의 불완전성'을 문제로 삼는다고 한다면, '뜻에서 벗어나는 말'을 불문에 붙인 일을 생각해야만 한다.

여기서 다시 구양건을 벗어나 구양건이 상정한 것과는 다른 '언부진의론'을 살펴볼 필요가 있다. 그것은 구양건이 상정한 '말과 뜻의 관계'로 수렴되는 것인가, 아니면 '뜻에서 벗어나는 말'이라는 문제의 핵심을 언급할 수 있는 것인가.

2

말은 뜻을 다하지 못하고, 형상은 뜻을 다하지 못한다 - 순찬

이제까지 몇 개의 텍스트가 '언부진의론'으로 분류돼 왔다. 그 가운데 반드

시 언급되는 것이 『위지魏志』「순욱전荀彧傳(163~212)」의 주에서 인용하는 하소何劭의 「순찬전荀粲傳」이라는 텍스트이다.

순찬荀粲(209경~238). 자는 봉천奉倩. 찬粲의 형들은 모두 유술儒術에 근거하여 의론을 세웠는데, 찬만은 도를 논하는 일을 좋아하였다. 찬은 "'자공子貢은 부자夫子가 성性과 천도天道를 말하는 것에 대해 귀로 들은 적이 없다'(『논어』「공야장公冶長」)라는 문장이 있다. 그렇다면 육경六經이 존재한다고 해도 그것은 본래 성인의 지게미糠秕에 지나지 않는다"라고 항상 생각하였다. 이에 대해 찬의 형인 순우荀俁가 비난하였다. "'『역』(계사상전)에서는 '성인은 상象을 세워서 그것으로 뜻을 다하고, (괘卦를 갖춰서 그것으로 참모습과 거짓을 다하며), 사辭를 붙여서 그것으로 그 할 말을 다하였다'라고 서술되어 있다. 그렇다면 어찌 미언微言을 견문見聞할 수 없는 일이 있을 수 있는가, 미언은 견문할 수 있는 것이 아닌가?" 찬이 대답하였다. "저의 생각으로는 이理의 미세함微, 그것은 물상物象이 표현할 수 있는 것이 아닙니다. 지금 상을 세워서 '그것으로 뜻을 다한다'라고 입으로 말했습니다만, 그것은 상象의 바깥(의 뜻)에 통하는 방법이 아닙니다.[3] 또, '사辭를 붙여서 그것으로 그 할 말을 다하였다'라는 것도 또한 계표繫表(계사의 밖) (의 말)[4]을 이야기할 수 없습니다. 그것은 상외象外의 뜻이나 계표의 말은 본래 매우 깊숙이 숨겨져 있는 것이지 밖으로 나와 있는 것이 아니기 때문입니다." 당시 어떠한 능변가라도 순찬을 굴복시킬 수는 없었다.

『위지』「순욱전荀彧傳」 주인注引 하소何劭「순찬전」

이 텍스트의 핵심은 "본래 매우 깊숙이 숨겨져 있는 것이지 밖으로 나와 있는 것이 아니固蘊而不出"라는, 어떤 초월적 심급審級을 설정한 점에 있다. 거기에는 '형상 밖象外의 뜻意'이나 '계표繫表의 말言'이라는 표상할 수 없는 뜻과 말의 양자가 속해 있다. 이 점에는 주의가 필요하다. 이제까지 뜻의 초월성이 강조되는 일은 있어도 말의 초월성에는 그다지 관심이 쏠리지 않았다. 그러나 실은 이 텍스트에 서술된 바와 같이 초월적인 뜻과 초월적인 말이란 서로 분리해서 떼어놓을 수 없다. 그러면 이 초월적인 심급을 설정하는 일로 순찬은 도대체 무엇을 지키려고 했던 것일까. 그 점을 생각하기 위해 순우와 순찬이 언급하고 있는 『역易』「계사상전」을 검토해보자.

공자께서 말씀하셨다. "글書로는 말言을 다하지 못하며, 말로는 뜻을 다 표현하지 못한다." 그렇다면 성인의 뜻을 나타낼 수 없다는 말인가. 공자께서 말씀하셨다. "성인은 상象(팔괘라는 상징)을 세워서 그것으로써 뜻을 다하고, 괘卦(64괘)를 갖춰서 그것으로써 참모습과 거짓情僞을 다하며, 사辭(괘효사卦爻辭)를 붙여서 그것으로써 그 할 말을 다하였다. (게다가) 이것들을 변모시키고 통하게 하여 그것으로써 이로움利을 다하게 하며, 고무시키는 일로써 신묘함神(불가사의한 작용)을 다하도록 하였다.

『역』「계사상전」

구어(음성언어)言라고 해도, 또 문장어書라고 해도 '성인의 뜻'을 모두 표현할 수는 없다. 하지만 '성인의 뜻'은 초월적 심급에 멈추는 것이 아니다. 특권적 언어인 상象·괘卦·사辭를 도입하면 '성인의 뜻'을 다 표현할 수 있기 때문이다. 『역』「계사상전」은 일반적 언어활동의 경우 '언부진의'라는 것을 인정한 상태에서 '성인의 뜻'이라는 초월적인 뜻을 살리고자 특권적 언어인 상·괘·사를 도입한 것이다.

　순우도 순찬도 모두 이러한 일반적인 언어활동에서의 '언부진의'를 전제로 한다. 그 상태에서 순우는 『역』 「계사상전」에 따라서 특권적 언어로 '성인의 뜻'과 그것을 체현한 '미언微言'을 모두 표현할 수 있다고 서술한 것이고, 순찬은 특권적 언어를 도입하더라도 그 바깥에 또한 '성인의 뜻'과 '미언'이 있어 이른바 '상부진의象不盡意(상이 뜻을 다하지 못한다)'라고 생각했던 것이다.

　이상의 사항을 왕바오쉬안王葆玹은 다음과 같이 정리하고 있다.

　이제까지 순우가 '언진의'를 주장하고, 순찬이 '언부진의'를 생각한 것처럼 알려져 왔는데, 실제로는 그렇지 않다. 위의 문장 「순찬전荀粲傳」에서는 「계사상전」에 근거하여 어떤 도리道理가 서술되어 있다. 바로 "글은 말을 다하지 못하고, 말은 뜻을 다하지 못한다書不盡言, 言不盡意"는 것으로 이 때문에 '입상立象'을 필요로 하고, (그것을) 뜻을 다하는 수단으로 한다. 만일 말이 뜻을 다한다고 할 수 있다면 '입상'은 전혀 필요하지 않다. 순우가 '상을 세워서 뜻을 다한다立象盡意'는 설을 채용했기 때문에 '언부진의'설에 동의하지 않으면 안 된다. 즉, 그와 순찬의 논쟁은 '언부진의'라는 전제가 설정된 위에서 행해지고 있으며, 논점은 '말言'이 '뜻을 다할' 수가 있는지 여부가 아니라, '상象'이 '뜻을 다할' 수가 있는지 여부에 관한 것이다. 순우는 '입상진의'설을 주장한 사람이며, 순찬은 그렇지 않다. (⋯)

　그런데 지적해두지 않으면 안 되겠지만, '상부진의象不盡意'는 순찬이 행한 의론의 논점이 아니라 그 논거이다. 순찬의 논점은 두 가지이다. 첫째로 그가 '상부진의'에 집착하는 것은 '성인의 뜻'이 통속적인 평범한 '뜻意'이 아니라 '형상象 밖의 뜻'이며, 물상物象으로는 표기할 수 없는 '이理의 미微'이고, '들을 수 없는 '성性과 인도人道'라는 것을 증명하기 위해서이다. 둘째로 그가 '상부진의'라고 단정 짓는 것은 '성인의 뜻'이 표현할 수 없는 것을 증명하기 위해서가 아니라, '성인의 뜻'이 '상象'이나 '계사繫辭' 이외의 수단에 의해 표현되어야만 하는 것을 증명하기 위해서이다. 그 수단이야말로 '계표繫表의 말言'이다.

왕바오쉬안, 『정시현학正始玄學』, 325~326쪽

명쾌한 의론이다. 순우도 순찬도 모두 '언부진의론자'이지만, 전자는 특권적 언어에 호소해 '상진의象盡意'를 주장했고, 후자는 그것을 피해 '상부진의象不盡意'에까지 철저했다. 그러나 이 의론에는 어떤 한 가지 문제가 있다. 그것은 순찬이 '계표의 말'에 의해 '성인의 뜻'을 다하고자 했다고까지 말할 수 있느냐는 문제다. 왕바오쉬안은 별도의 부분에서도 '계표의 말'을 '미언'과 등치시키고, "순찬의 '언도言道'는 '계표의 말'에 의해 '상외象外'의 뜻을 표현하는 것으로 그 방법은 '미언이 뜻을 다한다微言盡意'고 하는 말로 개괄할 수 있다"(같은 책, 328쪽)라고 논했다.

정말로 순찬은 '상외의 뜻'과 '계표의 말'이라는 초월적 심급을 설정하고, 초월적인 뜻과 초월적인 말이 분리되지 않는 것이라고 생각한 것일까. 하지만 만일 '계표의 말'이 '상외의 뜻'인 '성인의 뜻'을 다하는 것이라고 한다면, 순찬도 '언진의론자'가 되는 것이 아닐까. 그렇다면 결국, 특권적 언어를 발명하고 '성인의 뜻'을 다하게 하려고 하는 '상진의론자象盡意論者' 순우의 입장과 별반 다를게 없을 것이다.

초월적인 말과 뜻의 심급을 설정하는 일로써 순찬이 지키고자 했던 것은 확장된 '언진의론'인 것일까, 아니면 일반적인 말이나 뜻으로 결코 환원할 수 없는 '뜻에서 벗어나는 말'이나 '말에서 벗어나는 뜻'인 것일까. 텍스트로부터 그것을 결정하기란 매우 곤란하다. 왜냐하면 구양건이 재차 묻고 있던 말과 뜻의 관계를 순찬 스스로는 전혀 다시 묻고 있지 않기 때문이다. '뜻에서 벗어나는 말'이라는 문제에 빗대어 접근했다고 해도 특권적인 뜻과 말의 존재를 선언한 것만으로는 거기서 충분한 사색의 전개를 간파하기란 곤란한 일이다.

이제야말로 '언부진의론'의 정점이라고 알려져온 위魏나라 왕필王弼의 텍스트를 읽고 이해할 때다.

3
진의盡意 추구의 논리─왕필(1)

왕필은 '진의론자盡意論者'다. 그렇지만 이 말은 '언부진의론자'라든가 '언부진의론'을 전개했다고 말하는 것보다 조금 나은 표현일 뿐이다. 문제가 되는 것은 왕필이 '뜻을 다하는' 언어를 어떻게 구상하였는가라는 점이다. 우선 텍스트를 읽고 이해하지 않으면 안 된다.

애당초 형상象은 뜻意을 표출하고, 말은 형상을 분명히 한다. 뜻을 다하는 데도 형상에 미치는 것은 없고, 형상을 다하는데도 말에 미치는 것은 없다. 말은 형상에서 생겨나기 때문에 말을 더듬어 밝히는 것으로 형상을 볼 수가 있다. 형상은 뜻에서 생겨나기 때문에 형상을 더듬어 밝히는 것으로 뜻을 볼 수가 있다. 뜻은 형상에 의해 다하는 것이고意以象盡, 형상은 말에 의해 나타난다象以言著. [①]

따라서 말은 형상을 분명히 하는 수단이며, 형상을 얻으면 말을 잊는다. 형상은 뜻을 파악하는 수단이며, 뜻을 얻으면 형상을 잊는다. (이러한 사정은 『장자』「외물外物」편에 보이는 바와 같이) 바로 올무蹄는 토끼를 잡는 수단이니, 토끼를 잡고 나면 올무를 잊어버리는 것과 같은 것이다. 또 통발筌은 고기를 잡는 수단이니, 고기를 잡고 나면 통발을 잊어버리는 것과 같은 것이다. 그렇다고 한다면 말은 형상의 올무이고, 형상은 뜻의 통발이라고 할 수 있을 것이다. [②]

그러면 말을 (잊지 않고) 보존하는 것은 형상을 얻지 못하는 것이 되고, 형상을 보존하는 것은 뜻을 얻지 못하는 것이 된다. 형상이 뜻에서 생겨나고, 그 형상을 잊지 않고 보존했다고 한다면, (뜻을 얻지 못한 것이기 때문에) 보존하고 있는 대상이 바로 그 '뜻意'의 '형상象'이라고는 말할 수 없다. 말이 형상에서 생겨나고, 그 말을 보존했다고 한다면, (형상을 얻지 못한 것이기 때문에) 보존하고 있는 대상이 바로 그 형상의 말이라고는 말할 수 없다. [③]

그렇다고 하면 형상을 잊는 것이야말로 뜻을 얻는 일이며, 말을 잊는 것이야말로 형상을 얻는 일이다. 즉, 뜻을 얻는 것은 형상을 잊는 일에 있으며, 형상을 얻는 것은 말을 잊는 일에 있다. 때문에 형상을 세워서 그것으로 뜻을 다하고 나면 형상을 잊지 않으면 안 되고, 글로 쓴 것을 거듭 되풀이해서 그것으로 정情을 다하고 나면 글로 쓴 것을 잊지 않으면 안 된다. [④]

왕필, 『주역약례周易略例』「명상明象」, 『왕필집교석王弼集校釋』 하책, 609쪽

왕필은 '유보留保'라는 조건이 붙긴 하지만 이제까지 '언부진의론자'로 분류돼 왔다. 하지만 그 논리는 구양건이 비판한 것처럼 언어 이전에 뜻이 실재한다고 하는 소박한 '언부진의론'도 아니거니와, 특권적인 뜻을 일반적인 언어가

표현할 수 없다고 하는 '언부진의론'도 아니다. 그것은 순우나 순찬이 원용한 『역』「계사상전」의 특권적 언어인 '상象'을 더한층 상세히 그 위상을 정립하면서 '진의盡意(뜻을 다함)'를 보증하려고 했던 논리인 것이다.

다만 왕필은 순우나 순찬과는 다른 길을 걸었다고 할 수 있다.

(1) 순찬은「계사상전」에 대항해 상象·괘卦·사辭라는 외부의 뜻과 말을 설정한 데 비해, 왕필은「계사상전」을 따라서 "뜻을 다하는데도 형상에 미치는 것은 없다盡意莫若象"라고 말한다. 그러나 왕필이 말하는 것은 '의意' 일반이자 '말言' 일반이다. 그것은 순찬과 같은 초월적인 뜻이나 말을 인정하지 않고, 순우가 상정하는 것과 같은 특권적인 뜻이나 말(상象 등)도 인정하지 않는다.

(2) 순우도 순찬도「계사상전」을 따라서 뜻과 말을 병렬하고 있지만, 왕필은 말에 대해 뜻이 우위에 서는 '뜻意—형상象—말言'이라는 히에라르키Hierarchie[5]를 설정하고, '뜻을 다하는' 목적을 위한 조건을 언어라는 수단에 어떻게 짜넣을 것인지를 논했다.

이 차이는「계사상전」에 대한 왕필의 강한 해석에 의해 비로소 성립했다. 우선 (1)과의 관련에서 말하면「계사상전」은 '성인의 뜻'이라는 특권적인 뜻을 논하고 있지만, 왕필은 '의意' 일반을 이야기하는 듯한 태도를 취하고 있다. 그리고 (2)와도 관련되지만, "말은 형상을 분명히 하는 것言者明象者也", "형상을 다하는데도 말에 미치는 것은 없다盡象莫若言"라고 말하면서 말과 형상의 관계를 이끌어내고, 본래의 형상과 뜻의 관계에 연결시킨 상태에서 '뜻意—형상象—말言'이라는 히에라르키를 구축한 것이다. 이것은「계사상전」에서는 들을 수 없을 뿐만 아니라,「계사상전」에서 '뜻意—형상象—말言'에 대응하는 것이 '말言

—사辭'라는 점, 또한 「계사상전」에서 '진언盡言'이라고 한 것을 '진상盡象'으로 바꿔 읽은 것은 분명한 오독誤讀이다.

그러나 왕필은 그렇게까지 해서라도 '뜻을 다하는' 언어라는 문제를 해석하려고 했던 것이다. 그는 순찬과 같이 초월적 언어를 설정해 충족시키는 것이 아니라, 일체의 '뜻을 다할' 수 있는 언어란 도대체 어떤 것인가라는 물음에 대해 '상象'이라는 특권적 언어를 다시 고찰하는 일로 접근하려고 했던 것이다. 그것은 초월적 언어가 아니라, 뜻을 다 표현하는 일을 가능하게 해주는 조건이라는 한도에서, 이른바 초월론적 언어의 고찰이었다.

4
초월론적 언어로서의 '망각된 언어'—왕필(2)

그러면 왕필의 논리는 구체적으로 어떻게 구성되는 것일까. 어떠한 초월론적 언어가 몽상夢想되고 있는 것일까. 여기서는 '진의盡意'·'득의得意'와 언어(상象과 말言)의 관계로 좁혀서 검토해보도록 하자. 앞 절에서 인용한 부분 가운데 ①에서 ④까지를 정리해보면 다음과 같은 기묘한 구성이 된다.

A. 뜻意은 언어로써 다 표현된다. [①]

B. 뜻을 획득하면 언어는 잊힌다. [②]

C. 뜻을 획득하기 위해서는 언어가 잊히지 않으면 안 된다. [③ ④]

왕필은 우선 A의 단계부터 시작한다. 뜻은 상象에 의해, 상은 말에 의해 다 표현된다는 것이다.[6] 그렇다고는 하나, 무조건적으로 언어가 뜻을 다 표현하는 것은 아니다. B의 단계에서 '언어의 망각忘却'이 서술된 후, C의 단계에서 이 언어가 특수화되고 초월론적인 언어, 즉 '망각된 언어'가 된다. 뜻을 다하는데도 가장 어울리는 것은 '망각된 언어'인 것이다.

그런데 이러한 A로부터 B 그리고 C로의 단계를 이행하는 왕필의 논리를 어떻게 생각하면 좋을까. 왕필에 관해 말할 때, '언어의 망각'에 관해서는 누구나 어떤 형식으로든 언급하고 있지만, A로부터 C로의 이행 자체를 문제 삼아 고찰한 사람은 드물다. 그 가운데 호리이케 노부오堀池信夫는 가장 철학적인 의론을 전개하고 있다.

여기[④]서의 그의 논지는 더한층 돌진해 마침내 반전된다. '상象'을 얻기 위해 '말言'을 잊고, '뜻意'을 얻기 위해 '상'을 잊는다고 말한다. 잊는 일 자체가 '목적화'되고 있는 것이다. 수단으로서 목적을 얻은 뒤에 잊어버리는 것이 아니다. 잊지 않으면 목적에 도달할 수 없는 것이다. 상당히 기묘한 의론이다. 그러나 왕필에게 '상'과 '말'이란 앞의 아포리아로 인해 이러한 전도된 논리를 갖는다 해도 잊어버리지 않으면 안 되는 것이었다.

호리이케 노부오, 『한위사상사연구漢魏思想史研究』, 459~460쪽

왕필의 '망각된 언어'에 이르는 논리는 '상당히 기묘한 의론이다'. 그러나 그것을 이루게 했던 것은 호리이케에 의하면 어떤 아포리아 때문이었다.

그런데 왕필에 의하면 '상'은 '뜻'으로부터 파생하고, '말'은 '상'에서 파생한다. 그렇다고 하면 논리적으로 볼 때 '뜻'은 '상'의 유개념類概念[7]이고, '상'은 '말'의 유개념이 된다. 그렇다면 개념의 상하관계는 '뜻'이 '상'에 포섭되지 않으며,[8]

'상'은 '말'에 포섭되지 않고 그 반대가 된다. 만일 왕필이 말하는 대로 '상'이 '뜻'을 다하고, '말'이 '상'을 다한다고 하면, 위와 같은 유종類種 관계는 잘 설정되지 않고, 그것들의 개념관계는 '공통'이라고 할 수밖에 없게 된다. 이 아포리아에서 『장자』의 제전蹄筌(올무와 통발) 고사가 도입되지 않을 수 없는 필연성이 생긴다. 즉, '말'과 '상'을 제전 고사처럼 철저하게 수단으로 파악하는 것이다. "말은 상을 분명히 하는 근거"이며 "상은 뜻을 오래 살게 하는 근거", 즉 '분명히 하고' '오래 살게 하는' 근거 인 것이다. 이것은 표현상으로는 '상'을 다하여 '뜻', '말'을 다하여 '상'이라고 해야 할 것이다. 왕필의 의론은, 즉 이 부분은 따라서 논리적으로 조금 위험한 것이다. 그러나 '말'과 '상'이 수단으로 강조되어 물고기와 토끼가 잡히고 나면 통발과 올무가 버려지는 것처럼 그것들은 잊어버리지 않으면 안 되는 것이다. 잊어버리게 되면 그것들의 관계가 유종類種이든 공통이든 어느 쪽이라도 좋게 된다. 상'과 '말'은 '뜻'을 얻고서 그대로 방치하면 논리에서 질곡桎梏⁹에 빠질 가능성이 있으므로 깨끗이 망각하는(잊어버리는) 것이 '뜻'을 확보하기 위한 최선의 길인 것이다.

같은 책, 458~459쪽

이 문장에서 보는 바와 같이 그 '아포리아'란 '의意—상象—언言'의 관계가 한편으로는 '개념의 상하관계' 즉 유종관계로 설정되어 있을 터인데도, 다른 한편에서는 '진盡'이라는 "'공통'이라고도 할 수밖에" 없는 듯한 관계를 가지고 있는 상태다.

그렇지만 과연 그러한 '아포리아'를 인정할 수 있는 것일까. 왜냐하면 애당초 왕필의 '의—상—언'의 관계를 유종관계로 파악할 수 있다고는 생각할 수 없기 때문이다. 정말로 [①]에서 왕필은 '의—상—언'의 관계를 확실히 계층적으로 파악하고 있다. 그렇지만 그것은 논하는 레벨을 달리하는 개념 간의 관계를 서술한 것으로, 유종관계 혹은 클래스 멤버class member라는 집합의 포섭관계를 갖고 있는 것은 아니다. 유종관계는 얼마간의 종차種差(예를 들면 '이성적')를 유類에 부가한 것이 종種이라고 이야기되는 것이지만, '의意—상象'의 관계에 종차가 파고들어갈 여지는 없다. 또는 집합 간의 포섭관계라고 말한다 해도 상象이 의意의 멤버라고는 생각하기 어렵다.

어쩌면 '진盡'이라는 단어로 포섭관계를 간파할 수 있을 것이지만, [①]의 최후에 '진盡'과 나란히 '저著'가 사용되고 있는 바와 같이 '표현되는—표현한다'고 하는 관계 쪽이 '진盡'에서는 주로 이야기되고 있고, 포섭관계만으로 읽고 이해하기에는 약간의 어려움이 있다.

그렇다고 하면 '아포리아'를 해소하기 위해서, 즉 "그것들의 관계가 유종類種이든 공통이든 어느 쪽이라도 좋게 되기" 위해서 "『장자』의 제전 고사가 도입되지 않을 수 없는 필연성"이 생긴다고 말할 수 있을까. 다시 말해 언言과 상象을 유종관계도 아니거니와 포섭관계도 아닌 의意에 대한 수단으로서 파악하려고 하는 '필연성'이 생기는 것일까.

그렇지만 '의—상—언'은 '논리적인' 유종관계도 포섭관계도 아니다. 게다가 언言과 상象을 수단으로서 파악하는 일은 처음부터 전제되어 있다. 설사 이 일에 '아포리아'를 인정했다고 해도 『장자』를 이끌어내는 것이 아니라, 구양건이 전개했던 바와 같은 '언진의론'을 주장할 가능성도 충분히 남아 있었다. 이렇게 생각하면 역시 '논리적으로 본' '아포리아'로 인해 왕필이 A로부터 B 그리고 C로 이행했다고는 생각하기 어렵다.

또한 방금 앞에서 인용한 부분의 바로 뒤에서 호리이케는 이러한 이행에 관해 또다른 하나의 이유를 덧붙이고 있다.

> 그러나 여기서 더한층 생각을 진행해보건대, 왕필은 '언言'과 '상象'의 망각에 의해 '언言―상象―의意'의 논리적 계제階梯의 진행을 중지하고 단숨에 직관적으로 '의意'를 파악하고자 했던 것은 아닌가라고도 생각해볼 수 있다. 언표言表를 넘어서는 진리는 역시 직관적으로 파악되지 않을 수 없는 측면이 있는 것은 진실일 것이기 때문이다. 그렇다고는 하나, 그는 그 직관도 일단 논리적 사유를 궁극의 지점까지 밀고 나아간 상태에서의 것이 아니면 안 된다는 입장을 견지한다. '의意'의 파악은 논리만으로는 어려우며, 논리를 궁극의 지점까지 밀고 나아간 기초 위에서 직관을 필요로 하는 것이기도 하다. (…) 혹은 이 『주례약례』에서 왕필이 '언'과 '상'(이하 '언'을 중심으로 논한다)을 수단이기 때문에 망각해야 한다고 한 것, 그것은 근본적으로는 그의 경우에 '언言(말)'은 결코 사실을 올바르게 반영하는 것이 아니라는 생각을 가졌기 때문이기도 하다. 즉, 그에게는 순찬과 마찬가지로 언표를 넘어서는 진리의 확신이 있었던 것이다. 그 진리는 언표를 넘어서기 때문에 직관적 파악의 우위는 움직일 수 없다. '언'('상')의 망각은 이러한 사정과도 결코 관계가 없는 것이 아니다.

같은 책, 460쪽

"일단 논리적 사유를 궁극의 지점까지 밀고 나아간 상태에서" 언言과 상象이 망각되면 '언표를 넘어서는 진리'가 파악된다. 그러나 그것은 이미 "순찬과 마찬가지로 언표를 넘어서는 진리의 확신이 있었기" 때문이라고 한다. 결국 '언표를 넘어서는 진리'는 처음부터 전제되어 있으며, '논리적 사유'를 편력한 후에 다시금 파악되는 것이다. 여기서 반복되는 것은 또다시 '언표를 넘어서는 진리' 그리고 '직관'이라는 관념이다.

그렇지만 '언표를 넘어서는 진리'를 처음부터 인정한 상태에서 텍스트를 읽는 것은 문제가 있다. 특히 언어와 뜻意의 관계를 묻고 있는 텍스트라면 더한층 신중해야 할 것이다. "언표를 넘어서는 진리의 확신"이란 도대체 어떤 의미일까. '직관적'이란 무엇일까. 설령 왕필에게 그러한 확신이 있다 하더라도 그것으로 오독을 종료시키는 것이 아니라, 거기서부터 오독이 시작되는 것은 아닐까. '언표를 넘어서는 진리'나 '직관적'이라는 개념의 의미에 대해 물음을 던져야 할 것이다.

왕필의 텍스트로 다시 돌아가보자. 그것은 적어도 순찬과는 다르게 '상외象外의 뜻意'을 말하는 것이 아니다. 또 그러한 특권적 '진리'를 이야기하는 것도 아니다. 특권적인 뜻이 존재하는지 여부가 아니라, 언어가 어떻게 해서 뜻을 파손하지 않으면서 언표가 가능한지, 또 그 가능성을 묻고 그것에 적합한 초월론적 언어가 무엇인지를 문제로 삼고 있는 것이다. A에서 B 그리고 C에 이르는 스텝을 밟아가면서 왕필은 그 이상적인 언어로 '망각된 언어'를 제시했다. 이 언어는 별도의 뜻을 표현해버리는 언어의 타성他性을 미리 망각함으로써 뜻의 항상성恒常性·진리성·근원성을 순수하게 유지할 수 있는 언어인 것이다. 다음 텍스트를 살펴보자.

그렇다면 언어로 말해버리면 그 (도道·현玄·심深·대大·미微·원遠이라고 하는 말로 나타내는 바로 그것의) 항상성을 잃어버리고, 이름(명칭)을 붙이면 그 진실에서 벗어난다. 무엇인가를 이루면 본성을 망가뜨리고, 행하면 근원성을 잃는다. 성인은 말로 이야기하는 일을 중요하다고는 생각하지 않기 때문에 항상성과 어긋나지 않으며, 이름 붙이는 일을 상常이라 하지 않기 때문에 진실에서 벗어나지 않는다. 또 무언가를 이루는 일事을 하려고 하지 않기 때문에 본성을 망가뜨리지 않고, 행하는 일을 규칙으로 하지 않기 때문에 근원성을 잃지 않는다.

왕필, 『노자지략老子指略』 『왕필집교석』 상책, 196쪽

명名(이름, 명칭)이 설령 훌륭한 것일지라도 거기에는 거짓僞도 필연적으로 생긴다.

왕필, 『노자도덕경』, 38장 주, 같은 책, 94쪽

가장 진실한 궁극은 이름(명칭) 붙일 수 없다. 무명無名이야말로 그 궁극의 이름名이다.

『노자도덕경』, 21장 주, 같은 책, 53쪽

언어는 뜻의 진리를 위협하는 '거짓'이 만들어지는 곳이기도 하다. 언어는 '실失', '이離', '위違' 등등의 술어가 되기도 한다. 왕필은 뜻을 표현하면서도 그 진리성과 동일성의 순수함을 망가뜨리는 언어의 타성他性을 싫어하는 것이다. 언어의 타성은 어떻게 해서든지 말소되지 않으면 안 된다. 그러기 위해서는 어떻게 하면 좋을까. A의 단계에 머무르면 곧바로 뜻의 순수함을 망가뜨리는 언어의 타성이 작용한다. 그것을 피하기 위해서는 언어가 뜻을 표현하는 효과를 올리기가 무섭게 곧바로 그러한 언어를 잊어야 한다. 이 망각이라는 언어의 환원을 지지하기 위해 B에서 『장자』의 제전 고사가 '의도적으로' 도입된 것이다.

그렇지만 왕필은 이『장자』의 제전 고사에 머물렀던 것은 아니다. 그것을 반전시킬 정도로 왕필은 논리를 '철저화'했다. 뒤에서 금지하는 혹은 금지의 효력을 소급하는 일일지라도, 아직 뜻의 순수함을 완전하게는 유지할 수 없다. 이것은『장자』의 제전 고사에 남아 있는 불완전함(그러나 동시에 기회)이다. 언어의 타성이 작용하기 전에 '처음부터' 잊는 일, 그리고 망각하기 전에 망각한다고 해도 좋다. 완벽한 망각이다. 처음부터 금지하는 일이다. 언어가 기능하기 전에 먼저 작용하는 일이다. 언어는 '처음부터' 초월론적으로 환원된 언어이어야만 한다. 여기에는 '무명無名'이라는 도가적 생각의 궁극적인 모습이 있다. 아마도 뜻을 순수함 그대로 유지하려고 한다면 여기에까지 이를 수밖에 없을 것이다. C에서 '망각된 언어'가 등장한 것은 이러한 논리의, '기괴奇怪'하다고는 말할 수 없는 귀결이다.

그렇지만 이 논리와 초월론적 언어를 그대로 인정할 수는 없다. 인정되지 않는 것은 그것이 단순히 불가능하다는 것뿐만 아니라 그것이 가장 폭력적이기 때문이다. 이 논리는 언어가 구체적으로 작동하는 장면에서 언어의 타성을 환원하기 위해서 마치 '아무 일도 없었던' 것처럼 행동하고, 언어의 흔적을 사전에 말소하는 폭력이다. 그것은 과거에는 전혀 없었던 것처럼 모든 '과거성過去性'을 인정하지 않는다. 즉, 현재와는 다른 것, 여기와는 다른 것, 자기와는 다른 것을 인정하지 않는다. 이것은 모든 유형(타입)의 시간성이나 역사성을 인정하지 않는 일이다. 언어의 죽음은 시간의 죽음이기도 하다. 왕필이 묘사하는, 즉 어떠한 하자도 없는 순수한 뜻의 세계에서는 사건은 없고 시간이 죽어 있다.

5

지통사언志通舍言과 망상득의忘象得意
─왕필과 『순자』의 만남

언어의 타성他性의 환원, 그리고 '망각된 언어'에 의한 근원적이고 진실한 '뜻意'의 순수한 파악. 이러한 왕필의 언어에 대한 태도는 어떤 정치적인 욕구에 근거한다.

천지는 자연에 맡겨져 무위무조無爲無造이지만, 만물은 스스로 서로 간에 잘 다스려지고 질서가 잡혀 있다. 그래서 천지는 불인不仁이다. (…) 만물에 대하여 무위無爲하면 만물은 그것에 적합한 위치에 붙어 부족한 것이 없다.

『노자도덕경』, 5장 주, 같은 책, 13쪽

무無를 말하는 것은 '무에 이利(이익)를 이루는 까닭이 있기 때문이다. 그래서 모두 '무'를 믿고 용用(쓰임)을 이루려고 한다.

『노자도덕경』, 61장 주, 같은 책, 27쪽

무위에 의해 불언不言을 가르침으로 하고 염담恬淡10을 운취(재미)로 한다. 이것이 다스림治의 궁극이다.

『노자도덕경』, 63장 주, 같은 책, 164쪽

여기서 이야기되는 것처럼 '무위無爲' 그리고 '불언不言'이 효과를 미치는 세계는 만물이 각각의 '쓰임用'이 있어야만 할 장소에 있으며, '이익利'이 실현된 '다스림治'의 상태다. 그것은 더욱더 '하나一'로의 집약으로서 결론 맺어진다.

> 형체가 있는 모든 것, 그 복귀하는 바는 하나이다. 무엇에 의해 하나에 이르는 것일까. 그것은 무無에 의해서이다.
>
> 『노자도덕경』, 42장 주, 같은 책, 117쪽

> 일事에는 중심 원칙이 있고, 사물物에는 주된 것이 있다. 각각 길은 다르게 있어도 그 복귀하는 바는 동일하다. 생각은 가지각색으로 달라도 그 이르는 곳은 하나이다.
>
> 『노자도덕경』, 47장 주, 같은 책, 126쪽

전체가 하나로 복귀하는 일, 언어를 지배하고 사건과 시간을 없애버린 왕필이 이상으로 하는 세계에는 이미 타성他性도 차이도 없다. 각각의 사물이나 사람은 주어진 장소에 과부족過不足 없이 머무르고, 그에 어울리는 작용을 행하고 이익을 올리며, 그것을 휘저어 어지럽히는 난亂의 가능성은 소실되어 있다. 언어 타성의 말소가 타성 그 자체에 이르러, 언어의 지배가 세계 전체의 지배에 이르렀던 것이다.

그런데 이와 같은 언어의 지배를 통한 정치는 우리가 이미 『순자』 「정명」 편의 의론에서 확인해보았던 것이 아닐까. '명을 바로잡는다'는 방식에서의 언어의 지배는 '지통志通'이라는 전달이 막힘(정체) 없이 행해지고, 백성民이 '하나'로 되기 위한 것이 잘 되어가기만 하면 언어를 버려도 좋다. 『순자』는 이렇게 말했던 것이다.

이러한 부합은 '언진의'와 '언부진의'의 대립을 사상사에서 살펴보려고 해왔던 이제까지의 연구에서 생각해보면, 기묘한 것일지도 모르겠다. 거기서는 『순자』의 언어론이 왕필과는 반대로 '언진의론'으로 분류되었기 때문이다.[11] 그러나 이미 살펴본 바와 같이 '언진의'와 '언부진의'라고 하는 대립 자체가 선명한 이항二項 대립을 이루는 것은 아니다. 물음의 초점은 '진의盡意'를 위해 도대체 어떠한 조건이 언어에 필요한 것인가, 언어는 거기에 어디까지 견딜 수 있는 것인가라는 점이며, 어떠한 언어를 채용하는가에 따라서 입장이 나누어졌던 것이다.

따라서 양극단을 이루는 것으로 간주돼왔던 왕필과 『순자』는 굳이 말하자면 모두 '언진의론자'다. 즉, 왕필은 '망각된 언어'로써 뜻意을 획득하고자 했고忘象得意, 『순자』는 언어를 바로잡아 그 올바른 언어로써 지志를 통하게 하고 그것이 이루어지면 언어를 떨쳐버린다志通舍言. 이와 같이 어느 쪽이든 '진의盡意'에 어울리는 언어를 발명한 상태에서 뜻意 혹은 지志가 손실되는 일 없이 순수하게 전달되는 세계를 목표로 했던 것이다.

그런데 이러한 입장은 구양건의 그것과는 조금 다르다. 이 장의 첫 부분에서 살펴본 바와 같이 구양건의 언어론은 말言과 뜻意의 일체불이一體不二를 서술한 것뿐이며, '뜻에서 벗어나는 말'에 관심을 기울이지 않는다. 이에 비해 『순자』의 경우에는 애당초 명실名實이 불일치하는 난亂에서 의론이 조립되고, '약約'에서 타자와의 동의라는 물음이 제기되었다. 즉, '뜻에서 벗어나는 말'이라는 언어의 타성을 언급한 것이다. 그 상태에서 그 위태로움을 정명正名에 의해 흔적 없이 지워버리려고 했다. 왕필도 '언어의 망각'으로부터 '망각된 언어'로 논리를 점점 높여가는 과정에서 이 언어의 타성을 어떻게 해서든지 말소하려고 했다. 그리고 그 결과, 구양건과는 달리 『순자』든 왕필이든 최종적으로는 언어 그 자체를 말소하려고 했던 것이다.

어떻게 하면 언어를 말소할 수 있을까. 이 물음은『순자』와 왕필이 원하는 물음이다. 언어의 죽음을 요구할 정도로 언어에 대한 알레르기가 심하다. 그리고 언어의 죽음을 통해 목표로 하는 것은 순수하고 진실한 뜻意의 세계, 즉 이익이 오르고 훌륭하게 다스려지며, 모든 것이 하나로 집약된 세계다. 그것은 다른 것·외부를 이룬 세계다. 그렇다고 하는 이상, 이 물음과 그 목적을 관통하는 것은 타자에 대한 알레르기라고 말해도 좋을 것이다. 어떻게 하면 타자를 말소할 수 있을까. 이것이 언어의 말소 아래에서 욕망하고 있던 숨겨진 물음이다.

그러나 어쩌면 언어는 말소할 수 없고, 무엇보다도 타자를 말소할 수는 없을 것이다. 따라서 "어떻게 하면 언어를 말소할 수 있을까"라는 물음에 대해서는 "어떻게 하면 언어를 말소할 수 있을까, 아니 말소하는 일 같은 것은 할 수 없을까"라고 반문하지 않으면 안 된다. 하지만 이에 대해 어떻게 말할 수 있을까. 그 약간의 실마리를 다시금 중국철학의 내부에서 탐색해보자.

'오럴리티'의 차원

1

제전 고사를 읽는 법

여기서 왕필이 언어의 망각(B의 단계)에서 참조한 『장자』의 텍스트로 돌아가 다시금 검토해보자. 제전蹄筌(올무와 통발)의 고사란 다음 부분이다.

통발筌은 고기를 잡는 것이니 고기를 손에 넣으면 통발을 잊는다. 올무蹄는 토끼를 잡는 것이니 토끼를 손에 넣으면 올무를 잊는다. (이와 같이) 말言이란 뜻을 파악하는 수단이니 뜻意을 손에 넣으면 말을 잊는다. 내가 어찌 그러한 망언忘言(말을 잊음)의 사람과 만나 말을 주고받는 일을 할 수 있단 말인가(그것은 매우 어려운 일이다).

『장자』「외물」

이 부분은 두 가지 의론으로 성립되어 있다. 하나는 왕필이 언급한 것으로, 언어와 의도의 관계를 수단과 목적으로 파악하고, 목적인 의도를 얻으면 수단인 언어가 불필요하기 때문에 잊히고 만다는 의론이다. 그러나 여기에는 또 하나의 의론이 있다. 즉, 그렇게 해서 언어를 망각한 사람이 있다고 해도, 그 사람과 말을 주고받을 수 없다고 하는 아이러니irony(반어, 모순, 이율배반)다.

전반의 의론에 관해서는 이미 살펴보았기 때문에 여기서는 후반의 의론에 관해 검토해보자. 현대 일본에서 통용되는 대표적인 『장자』 해석은 다음과 같은 오독誤讀을 채용하고 있다.

체험적인 진실을 제일의第一義로 하는 인간이란, 바로 도道에 대한 깨달음을 가진 장자적莊子的 자유인이지만, 어떻게 해서든지 그와 같은 자유인을 만나서 말 없는 말, 불언不言의 언言을 사용해 인간의 말을 뛰어넘은 근원적인 진리, 무위자연의 '도'에 관해 다 함께 서로 이야기를 나누고 싶어 하는 사람이다.

후쿠나가 미쓰지福永光司, 『장자莊子』 「잡편雜篇」상, 276~277쪽

어느 날인가 말(언어)과 같은 것을 깨끗이 잊어버린 사람과 만나서 서로의 사상에 관해 말을 초월해 차분하게 서로 말을 나누고 싶다—이것이 내가 절실히 원하는 바다.

이케다 도모히사池田知久, 『장자』하, 308쪽

어느 쪽의 오독도 '망언忘言의 사람人'과 서로 이야기하고 싶다고 하여, 비록

곤란할지라도 소통하는 것 그 자체를 긍정적으로 해석하고 있다. 그것은『장자』속에 있는 말하는 일에 대한 믿음信에 닿아 있는 해석이자, 최종적으로는 그곳으로 되돌아가야 할 지점이다. 하지만 자기 바로 앞의 강렬한 아이러니를 이해하지 않으면『장자』의 복잡한 언어사상을 간과해버리는 셈이다.『장자』의 이 부분은 '망언의 사람'과 말할 수 있는 가능성을 단순히 긍정하고 있는 것이 아니다. 사실 원문의 '안득安得~(어찌해야~하겠는가)'에 대한 해석에는 반어와 소망의 두 통로가 있고, 소망의 의미에서 이해하는 것도 가능하다. 그러나 이 부분에서 중점적으로 논하는 것은 말言과 뜻意이자 그 관계다. 그렇다면 '망언의 사람'과 말할 수 있는 가능성이 단순히 전제되어 있다고는 생각하기 어렵다.

그러면 중국의 옛 주석은 어떠했을까. '제2의 왕필王弼之亞'(『세설신어世說新語』「문학文學」편 주)이라고 불린 서진西晉의 곽상郭象(252경~312)은『장자』의 주석으로 유명한데, 이 부분에 관해서는 주석을 달지 않았다. 하지만 당唐의 도사道士인 성현영成玄英의 소疏에는 이렇게 말하고 있다.

이것은 비유이다. 뜻意이란 묘리妙理이다. 물고기와 토끼를 잡는 데는 원래 통발과 올무를 사용하지만, 통발과 올무는 물고기와 토끼가 아니다. 이와 마찬가지로 현리玄理는 언설에 가탁하는 것이지만, 언설은 현리가 아니다. 물고기와 토끼를 잡고 나면 통발과 올무를 잊고, 현리玄理가 밝혀지면 명칭名이나 말言은 버려진다. 애당초 말을 잊고 이理를 얻음으로써 도道의 존재를 눈으로 보는 것이다. 그러나 그러한 사람은 실로 드물기 때문에 이것(그 사람과 만나서 이야기하는 일)은 곤란하다.

『장자』「외물」편 소疏

성현영의 해석에 따르면, '망언忘言의 사람'과 서로 이야기를 나누는 일은 곤란하다. 그 이유로 언급되는 것은 '망언의 사람'이 '실로 드물기 때문'이다. 그러나 왜 '실로 드물다'는 것일까. 그것은 실제로 이 경지에 도달한 사람이 적다는 말이기도 하겠지만, 무엇보다도 권리상 '망언忘言'이라는 행위 자체가 극히 곤란하기 때문인 것은 아닐까. 거기에 덧붙여 만에 하나 '망언'을 실현한 사람이 있다고 하더라도 그 사람이 이상적 경지에 있으면 있을수록 함께 이야기하는 일은 더욱 곤란해질 터다. 여기서 문제가 되는 것은 타자에게 이야기한다고 하는 커뮤니케이션이다.

언어를 잊고 포기한다는 일이 설령 '고독한 마음의 삶'으로 성립했다 하더라도 그것은 타자와의 커뮤니케이션이라는 수준에서는 의미를 다하지 못하는 것은 아닐까. 최종적으로는 언어로부터 커뮤니케이션을 철저하게 제거하지 않는 한, '득의망언得意忘言'은 '이야기될 수 없는' 것은 아닐까. 하지만 그것을 할 수 없다고 한다면 '망언' 자체를 다시 생각하지 않으면 안 된다.

만일 이러한 아이러니에 대해 『장자』의 이 부분을 읽고 이해할 수 있다면, 『장자』가 언어를 망각하려고 했던 의미를 보다 신중하게 생각할 수 있을 것이다. 즉, 『장자』에서 언어는 의도나 커뮤니케이션을 방해하는 것이면서도, 또한 의도나 커뮤니케이션의 가능성의 조건을 이루기도 하고 망각에만 맡기지 않는다. 그것은 『장자』에서 타자라는 차원을 떨쳐버릴 수 없는 일이기도 하다.

다음에서는 『장자』 언어사상의 진폭을 하나하나 문제 삼아보도록 하자.

2

문장어에 대한 두려움

우선 처음에 지적해두어야 할 것은, 『장자』는 언어를 두려워하고 있다는 점이다. 그리고 무엇보다도 문장어를 두려워하고 있다.

세상 사람들이 도道라고 하여 귀히 여겨 찾는 것은 책書(혹은 글)이다. 그러나 책은 말이 이야기된 것에 지나지 않는다. (말로) 이야기된 것 속에서 귀히 여겨야 할 것이 있는 것이다. 이야기된 것 속에서 귀히 여겨야 할 것은 의미(뜻)이다. 그리고 의미에는 그것에 따라서 추구하는 바가 있다. 의미가 그것에 따라서 추구하는 바는 말로써는 전달할 수 없다. 그런데 세상 사람들은 말言을 귀히 여겨 책을 전하고 있다. 세상 사람들이 비록 그것을 귀히 여기나, 나는 오히려 귀하게 여길 것이 못된다고 생각한다. 그들이 귀하게 여기는 것은 귀한 것이 아니기 때문이다.

그러므로 보려고 하여 볼 수 있는 것은 모양形과 빛色이다. 들으려 해서 들리는 것은 이름名과 소리聲이다. 슬픈 일이지만, 세상 사람들은 이러한 모양과 빛, 이름과 소리를 저 실정實情(도의 진실)을 획득하기에 충분한 것이라고 생각한다. 그런데 애당초 이러한 모양과 빛, 이름과 소리는 저 실정을 파악하기에는 당연히 불충분한 것이기 때문에 "아는 자는 말하지 않고, 말하는 자는 알지 못한다"고 하니 세상 사람들이 어찌 그것을 알 수 있을까?

『장자』「천도天道」

제 환공齊桓公이 대청 위에서 책을 읽고 있을 때, 윤편輪扁[1]이 대청 아래에서 수레바퀴를 깎고 있었다. 윤편은 망치와 끌을 놓고서 제 환공에게 물었다.

"공께서 읽으시는 것은 무슨 책입니까?"

"성인의 말씀이시니라."

"그 성인은 지금 살아 계십니까?"

"이미 돌아가셨느니라."

"그렇다면 공께서 읽으시는 것은 옛사람의 찌꺼기에 지나지 않습니다."

제 환공이 말하였다. "과인이 책을 읽는데 수레바퀴나 깎는 네놈이 무슨 참견이냐? 네 변명할 구실이 있으면 좋거니와 변명을 못하면 죽이리라."

윤편이 대답하였다. "저는 제가 하는 일의 경험에서 말씀드리겠습니다. 수레바퀴를 깎을 때 느리면 헐렁해서 꼭 끼이지 못하고, 빨리 깎으면 빡빡해서 들어가지 않습니다. 느리지도 않고 빠르지도 않는 것은 손에 익숙하여 마음으로 느끼는 것이라, 입으로는 표현할 수가 없습니다. 그 사이에는 익숙한 기술이 있는 것이나, 저는 그것을 제 자식에게 가르칠 수가 없고, 제 자식도 그것을 저에게서 배워갈 수가 없어서, 이렇게 제 나이 일흔이 되어 늙도록 수레바퀴를 깎고 있습니다. 이와 마찬가지로 옛사람들은 스스로 전달할 수 없다는 것과 함께 죽어버렸습니다. 따라서 대왕께서 읽고 계신 것도 옛사람의 찌꺼기일 뿐입니다.

같은 책

공자가 노담老聃에게 물었다. "저는 시詩·서書·예禮·악樂·역易·춘추春秋의 육경六經을 공부한 지가 매우 오래되어 스스로는 그 내용을 매우 익숙하게 안다고 생각합니다. 그리하여 일흔두 명의 군주를 만나 선왕의 도를 논하고 주공周公과 소공召公의 업적을 밝혔으나, 누구도 채용하는 분이 없었습니다.

그러니 너무 심합니다. 남을 설득하기가 어렵고, 도를 밝히기가 이렇게 어려운 것이 말입니다."

이에 노자는 이렇게 대답하였다. "다행한 일이오, 당신이 세상을 다스리는 군주들과 만나지 못한 것이. 원래 육경은 선왕의 낡은 흔적이지, 흔적을 덧붙인 원인이 아니오. 지금 당신이 말하고 있는 일도 또한 흔적과 같은 것, 흔적은 신발이 만들어내는 것이지 흔적이 신발은 아닌 것이라오."

『장자』「천운天運」

인용이 길어졌는데, 여기서 언급한 세 가지 텍스트가 일관되게 주장하는 것은 '의意(뜻)→언言(말)→서書(책, 글)'라는 히에라르키(위계성, 계층성)가 존재하고, 그 가운데 쓰인 것으로서 문장어는 가장 파생적이고 가장 뒤떨어져 있으며 억압하지 않으면 안 된다는 것이다. 그 반대로 뜻意은 특권적이고 본래는 언어로 전달되지 않을 정도로 훌륭하다는 것이다.

주목하고 싶은 것은 이 히에라르키가 단순히 '논리적인' 계제階梯 혹은 '원인─결과', '목적─수단'의 관계가 아니라, 가치적인 계제라는 점이다. 뜻에 대해 말言, 그리고 더 나아가 책書(혹은 글)은 뒤떨어진 '찌꺼기' 혹은 '흔적'에 지나지 않는다.

덧붙여서 말하면 여기에 보이는 '의意(뜻)→언言(말)→서書(책, 글)'라는 가치적인 계제화階梯化는 도처에서 반복된다. 이미 살펴본 바와 같이 순찬도 "육경六經이 존재한다고 해도 그것은 본래 성인의 지게미에 지나지 않는다"라고 서술했고, 왕필은 『역』「계사상전」을 단서로 하면서 '의意(뜻)→상象(형상)→언言(말)'이라는 히에라르키를 만들어냈다. 더구나 이러한 사정은 이른바 '언부진의론'으로 분류되는 계보의 텍스트에서 멈추는 것이 아니다. 『회남자淮南子』「도응

순道應順」 편이나 『한비자韓非子』 「유로喩老」 편에 실린, 짊어지고 다니던 서책書冊을 불태운 왕수王壽의 이야기도 그러하고, 『여씨춘추呂氏春秋』 「이위離謂」 편에서도 이 가치적인 히에라르키가 반복되고 있다.[2]

게다가 이와 같이 의도와 언어 사이에 히에라르키를 설정하는 사유방식은 특별히 중국에서만 고유한 일이 아니다. 예를 들면 플라톤은 이렇게 말했다. "사물을 쓴다고 하는 일에는 생각하건대 다음과 같은 곤란한 점이 있고, 그 사정은 회화의 경우와 정말로 매우 닮은 것 같다. 즉, 회화가 만들어낸 것을 보아도 그것은 마치 살아 있는 것처럼 단정히 서 있지만, 당신이 무언가를 물어도 매우 거만하게 침묵하며 대답하지 않는다. 쓰여 있는 말도 이와 마찬가지이다."(후지사와 노리오藤澤令夫 역, 『파이드로스』, 275d) 혹은 쓰여 있는 말이 누구에게서나 태어날 수 있는 사생아私生兒라고 한다면 혼을 가진 구어口語(음성언어)야말로 부친의 적자嫡子(같은 책, 276a)라고도 서술되어 있다.

그러면 왜 문장어(글말)가 『장자』에서는 두려움의 대상일까? 왜 흔적은 바람직스럽지 않을까? 그것은 흔적을 만드는 '신발'의 단서로서 긍정되어야만 할 것은 아닐까? 문제는 이 흔적이 신발의 보행을 방해한다는 데 있다. 수레바퀴를 깎는 윤편輪扁의 이야기를 염두에 둔다면 서물書物은 정교한 기술의 전달을 방해한다. 즉, 문장어는 순수한 뜻意과 그 전달을 방해하는 일 때문에 비판받았던 것이다.

3

전달할 수 없는 뜻과 현전

그러나 '의意(뜻)→언言(말)→서書(책, 글)'라는 히에라르키가 목표로 하는 '흔적을 덧붙인 원인'이나 언어로 '전달할 수 없는 것'으로서의 뜻은 도대체 어떤 것일까. '전달할 수 없는 것'이 이야기되는 방식에 주목해보자. 바로 앞의 첫 번째 인용에는 "의미(뜻)가 거기서 나오는 것"이라 했고, 세 번째 인용에서는 '흔적을 덧붙이는 것'이라고 서술했다. 즉, 뜻은 의미의 기원이기도 한 '의식=의도'의 활동 상태인 것이다. 이 뜻은 앞의 인용문에서 말한 '귀한 것所貴', '저 실정彼之情', '기술數'이고 성인이나 선왕의 뜻이며, '조박糟粕(찌꺼기)'인 언어로는 '전달할 수 없는' 또는 '이야기할 수 없을' 정도로 순수하게 하자瑕疵(결점)가 없는 것이다.

그중에서도 중요한 것은 이 '전달할 수 없는 뜻'이 두 번째 인용에서 "그 성인은 지금 살아 계십니까?" "이미 돌아가셨느니라" "그렇다면 대왕께서 읽으시는 것은 옛사람의 찌꺼기에 지나지 않습니다" 그리고 "(이와 마찬가지로) 옛날 사람들은 스스로 전달할 수 없다는 것과 함께 죽어버렸습니다"라고 서술된 것처럼 살아 있는 사람, 지금 현존하는 사람과 분리할 수 없다는 점이다. 사람이 죽어버리면 '전달할 수 없는 뜻'도 함께 죽는 것이기 때문에 남겨진 그들의 말은 알맹이 없는 '찌꺼기'로 죽을 뿐이다. 거꾸로 말하면, 순수한 진리로서의 뜻意을 가진 사람의 현전現前(목전, 바로 눈앞)만이 언어를 활성화시키고 '찌꺼기'가 된 것으로부터 구제하는 것이다.

그렇다면 사람이, 특히 성인이 바로 눈앞에 있다면 활성화된 언어는 진리로서의 뜻을 전달할 수 있는 것일까? 그런데 텍스트에 따르면, 윤편輪扁은 자신의 아들에게 기술을 전달할 수 없는 것을 한탄했다고 한다. 그것은 그의 뜻이 너무 순수했기 때문이다. 순수하면 순수할수록, 진리면 진리일수록, 설령 누군가가 바로 눈앞에 있어도 그 뜻을 전달할 수 없다. 그렇다면 사람이 바로 눈앞에 있든 없든, 언어가 활성화되었든 그렇지 않든 간에 뜻을 전달할 수 없는 것이 아닐까? 결국 현전現前과 언어는 애당초 불필요한 것이 아닐까? '망언忘言의 사람'과 서로 이야기를 나누는 일이 불가능하다는 아이러니가 다시금 등장한다.

여기에는 다음과 같은 반론이 제기될지도 모르겠다. 즉, 여기서는 누군가가 눈앞에서 말하거나 쓰거나 하는 언어와 저자 혹은 말하는 사람이 부재한 경우의 언어 사이에 차이를 설정하고, 후자가 전자에 뒤떨어져 있다는 점을 말하려고 했다는 것이다. 하지만 적어도 '쓰여 있는 것'은 언제나 저자가 부재한 것이 아닐까? 이렇게 말한다고 특별히 눈앞에 저자가 있다는 사실을 무시하려는 것은 아니다. 쓰여 있는 것은 저자가 부재하더라도 읽을 수 있다. 이것은 쓰여 있는 것의 구조적인 가능성이다. 그러면 '이야기하는(말하는) 일'은 어떨까? 이것이야말로 말하는 사람의 현전現前이 중요하지 않을까? 그러나 예를 들어 테이프에서 목소리를 재생하는 일을 생각해보면 알 수 있듯이, 말하는 사람의 현전이 반드시 본질적으로 필요한 것은 아니다. 이러한 예를 이끌어내지 못하더라도, 대화의 장면에서도 말하는 사람의 현전이 불가결한 것은 아니다. 전달이 성립하기 위해서는 다른 사람에 의해서 완전히 동일하지는 않더라도, 말하는 사람이 이야기하는 말이 반복 가능하지 않으면 안 되기 때문이다. 거기에 애당초 자연언어를 인용해 말할 수밖에 없는 이상, 말하는 일은 인용 가능, 즉 반복이 가능하지 않으면 안 된다.

이렇게 생각해보면, 현전과 '전달할 수 없는 뜻'과의 결탁, 현전으로부터의 거리에서 언어를 가늠하고 '쓰여 있는 것'을 폄하하는 태도가 극히 특수하다는 것을 알 수 있을 것이다. 여기에 존재하는 것은 바로 눈앞에 있지 않아도(현전하지 않아도), 부재하더라도, 죽었다고 해도 기능하는 문장어(글말)에 대한 두려움이며, 또 동시에 그것에 의해 훼손되는 일이 없는 완전한 현전, 완전한 삶에 대한 욕구다. 현전으로서의 뜻이 설령 부재의 상태라 해도 기능하는 언어는(물론 언어는 이 가능성이 없으면 언어일 수 없는 것이지만) 완전한 현전이나 완전한 삶을 목표로 하는 희구에 있어서는 죽음의 위협이다. 언어가 항상 '죽음의 언어'라고도 한다면, 그 위협으로부터 도망치기 위해서는 언어를 말소하지 않으면 안 된다. '죽음의 언어'가 활동하지 않도록 언어를 망각함으로써 '언어의 죽음'을 초래한다고 하는 아이디어가 등장하는 것은 이런 맥락에서다.

4

근원적인 오럴리티―『장자』와 왕필의 차이

그렇지만 『장자』는 언어가 애초부터 불필요하다고 주장하는 것은 아니다. 철저하게 '득의망언得意忘言', 즉 언어가 한번 기능하고 뜻을 표현하자마자 곧 말소해버리지 않으면 안 된다는 것이다. 언어가 다른 방식으로 기능하는 것을 두려워하면서도 언어 그 자체를 어떤 괴물 같은 것으로 변형시키고자 했던 것은 아니다.

그런데 이미 살펴본 바와 같이 왕필이 행한 일은 언어 그 자체를 변형해 초월론적 언어로 바꾸는 일이었다. 그 '망상득의忘象得意'는 『장자』의 제전 고사를 이용한 상태에서 뜻을 얻고 나서 말을 잊는다고 하는 순서를 전도시켜, 뜻을 얻으려면 말을 잊지 않으면 안 된다고 하는, 아니 말을 잊는 것이야말로 뜻을 얻는 것이라 하여 '망각된 언어'를 분석해낸 것이다.[3]

여기서 하나의 중요한 차이에 주목해보자. 『장자』가 말하는 것은 '망언忘言'이고, 왕필이 말하는 것은 '망상忘象'이다. 왕필은 '말(구어, 음성언어)' 바로 앞에 특권적인 '상象(문장어, 글말)'을 설정했는데, 그것은 '원原-문장어'라고도 불러야 할 언어다. 왕필은 뜻意을 다하기 위해서는 특수한 '원原-문장어'가 필요하다고 생각했다. '특수한'이라고 말한 것은 그것이 사전에 망각되었던 것이기 때문이다. 그것에 대해 『장자』는 '말(구어)'을 잊으라고 말하고 있다. 일반적인 '서書(문장어)'에 대한 두려움이 가장 처음에 있는 것은 이미 서술한 바와 같지만, '말(구어)'에도 뜻을 훼손할 가능성이 항상 따라다니기 때문이다. 그렇다면 『장자』는 왕필처럼 '원原-문장어'로서의 '망각된 언어'를 설정하고 뜻을 파악하고자 했던 것이 아니라, 모든 언어작용을 초월한 뜻을 순진하게 전제한 것에 지나지 않는 것일까.

정말로 "태초에는 무無만 있었을 뿐이며, 무無에는 명名이 없었다"(『장자』「천지天地」)거나 "도道는 듣거나 보거나 말하거나 할 수 없다. 그러한 것은 도가 아니다. 형체形에 형체를 부여하는 것은 형체가 아니라는 것을 알면, 도는 명명命名할 수 없다"(『장자』「지북유知北遊」)라는 기술을 보면, 『장자』가 언어의 한계를 뛰어넘은 "전달할 수 없는 뜻"을 목표로 하고 있었다는 점은 확실하다. 그러나 동시에 『장자』 속에는 말하는 것을 통한 '망언'의 불가능성에 대한 아이러니컬한 언급도 있거니와, '전달할 수 없는 뜻'을 바로 눈앞의 말(구어)과 그것을 이야기하는 사람에게 어떻게든 연결시키고, 목소리를 직접 들으려고 하는 욕망도 있음을 간과할 수는 없다. 요컨대 『장자』에는 어떤 방식으로든 언어에 대한 근원적인 믿음이 어딘가에 내재되어 있는 것이다. 예를 들어 다음 인용문을 살펴보자.

대체로 말ᇀ은 단순히 불어내는 바람 소리가 아니다. 말에는 말(의 의미)가 있다고 생각되었다. 그러나 그 말하는 대상이 아직 정해지지 않았다면 과연 말하는 것(의미)이 있다고 할 것인가, 말하는 것(의미)이 없다고 할 것인가. 그리고 그것이 새들의 지저귀는 소리와 다르다고 생각하고 있는데, 과연 어떤 구별이 있는 것인가, 아니면 구별이 없는 것인가. 도道가 어딘가에 숨겨져 있기 때문에 참됨과 거짓이 있는 것은 아닐까. 말이 어딘가에 감추어져 있기 때문에 옳음과 그름이 있는 것은 아닐까. 도가 어딘가로 갔기 때문에 파악되지 않게 되었던 것은 아닐까. 말이 어딘가로 갔기 때문에 불가하게 되었던 것은 아닐까. 즉, 도는 소성小成(조그맣게 이룸)에 감추어지고, 말은 화려함 속에 감추어진 것이다. 이렇게 해서 유가와 묵가의 시비가 생겨난 것인데, 한편으로는 그른 것을 옳다고 하고, 옳은 것을 그르다고 여기게 되었다. 그른 것非을 옳다고 하고, 옳은 것是을 그르다고 하고 있는 상황에 대해서는 밝은 지혜로써 구분하는 것만 같지 못하다.

『장자』「제물론齊物論」

이 「제물론」 편은 『장자』의 「내편內篇」에 속하고, 『장자』의 모든 텍스트 가운데 가장 오래된 것으로 간주돼왔다. 그 가운데서도 이 부분은 좀처럼 이해하기 어려운 곳이지만, 이 전후를 살펴보면 '옳고 그름是非'이나 '불가한 것을 가하다고 하는 것可不可' 그리고 '그렇지 않은 것을 그렇다고 하는 것然不然'에 대한 판단의 '양행兩行(어느 쪽도 올바르다고 하는 의론)'을 주장하고 있다. 다분히 유가와 묵가의 시비是非 판단의 대립에 대해 양쪽을 모두 인정하는 듯한 '명明'의 입장에 선 상태에서, 말이 '화려함榮華'에 감추어진 일을 시비 구별이 발생하는 원인이라고 생각하고 있는 듯하다. 그것과는 달리『장자』가 보고자 했던 것은 불어오는 바람 소리처럼, 새가 지저귀는 소리처럼 시비 대립의 바로 앞에서 근원적인 오럴리티(구어성의 소리)로서 '말言'이 감추어지는 일 없이 울려 퍼지는 상황이다.

그리고 이와 같은 울려 퍼지는 오럴리티는 다음과 같이 묘사되고 있다.

자기子綦가 대답하였다. "대체로 대지가 내뿜는 숨을 바람이라 한다. 이것이 일지 않으면 몰라도, 한번 일기만 하면 지상의 모든 구멍이 모두 성낸 듯이 울부짖는다. 너만이 그 울부짖는 소리를 듣지 못하였느냐? 산속의 숲이 우거지고 백 아름이나 되는 큰 나무에 파인 구멍, 코와도 같고 입과도 같으며, 귀와도 같고 쪼구미梲와도 같으며, 고리圈와도 같고 절구와도 같으며, 연못과도 같고 웅덩이와도 같은 것들이 바람을 맞아 격류와도 같이 콸콸 하는 소리, 화살이 날듯이 쉬쉬 하는 소리, 꾸짖듯이 거센 소리, 숨을 들이쉬는 듯하는 소리, 목청을 높여 부르짖는 소리, 탁 가라앉아 탁한 소리, 깊숙이 기어들어가는 듯한 소리, 재재거리듯이 맑은 소리들을 내기도 한다. 그래서 앞의 것이 우우 하면 뒤의 것이 우우 한다. 작게 부는 바람에는 작게 화답하고, 거센 바람에는 크게 화답한다. 그러다가 바람이 한번 자면 모든 구멍은 텅 비게 되는 것이니, 너만이 저 나무들이 휘청휘청 흔들리다가 또 한들한들 움직이는 것을 보지 못하였느냐?"

『장자』「제물론」

이것은 「제물론」 편의 서두에 있는 문장이며, '지뢰地籟'(대지의 소리)를 생생하게 묘사한 부분이다. 『장자』는 '지뢰'를 끼워넣은 것처럼 '인뢰人籟(사람이 내는 소리)'와 '천뢰天籟(하늘의 소리)'를 배치했다. 천지인天地人의 모든 레벨에서 이 세계에는 소리가 넘칠 정도로 그득 차 있는 것이다.

그렇다면 『장자』의 경우에 단순히 언어가 부정되었다고는 말할 수 없을 것이다. 바람 소리나 새들이 지저귀는 소리와도 닮아 있고, 혹은 나무들이 술렁거리는 소리나 구멍이라는 구멍이 모두 토해내는 소리와도 닮아 있으며, '말言'이라는 어떤 근원적인 음성(오럴리티)이 상정되고 있다. 그리고 그 소리音를 알아들을 수 있는 진인真人이 이상화된 것이다. 『장자』의 독자성이 있다고 하면 바로 여기에 있을 것이다. 후에 왕필이 '원原-문장어'에 대한 위상을 정립하려고 했던 것과 대비해서 말하면, 『장자』는 이를테면 '원原-구어(음성언어)'를 슬쩍 엿보고 있었던 것이다.

말할 것도 없이 이것은 그 상태로는 위험한 의론이다. '전달할 수 없는 뜻'을 설정하는 일과, '원原-구어'로서의 근원적인 오럴리티를 상정하는 일은 어쩌면 항상 공범관계에 있기 때문일 것이다. 설령 언어를 지배하는 폭력을 피하기 위해서 근원적인 오럴리티라는 방향을 강조했다고 하더라도, 탈출의 가능성은 거의 없을지도 모르겠다. 그렇더라도 이와 같은 오럴리티의 흔적으로부터 언어에 대한 믿음을 살펴보는 일은 중국철학을 반전시켜 가는 한 줄기 빛과 같은 기회를 부여하는 것이다.

제4장

언어의 정치적 지배는 가능한가

유가·묵가
도가·법가

「1968년 8월」

사람 잡아먹는 귀신은 할 수 있는 일이라면 무엇이든 한다,

그것은 인간의 힘으로는 도저히 불가능한 소행,

그런데도 한 가지 손이 닿지 못하는 것,

사람 잡아먹는 귀신이라도 말은 지배할 수 없다.

진압된 평원을

절망과 학살의 사이를

사람 잡아먹는 귀신은 양손을 허리에 끼고 활보한다,

허튼 소리를 크게 떠들어대면서.

W. H. 오든[1]

제3장의 끝부분에서 언급했던 바와 같이 『장자』의 언어사상이 비판한 것은 시비是非를 둘러싸고 대립의 양상을 전개하는 '유가'와 '묵가'의 싸움이었다. 이 장에서는 이 싸움이 어떤 것이었는지를 상세히 살펴보고자 한다. 이에 맞추어 J. G. A 포칵(존 그레빌 에이가드 포칵John Greville Agard Pocock)의 「의례, 언어, 권력―고대 중국철학의 분명한 정치적 의미에 대하여Ritual, Language, Power: An Essay On The Apparent Political Meanings Of Ancient Chinese Philosophy」(1964)라는 논문을 도입의 단서로 삼고 유가와 묵가, 더 나아가 도가와 법가에서의 언어와 정치의 관계를 생각해 보고자 한다.

1
J. G. A 포칵과 고대 중국철학

『마키아벨리언 모멘트The Machiavellian Moment』(1975)[2]로 잘 알려진 포칵 (1924~)은 17~18세기 서구 공화주의의 전통을 확실히 드러나게 한 정치사상가다. 그의 저서 가운데 하나로 『정치, 언어, 시간』(1971)[3]이 있다. 이 책은 '언어의 정치학'이라는 말을 시작으로 언어와의 관계를 통해 정치사를 구상한 작품이다. 이 책에 실린 두 번째 논문이 바로 '중국의 정치이론'을 다룬 「의례, 언어, 권력」이다.[4] 첫 번째 논문이 정치사상사의 방법론 일반에 관련된 것임을 감안하면, 그 구체적인 적용에서 최초의 대상으로 선택된 것이 중국 정치사상사론(그중에서도 '고대 중국철학')이었다는 점은 실로 흥미롭다.[5] 이 논문의 서두에서 포칵은 이렇게 말하고 있다.

본고는 동양학자도 아니거니와 중국어도 모르는 역사가 그리고 정치이론가의 시론試論이다. 통치와 사회에 관한 많은 관념이 중국사상의 영웅적인 시대―전국시대, 대략 기원전 500년에서 기원전 200년까지―에 표명되었는데, 그 관념들 가운데 의미의 패턴을 발견하고 정치사회와 그에 관한 사고思考가 지닌 특징과 제 문제의 양자를 잘 이해할 수 있도록 그 의미를 제시하고자 한다.

애당초 필자가 중국의 정치이론이라는 사항에 관심을 갖게 된 것은 유가의 경전으로부터 자유로웠던 고대의 철학자 묵적墨翟 혹은 묵자(기원전 478경 ~381경)가 다음과 같이 기록한 것을 배우고 나서부터였다. "처음에는 하나의 말이 두 사람에 대하여 똑같은 의미를 가지는 일이 없었기 때문에 황제나 '천자天子'가 언어를 통일하고 그것으로써 스스로의 권위 아래에 인간 사회를 안정시킬 때까지 그 혼란이 지속되었다." 여기에는 무엇인가 조사할 만한 가치가 있는 것처럼 느껴졌다.

「의례, 언어, 권력」, 42*2쪽[6]

이 묵자의 언명言明(『묵자』「상동尙同」)에 대한 관심에서 분명하게 드러나듯이 포콕은 언어의 정치(권력)적인 지배의 양태를 문제 삼고 있다. 정치는 "규범적인 활동"(「의례, 언어, 권력」, 78*37쪽)이라고 말하는 포콕에게 중요한 것은 규범을 어떻게 조정措定하고 어떻게 전달하는가의 문제였다.

「의례, 언어, 권력」이라는 제목에서도 알 수 있듯이 규범에는 의례라는 비언어적인 수단을 통해 전달되는 양태와 언어를 통해 전달되는 양태라는 두 가지가 있다. 그리고 그 양자의 양태가 유가와 묵가에서 서로 중첩된다. 포콕은 다음과 같이 의론을 펼친다. 만일 의례가 완전하게 잘 작용하고 있다면, 그것에 대립하는 것은 없다. 그 경우 규범은 자동적으로 전달되고, 모든 상황에서 적용되고 조화가 실현될 것이다. 그런데 실제로는 의례가 완전하게 실현되는 일은 없고, 언어가 등장하지 않을 수 없는 국면이 발생한다. 그 경우 언어라는 수단은 항상 반박 가능한 것이기 때문에 규범이 잘못 전달되거나, 더 나아가 정치권력까지 위기에 직면하게 되기도 한다.

2

의례, 법, 정명—유가

포칵의 의론을 좀더 상세히 추적해보자. 먼저 유가儒家부터 살펴보기로 한다. 유가는 의례에 의한 통치를 주장했다. 그러나 그렇다고 해서 언어에 의한 규범의 전달을 무시했던 것은 아니다(이 점은 이미 살펴본 바 있는 정명正名의 의론에서도 분명하다). 포칵은 유가를 보다 정확하게 정의하여 "예禮와 법法의 사이, 즉 의례에 의한 통치와 언어적 명령에 의한 통치와의 사이에 명백한 콘트라스트(대조)"(같은 책, 44*3쪽)를 묘사하려고 했던 것이 유가라고 말한다. 의례가 "이해 가능한 코드"(같은 책, 43*2쪽)이고, "그 상황에서 행동해야 할 방식이나 의당 그러해야 할 인간관계를 현실적으로도 상징적으로도 나타내"(같은 책, 43*2~3쪽)는 데 비해서, 법은 "형벌에 의해 보증된 법령의 시스템"(같은 책, 43*3쪽)이다. 비언어적으로 '권위(혹은 위광威光)'에 의지하는 의례에 비해 법은 언어적이다. 좀더 말하면 의례가 '미적美的'인 데 비해 법은 '지성적知性的'이다.

그런데 "예禮는 서인庶人에게 내려오지 않고, 형벌刑은 대부大夫에게 이르지 못한다"(『예기』「곡례 상曲禮上」)라고 말한 바와 같이 의례가 적용되는 것은 군주나 귀족이라는 통치계급뿐이다. 그 이외에 통치를 받는 쪽의 사람들에게는 법, 즉 형벌이 적용된다. 그렇다고 한다면 의례에 의한 통치는 극히 한정된 것이며, 의례에 의한 사회 전체의 조화 따위는 실현될 수 없을 것이다. 그러나 여기에는 다음과 같은 반론을 생각해 볼 수 있다. 즉, 통치를 받는 사람들은 실제로 의례를 수행하고 이해할 수 없기 때문에 법이 적용되지만, 그 법은 의례에 의해 그리고 의례를 위해 이용되어야만 할 법이며, 언젠가 의례를 대신해야만 할 '잠정적인' 법이다. 따라서 결국은 통치를 받는 사람들도 의례에 의해 통치를 받는 것이다. 그들은 의례를 이해하지 못하지만, 그것에 따르는 것이다. 그런데 '따른다'는 것은 어떤 의미일까. 포착은 이렇게 생각한다.

군주의 훌륭한 태도는 어떻게 하면 사람들에게 전해지는가. 이것을 공자에게 물으면, 공자는 아마도 사람들은 의례에 참가하지 않아도 직접적으로는 의례 상연上演의 청중으로서, 또한 간접적으로는 군주의 관리에 대한 의례의 효과를 통해 의례의 효과를 감지한다고 대답할 것이다. "(소인인) 풀草은 (군자인) 바람風의 영향을 받으면 확실히 머리를 떨군다"(『논어』「안연」)는 것이다.

「의례, 언어, 권력」, 42*2쪽

의례는 퍼포먼스다. 통치받는 사람들은 청중으로서 의례에 참가한다. 따라서 의례에 따른다는 것은 상연되고 있는 의례의 효과를 받아들이는 일에 다름 아니다. 이때 중요한 것은 그들이 의례의 상연에 기계적으로 참가하고 있는 것이 아니라, "자발적으로"(같은 책, 48*7쪽) 참가하고 있다는 점이다. 즉,

거기서 상연되고 있는 룰rule(규칙)에 "마음으로부터 직접적 또는 즉석에서 동의"(같은 책)하는 것이다. 이와 같이 강제성 없는 자발성이 의례에는 필요하다. 왜냐하면 의례에 의한 통치는 "도덕적인 존재자存在者끼리의 관계"(같은 책)일 터이기 때문이다.

그런데 포칵은 "자발성이라는 방식은 자신의 이해를 전제로 한다. 자발적으로 예禮에 따르기 위해서는 그 의미를 이해하지 않으면 안 된다"(같은 책)라고도 말한다. 그러나 통치받는 사람들은 애당초 의례를 이해하지 못한 것이 아니었을까. 여기서 계몽의 문제가 등장한다. 즉, 이해를 하지 못한 사람들에게 이해시키기 위해서는 의례의 의미를 가르치지 않으면 안 된다. "공자는 자신의 인생을 걸고, 예禮를 포함하고 그것을 표명하는 덕德을 사람들에게 가르치는 도덕 교사였다."(같은 책) 그렇지만 사람들은 완전한 이해에 도달하는 일이 없을 것이고, 그뿐 아니라 애당초 도달해서는 안 된다는 것이다. 의례는 통치계급의 것이고 통치받는 쪽의 사람들이 의례를 완전하게 수행해서는 안 되기 때문이다. 그러나 동시에 그들은 의례를 가능한 한 이해하지 않으면 안 된다. 그렇지 않으면 의례는 필요 없다. 요컨대 사람들은 영원히 또한 지속적으로 계몽되지 않으면 안 된다. 지속적으로 좋은 학생으로 있어야 하고, 그 일에서 밀려나는 자에게는 형벌이 기다리고 있을 뿐이다.

이 아포리아적인 상황에 대해서, 그와 같은 이상적인 학생 따위는 없다고 비판할 수도 있을 것이다. 그러나 그것은 밖으로부터의 비판이라는 인상을 아무리 해도 지울 수 없다. 여기서 포칵이 시도한 것은 "가르치는 일은 언어적 커뮤니케이션의 활동"(같은 책, 50*8쪽)이 아닌가라는 비판이다. 즉, 의례를 이해하지 못하는 자에게 이해시킨다고 하는 일은 그들에게 알 수 있는 방식으로, 다시 말해 언어활동을 통해 가르치지 않으면 안 된다. 포칵은 여기서 정명

正名의 문제에 위상을 부여한다.

'정명正名'을 주창하는 일은 의례의 평면에서 지성知性의 평면으로 이동하는 일이다. 그것은 적절한 의례에 참가하는 일에 의해 모든 것이 즉석에서 정의되고, 그 정의에 어울리는 형태로 만들어지는 것을 대신해 곧바로 모든 것이 명名에 의해 정의된다. '명'은 말이다. '명'을 이해하는 것은 사고思考의 활동이다. 사물을 그 '명'에 따르게 하는 데에는 통치의 활동이 없으면 안 된다.

같은 책, 49*8쪽

정명에 의한 의례의 실현. 이것은 현실이 의례에 의해 다해지지 않는 이상, 불가피하다. 그렇지만 이는 동시에 유가가 주장한 의례와 법의 구별을 결정적으로 무효로 만들어버린다.

통치와 '정명'을 동일시하는 것은 논리적으로 볼 때 예禮를 법으로 치환하는 일이 아닐까. 군주가 지성知性으로 사물을 정의하는 것은 권력으로 사물을 정의와 일치시키는 것과 같다. 여기서도 군주의 정의가 도전받는다고 한다면 도대체 무엇이 일어나는 것일까. 또 만일 군주가 이러한 방식으로 통치에 성공했다면, 의례는 이미 불필요한 것이 아닐까.

같은 책, 50*9쪽

사람들의 계몽이 불가피한 이상 정명을 도입하지 않을 수 없지만, 그것을 일단 도입하면 비언어적이고 미적인 활동인 의례는 이미 불필요하다.

물론 유가의 입장에 선다면 정명을 의례적인 것, 즉 미적이고 전통적인 것이며 단순한 언어활동이 아니라 그것을 지탱하는 근원적인 언어행위라고 반론할 수 있을지도 모르겠다. 하지만 그 경우에는 정명과 언어활동 일반을 어떻게 구별할 것인지 또 정명을 사람들에게 어떻게 이해시킬 것인지라는, 보다 곤란한 사태가 발생한다.

포착의 의론이 시사적인 이유는, 의례에 청중으로서 참가하지 않는 일반 사람들을 두루 살펴보면 유가도 또한 계몽을 통해서 언어에 의한 전달과 관련되지 않을 수 없는 불가피한 구조를 분명히 했다는 점이다. 의례를 중심에 놓는다고 해도, 최대의 문제는 역시 여전히 타자에 대한 전달이었던 것이다.

3

상위자와의 동의 – 묵가

그런데 당시 유가 이외의 학파(묵가, 도가, 법가)는 통치의 수단으로서 의례의 가치를 인정하지 않았다. 포착에 따르면, 묵가의 경우는 의례가 "실천적인 얼마간의 결과를 달성하는 일"에 기여하지 못했고(같은 책, 50*9쪽), 도가의 경우는 의례가 그 목표와는 반대로 덕德과 도道를 잃어버렸다(같은 책, 54~55*14쪽)고 말한다. 또 법가의 경우는 의례가 "군주의 의지에 의한 직접적 명령이나 창조가 아니"며 "규범이 군주의 의지로부터 독립해서 확립되도록 허용해버렸다"(같은 책, 63*22쪽)고 하여 의례를 부정한다. 이러한 부정의 방식으로부터 각각의 학파가 의례 이외의 수단을 사용해 어떻게 규범을 전달하고자 하는지를 알 수 있지만, 어느 쪽이든 그 중심에는 언어에 의한 '타자로의 전달'이라는 문제가 있다. 포칵은 이렇게 정리했다.

전통이 붕괴되면 통치와 결정은 위태로움에 직면한다. 규범에 자동적으로 따르지 않게 되면, 말을 점점 더 사용하게 된다. 그런데 말은 본래적으로 애매하고 논쟁을 일으키는 것이다. 그렇다고 하는 이상, 설득이냐 강제냐의 선택에 직면하지 않을 수 없다. 그리고 일단 말이 '지배자=군주'와 피지배자 사이에서 전달 매체가 되면, 말과 함께 사용되는 논리며 문법이며 대화의 바람직한 상태가 행사되는 권력의 성격에 영향을 끼친다.

같은 책, 79*37쪽

규범을 전달하는 언어의 성격이 권력의 성격에 영향을 끼친다. 언어관을 묻는 일은 그 권력관을 묻는 일인 것이다.[7] 그러면 우선 여러 학파 가운데 그 당시 유가의 최대 라이벌이었던 묵가에 대해 살펴보자.

펑유란馮友蘭(1895~1990)의 『중국철학사中國哲學史』(1931년, 영문판 1937년)의 이해를 계승하면서 포칵은 묵가가 이익利을 중시한 공리적인 사회를 상정하고 있다고 말한다. 따라서 의례가 쇠퇴한 것은 거기에 이익을 가져오는 사회적 효용이 없기 때문이다. 그렇다면 공리적인 사회의 규범은 무엇이며, 그것은 어떻게 하면 확립될 수 있는 것일까. 그런데 포칵은 이에 대해서는 구체적인 해답을 내놓지 않았다. 그 대신에 바로 앞의 묵자의 의론, 즉 규범의 확립에는 동의同意의 확립이 필요하며, 동의의 확립이 곧 언어의 확립이라는 점에 주의를 기울인다.

구체적으로 살펴보자. 우선 묵자는 자연 상태를 전제로 한다. 규범이란 원래부터 동의도 확립되지 않은, 혹은 그것을 위한 언어도 확립되지 않은 상태다. 거기서 어떻게 사회(언어, 동의, 규범)가 확립되는가. 그 절차에 관해서는 포콕에게 "중국의 정치이론이라는 사항에 관심을 갖도록"(같은 책, 42*2쪽) 해준 묵자의 말이 인용된다.

처음에는 하나의 말이 두 사람에 대하여 똑같은 의미를 가지는 일이 없었기 때문에 황제나 '천자'가 언어를 통일하고 그것으로써 스스로의 권위 아래에 인간 사회를 안정시킬 때까지 그 혼란이 지속되었다.

같은 책

여기서 참조하는 것은 『묵자』 「상동」 편의 다음과 같은 문장이다.

(묵자가 말하였다.) 옛날 백성이 처음으로 생겨나 법과 정치가 있지 않았을 때에는 대개 그들의 말은 사람마다 뜻(의미)이 달랐다. 그래서 한 사람이면 곧 한 가지 뜻이 있었고, 두 사람이면 곧 두 가지 뜻이 있었으며, 열 사람이면 곧 열 가지 뜻이 있었고, 그 사람들이 많아지면 그들이 말하는 뜻도 역시 많아졌다. 그리하여 사람들은 자기 뜻을 옳다고 하면서 남의 뜻을 비난하였으니, 사람들은 서로 비난만 일삼게 되었다. 그래서 안으로는 부자나 형제들이 서로 원망하고 미워하게 되어 흩어지고 떨어져나가 서로 화합하지 못하였다. 천하의 백성들은 모두가 물과 불과 독약으로 서로에게 상처를 입혔다. (…) 천하가 혼란한 것이 마치 새나 짐승들과 같았다. 왜 이렇게 천하가 혼란해졌는가를 생각해 보면, 그것은 지도자가 없는 데서 생겨난다. 그러므로 천하의 현명하고 훌륭한 사람을 골라 세워 천자天子로 삼는다. (…)

천자만이 오로지 온 천하의 뜻을 통일할 수 있기 때문에 그래서 천하가 다스려지는 것이다.

『묵자』「상동」상[8]

여기서 말하는 것처럼, 한 사람이 하나의 의미를 가지고 있어 혼란스러운 언어를 통일하면 동의同意가 가능하게 되고, 동의가 가능해지면 규범을 확립할 수 있다.

그렇지만 여기에는 "모든 자연 상태 모델에 따라다니는 난문難問이 있다"(「의례, 언어, 권력」, 52*12쪽)고 포착은 말한다. "이 경우에서 말한다면 동의의 수단을 결여한 사람들이 통치자를 그 지위에 앉히기 위해서 어떻게 동의할 수 있느냐"(같은 책)라는 난문이다. 다시 말해 만일 자연 상태인 "본질적인 부동의不同意"(같은 책, 54*13쪽)로부터 시작한다면, 그것으로부터의 탈출인 동의는 언어에 의해서만 비로소 가능하다. 그 언어야말로 사전에 동의해 통일되어 있지 않으면 기능하지 못한다. 이와 같은 순환을 잘라버리기 위해서는 권력이 강제하는 "법과 형벌밖에 남아 있지 않다"(같은 책, 53*12쪽)라고 하는 강한 주장이 나올지도 모른다.

여기서 포착은 묵자가 설득도 강제도 아닌 입장을 취했다고 본다. 그것이 '상위자上位者와의 동의', 곧 상동尙同이다. 다시 말해 각각의 집단에서 상위의 집단이 세운 표준을 권위 있는 것으로 받아들인다는 원리를 채용한 것이다. 이장里長→향장鄕長→국군國君→천자天子의 순서로 정해지고 최종 심급은 하늘天이다.

분명하게도 묵자는 동의와 권위 사이의 갭gap(틈새, 간격)을 메우려 한다.

표준의 정의定義에 동의할 수 없는 사람도 표준의 필요성에는 동의하기 때문에, 권위에 의해 정해진 표준을 받아들이는 데 동의하는 것이 된다는 뜻이다.

같은 책, 53~54*13쪽

"표준을 정하는 권위가 필요하다." 이와 같이 주장하는 것이 "본질적인 부동의가 있는 경우에 동의를 일으키는 기술"(같은 책, 54*13쪽)이고 정치다. 즉, 정치야말로 저 순환을 잘라버리고 자연 상태로부터 규범으로 향하는 프로세스를 작동시키는 것이다. 그때 요청되는 언어는 표준을 확립하기 위한 것이기 때문에 정명正名이고, 권력도 또한 '동의를 일으키기' 위한 것이기 때문에 어느 쪽인가 하면 강제가 아니라 설득형의 권력이 된다.[9]

그러면 표준을 정하는 권위가 필요한 정치를 인정한다고 하더라도, '상위자와의 동의'의 최종 심급으로서의 하늘天은 어떨까. 애초에 하늘과의 동의는 어디서, 어떻게 해서 가능한 것일까. 이것은 기초 세우기 불가능한 언어를 최종적으로 기초 세우고자 하는 일로, 유가적인 의례나 전통이 하늘에 그 기초를 두고 있다는 의론을 다시금 되풀이했을 뿐인 것은 아닐까.

여기서 현대 프랑스를 대표하는 중국학자인 안 청Anne Cheng이 『중국사상사中國思想史』(1997)[10]에서 제기한 의론을 참조해보자. 안 청도 또한 포칵과 마찬가지로 미적인 의례를 기초로 설정하는 유가에 비해, 묵자는 언어라는 '합리적인 기초'에 권위를 부여하려 했다고 말한다(안 청, 『중국사상사』, 90쪽). 그리고 포칵이 다른 장에서 인용한 것과 똑같은 부분을 참조한다.

묵자가 말하였다. 말言에는 반드시 의儀(표준)를 세우지 않으면 안 된다. 말을 하면서도 표준이 없다면, 마치 돌고 있는 도르래 위에 측정기를 세우려는 일과 같은 것이다. 그것이 옳은지 그른지, 이로운지 해로운지를 분명하게 구별할 수 없을 것이다. 그러므로 (말에는) 반드시 세 가지 기준(표준)이 있어야 한다. 무엇을 세 가지 표준이라 하는가?

묵자가 말하였다. "본원本源을 마련하는 게 있어야 하고, 원리原理를 따지는 게 있어야 하고, 실용實用하는 게 있어야 한다. 본원이라는 것은 무엇에 근거하는가? 그것은 옛날 성왕聖王의 사적事跡에 근거한다는 기준이다. 원리란 무엇으로 인해 있는 것일까? 그것은 사람들이 실제로 눈으로 보거나 귀로 들은 일에 의한다고 하는 기준이다. 실용이란 무엇에 도움이 되는가? 그것을 발휘하여 형벌과 정치에 이용하고, 그것이 나라 사람들의 이익에 부합하는가 어떤가라는 기준이다. 이것이 이른바 세 가지 표준이 있다고 말하는 것이다."

『묵자』 「비명非命」 상

안 청에 의하면, '삼표三表'라는 세 가지 기준에 준거한 언설은 충분히 견고한 기준은 아니다. '사람들의 귀와 눈'에 맞는다고 하는 기준이나 '실용'이라는 기준뿐만 아니라, '옛날 성왕'에게 호소하는 것은 유가의 방법이다. 원래부터 '천하의 이익利'을 강조하는 묵자의 의론은 유가의 '의義'와는 대립할 터이고, 반드시 똑같다고는 말할 수 없는 것이다. 하지만 유가와 묵가는 여기서 그 패러다임을 상당히 공유하고 있다(『중국사상사』, 95∼96쪽).

이 상황에서 최대의 패러독스paradox(역설)는 하늘天이라는 심급이다. 「비명非命」이라는 편명으로부터도 알 수 있듯이, 묵자는 하늘이 인간의 운명命을 쥐고 있다는 유가적 운명론에 정면으로 반대했다. 그런데 방금 살펴본 바와 같이 '상동尙同'의 의론에서는 하늘을 의미의 최종 심급으로서 이끌어냈던 것이다. 포착의 방식으로 말하면 의례라는, 즉 권위를 기초 세우는 심급을 거부하고 권위를 언어로 기초 세우면 세울수록 오히려 더 강력한 심급으로서의 하늘을 묵자는 이끌어내지 않을 수 없게 되었다. 그리고 마침내 묵자는 유가의 '천명天命'으로 착각할 듯한 '천지天志'를 논한 것이다.

하늘 아래 숲이나 골짜기 속의 한적하고 아무도 없는 곳이라 하더라도 아무것도 몰래 할 수 없으니, 하늘이 밝게 반드시 보고 있기 때문이다. 그러나 천하의 군자들은 하늘에 대하여는 갑자기 경계할 줄을 모른다. 이것이 내가 천하의 군자들은 작은 것을 알면서도 큰 것은 알지 못함을 아는 까닭이다. 그렇다면 하늘은 또한 무엇을 바라고 무엇을 싫어하는가? 하늘은 의로움을 바라고 불의를 싫어한다. 그러니 천하의 백성들을 거느리고 의로움에 종사한다는 것은 곧 내가 바로 하늘이 바라는 일을 행하는 것이 된다. 내가 하늘이 바라는 일을 하면, 하늘 역시 내가 바라는 일을 해준다. 그러면 나는 무엇을 바라고 무엇을 싫어하는가? 나는 복福과 녹祿을 바라고 재난과 천벌을 싫어한다. 만약 내가 하늘이 바라는 일을 하지 않고 하늘이 바라지 않는 일을 한다는 것은 내가 천하의 백성들을 거느리고 재난과 천벌을 위하여 일을 하는 것이 된다. 그렇다면 무엇으로써 하늘이 의로움을 바라고 불의를 싫어한다는 것을 알 수 있는가? 그것은 천하에 의로움이 있으면 살고 의로움이 없으면 죽으며, 의로움이 있으면 부해지고 의로움이 없으면 가난해지며, 의로움이 있으면 다스려지고 의로움이 없으면 어지러워지기 때문이다.

『묵자』「천지天志」상

하늘에는 의지가 있다. 그것은 '불의不義'를 미워하고 '의義'를 실현하려고 하는 의지다. 이렇게 해서 하늘이 재도입되었다. 이 사실에 대해 안 청은 이렇게 논한다.

역설적이지만, 여기에는 신성함에 대한 감각이 보다 강해진다. 그것은 천하의 이익利이라는 가장 합리적이고 공리적인 원리를 인정하도록 하기 위해서 묵자가 사용한, 즉 두려움懼이라는 원리적 수단인 종교적 감정보다도 공자의 인간주의적인 의례주의儀禮主義에서 발견된 것이었다.

『중국사상사』, 99쪽

묵자 쪽이 오히려 공자보다도 더 하늘에 호소하고 있는 것은 아닐까. 생각해보면, 공자는 실은 하늘에 관해 이야기하기를 피했고, '괴력난신怪力亂神'을 말하지 않았다. 묵자는 합리적 언설에 호소하면서 마지막에는 비합리적인 하늘을 불러냈다. 하지만 그것은 유가 이상으로 유가적인 방식이다. 유가와 묵가의 싸움은 이 극한에서 기묘한 일치를 보게 되었던 것이다.

4
언어와 권력의 거부—도가

묵자는 의례를 거부하고 언어에 호소했는데, 마지막에는 다시금 비언어적 심급인 하늘을 이끌어 들였다. 이와는 대조적으로 도가道家는 의례는 말할 것도 없이 언어도 거부했다. 혹은 규범의 전달 그 자체를 거부했다고 말해도 좋을지 모르겠다.

포칵에 따르면, 도가가 상정한 사회는 "가르치지도 않고, 상기想起하지도 않고, 전달도 재구축도 의론도 하지 않는"(「의례, 언어, 권력」, 57∗16쪽) 도道가 일체의 매개 없이 직접적 또는 즉좌로 관철하는 사회다. 매개나 전달에 관련되는 것은 모두 거부된다. 의례와 언어 이외에 시간적 매개인 전통 그리고 역사도 배제된다. 도가는 "의식적으로 선택된 모든 규범을 거부"(같은 책, 56∗15쪽)함으로써, 혹은 "규범의 추구를 거부함으로써 삶을 가장 잘 규범화한다."(같은 책, 63∗22쪽)

이러한 의례와 언어에 대한 래디컬radical(급진적)한 거부는, 한편으로는 그것을 폐지하지 않으면 안 될 정도로 언어활동이 감당할 수 없는 일을 이해하고 있었기 때문이다. "조금이라도 말을 사용하는 일은 바로잡을 수도 없는 상황을 일으킨다."(같은 책, 55∗15쪽) 유가나 묵가가 기대한 정명正名은 실현하기 곤란할 뿐만 아니라, 언어를 사용하는 이상 불가능하다고 생각했던 것이다.

다른 한편으로 이러한 의례와 언어의 거부는 유가와 묵가가 그 주장의 배후에서 얼마만큼 권력을 유지하려고 했었는지를 분명히 해준다. 언뜻 보기에 유가와 묵가는 의례나 정명으로 규범을 확립하고 언어를 컨트롤하고 사회의 조화와 동의를 실현한다고 하는, 동의에 의한 온건한 권력을 주장하고 있는 것처럼 보인다. 그러나 실제에서는 의례를 이해하지 못해 계몽되어야만 할 사람들이나 동의할 수 없지만 동의의 필요성에는 동의하는 사람들을 설정하고, 그들에게 권력을 지속적으로 휘두르려고 욕망하고 있는 것이다. 그것은 법에 의한 통치와 아무런 차이도 없다. 만일 유가와 묵가가 바라는 "도덕적 존재자 간의 관계"(같은 책, 53∗12쪽)에 근거해 통치를 진실로 실현하고자 한다면, 권력 그 자체를 포기하지 않으면 안 될 터다. 그러기 위해서는 사람들을 계몽하는 것이 아니라, 역으로 "무지무욕無知無欲의 상태에 두는"(같은 책, 56 *15쪽) 편이 좋고, 사람들을 동의하게 만들기보다는 애초에 "부동의不同意는 비현실적이다"(같은 책, 60*19쪽)라는 점에 눈을 뜨게 하는 편이 좋다. 요컨대 "그들을 성인聖人으로 삼는"(같은 책, 61*20) 것이다.

그렇다고 하더라도 유가와 묵가의 언어관과 권력관에 대한 이러한 래디컬한 비판이 손쉽게, 그리고 지나치게 빨리 언어와 권력의 거부로 귀착하는 것은 문제가 있다. 포착을 뛰어넘어 생각하지 않으면 안 되는 것은 바로 이 문제다.

예를 들면, 정치행위의 여지가 사라지는 점이나 왜 언어와 권력의 거부를 이야기할 수 있는가라는 반문이 그 하나다. 하지만 최대의 문제는, 도가의 성인이 결코 저항할 수 없는 무제한의 권력을 휘두르게 된 점이다. 도가의 의도는 "성인이 노골적인 의미에서의 권력 행사로 사람들을 통치하는 것이 아니라, 성인으로서의 개인적인 영향(교훈, 범례, 권위)으로 통치하는 것"(같은 책)일지도 모르겠다. 그러나 언어와 권력을 거부하고 사람들을 계몽되지 않은 '무지무욕'의 상태로 놓아둠으로써 부동의를 해소하는 척하지만 실상은 성인이 휘두르는, 즉 언어와 권력을 해소하는 권력은 유지된다. 더구나 이 권력에는 저항할 수 없다. 저항해야 할 권력 따위는 어디에도 없는데, 그것은 저항하는 수단인 언어를 빼앗아갔기 때문이다. 또 원리로 보아, 저항하는 원인인 부동의와 같은 것은 있을 수 없을 터이기 때문이다. 이니셔티브(주도권 또는 발언권)는 성인 쪽만 있고, '우자愚者'가 된 사람들은 일방적으로 '무지무욕'의 상태에 놓인다. 성인은 권력을 거부함으로써 더없이 강한 권력을 행사하는 것이다.

어쩌면 중국 고대의 계몽은 여기서 극점을 찍는지도 모르겠다. 종말을 늦추며 지속적으로 계몽함으로써 권력을 휘두르는 유가나 묵가에 비해 도가는 종말을 선취하고 계몽의 종언을 부르짖음으로써 권력을 휘두르는 것이다. 아마도 이 두 가지 계몽과는 별도의 계몽이 있을 것이고, 그것 또한 필요하다. 하지만 그와 같은 새로운 계몽의 가능성은 탐구되지 않았다. 최후에 등장한 것은 계몽의 포기였다. 법가는 계몽의 극점인 도가를 계승하면서도 그것을 철저히 함으로써 계몽의 포기라는 결론을 내린 것이다.

5

'부동의'의 유지-법가

포칵에 따르면, 권력의 행사를 철저히 하고, 그것을 정면에서 긍정한 것은 법가 "혹은 권력학파"(같은 책, 62*21쪽)다. 법가는 의례에 의한 통치를 주장하는 유가의 대척점에 서서 법에 의한 통치, 즉 상벌賞罰과 그중에서도 특히 형벌에 의한 통치를 주장했다. 이러한 법가를 이해하는 요점을 포칵은 "권력의 비도덕적인 행사"(같은 책) 혹은 "권력을 모든 종류의 도덕성으로부터 래디컬하게 분리해버린 일"(같은 책, 69*28쪽)에 두었다. 이것은 유가와 묵가뿐 아니라 도가와도 선을 긋는 특징이다. 도가는 언어와 권력을 거부하고 규범의 전달을 부정했지만, 그렇더라도 규범을 초월한 규범인 도道가 성인의 덕德으로 전달되는 것을 인정했기 때문이다. 그런데 법가는 도가의 무위적 성인이라는 개념과 도라는 개념을 독자적으로 해석해 도가와는 이질적인 결론을 도출했다. 결국 성인은 도덕성으로부터 완전히 분리되고 아무런 능력도 이니셔티브도 필요로 하지 않는 비인칭적인 기관이 됨으로써 권력은 기계적인 것, 즉 "자동적으로 자기 규제하는 메커니즘"(같은 책, 66*25쪽)이 되었던 것이다.

달리 표현해보자. 법가는 친화적인 도가와는 달리 언어와 권력을 긍정한다. 그리고 설득도 강제도 똑같이 긍정한다. 그러나 언어를 긍정한다고 해도 유가나 묵가의 정명正名과는 다르다. 그것은 '형명참동刑名參同'[11]이라고 일반적으로 불리지만, 정명과는 방향이 정반대다. 즉, 통치하는 쪽으로부터 통치를 받는 쪽으로, 언어를 컨트롤하는 주체가 겹치지 않게 비켜놓인 것이다. 설득하는 책임이 군주가 아니라 가신家臣에게 부과되었던 것이다.

군주는 규범을 부과하지 않는다. 가신들에게 정책을 건의하게 하고 규범을 부과하도록 시킨다. 그런 뒤에 군주는 가신들이 약속한 것을 행하고 있는지 여부를 확인하고, 상벌을 거기에 걸맞게 부여하는 것이다. 군주가 권력을 유지하는 것은 이렇게 자기 자신도 비판당하는 규범을 가신 스스로가 정해버렸기 때문이다. 군주는 사람들이 동의하지 않을지도 모르는 규범을 확립하고자 하여 스스로 이니셔티브를 취할 필요 따위가 없는 것이다.

같은 책, 69~70*28쪽

"물론 군주는 가신들을 판단할 수 있는 규범을 스스로 제정하고자 마음먹으면 제정할 수 있다."(같은 책, 70*29쪽) 그러나 그렇게 하면 "대화의 문제, 혹은 군주의 명령이 가신들에게 오해받을지도 모른다는 문제"(같은 책)가 생긴다. 그렇기 때문에 "가신들에게 그들 자신의 손으로 규범을 만들게 하고"(같은 책, 70*28쪽), 이로써 그런 위험을 짊어지는 일을 피하는 것이다. 게다가 이 경우 묵자가 소망했던 그 이상으로 '상위자와의 동의'가 적극적으로 모색되고, "가신들의 활동 모든 것이 군주에게로 향한다"(같은 책, 69*28쪽). 이렇게 해서 "자동적으로 군주의 권력이 보증된다"(같은 책, 71*29쪽). 군주는 가신의 설득이 약속대로의 결과를 가져오면 상을 내리고, 그렇지 않으면 벌을 내리면 그뿐이기 때문이다. 군주의 권력이 보증되는 것은 군주가 권력을 강제하기 때문이 아니라, 가신이 군주에게 권력을 요구하기 때문이다. 따라서 군주가 권력을 유지하기 위해 해야 할 일은 가신에게 군주가 권력을 가지고 문제를 해결할 수 있는 것처럼 생각하게 만드는 것이다.

군주는 타인의 문제를 해결해주는 일로써 지배하는 것이 아니라, 스스로 고유의 것을 일체 가지지 않음으로써 지배한다. 즉, 타인들은 문제를 가지고 있는, 바꾸어 말하면 그들은 군주가 가진 권력을 욕심내고 있는데, 군주는 이러한 문제를 해결 불가능한 상태 그대로 유지함으로써 그들에게 휘두르는 권력을 계속 유지한다. 군주는 여전히 (조삼모사朝三暮四[12]로 알려진) 송宋나라 원숭이들을 기르는 주인이다.

같은 책, 69*28쪽

여기서 상정하는 사회는 커뮤니커빌리티Communicability(전달 가능성 혹은 공통 가능)가 결여되어 있고, "사람들이 철저히 원자화原子化되어, 어떠한 결합도 독립도 보이지 않는"(같은 책, 65*24쪽) 사회다. 여기에는 계몽의 가능성 따위는 일체 없다.

이 계몽 없는 사회에서 사람들은 권력을 바라는 것처럼 설정되어 있기 때문에 권력자인 군주에게 동의를 얻어내고자 규범을 스스로 만들어낸다. 그때 군주는 뜻대로 그 규범을 조작할 수도 있고, 사람들이 규범을 결과와 일치시키려고 하는 노력을 바라보면서 그것이 최종적으로 일치하는지 여부를 체크하는 것만으로도 괜찮다. 여기서는 어떤 어리석은 군주라도 운영할 수 있을 정도로 통치는 기계적으로 이루어진다. 아니 권력이 잘 유지되기 위해서는 군주에게 능력도 이니셔티브도 일체 없는 편이 안성맞춤일 것이다. '부동의'는 해소되지 않고 권력이 점점 더 요구되기 때문이다.

그러나 언어의 위험성을 가신에게 옮기고, '부동의'를 해소하는 것이 아니라 유지함으로써 권력을 휘두른다고 하는 법가의 '전체주의적인' 통치에는 몇 가지 문제가 남아 있다. 하나는, 포칵도 말하고 있는 바와 같이, "권력이 최초로 어떻게 해서 획득되는지를 한비韓非는 여기서 보여주고 있지 않다"(같은 책, 69*28쪽)는 점이다. 또 하나는, 권력을 가진 군주를 전제로 한다고 하더라도 그 군주가 가신이 말하는 '형명참동'을 오해하지 않고 판단할 수 있을 것인가라는 점이다. 여기에도 언어의 반박 가능성은 남아 있을 것이다. 만일 오해의 가능성이 있다면 '부동의'를 유지할 수 없기 때문에 권력을 실추하고 마는 것이다.

6

의례, 언어, 권력의 종합─순자

이제까지 규범의 전달을 둘러싸고 유가와 묵가, 도가, 법가 사이에서 어떻게 다른 언어관 그리고 권력관이 전개되어 왔는지를 살펴보았다. 그 상태에서 포칵은 순자만이 그 모두를 고려의 대상에 넣는, 말하자면 종합적인 사고思考를 행했다고 생각했다. 순자의 사상에서는 의례와 언어와 권력이라는 "세 가지 요소가 그 상호관계를 분명히 하여 나타나고 있다"(같은 책, 71*30쪽).

그러나 종합했다 하더라도 순자는 철저한 유가다. 포칵도 이 점을 인정한 상태에서 순자는 "유가로서 우선 무엇보다도 의례주의자이자 전통주의자이며, 예禮의 가치를 뒤엎고자 하는 묵가와 도가 그리고 (예상되는) 법가의 모든 시도를 부정했다"(같은 책)라고 말한다. 하지만 새삼스럽게 유가라고 하기 위해서는 이상에서 살펴본 것처럼 묵가, 도가, 법가에 의한 비판을 피하지 않으면 안 된다.

우선은 의례를 지탱하는 전통에 관해서 생각해보자. 이것은 도가의 의론과 부딪치는 문제다. 장자는 "옛 시대의 사적事跡은 현재의 그것과 다르고, 지금은 이미 분명하게 이해할 수 없다"(같은 책, 72*30쪽)고 하여 전통을 비판했다. 이것에 대해 포칵은 "실제로는 과거 사건의 내적인 본질은 (그리고 현재의 그것도 또한) 어찌해도 이해할 수 없다고 하는 주장이다"(같은 책, 72*31쪽)라고 말한다. 즉, 전통을 인정하지 않는 일은 과거를 인정하지 않는 동시에 현재도 인정하지 않는 일이며 사건을 말소하는 일이라고 부연했다. 여기서 순자의 반론이 이루어진다. 포칵에 따르면, 순자는 "과거가 지해知解 가능하며, 게다가 과거가 현재와 연결되어 있다는 것을 확립하려고 했다"(같은 책). 그것은 "천인만인千人萬人의 정情은 한 사람의 정이다. 천지의 시작이란 오늘이다. 백왕百王의 도道는 후왕後王이다"(같은 책, 73*31쪽)라고『순자』「불구」편에서 말한 바와 같이 고금의 동일성에 호소하고 "동류의 사물은 똑같은 원리를 지속적으로 가지는"(같은 책, 73*32쪽) 일에 호소하는 것이다.

이 반론이 어디까지 타당한지에 대해서는 의견이 나뉘겠지만,[13] 일단은 전통이 그렇게 용인되었다고 치자. 그 경우에는 사람들 사이에서 고금을 통한 '항상적恒常的 원리'(같은 책, 73*32쪽)가 인정받는 셈이다. 순자는 그것을 의례라고 정의한다. 따라서 의례는 인간에게 필요불가결한 원리이고, 그것 없이는 '자기와 그 환경을 조직할'(같은 책) 수도 없게 된다. 그렇게 하면 의례에는 실천적인 이익利이 없다고 하는 묵가의 비판이나, 의례가 있기 때문에 오히려 덕德

과 도道를 잃어버린다는 도가의 비판, 더 나아가 의례가 군주의 의지(혹은 가신에 의한 설정)로부터 독립한 규범이라고 하는 법가의 비판 가운데 어느 쪽에도 반론할 수 있을 것이다. 왜냐하면 순자가 새삼스럽게 정의한 의례는 사회나 정치, 권력관계를 가능하게 하는 조건에 다름 아니기 때문이다.

조금 더 상세히 말한다면, 의례는 '분分'이라고 하는 구별과 차이화差異化의 원리다. 구별은 구별하는 것 그 자체가 중요하며 그 내용은 문제가 아니다. 이 구별은 인간의 활동을 구별하는 일이기도 하며, 사회 환경이나 자연 환경을 구별하는 일이기도 하다. 다시 말해 도덕적 구별이기도 하며 인식적 구별이기도 하다. 이러한 구별에 의해 도덕적으로도 인식적으로도 "조화로운 코스모스cosmos(우주, 세계)"(같은 책, 75*34쪽)가 출현한다.

순자의 철학은 인간이 영원의 조화를 인식하고 인간 없이는 조화가 완성되지 않는다고 하는 것에 다름 아니다. 조화는 인간에게 인식됨으로써 의례儀禮 안에 체현되어 현실화된다.

같은 책, 76*35쪽

포칵이 정리한 바와 같이 의례는 단순한 하나의 법이 아니며, 법 일반을 가능하게 하는 조건이며 구별하는 권능이다.

그렇다고는 하더라도 문제는, 가령 의례를 법 일반의 가능성의 조건으로서 인정하는 경우에도, 그 의례도 또한 하나의 법으로서 나타나서 전달되지 않으면 안 된다는 점이다. 가령 그것이 순자 이전의 유가가 생각한 것과 같은 초월적인 법(특정의 법이고 만고불변의 법)으로서의 의례가 아니라, 초월론적인 법이라고 해도 마찬가지다. 아니 좀더 정확히 말하면, 반대로 초월적이 아닌 만큼 그것은 만인에게 표현되고 전달되지 않으면 안 될 것이다. 여기서 다시 언어의 문제가 등장한다.

그러나 조화가 그 이전에 존재해 있든 없든, 혹은 결과로서 인식되었든 안되었든, 조화의 현실화 과정은 말을 사용하지 않으면 수행할 수 없다. 진실로 순자는 말보다도 의례를 좋아한다는 점에서는 유가다. 의례는 활동의 가능성을 분할하지 않지만, 말은 분할해버리기 때문이다. 그러나 순자는 언어가 중심적인 장소를 점하고 있다는 것을 받아들이고도 있었다. 그리고 애매함·대화·권위라고 하는, 즉 말의 사용에 의해 발생되는 여러 문제를 그 세부까지 다루었다. 도가와 법가가 분명하게 여기서의 순자의 사고에 영향을 끼치고 있다. 보수적 모럴리스트(도덕가)로서 순자는 유일의 도덕질서를 믿고 있으며, 그 결과 각각의 말語에 유일한 올바른 의미가 있다고 믿고 있다. 그런데 말의 의미는 의심되고 의론되며, 게다가 부정될 수도 있는 것이다. 그때 군주는 무엇을 해야만 하는가. 명령을 설명하는 대화를 사용해야만 할 것인가? 그렇지 않으면 명령을 부과하는 형벌을 사용해야만 할 것인가? 묵자의 문제가 다시금 되살아난다.

같은 책

그 이전의 유가와는 달리 순자에게 언어는 의례를 실현하는 이차적인 수단이 아니다. 정명正名은 구별 중에서도 으뜸가는 것이기 때문이다. 그렇지만 거기에는 이제까지 살펴본 바와 같이 반박 가능성이 근본적으로 잠복해 있고, 반박당한 경우에 어떻게 할 것인지, 설득할 것인지 강제할 것인지라는 문제의 진면목이 엿보인다. 순자가 이 문제를 어떻게 생각하고 있었는지에 관해 포착은 상세히 논의하지 않았다. 그러나 『순자』 「정명」 편에서 인용한 것으로 미루어 보면 이렇게 생각했을 것이다.

우선 반박 가능성에 관해서는 도가가 언어 그 자체를 말소하려고 하거나, 법가가 가신 측에 그것을 억지로 떠맡기고 상벌로 컨트롤하려고 했던 데 비해 순자는 반박할 수 없는 언어를 정명으로 구축하려고 한다. 그러기 위해서는 언어를 컨트롤하는 특권적인 왕이 필요하다. 그렇다지만 그 왕은 명실名實을 일일이 구별하고 정하는 것이 아니라, 사람들에 의해 혹은 관습에 의해 결정된(약속된) 명실의 관계를 이용한다. 또 그것이 다른 생각으로 재정의再定義되거나 사용되지 않도록 컨트롤하면 그뿐이다. 그러나 순자는 여기서 멈추고자 했던 것은 아니다. 할 수 있다면 도가가 소망했던 것처럼 반박 가능성을 송두리째 말소하고 싶은 것이다. "도가와 법가가 분명하게 여기서의 순자의 사고에 영향을 끼치고 있다"고 포칵은 말하고 있는데, 그뿐 아니라 도가와 거의 동일한 결론에 도달하고 있다. 이 사항은 이미 제1장에서 상세히 기술했기 때문에 간단하게 다시 요점만 되풀이해 보자.

그 명사名辭라는 것은 말하고자 하는 의미의 사용이고, 그것에 의해 서로 자신이 말하고 싶은 것이 통하면 그것으로 버려지는 것이다. 게다가 위곡委曲(자세한 사정이나 곡절)을 위해 애쓰고자 하는 것은 간악한 일이다. 따라서 명칭이 충분하게 대상實을 가리키고, 언사辭가 말하고 싶은 것의 근본을 나타낼 수 있다면 (그것으로) 끝나는 것이다. 여기서 벗어나는 것은 인訒(어려운 말 혹은 이해가 안 되는 것)이다. 그것은 군자가 다시금 돌아보지 않고 버리는 것인데, 어리석은 사람愚者은 이것을 거두어 자신의 보물로 삼을 뿐이다.

『순자』 「정명」

할 수 있다면 언어를 빼고서 끝내고 싶다. 말하고 싶은 것이 통하면 언어를 미련 없이 떨쳐버리고 싶다. 따라서 이상적인 왕의 밑에서는 '세勢(권위)'라는 강제력에 의해 사람들이 도道에 감화되는 이상, 커뮤니케이션(설득)은 불필요하다고 결론을 내린다.

모든 이단의 학설이나 불쾌한 가르침은 (…) 삼혹三惑[14]으로 분류할 수 있다. 따라서 현명한 군왕은 어느 분류에 속하는지를 알고 있기 때문에 의론하거나 하지 않는다. 사람들은 도道에 있어서 쉽게 하나로 통일되는데, 모든 사정을 알고 있기 때문은 아니다. 그러므로 현명한 군왕은 백성들에게 권세를 가지고 임하고, 도로써 인도하고, 명령으로 철저하게 하며, 포고布告로 분명히 밝히고, 형벌로 금지한다. 그러면 백성들이 도에 감화되는 것이 신비한 작용에 의한 것처럼 되어 변설辯說을 사용할 필요 따위가 없다.

그런데 이제 성왕聖王이 없고, 천하가 혼란하여 간교한 말들이 일어나고 있다. 그리고 군자에게는 여기에 임해야 할 권세가 없고, 금지해야 할 형벌이 없다. 따라서 변설을 늘어놓는 것이다. 실實이 이해되지 않으면 명名이 붙여진다(명명하게 된다). 그 명이 이해되지 않으면 실례實例가 나타난다. 그 실례가 이해되지 않으면 설명이 행해진다. 그 설명이 이해되지 않으면 대화가 사용된다. 명名(명명하는 것), 실례實例(비교 검토하는 것), 설명, 대화(변론하는 것)는 인간 활동을 크고 화려하게 꾸민 것으로 왕王의 사업의 시작이다.

『순자』「정명」

그런데 지금은 이상적인 '성왕'이 존재하지 않기 때문에 설득이냐 강제냐 라는 문제가 발생한다. 그리고 이미 '세(권위)'가 없는 이상, 어떻든 간에 커뮤니케이션(설득)에 의하는 수밖에 없다. 여기서 왕이 행할 수 있는 최고의 일이 정명正名인 것이다. 그것은 올바른 언어를 확립한 상태에서 또 한 번 언어를 빼고 이상으로 복귀하는 일이다. 하지만 그렇다고 해도 여기에는 묵자가 고심한 문제, 즉 "이야기話가 통하지 않는 사람을 다루는"(같은 책, 78*36쪽) 데에 커뮤니케이션이 적당한 것인가라는 문제가 남는다. 권위에 의한 강제도 설득도 할 수 없는 사람에 대해서 여전히 얼마간의 커뮤니케이션에 의지할 것인가, 아니면 형벌이라는 노골적인 권력을 사용할 것인가. 그렇지만 이것은 이미 순자가 물을 수 없는 물음이다. 그리고 우리에게 향해진 물음이며, 포착이 끊임없이 생각하려고 했던 물음이다.

그에 대한 대답은 준비되어 있지 않다. 그러나 포칵과 함께 오든의 「1968년 8월」이라는 시의 한 구절을 인용하는 것은 허락될 것이다. "사람 잡아먹는 귀신이라도 말은 지배할 수 없다."(『정치, 언어, 시간』, 「서문, 1989년」, 11쪽)

제2부

기원과 전달

제5장

문학언어로서의 은유

이제까지 중국의 고대부터 육조시대에 이르는 언어에 관한 철학적 언설을 살펴보았는데, 중국에는 언어에 관한 또 하나의 중요한 장르로서 문학과 그 비평이 있다. 따라서 이 장에서는 고대부터 육조시대에 이르는 언어에 관한 문학비평적 언설을 고찰해보기로 한다.

근대적인 의미든 전근대적인 의미든 언어 없이는 어떠한 의미에서의 문학 활동도 성립하지 않는다. 하지만 어떠한 언어가 문학활동에 어울리는가에 관해서는 의견이 나뉜다. 문학을 가능하게 하는 이상적인 언어란 무엇일까. 그 것을 나쁜 언어활동으로부터 어떻게 지켜나가면 좋을까. 중국에서 문학은 항상 정치 그리고 윤리와 관계된다고 생각되어 왔는데, 그렇다고 한다면 문학에서의 올바른 언어의 확립은 정치와 윤리에서의 올바른 언어의 확립과 궤를 같이하는 것일 터다. 따라서 문학에서의 올바른 언어란 무엇인지를 논하는 일은 앞에서 살펴본 정치적·윤리적 언어사상과 그 근저에서 연결된다.

이 장에서 구체적으로 논하는 것은 중국 문학이론 가운데 하나의 정점을 이루는 『문심조룡文心雕龍』이다. 5세기 말에서 6세기 초에 양梁나라 유협劉勰(465~520)이 저술한 이 책은 가지각색의 관점에서 논할 수 있는 풍성함을 지니고 있다. 여기서는 이 책에서 제기한 이상적인 문학언어로서의 은유隱喩와 그 관점에서 정리한 문학사 이해의 방법에 주목하고자 한다. 이에 맞춰 비比와 흥興이라는 두 가지 수사기법을 대비하고 그것을 문학사와 중첩시킨 「비흥比興」편에 특히 주목해보기로 한다.

초楚나라 양왕襄王이 굴원屈原에 관한 중상모략의 말들을 모두 믿어버리게 되니, 굴원은 진심으로 나라를 사랑하였으나 추방당하고 말았다. 그러한 사정과 관련해서 (굴원은) 『시경詩經』의 정신을 계승하여 『이소離騷』를 지었는데, 거기에 나오는 풍유의 수법들은 비比와 흥興을 함께 사용한 것이다. 한대漢代가 되어 문학 창작이 비록 활성화되긴 하였으나, 시인들이 아첨하는 말을 지나치게 좋아하게 되어 『시경』의 풍유의 전통을 상실하게 되었고, 결국에는 흥의 수법도 소멸되고 말았다. 그 시기에는 부賦와 송頌의 양식이 크게 발전하였는데, 그로 말미암아 비의 수법은 마치 구름이 피어오르는 것처럼 번다하고 복잡해지게 되었고, 옛날의 규정(이전에 흥과 비를 함께 사용하던 법칙으로서의 옛 규정)을 저버리게 되었다.[1]

유협, 『문심조룡』 「비흥」

이와 같은 수사기법修辭技法은 사부辭賦의 양식에서는 다투어 사용하는 것들인데, 사부가辭賦家들은 언제나 비比만을 사용하고 흥興에 대해서는 잊고 있다. 이는 부수적인 것을 익히느라 본질적인 것을 버린 꼴과 같으니, 한漢

나라 문학이 주周나라 문학文에 미치지 못하는 이유가 바로 여기에 있는 것이다.

같은 책

이 두 인용문을 보면, 흥興이라는 수사기법과 비比라는 수사기법이 문학文 성쇠의 역사와 중첩되면서 대비적으로 논해지고 있다는 점을 쉽게 알 수 있다.

물론 『문심조룡』 이전에도 (그리고 이후에도) 문학 성쇠의 역사는 사람들의 관심을 지속적으로 끌어온 테마이고, 여기에 등장한 『시경』과 『초사楚辭』(「이소」), 사부辭賦 혹은 '풍風(풍유)'이라는 개념도 매우 친밀한 것이다. 또 비와 흥이라는 수사기법이 대비되는 것 자체도 드문 일이 아니다. 그것은 적어도 『시경』 대서大序에서 말한 '육의六義'(혹은 '육시六詩')라는 분류와 함께 오래된 것이고, 유협이 활동한 시기를 전후하는 한당漢唐 훈고의 주석가들(정현鄭玄이나 공영달孔穎達)이나 문학비평가들(지우摯虞나 종영鍾嶸)도 비흥을 구별할 수 있는 사람들로서 각각 논의를 펼친 바 있다. 따라서 유협이 완전히 새롭게 비와 흥을 문제로 삼은 것은 아니다.

그렇지만 유협의 의론이 독자적인 것은 문학 성쇠의 역사와 수사기법으로서의 비흥의 대비를 중첩했다는 점이다. 비와 흥 사이에 확실하고 분명하게 그어진 분할선은 그냥 단순히 은유隱喩와 명유明喩라는 비흥의 분할을 의미하는 것은 아니다. 그것은 동시에 문학 성쇠의 역사에 칼자국을 새기는 것이기도 하다. 게다가 이 분할선은 더욱더 넓어져 윤리적·정치적·경제적·문학적 영역을 횡단한다. 즉, '마땅히 그러해야 할 것과 존재해서는 안 될 것', '자연과 수식', '본래적인 것과 파생적인 것', '잉여가치(의미)를 산출하는 것과 단순한 과잉', '고유성을 있는 그대로 표현하는 것과 고유성을 훼손하는 것' 등등을 분할해 성립시켜 가는 것이다.

1

'태초'의 시―『시경』

그것을 논하기 전에 우선 유협 이전에 어떠한 문학 성쇠의 역사가 구상되었던 것인지, 그리고 그것은 어떠한 '옛 규정' 하에서 이루어진 것인지에 대해 살펴보자.

한漢 이후 문학의 역사에는 『시경』과 『초사』 그리고 사부辭賦라는 분할선이 그어져왔다. 이것은 퇴락의 역사로 표상되어 이른바 '중국 문학사'의 의론에서 커다란 문제의 하나였고, 한위육조漢魏六朝 시기의 문학비평에 관한 텍스트도 그것을 논해왔다.[2] 쟁점은 『초사』다. 그것에 대해 『시경』이 그 특권을 의심받는 일은 없다. 『시경』이라는 '태초'(시초)로부터 『초사』에 의한 변화를 거치고 사부로 퇴락하는 문학사에서 『시경』은 항상 문文(문학) 그 자체의 '태초'임과 동시에 이상적인(이상화된) 범례였기 때문이다.

『한서漢書』 「예문지藝文志」의 내용을 살펴보자.

『서경書經』 「순전舜典」에 이르기를 "시는 뜻을 말하고, 노래歌는 말을 길게 늘려 읊는다"라고 하였다. 즉, '희로애락'의 마음이 느껴지면 가영歌詠의 소리(음성)로 발출하는데, 그 소리를 읊조리는 것을 시라 하고, 그 소리를 길게 늘려 읊는 것을 노래라 이른다. 그러므로 옛날에는 시를 채집하는 관리가 있었던 것이고, 왕자王者는 채집된 시를 보고 풍속을 관찰하여 그 득실을 알아, 스스로를 음미하고 바로잡았다.

『한서』「예문지」, 육예략六藝略·시詩·소서小序

전傳에 이르기를 "노래하지 않고 입으로 읊조리는 것을 부賦라 이른다. 높은 곳에 올라가 부를 지을 수 있다면 그것으로써 대부大夫가 될 자격이 있다"(『시경』용풍鄘風·정지방중定之方中「모전毛傳」)라고 하였다. 이것은 사물에 감응하여 단서端(시초)를 짓고感物造端, 재능과 지혜가 깊고 훌륭한 사람이라면 더불어 일을 도모할 수 있는 것이므로, 대부의 열에 들어갈 수 있다고 말한 것이다. 옛날에는 제후나 경卿이나 대부가 이웃 나라와 교섭하는 경우에는 미언微言[3]으로써 서로 느끼고, 예를 갖추고 인사를 할 경우揖讓(읍양)에는 반드시 시를 읊조려 자신이 말하고 싶은 바를 비유하였다. 생각하건대, 그렇게 하는 것으로 현명함과 어리석음을 구별하고, 왕성함과 쇠퇴함을 관찰했을 것이다. 그러므로 공자가 "시(『시경』)를 배우지 않으면 그것으로써 말할 것이 없다"(『논어』「계씨」)라고 했던 것이다. 그런데 춘추시대 이후로는 주나라의 도가 점차 붕괴되어, 빙문聘問[4]과 가영歌詠이 여러 나라列國에서 행해지지 않았다. 그 때문에 시(『시경』)를 배우는 사士는 버림을 받아 포의布衣[5]가 되었다. 그리하여 현인賢人이 뜻을 잃고 부를 지었던 것이다. 대유大儒인 순경荀卿(순자)이나 초나라 신하 굴원은 참언讒言[6]을 당하고 나라를 근심하면서 부賦를 지어서 그것으로써 풍유하였는데, 거기에는 측은함이라는 고시古詩의 뜻이 있었다. 그뒤 송옥宋玉이나 당륵唐勒, 한漢이 흥기하고부터는 매승枚乘, 사마상여司馬相如, 그리고 양웅揚雄에 이르기까지 서로 경쟁하듯이 치려侈麗[7]하고 굉연閎衍한 사詞를 지어 시가 지닌 풍유의 의의를 잃어버리게 하였다.

『한서』「예문지」, 시부략詩賦略 · 총서總序

여기서 말하는 '시詩'는 양의적兩義的이다. 즉, '시'는 시가詩歌 일반이라는 것과 동시에 『시경』을 의미한다. 바꿔 말하면 『시경』은 시 그 자체라고 간주되기도 한다. 그러나 그 '시'란 무엇인가.

첫 번째 인용문을 보면 "'희로애락'의 마음이 느껴지면 가영의 소리(음성)로 발출하는데, 그 소리를 읊조리는 것을 시라 하고, 그 소리를 길게 늘려 읊는 것을 노래라 이른다"라고 되어 있다. 그렇다고 하면 '시'란, 마음으로 느끼고 뜻志이 소리로 발출한다고 하는 언어과정의 기원에 등장하는 언어다. 언어가 시작된 것이다. 그 언어가 '시'다. 그것은 두 번째 인용문에서도 기본적으로 답습된다. 즉, '시'는 "반드시 시를 읊조려 자신이 말하고 싶은 바를 비유하였다"거나 "시(『시경』)를 배우지 않으면 그것으로써 말할 것이 없다"고 하는 바와 같이 그것을 빼고서는 언어활동이 일체 불가능한 것과 같은 언어인 것이다.

하지만 주의를 기울여보자. 두 번째 인용문에서 '시'는 시가詩歌 일반으로부터 『시경』이라는 특정의 문학으로 '역사화'되고 있다. 그 때문에 '시'는 배워야만 할 대상이 되고, 이미 언어과정으로부터 나오는 언어에만 머무르지 않는다. 따라서 그것은 특정한 사람들에게 독점당한 언어가 된다. 오랜 옛날에는 엘리트들만이 그것을 학습할 수 있었다. 그들은 "사물에 감응하여 단서端(시초)를 짓는", 다시 말해 사물에 감응하여 태초(시초, 기원, 시작)를 만들 수 있는 사람들이다. 여기서 '시'는 이중의 의미에서 '태초'의 문장文이 된다. 즉, 역사적인 기원으로서의 '태초'에 놓인 『시경』이라는 것과 동시에 '태초'를 시작하는 힘을 가진 언어 그 자체다. 이렇게 되면 누구나 '시'를 읊조릴 수는 없다. '시'

는 『시경』이라는 특권적 문장을 경유하지 않으면 말을 시작할 수 없기 때문이다. 따라서 『시경』을 경유하지 않고 읊어진 '시'(예를 들면 사부辭賦)[8]는 퇴락한 것에 지나지 않는다.

이러한 '시'의 양의성兩義性은 피할 수 없는 것처럼 보인다. 왜냐하면 그 배경에 두 가지의 사정이 엿보이기 때문이다.

하나는 언어의 기원과 관련된다. 만일 언어의 기원을 심리학적이든 초월론적이든 뜻志이나 정념情[9]에서 찾아냈다고 하면 그 언어는 언어 일반 혹은 초월론적 언어에 다름 아니다. 하지만 그것으로는 특정의 언어인, 이른바 자연언어를 설명하지 못한다. 자연언어의 기원을 이야기하고자 한다면 얼마간 역사를 이끌어내지 않을 수 없다. 그렇게 하면 언어의 기원은 무슨 일이 있어도 두 가지가 필요하게 된다.

또 하나는 문학의 기원과 관련된다. 가령 언어 그 자체를 이야기할 수 있었다 해도 '시'는 단순히 언어 그 자체여서는 안 된다. '시'가 단순한 언어활동 이상의 것이기 위해서는 역시 또 하나의 기원이 필요하다. 즉, 빙문聘問하고, 가영歌詠하고, 측은함이나 풍유라는 의의를 가지기 위해서는 특별한 '재능·지혜'가 필요한 것이다. 문학을 위해서 새롭게 언어활동에 '태초'를 만들어내는 능력이다. 이것이 엘리트가 등장하는 연유다.

그렇게 한다면 『시경』을 이중적 의미에서의 '태초'의 문장으로 설정하는 일은 『시경』과는 별도의 시가 끊임없이 『시경』을 기준으로 헤아려지는 사태를 초래한다. 역사적인 '태초(시초, 기원, 시작)'의 다음으로 다가오는 것은 항상 이차적인 '시'에 지나지 않는다. 그리고 『시경』이라는 이상에서 벗어난 '시'는 남방이라는 외부로부터 도래했다. 그것이 『초사』다.

2

『시경』의 반복 – 『초사』

『초사』는『시경』과 한대의 사부 사이에 위치하는데, 그 위상의 정립 형태에는 약간의 폭이 존재한다. 『문심조룡』「변소辨騷」편의 서술을 참고하면, 더 이른 시기에 회남왕淮南王 유안劉安이 다음과 같이 말했다고 한다. 설명을 덧붙이자면『이소離騷』는『초사』서두의 1편으로『초사』전체를 대표해 가리키는 경우도 많다.

> (회남왕 유안은) "『시경』의 국풍國風은 연정戀情을 노래하면서도 지나치지 않았고, (『시경』의) 소아小雅는 (정치에 대한) 원한과 분노를 노래하면서도 절제가 있었다. 『이소』는 그와 같은 두 가지 미덕을 겸비하였다고 말할 수 있다. 그것의 출현은 마치 매미가 지저분한 흙 속에서 허물을 벗고 나와서 티끌세상 밖에서 자유롭게 날아다니는 것과도 같으니, 검은색으로 염색한다고 해도 검게 물들지 않을 저 교교함은 해와 달의 밝은 빛에 견줄 수 있으리라"라고 말하였다.
>
> 『문심조룡』「변소」

이와 같이『초사』(『이소』)를『시경』보다 뛰어나다고 말할 정도로 높게 평가하는 해석에 대해 후한의 반고班固(32~92)는『이소』의 서문에서 이렇게 비판했다.

> 굴원은 재능을 자랑하여 자기 자신을 과장하고 있다. (…) (『이소』는) 대개 곤

룬崑崙[10]·명혼冥婚[11]·복비宓妃[12] 등 허무의 언어를 사용하고 있는데, 어느 것이나 모두 문장의 표현형식法에 적합한 올바른 것도 아니거니와 경서가 담고 있는 말도 아니다. 이것을 "『시경』의 풍아風雅를 겸하여 해·달과 다툴 정도로 휘황찬란하게 빛나는 것이다"라고 말하는 것은 잘못이다. 그렇기는 하지만 그 문장은 규모가 크고, 화려하며 전아典雅하고, 사부辭賦의 시작이며 규범이다. 후세 사람들로 그 영화英華를 짐작하지 않는 자가 없고, 누구나 모두 그 방식을 모방한다. (…) (굴원은) 밝은 지혜를 가진 그릇이 아니라 하더라도 훌륭한 재능의 소유자라고는 말할 수 있다.

반고, 『이소』 서序

즉, 『초사』는 '허무의 언어語'를 사용하고 있기 때문에 경서를 초과해 있고, 그 나름대로 높이 평가는 하지만 『시경』에는 미치지 못한다는 것이다.

후한의 왕일王逸은 이에 대해 재반론을 편다. 『초사장구楚辭章句』 서敍(「이소후서離騷後敍」)의 짧은 문장을 살펴보자.

굴원은 충忠을 실천하면서도 참언으로 덮여 막혔기 때문에 근심과 슬픔, 시인詩人의 정신에 의거하여 『이소』를 지었다.

왕일, 『초사장구』 서

이와 같이 『초사』를 『시경』의 반복이라고 서술한 뒤에 반고를 비판한다.

굴원의 말은 부드럽고 완곡한데, 어찌 군주가 불명不明하다고 해서 그 귀를 잡아당겨 가르치는 일 따위를 하겠는가. 그런데 논論을 펼치는 자(반고)는

(굴원이) 재능을 자랑하여 자기 자신을 과장하고 있으며, 군주에 원한을 품고 비방하며 억지로 비난하고 있다고 생각한다. 이러한 평가는 적절함을 잃은 것이다.

같은 책

그렇다면 왕일에게 『초사』란 무엇일까.

애당초 『이소』의 문장文은 오경五經에 의거하여 그 올바른 뜻을 세운 것이다. (…) 굴원의 말은 실로 규모가 크고 공자가 세상을 떠난 이후 훌륭한 학자나 박학한 사람들이 사부辭賦를 지을 때에 누구나가 본보기로 삼아 규범으로 하였다. 그 요점을 들자면 화려함이다. 이른바 금과 옥의 아름다운 성질을 갖춘 것으로 영원히 여기에 필적할 만한 것은 없으며, 그 명성의 울려 퍼짐은 극한이 없고, 영구히 줄어드는 일도 사라지는 일도 없다.

같은 책

왕일에 따르면 『초사』는 『시경』을 반복하고는 있지만 그것보다 더 우수할 정도이며, 『시경』 이후의 본보기이자 규범이라고까지 말하고 있는 것이다.

이와 같이 『초사』에 대한 위상 부여는 양극으로 나뉜다. 한편에서는 반고처럼 『초사』를 사부 쪽으로 끌어당겨 『초사』가 『시경』에서 출발하는 정통의 문장 계보에 속하지만, 뒤떨어진 문장이고 사부라는 귀자鬼子(귀신의 자식이라는 뜻으로, 못생긴 자식을 의미)를 낳았다고 평가한다. 다른 한편에서는 왕일처럼 『시경』 쪽으로 끌어당겨 『시경』과 동등하거나 그 이상의 문장이라고 평가한다. 어느 쪽서나 『초사』는 『시경』을 좋든 나쁘든 그냥 반복한 문장으로서 이해되고 있다.

그런데 상술한 바와 같이 '시'가 양의적이고, 『시경』이 이중적인 '태초(시초, 시작)'인 것은 문장文의 기원을 묻고 있기 때문이다. 『시경』은 이때, 언어 그 자체와 특권적인 문장이 결합한 이상적인 문장이었다. 그것은 뒤쪽에서 말하면 오늘날의 문장(근대의 문장)이 이상적이 아니라는 것을 의미한다. 즉, 이상적인 문장의 기원, 기원의 문장을 찾아내려고 하는 태도는 그대로 오늘날의 문장을 퇴락한 것으로 불러내어 고발하는 태도이기도 하다. 그렇다면 『시경』과 사부 사이에 분할선을 그어버리면 끝나는 일이 아닐까. 그런데도 왜 『초사』가 항상 언급되는 것일까.

그것은 『초사』야말로 문장 퇴락의 원인이기 때문이다. 남방南方[13]의 다른 문장인 『초사』는 『시경』이라는 영원한 문장을 중단시키는 일단락임과 동시에 중단에 의해 별도의 문장을 시작하는 일을 가능하게 해주는 매듭이기도 하다. 그것은 『시경』을 다른 방식으로 반복하는 문장인 것이다. 반고와 왕일의 견해 차는 반복의 방식을 어떻게 평가하는가에 기인한다. 다시 말해 그것은 단순한 되풀이가 아니라 차이를 갖고 들어온 문장이다. 문장 퇴락이 가능하게 되는 것은 이 차이 있는 반복의 가능성에 의한다. 『초사』는 『시경』의 외부에서 도래해 그 내부를 영유하고 '근대의 문장'을 가능하게 해주는 문장이다. 그렇다고는 하지만 『초사』가 갖고 들어온 차이가 도대체 어떤 것일까에 관해서는 아직 충분하게 명확하지는 않다. 이것을 어떤 원리로서 파악하고자 했던 인물이 유협이다.

3

차이의 원리로서의 『초사』

유협은 '기奇'라는 원리를 『초사』에서 보았다. 「서지序志」 편과 「변소」 편에서 그는 이렇게 말하고 있다.

『문심조룡』의 저술에서 근본적으로는 도道에 대해 탐구하였고, 전통의 계승에서는 성인을 본보기로 하였고, 체제 면에서는 그 근원을 경서經書에서 찾았고, 문채文采 면에서는 위서緯書를 따라 배웠고, 변이變異(차이가 있는 반복)를 추구한 면에서는 『이소』를 참고하였다. 이리하여 문학적 핵심에 대해 거의 전부가 다루어졌다고 볼 수 있을 것이다.

『문심조룡』 「서지」

『시경』의 풍風과 아雅의 노랫소리가 멈춘 이래로 어느 누구도 그것을 계승한 사람이 없었다. 그러다가 갑자기 훌륭한 작품이 찬란하게 탄생하였으니, 그것이 바로 『이소』이다. 그것은 『시경』 작자들 이후에 높이 날아올랐으며, 사부가辭賦家들의 작품보다 앞서서 힘차게 궐기하였다.

『문심조룡』 「변소」

이상에서와 같이 『초사』(『이소』)에는 경서와 일치하는 부분이 그러한가 하면, 그 부풀리고 과장하여 황당무계한 부분이 있는 것이 바로 이러하다. 즉, 이로부터 『초사』의 내용은 삼대三代의 서書와 시를 모범으로 삼았으나, 그 기풍氣風은 전국시대의 풍기가 뒤섞여 있으니, 우리는 그것이 (『시경』의)

풍과 아에 비해서는 미미한 존재이나 사부의 걸작임을 알게 된다.

같은 책

만일 엄숙하게 『시경』의 아雅나 송頌의 준칙을 좇아 통제하고, 『초사』를 다스리면서 진지한 내용을 채택하며 그 정확성을 잃지 않고 향기로운 꽃을 감상하면서도 그 열매를 버리지 않을 수 있다면, 그때는 마치 한 번 뒤를 돌아보듯이 힘들이지 않고서도 언어적 표현의 힘을 발휘할 수 있을 것이며, 입을 한 번 벌리는 순식간에 자연스럽게 문장의 정밀함을 철저하게 탐색할 수 있을 것이다. 그렇게 된다면 군이 사마상여와 왕포王褒 같은 사부가들이 필요가 없게 될 것이다.

같은 책

이상의 인용에서도 알 수 있듯이, 유협은 『초사』에 대해 이전의 비평가들이 부여한 위상과 마찬가지로 『시경』과 사부를 분할하는 '분할선'이라고 생각하고 있다. 하지만 유협의 『초사』 이해는 거기에 머무르지 않는다. 유협은 『초사』의 그러한 위치를 적극적으로 의미화하려고 했다. 다시 말하면 『초사』를 하나의 원리로서 『시경』을 이상으로 하는 문장 속에 짜넣으려고 했던 것이다. 그 원리란 '기奇'와 '화華'라는 말로 표현되는, 차이를 말한다. 『초사』는 '신기新奇함', '화려함'을 『시경』에 덧붙이고 그것을 보다 풍부하도록 만든 것이다. 이렇게 해서 『초사』를 『시경』의 문장에 편입시킨다면 "그때는 이미 사마상여와 왕포 같은 사부가들이 필요가 없게 될 것이다". 즉, 유협이 부여한 『초사』의 역할은 『초사』의 '신기함'이나 '화려함'을 벗어나 차이를 잘라버리는 것이기도 하다. 『초사』만을 『시경』의 가장 으뜸가는, 그리고 유일의 정당한 차이가 있는 반복이라고 인정함으로써 영원의 '태초'인『시경』을 현실화하고 풍부하게 만듦과 동시에 올바른『시경』의 한계를 확정한다. 또 그것을 벗어나는 듯한 반복을 허락하지 않는다는 '기奇'의 원리를 유협은 설정했던 것이다.[14]

이와 같은『초사』의 위상 정립은 그때까지의 위상 정립 방식과는 양상이 다르다. 이미 서술했다시피 이전에는『초사』가 풍유라는 점에서『시경』을 얼마만큼 계승하고 있는지 여부의 비교, 혹은『시경』에서 사부로의 전환점이라고 평가해왔다. 그런데 여기서『초사』는『시경』을 토대로 한 문장에 불가결의 진기한 원리로서 짜넣어진 것이다.

실은 세 번째로 인용한「변소」편 부분의 바로 앞에서 유협은 이제까지의『초사』의 위상 정립 방식을 재검토하고 있다. 그것은『초사』가 전체적으로『시경』에 대해 어떠한가를 생각한 것이 아니라,『초사』속에『시경』을 반복하는 부분과 그것에 배치하는 부분을 구별한 것이다. 즉, '전고지체典誥之體' '규풍지지規諷之旨' '비흥지의比興之義' '충서지사忠恕之辭'의 네 가지는『시경』과 동일하지만, '궤이지사詭異之辭' '휼괴지담譎怪之談' '견협지지狷狹之志' '황음지의荒淫之意'의 네 가지는『시경』과 다르다는 것이다. 이 구별이『시경』과 사부의 분할에 중층적으로 작용하는 것은 말할 것도 없다. 그러나 유협의 의도는 단순히『초사』안에 분할을 이루려고 한 것이 아니라, 분할의 원리를 찾아내려는 것이다. 바꿔 말하면『시경』을 중심으로 하여 문장을 근원적으로 기초화하려는 의도하에 분할을 필요한 것, 이해 가능한 것으로서 회수하려는 것이다. 그때 원래는 특이하고『시경』의 내부로부터도 또 '근대' 사부의 내부로부터도 설명할 수 없는, 외부의 문장인『초사』가 그 불안정함을 역으로 적극적으로 받아들이고『시경』에 대한 차이의 컨버터converter, 즉 이해 가능한 차이를 산출하는 전환기轉換器가 된다. 모든 특이성이 이해 가능하게 되고, 역으로 이해할 수 없는 것

131

제2부 기원과 전달

은 차이조차 없게 된다. 여기서 『시경』을 중심으로 하는 문장으로부터 외부가 완전히 쫓겨나고 철저한 내부화가 완성된다. 이것은 『시경』이라는 이상理想에 컨트롤되면서도 시간의 계기繼起에 따라서 문장의 변천을 이해하려고 했던 그 이전의 문학사와는 성질을 달리하는 것으로, 문장의 형이상학이라고도 불러야 할 것이다.[15]

그렇다고는 하지만, 일단 시작된 '차이 있는 반복'은 '기奇'의 원리로서의 통제에 따르는 것일까. 『시경』이라는 영원의 문장에 일단락을 지은 이상, 유협의 노력에도 불구하고 모든 방식에서의 '반복'에 길이 열려버린 것은 아닐까. 『초사』 그 자체가 '기'라는 위상 정립에서 비어져 나올 수 없는 것뿐 아니라, 『시경』(정正)으로 흡수할 수 있는 차이(기奇)와도 서로 다른 차이(사부辭賦)를 저지할 수는 없는 것이다. 과연 유협이 만들어내려고 했던 문장文의 형이상학은 어떻게 해서 이 위기를 벗어날 수 있을까.

4
'태초'의 말소와 『시경』의 절대적 기초 세우기

애초에 왜 『시경』이 '태초(시초, 시작)'의 문文(문장, 문학)으로서 이상화되지 않으면 안 되었는가? 이 물음은 대답해야 할 것이 아닐지도 모르겠고, 대답할 수 없는 것일지도 모르겠다. 적어도 대답으로 해소되는 물음은 아니다. 그러나 별도의 물음을 되묻는 일은 허락될 것이다. 그것은 언어가 가지는 근원적 위태로움을 '태초'를 찾아내는 일로 감축하려고 했기 때문은 아닐까? 여기서 말하는 근원적 위태로움이란 '근원'이 없다는 것이다. 그것은 여러 가지 양태를 취할 것이다. 예를 들면 언어활동에서 고유의 의미를 유지할 수 없다든가, 잘못된 의미를 의미해버린다는, 즉 의미 형성과 관련된 '근원'의 없음이거나 혹은 말하고 싶은 것을 전달할 수 없다고 하는 커뮤니케이션에 관련된 위태로움일 것이다. 하지만 그것을 보다 힘주어 표현하면, 언어가 표상적인 성격을 피할 수 없으며, 언어가 대리하고 있을 것, 즉 그 순수성·직접성을 태초(처음)부터 상처 입히면서까지 표현할 수 없다고 하는 위태로움이다.

그런데 피할 수 없는 언어의 위태로움을 어떻게 해서든 피하지 않으면 안 된다고 욕망하는 것이다. 그러기 위해서는 어떻게 할 것인가. 그 하나의 방편은, 그리고 도처에서 사용되는 방편이지만, 지금 여기와는 별도의 장소, 별도의 시간, 특별한 능력으로 무결無缺한 '태초'를 발견하고, 위태로움을 거기로부터의 '퇴락'으로 슬쩍 바꿔치기하는 일이다. 즉, 언어의 위태로움은 지금 여기에 이르는 문文(문장, 문학)의 퇴락 과정에서 출현한 것일 뿐 애당초 '태초'에는 없었으며, '태초'에는 순수하고도 직접적인 고유의 의미가 있었고 언어로 적절하게 표상되었다고 하는 것이다. 이것이 이미 서술한 바 있는 이중적 '태초'가 등장하는 장면이고, 『시경』이 이상화되는 계략이자 장치다.

그렇지만 역사적으로 혹은 특권적으로 기원을 설정하고 무결한 '태초'를 발견하는 계략(장치)에는 난점이 있다. 그것은 그 '태초'가 여전히 지금 여기에 연속하는 시간상의 한 점이고 인간이 만드는 일이기 때문이다. 다시 말하면 '태초'의 언어라고 해도 그것은 만들어진 것이며, 어떤 특정한 콘텍스트context(문맥)를 질질 끌고 있기 때문에 결코 무결한 것일 수는 없다. 무결하기 위해서는 일체의 역사나 특권적 능력을 초월하지 않으면 안 된다. 다시 말하면 '태초'가 시작되는 흔적을 말소하고 절대적 '태초'가 되지 않으면 안 된다. 문文(문장, 문학)의 형이상학이 극에 달하는 것은 이 절대화의 순간이다. 그래서 이중적인

'태초'는 하나가 되는 것이다. 유협이 '자연'이라는 개념을 도입해 실현하고자 했던 것은 바로 이것이다.

문文의 작용(혹은 속성)은 지극히 큰 것이다. 그것은 하늘, 땅과 함께 생겨났는데, 무슨 까닭일까. 애당초 하늘과 땅이 생겨나자 이어서 푸른색과 누른 빛의 구별이 생겨났고, 네모난 모양方形의 땅과 둥근 모양圓形의 하늘로 형체가 나뉘었기 때문이다. 해와 달은 벽옥璧玉을 겹쳐놓은 것과 같아서 하늘에 붙어 있는 형상을 나타내고, 산과 하천은 비단에 수를 놓은 것과 같아서 땅에 떨어져 있는 형상을 나타낸다. 이러한 모든 것은 대자연의 무늬文이다. 위를 쳐다보면 해와 달이 빛을 발하고, 아래를 내려다보면 산과 하천이 아름다운 무늬처럼 펼쳐져 있으니, 이는 위와 아래의 위치가 확정된 것으로, 이로써 하늘과 땅이 생겨난 것이다. 오로지 사람만이 하늘과 땅 사이에서 같이 어울릴 수 있으며 영혼을 지니고 있기에 하늘, 땅, 사람 이 셋을 삼재三才라고 부른다. 오행五行의 수려함은 실은 하늘과 땅의 마음에서 비롯된 것이다. 인간은 만물의 영혼이요, 하늘과 땅의 마음이다. 따라서 마음과 영혼이 생겨나면서 그와 함께 언어가 확립되고, 언어가 확립되면서 문장은 따라서 분명해진다. 이것이 바로 자연의 이치道인 것이다. 그러한 이치를 이 세상 만물에까지 널리 소급해보면, 동물과 식물은 모두 나름대로의 아름다운 색채와 무늬를 지니고 있다. 용과 봉황은 아름다운 무늬와 색채로 상서로움을 나타내고, 호랑이와 표범은 그 얼룩덜룩한 무늬와 색채로 위엄스런 풍채를 드러낸다. 구름과 노을의 화려한 색채는 화가의 신묘한 기술보다 더 뛰어나고, 초목의 아름다운 꽃들은 굳이 자수를 놓는 자수공刺繡工의 신비한 솜씨를 빌리지 않아도 그 자체가 아름답기 그지없다. 이러한 모든 것은 외부에서 가해진 장식修飾에 의한 것이 아니라, 모두 자연스럽게 이루어진 것들이다.

『문심조룡』「원도原道」

위대한 순舜 임금의 말씀을 기록하여 이르기를 "시란 인간의 뜻志을 말한 것이고, 노래歌란 그것(언어)을 길게 늘여 읊은 것이다"(『서경』「순전」). 이러한 성스러운 「순전」의 설명으로 시의 의미가 이미 분명해질 것이다. 즉, "인간의 마음속에 있는 것을 뜻이라 하고, 언어(문자)를 사용해서 표현한 것을 시라고 한다."(『시경』대서大序). 글이나 말로써 실實(지시대상)을 표현한다는 시의 의의가 바로 여기에 있는 것이다.

시란 지持이다. 즉, 인간의 성정性情을 지켜나간다는 뜻이다. 『시경』에 실려 있는 시 삼백 편을 한마디로 개괄해서 말하자면, 그 의의는 '사악한 생각이 없는' 순수한 상태에 도달하는 것으로 귀결된다(『논어』「위정爲政」). 시를 지켜나간다는 것으로 해석하는 것도 바로 이러한 원리와 완전히 부합된다. 인간은 희喜, 노怒, 애哀, 구懼, 애愛, 오惡, 욕欲의 일곱 가지 감정七情을 갖고 있다. 이들 감정은 외부 사물의 자극을 받아 감응하며, 이러한 감응을 통하여 인간은 뜻志을 음영吟詠하는 것인데, 이러한 모든 과정은 지극히 자연스럽게 이루어진다.

『문심조룡』「명시明詩」

유협에게 문文이란 하늘과 땅의 작용과 마찬가지로 '자연의 도'를 기준으로 삼고 따르는 것이다. 이것은 이제까지의 연구에서도 어김없이 『문심조룡』의 특징으로서 언급되어 왔던 일이다.[16] 다만 거기에는 '풍경'의 발견과 함께 이야기되는 바와 같은 '자연물'로서의 자연을 유협이 말했다는 데 역점이 놓여 있다. 그러나 위에서 인용한 부분을 읽어보면, "사물에 감응하여 뜻이 생겨나고 그것을 말로 표현한다言表"고 하는 전통적인 언어과정을 이야기하는 문관文觀이 철저하게 추진되고 있으며, 그 위에서 그 모든 프로세스가 자연, 즉 자동적이라고 말하고 있는 것이다.

따라서 유협은 "마음과 영혼이 생겨나면서 그와 함께 언어가 확립되고, 언어가 확립되면서 문장은 따라서 분명해진다"거나 "인간은 희喜, 노怒, 애哀, 구懼, 애愛, 오惡, 욕欲의 일곱 가지 감정을 갖고 있다. 이들 감정은 외부 사물의 자극을 받아 감응하며, 이러한 감응을 통하여 인간은 뜻을 음영하는 것이다"라는 식으로 문장의 모든 프로세스에 자연을 침투시키는 일에 역점을 둔다. 요컨대 '자연화'야말로『문심조룡』의 특징이다. 여기서는 자연물이 문제인 것이 아니라, 그 이상의 소급이 불가능한 자연이라는 심급을 이끌어냈다는 점, 아니 심급 그 자체가 없어지게 되는 궁극의 심급이 이끌어내졌다는 점, 즉 자연화가 문제인 것이다.

구체적으로 말해보자. 맨 먼저 자연화된 것은 문장의 '태초(시초)'에 있는 사람의 마음이다. 사람은 천지天地에 참가하는 존재라는 이유에서 사람의 마음은 '천지의 마음'이라고 이야기된다. 이와 같이 마음을 '자연화'함으로써 문장의 '태초'를 말소할 수 있다. 그렇게 함으로써 '문장 =『시경』'은 완전한 방식에서 절대적인 '태초'의 문장, 영원한 '태초'의 문장이 된다. 확실히 이제까지도『시경』은 이중적 '태초'의 언어로서 '이상화'돼 왔다. 그러나 그것은 또한 '시작할 수 있는' 능력, 즉 자발성을 전제로 하고 있었을 터다. 그런데 여기서는 그 '시작할 수 있는' 능력까지도 '자연화'시켜버렸다. 문장文은 그 사람에게 고유의 의도와 같은 '태초'를 필요로 하지 않는다. 다른 각도에서 말한다면 역사라는 시공 속에서 특정되는 바와 같은 '최초의 일격'이 '자연화'되어 말소되었던 것이다.

하지만 그뿐만이 아니다. 자연화는 '태초'의 절대화로만 적용되는 것이 아니라, 사물에 촉발되어 느낀다고 하는 또다른 하나의 '태초'에도 적용되며, 문장으로서 표현하는 단계에도 적용된다. 이것은 '사람의 마음'과는 별도의 심급이 가지는 위태로움을 회수하는 일이다. 다시 말하면, 사물이나 문장이 가지고 있는 타성他性을 압축해 다른 촉발, 그 외의 표현을 은폐하는 것이다. 이것은 더불어 촉발될 수 없는 사물, 표현을 벗어나는 문장을 인정하지 않는 일에까지 다다른다. 모든 타성을 사전에 미리 '자연화'시킴으로써 명실名實의 일치는 '아프리오리a priori'(선험적 혹은 그 관념)하게 보증될 것이다. 이때 "시란 지持이다. 즉 인간의 성정을 지켜나간다는 뜻이다. 『시경』에 실려 있는 시 삼백 편을 한마디로 개괄해서 말하자면, 그 의의는 '사악한 생각이 없는' 순수한 상태에 도달하는 것으로 귀결된다. 시를 지켜나간다는 것으로 해석하는 것도 바로 이러한 원리와 완전히 부합된다"라고 하여 문장은 순수한 뜻志을 순수하게 '계속 유지하는' 것이 된다.

이러한 자연화는 '문장의 이상理想'의 완성이다. 약간의 파탄도 없는 완전한 '오토마티즘automatism=자동서기自動書記'[17]로서의 문장이 출현한다. "말이 문장文이라는 것은 천지의 마음이라는 것이다"(『문심조룡』「원도」)라거나 "눈과 입을 열면 저절로 훌륭한 문장이 완성된다"(『문심조룡』「변소」)고 하는 언명은 이러한 이상을 기술한 것이다. 여기에는 시작도 없거니와 끝도 없으며, 어떠한 초월성도 타성도 없다. 자연화가 천지나 도道(따라야 할 길)로 표상되는 오토노미autonomy(자율성)의 운동을 문장으로 적용하는 일이라고 하는 이상, 그것은 자동적인 것이며 거기에 자연이란 별도의 심급이 존재하지 않는다. 아니 보다 정확히 말하면 애당초 초월적인 심급이기에 존재하지 않는다고 해야 할 것이다. 자연은 그 이외의 심급 혹은 심급 일반을 업신여기는 '자연화'이기 때문이다. 여기서는 '태초'에 휘감겨 붙어 있던 이중성이 불식된다. 그것은 자연의 명칭名 아래에 하나로 환원되는 것이다.

그러면 이 자연에 의한 기초 세우기(무법 상태에서의 법의 선언 혹은 법의 자기-산출)는 감쪽같이 성공했던 것일까. 법적으로는 가능하다. 법이 없었던 이상, 그 점유를 소추할 수 없기 때문이다. 사실이 법이 된다. 그런데 결과로부터 보면 자연화의 도달점이어야 할 '사악한 생각이 없다'고 하는 순수한 뜻도 명실名實의 일치도 실현되지 않는다. 그것이 다 자동화되는 일은 없는 것이다.

산행을 할 때에 사람들의 생각과 감정 속에는 그 산의 경치로 차고 넘치게 되며, 또한 바다를 바라볼 때에 사람의 생각 속에는 흔히 바다의 경관이 떠오를 것이다. 나의 재주가 얼마나 대단한가 묻는다면, 마치 바람과 함께 질주하려고 하는 것 같기에 가늠할 수 없다고 대답하는 수밖에는 없을 것이다. 막 붓을 잡는 순간에는 글 쓰는 과정에서 언어적 표현을 궁리하는 때보다 그 기세가 배나 더 높다. 그러나 작품을 다 써놓고 보면, 흔히 처음에 자신이 생각했던 것의 절반밖에는 표현하지 못했음을 깨닫게 된다. 왜 그럴까? 문학적 사색思은 흔히 상상에 의존하기에 아주 쉽게 기발한 생각을 하게 되지만, 언어는 비교적 실재적이어서 교묘하게 구사하기란 그리 쉽지 않기 때문이다. 그러므로 비록 문학적 사색이 사상(상상력)에서 생겨나고, 그 문학적 사색으로부터 언어가 형태를 부여받는 것이긴 하더라도, 사상과 문학적 사색 그리고 언어의 삼자가 하나처럼 빈틈없이 밀착되는 경우도 있으나 소루疏漏한 경우에는 천 리보다 더 거리감이 생길 수도 있다. 어떤 이치理

는 바로 자기 마음속에 내재해 있지만 다른 나라에 가서 찾아 헤매는 경우
가 있는가 하면, 어떤 뜻義은 바로 눈앞에 있지만 산 너머 강 너머 머나먼 곳
에 있다고 착각하는 경우도 있다. 따라서 마음을 확고히 하여 사상을 훈련
하는 방법을 연마하면 고생스럽게 생각할 일도 없다. 적절한 도리法나 약속
을 몸에 익히면, 자기의 심정情을 고달프게 만들 필요도 없는 것이다.

『문심조룡』「신사神思」

즉, 표현의 과정 단계에서 자동화가 붕괴되는 일이 있다는 것이다. 그것을
방지하기 위해 "마음을 확고히 하여 사상을 훈련하는 방법을 연마하고", "적
절한 도리나 약속을 몸에 익힌다"고 한 것처럼 적절한 규칙에 따라야 할 필요
가 있다.

하지만 왜 이런 곤란이 생기게 된 것일까. 자연화는 철저히 이루어지는 것
이 아니었던가? 이에 대답하기 위해서는 자연화로서의 자연이 '도처에' 침투
해가는 것에 주의하지 않으면 안 된다. 다시 말하면 이 자연에 의한 기초 세우
기는 그것이 절대적일수록 그 작용을 확장해 비자연非自然—이 말에 여전히
의미가 있다고 해서—을 받아들인 것이지만, 거기서 하나의 역전逆轉이 일어
난다. 즉, 자연이 '탈자연화'되는 듯한 역전이다. 이것을 법의 개념에서 이야기
하면, 자크 데리다Jacques Derrida(1930~2004)와 함께 총파업general strike이라
는 법적 행위에 주목하면 이미지가 쉽게 떠오를 것이다.[18] 그것은 법을 '철저
화'했을 때에 등장하는 '법에 침잠해 있는 내재적 모순'이고, 법 그 자체를 폐
하여 없애든가 아니면 별도의 법을 세우려고 하는 데에 다다른 것이다. 이러
한 스트라이크strike(파업)가 자연 속에 이미 쓰여 있는 것은 아닐까? 아니면
패러독스가 있는 지점에서 드러내고 있는 것은 아닐까?

이와 같은 비자연 혹은 스트라이크가 '첨예화'되는 지점을 확인해보도록 하자. 그것이 수식修飾이다.

5

자연화의 확장―수식의 수확

수식이라는 개념은 이제까지의 연구가 지적해온 '『문심조룡』의 모순'이나 '자가당착自家撞着'이라고 하는 문제와 관련된다.[19] 그것은 "『문심조룡』은 수사주의修辭主義를 부정하고 있는가? 긍정하고 있는가?"(「『문심조룡』과 『시품』: 수사주의에 대한 대치와 통저『文心雕龍』と『詩品』: 修辭主義への対峙と通底」, 이토 도라마루伊藤虎丸·요코야마 이세오橫山伊勢雄 편, 『중국문학론中國の文学論』, 73쪽)라는 것보다도 오히려 "'수사주의'적 정황과 대결하면서 그 대치를 통해 수사의 진정한 가치를 추구했다고 할 수 있을 것"(같은 책, 77쪽)이라고 이야기되거나, 더 나아가 "수사의 과잉이라고 보이는 현상을 극복하고자 하면서 다른 측면에서는 수사의 부정이나 경시를 거부"(같은 책)하는 '이중二重의 부정'(같은 책, 81쪽)이라고 이야기되는, 수식과 관련된 유협의 앰비벌런스ambivalence(반대 감정 양립) 그 자체를 묻는 일이다. 도대체 『문심조룡』은 어떤 방식으로 수식을 논하고 있는 것일까? 즉, 무엇을 수식으로서 인정하고 무엇을 배제한 것일까?

그 수식 분할의 방법을 눈에 띄도록 하기 위해서 구카이空海(774~835)의 『문경비부론文鏡祕府論』의 한 구절을 살펴보자.

옛날부터 문장은 아무것도 행하지 않는 일('무작無作')로부터 자연에서 발생

했다. 다시 말하면 감격하여 성립한 것이기 때문에 전혀 수식이나 '식련飾練(몇 번이고 다듬어 완성함)'따위는 없었다. 말을 하면 그것은 딱 들어맞아 사물에 감응하고 잘 된다.[20]

이것은 중국에서 일찍이 잃어버렸던 육조 시기의 문론文論을 다수 수록한 『문경비부론』인데, 여기서도 또한 자동서기自動書記로서의 문장文이라는 언어의 꿈이 이야기되고 있으며, 역시 '자연'이라는 절대적 기원(기원이 될 수 없는 기원인 '무작無作')이 설정되어 있다. 그런데 주의해야 할 것은 여기에는 그 귀결로서 "전혀 수식이나 '식련飾練(몇 번이고 다듬어 완성함)'이 없다"고 쓰여 있다는 점이다. 자연의 언어는 통상 소박하다고 간주된다. 잘 알려진 '자연―인위', '소박―수식'이라는 이항 대립이 그 배경에 있는 것이다. 그렇지만 유협이 사용하는 자연은 그것과는 다르다. 앞의 인용문을 다시 한번 살펴보자.

구름과 노을의 화려한 색채는 화가의 신묘한 기술보다 더 뛰어나고, 초목의 아름다운 꽃들은 굳이 자수를 놓는 자수공刺繡工의 신비한 솜씨를 빌리지 않아도 그 자체가 아름답기 그지없다. 이러한 모든 것은 외부에서 가해진 장식修飾에 의한 것이 아니라, 모두 자연스럽게 이루어진 것들이다.

『문심조룡』 「원도」

여기서도 수식은 자연과의 관련성에서 문제가 되고 있는데, 이것을 친숙한 '소박―자연'이라는 계통 속에서 이해해서는 안 된다. 이미 살펴본 바와 같이 여기서의 자연은 '자연화'하는 자연이며, 도처에 침투해 그 한계를 확장하고

141
✷
제2부 기원과 전달

모든 심급(예를 들면 인위人爲)을 삼키려고 한다. 그 하나의 프로세스로서 수식의 수확(거두어들이기)이 있다. 자연의 외부에 있는 것처럼 간주되어온 수식을 '내부화'하려는 것이다.

여기서 수식이 두 가지로 분할되어 수확되고 있다는 점에 주의하도록 하자. 그것은 '외식外飾'이라는 수식과 자연의 수식과의 분할을 말한다. 이때 자연은 소박하고 꾸밈이 없는 자연이 아니라, "화가의 신묘한 기술을 능가하고" "자수공刺繡工의 신비한 솜씨를 빌리지 않아도" 될 정도의 수식된 자연이다. 완성된 수식이요, 하나의 '색채彩'이며 게다가 가장 아름다운 '색채'다. '자연(소박)—수식'이라는 분할선과는 다른 분할선이 '자연—수식('외식')' 사이에 그어진 것이다.

이 수식의 자연화, 수식과 자연의 재분할은 이미 살펴본 바와 같이 차이를 받아들이고 차이를 배제하는 '기奇'의 원리로서 『초사』를 설정하는 일과 연동한다. 다시 말하면 확실히 회수 가능한 '기奇'와 회수할 수 없는 '차이'를 『초사』는 분할하고 있지만, 그 분할선이 여기서의 수식으로서 적합한 수식과 밖에서 꾸미고 치장했을 뿐인 수식과의 분할에까지 연장되는 것이다.

그렇다고는 하지만, 역으로 말하면 자연은 수식 전체를 '자연화'해버린 것은 아니다. '외식'이라는, 자연을 확대하면서도 여전히 자연이 아닌 것, '자연화'할 수 없는 것이 여기에는 잔여殘餘로서 남겨져 있기 때문이다. 만일 『문심조룡』의 모순을 이야기한다면 바로 이 대목일 것이다. 다시 말해 이 새로운 분할선이 '어디까지 유지될 수 있는가'라는 것이다. 자연으로 수확되지 않은 수식='외식'이 자연을 위협하는 일은 없는 것일까.

6

자연의 한계와 역전—부

아마도 자연이라는 측면에서 본다면 '자연화'가 모든 것을 뒤덮은 것처럼 보일 것이다. 그 외부에 있는 수식은 수식의 이름이라도 가치가 없는 것이기 때문이며 혹은 외부에조차 없기 때문이다. 이러한 의미에서라면 '자연화'에는 한계가 없다. 그러나 한계가 없는 것처럼 분할선이 그어지기 때문이라는 이유야말로 다툼의 소지가 있다. 도대체 어떠한 명분名하에 수식을 수확하고, 또한 배제하는 것인가.

우리는 여기서 부賦(사부辭賦)를 고찰해두지 않으면 안 된다. 이미 살펴본 것처럼 '부'는 수식의 으뜸가는 것이며, 문장文 성쇠의 역사가 이야기될 때에는 항상 부정적으로 다루어져왔다. '부'는 '기奇'의 원리에 의해 배제되는 외부이기도 하며, 수식과 자연 간의 다툼에서 가장 '첨예화'된 쟁점이기도 하다.

유협은 '부'에 관해 이렇게 같이 말하고 있다.

예로 든 "높은 곳에 올라가 부賦를 지을 수 있다면 그것으로써 대부大夫가 될 자격이 있다"라는 문장의 의미를 생각해보면, 이것은 사물物을 보고 감정情과 생각이 일어난다는 것을 말하고 있다. 감정과 생각은 외부의 사물에 의해 촉발되는 것이기 때문에 거기에 담긴 작품의 의미는 반드시 명쾌하고 바르고 우아해야 하며, 외부의 사물은 감정과 생각을 통해서 관찰되는 것이기 때문에 그것에 대한 언어적 표현은 반드시 교묘하고 아름다워야 한다. 아름다운 언어적 표현과 방정하고 우아한 의미(내용)는 구슬의 훌륭한 질質과 아름다운 무늬가 서로 섞여 있는 것과 같다. 의미(내용)의 올바름과 그릇

됨을 구분하는 것은 비단에서 정색正色과 간색間色을 구분하는 것과 같고, 아름다운 표현을 추구하는 것은 그림에서 검은색과 노란색을 두드러지게 하는 것과 같으니, 수식이나 색채가 함께 뒤섞여 있다 하더라도 본질을 잃지 않는 법이다. 이것이 바로 부를 짓는 요체이다.

그러나 형식적인 것(말초末梢)만을 추구하는 사람들은 그 근본을 소홀히 하니, 비록 천 편의 부를 읽는다 하더라도 그는 부의 본질을 터득하지 못하고 오히려 더욱 미혹에 빠지게 될 것이다. (결론적으로 말해서) 꽃이나 잎들이 지나치게 무성하면 가지나 줄기를 상하게 하고, 몸에 살집이 너무 많으면 뼈를 상하게 하는 것처럼, 그러한 태도는 어떤 모범을 세우는 데 아무런 소용이 없을 뿐 아니라, 사람들에게 풍유와 권계勸戒를 하는 데도 아무런 도움이 되지 못할 것이다. 양웅揚雄과 같은 사람도 자신이 어린 시절에 부를 지은 일을 두고 "벌레를 아로새기고 전자篆字를 조각하는 것雕蟲篆刻"과 같은 보잘 것 없는 재주였다고 후회하고, 또한 부를 짓는 일은 "가는 실로 천을 짜는 일이 여공女工에게 해로운 것과 같다"고 조소하였던 것이다.

『문심조룡』「전부詮賦」

수식과 내실內實이 서로 어울려 작용하는 것, 이것이 부賦 창작의 요체라고 한다. 이제까지의 논의에 근거해 바꿔 말해 보면, 내실로 뒷받침된 수식은 '시詩─부賦'의 내부에 받아들여지지만, 그렇지 않은 수식은 배제된다. 그리고 수많은 '근대'의 '부'는 후자의 수식을 몸에 휘감은 것이라 간주되고 있다. 그것은 과잉의 문장文이고, 특히 그중에서도 실질實에 적합하지 않은 말이기 때문에 "아무런 도움도 되지 못하며", (양웅에게) 사정없이 매도당한 것처럼 "벌레를 아로새기고 전자를 조각하는 것(조충전각彫蟲篆刻=雕蟲)"에 지나지 않는다.

이와 같이 '부'의 배제는 그 명실名實의 일치를 방해할 정도로 과잉의 수식이라는 이유에서 행해지는 것이 당연하지만, 이것은 '올바른 언어'를 성립시키고 그렇지 않은 언어를 배제하는 방식과 거의 동일하다. 약간 다른 점은 어떤 특정한 수식이 '올바름'의 내부에 받아들여지고 있는지의 여부인데, 이 미묘한 변경變更이 여기서 논의하는 초점이다. 즉, 『시경』에 완전히 회수될 수 있는 수식과 회수될 수 없는 수식의 차이는 있는가, 있다면 그것은 어디에서, 어떠한 기준에서 판단되는가?

푸른색靑은 남초藍草에서 나온 것이고, 붉은색赤은 꼭두서니풀에서 나온 것이다. 이들 푸른색과 붉은색은 그 풀들의 원래 색깔보다 아름다운 것이긴 하지만, 그것들은 거기서 더이상의 변화를 가져올 수 없다. 한나라 때의 환담桓譚은 "요즘 작가들의 매우 화려한 작품들을 읽게 되면, 나는 그것들이 아름답다고 느끼지만, 결코 그것들을 추종해야 할 만큼 무게가 있다고는 여기지 않는다. 그러나 유향劉向과 양웅의 작품을 읽게 되면, 나는 종종 그들로부터 도움을 받는다"고 말한 적이 있는데, 이것이 바로 그 증명이다. 만일 작가들이 푸른색을 보다 세련되게 하고 붉은색을 보다 순화시키기를 원한다면 마땅히 그 근원이 되는 남초와 꼭두서니풀의 빛깔로 되돌아가야만 하고, 또한 거기서부터 다시 시작해야만 한다. 마찬가지로 기괴함과 황당함 그리고 지나친 천박함을 바로잡으려고 한다면, 작가는 경서經書(고전)로 되돌아가야만 하고 역시 거기서부터 출발해야만 하는 것이다. 따라서 (우리는) 질박質朴(본질)과 문식文飾(형식)의 균형을 추구해야 하고, 또한 우아한 표현과 저속한 표현이라는 이 양자의 선택에 직면해서는 올바른 원리를 따를 수 있을 때에만 비로소 (문학의) 전통·계승과 변혁에 관하여 말할 자격이 있는 것이다.

『문심조룡』「통변通變」

이 문장에서 보는 바와 같이 적절한 수식과 과잉의 수식을 나누는 기준은 만일 있다고 하더라도 "더이상 변화를 가져올 수 있는지"의 여부에 있다. 하지만 이것은 지나치게 자의적인 기준이어서 기준으로서는 기능하지 못한다. 수식의 분할은 요청받은 분할이며 일종의 이념인 것이다. 그렇다면 적절한 수식과 과잉의 수식이 분명하게 대립하고 있는 것은 아니며, 거기에는 혼동이 있고 분할은 끊임없이 침범당하게 된다. 다시 말해 과잉의 수식이 범람하고 있으며, 수식의 분할에 의해서도 컨트롤할 수 없다는 것이다. 그렇지만 사태는 그 반대가 아닐까? 과잉의 수식이 있다는 것이야말로 그 때문에 수식의 분할이라는 이념이 가능하게 되는 것은 아닐까?

이러한 역전의 가능성에 대해 유협도 고심에 고심을 거듭했는데, 확실한 것은 어떤 한 방식으로 인식하고 있었다는 점이다.

옛날 『시경』 시인들의 시편詩篇은 정서情를 표현하기 위해 문장을 지었다. 그러나 사부가辭賦家들의 부賦나 송頌은 문장을 짓기 위해 감정을 꾸며낸 것들이다. 무엇을 근거로 그와 같은 사실을 알 수 있는가? 『시경』에 들어 있는 국풍國風과 대아大雅·소아小雅의 창작을 살펴보면, 작가의 마음속에 어떤 감정이나 생각 또는 근심과 분노가 있으면 그것을 노래로써 드러내 윗자리에 있는 사람들을 풍자하였는데, 이는 감정情을 표현하기 위해 창작한 경우라고 할 수 있다. 반면에 후대의 사부가들은 마음속에 억누르기 힘든 정열 같은 것은 없이 마음이 내키는 대로 수식을 동원함으로써 온갖 수단을 부려 단지 명성만을 추구하고자 하였다. 이러한 것들은 문장을 짓기 위하여 감정을 꾸며낸 경우이다. 그러므로 감정을 표현하기 위해 창작된 작품들은 언어가 간결하면서도 진실한 감정을 묘사하지만, 창작을 위해 감정을 조작한 작품들은 표현이 화려하고 내용이 난잡하며 과장되어 있다. 후대의 작가들은 과장된 표현에 힘을 기울이고 진지한 감정에 대해서는 소홀히 하며, 고대 『시경』의 국풍과 대아·소아에 담겨 있는 정신을 멀리하고 근래의 사부辭賦를 모범으로 삼고자 한다. 그런 까닭에 진지한 감정을 다룬 작품은 나날이 줄어들고 수식(화려한 표현)에만 주력하는 작품이 점점 더 많아지고 있다.

『문심조룡』 「정채情采」

여기서는 "문장을 짓기 위해 감정을 꾸며내"는 일이 '근대'의 과잉적인 수식의 원인이라고 하여 탄식하고 있다. 그러나 중요한 점은 감정이 문장에 의해 이차적으로 만들어질 가능성을 인정하고 있다는 것이다. 자연의 프로세스에서 보면 이것은 "문학의 본질이 부패해버리는"(『문심조룡』 「정세定勢」) 일이다.

하지만 감정이 문장에 의해 촉발되는 일은 결코 우연이 아니다. 일찍이 서진西晉의 육기陸機(261~303)는 『문부文賦』에서 이렇게 말했다.

세계의 중심에 우두커니 서서 깊이 사색하고, 『삼분三墳』과 『오전五典』이라는 책에서 정지情志를 배양한다. 계절이 이동하여 변함에 그 덧없이 지나감을 탄식하고 만물의 성쇠를 보면 마음이 흐트러진다. 추운 가을에는 떨어지는 낙엽을 슬퍼하고, 향기로운 봄에는 부드러운 가지에 기뻐한다. 긴장된 마음으로 서리霜를 생각하고, 아득한 마음으로 구름을 올려다본다. 또 훌륭한 조상의 행실이나 선인先人의 고결한 인품을 극구 칭찬한다. 그리고 많은 문장을 읽고 그 문장의 화려함을 칭송한다. 그렇게 하면 개탄하면서 책을 놓고 붓을 잡아 마음의 내부를 문장에 의탁하여 서술하고 싶어진다.

육기, 『문부』

중요한 것은 뜻志과 감정情이 사물만이 아니라 문장으로부터도 촉발된다는 점이다. 육기는 계절이나 행위, 사람의 인품이라고 하는 것이 사물에 촉발될 뿐만 아니라, 서적에 의해 정지情志가 배양된다는 점도 인정하고 있으며, 많은 문학작품을 읽으면 문장을 쓰고 싶어진다고 결론짓고 있다. 여기서는 하나의 전복轉覆의 가능성을 시사하고 있다. 즉, 문장이 자연의 결과라기보다는 자연의 근원에 문장이 있다고 하는 가능성이다. 이것은 자연의 형이상학이 결코 인정하고 싶지는 않을 가능성인 것이다. 그러나 "만물에까지 생각을 미치면 동물·식물 모두 문장이 있다"(『문심조룡』「원도」)라는 유협의 명제를 여기서 다시금 생각해본다면 사물이라 해도 그것은 항상 받아들여지는 것이었다. 그렇다면 문장이야말로 '근원적'이며 자연이 문장에 기원한다고는 할 수 없는 것인가?

이러한 역전의 가능성은 적절한 문장이 본질적이며, 부패하고 과잉된 장식을 걸친 문장은 이차적이라고 하는 분할의 요청을 위협한다. 문장이 자연의 결과가 아니라 자연의 '시작'에 있다고 한다면, 자연 그 자체가 항상 이미 부패할 수 있는 것이기 때문에 거기서 생겨나는 적절한 문장은 항상 이차적인 것에 지나지 않는다.

확실히 이러한 역전의 가능성은 자연화가 철저해지고 수식이 자연의 영향을 받아들였기 때문에 드러난 것일 터다. 그러나 그것은 내부에 수식을 받아들이지 않으면 일어날 수 없는 일도 아니다. 모든 수식을 배제하는 경우에도 그것이 문장의 기원을 묻는 물음과 함께 행해지는 이상, 역전의 가능성은 존재한다. 왜냐하면 문장의 기원을 묻는 경우, 만일 어떤 기원이 발견된다고 해도, 또 그 기원이 문장을 초월한 것이었다고 해도, 언제나 이미 거기에는 문장이 깊숙이 파고들어가 있기 때문이다. 어딘가에서 문장은 시작되지 않으면 안 되고, 그 '시작'에는 문장이 필요하기 때문이다. 덧붙여 기원을 묻는 물음 그 자체가 문장에 의해 가능해지고 문장 속에서 행해지는 이상, 발견되는 기원은 문장을 피할 수 없다. 이것은 문장을 절대적으로 기초화할 수 없다는 말이다. 문장의 기원을 이야기해서는 안 되며, 문장이 기원을 만든다고 말해야 되는 것이다. 다시 말하면 문장이 곧 기원이며, 기원이 바로 문장인 것이다. 수식의 배제는 따라서 완성되는 일이 없다. 역전은 항상 일어날 수 있으며 이미 일어나고 있다.

이 역전의 구조, 구조적인 역전은 음악에서 보다 현저한 방식으로 인정할 수 있다.

7

소리는 악기를 모방한다―음악

"음音이 문文을 율律한다. 그것을 잊어서는 안 된다"(『문심조룡』「성률聲律」)라는 말처럼 음악과 문文의 관계가 긴밀하다고 파악한 것은 모두가 지적하는 바와 같이 아마도 이 시기부터일 것이다. 유협의 음악론은 상당히 독특하다.

음률의 기원은 사람의 목소리에서 비롯되었다. 사람의 목소리에는 궁상

宮商이라는 (상대相對) 음계가 포함되어 있는데, 그것은 혈기(인간의 생리기관)에 그 근원이 있다. 고대의 왕들은 그러한 사실을 근거로 음악과 노래를 제정하였다. 그래서 악기의 음이 사람의 목소리를 묘사한 것이지, 사람의 목소리가 악기의 소리를 모방한 것이 아니라는 점을 알게 된다. 언어는 문장 구성의 관건이며, 정신(정서와 사상)을 전달하는 구조적 장치이다. 그리고 사람의 목소리는 음률에 부합되는데, 그것은 입술과 같은 발음기관의 움직임의 작용에 따른 결과이다. 고대에 노래를 가르칠 때에는 무엇보다도 먼저 법法(음률)에 따라서 소리를 조정하였다. 즉, 강한 음계는 궁宮에 맞추게 하고, 약한 음계는 치徵에 맞추게 하였다. 무릇 궁과 상은 강한 음계이고, 치와 우羽는 약한 음계이다. 목구멍의 움직임과 혀의 위치의 차이, 그리고 입술의 여닫음과 치아의 부딪힘의 차이로 말미암아 사람의 목소리는 악기의 음을 내기도 하고, 날카롭거나 부드러운 소리를 낼 수 있으니 이들로 인해 음의 강약을 구분할 수 있는 것이다. 그런데 현악기를 연주하는 동안 틀린 음계를 찾게 되면 연주자는 그것을 깨닫고 줄을 바로잡는다. 그러나 문학 작품에 어떤 잘못이 있을 경우에 작가는 그것을 좀처럼 깨닫지 못하거나와 또한 바로잡을 줄도 모른다. 외부에 있는 악기의 소리는 줄 위에서 생겨나기에 그것을 정확하게 바로잡을 수 있다. 하지만 내부의 우리 마음속에서 생겨난 소리에 관해서는 조화를 잃어버리고 만다(바로잡을 수 없다). 그것은 왜일까? 그것은 외부에서 들려오는(외청外聽) 소리는 판단하기 쉬우나, 내부에서 들려오는(내청內聽) 목소리는 이해하기가 어렵기 때문이다. 이런 까닭에 악기의 소리를 들을 경우에는 그 소리를 마음의 다른 활동들과 혼동하게 되는 것이다. 악기의 음은 악률樂律에 의해서만 추구할 수 있는 것이지만, 이것을 하나하나의 언어(언어 표현)에 적용할 수는 없다.

이 문장에서 보는 바와 같이 유협은 음악을 사람의 목소리에 근거하고 있다. 목소리는 애당초 '아프리오리'하게 음률을 가지고 있는 것이지만, 그것은 음률이 발성기관(입술, 치아, 혀, 목구멍)의 사용방식에 따라 분절되기 때문이다. 즉, 사람의 목소리야말로 '근원적'이다. 따라서 악기는 이차적이며 사람 목소리의 모방이라고 생각되었다. 결코 악기의 쪽에서 목소리에 구비된 음률이 발견되었던 것은 아니다.

유협의 말을 빌리면 목소리는 언어에 다름 아니다. 그렇다고 한다면 '(목)소리=언어'를 악기가 모방하기 위해서 악기는 이차적인 것일 터다. 하지만 이 모방의 논리에는 기묘한 역전이 도사리고 있다. 다시 말해 악기는 모방이지만, 아니 그보다는 모방이기 때문에 가령 음률을 흐트러트리는 일이 있더라도 조율이 간단한 데 비해, '본래적'이어야 할 '목소리=언어' 쪽은 '나의 마음'에 싹트고 있음에도 불구하고 역으로 조화를 잃어버리는 일이 있으며, 더 나아가 그것을 원래대로 되돌리기 곤란하다는 것이다. 그렇다면 음률이라는 규칙 쪽에서 살펴볼 경우에 더 적절하게 규칙을 따를 수 있는 '본래적'인 것이 악기이며 목소리는 이차적인 것이 된다. '조화를 잃어버리는 일'을 구조적으로 피할 수 없는 한, 아무리 '근원'과 그 모방의 논리를 강조하려고 해도 이러한 역전의 가능성은 항상 따라다닌다. 그렇다고 하면 바로 앞에서 언급한 자연과 문장의 경우와 마찬가지로 '악기/목소리=언어=자연', '부조화/조화'는 역전할 수 있기 때문에 '목소리=언어'가 애당초 부패되어 있는 것이 아닐까?

물론 유협은 '목소리=언어'가 조화를 잃어버리는 이유를 설명하면서 그것을 이해 가능한 것으로 함으로써 역전을 회피하려고 한다. 그것이 '외청外聽'과

'내청內聽'의 구별이다. 즉, 악기는 '외청'이기 때문에 손으로 현弦(시위)을 고치면 간단하게 바로잡을 수 있지만, 목소리는 '내청'이기 때문에 목소리와 마음이 뒤섞여버려 알아듣기 곤란하다는 것이다. 이것은 내부의 자신의 목소리야말로 순수하며 가장 잘 알아들을 수 있다고 하는 주장과는 정반대다. 그러나 그렇다고 한다면 목소리야말로 '근원적'이라고 하는 전제를 유지할 수 있을 것 같지 않다. 목소리가 언제나 이미 마음과 혼합되어 있는 이상, 거기에는 잡음이 깊숙이 파고들어가 있기 때문에 순수하게 음률을 찾아낼 수 없기 때문이다.

좀더 정확히 말하면 그렇지만은 않고 '근원적'인 것은 목소리 일반이며 나의 목소리와는 별개라는 반론이 제기될지도 모르겠다. 하지만 도대체 어디서 목소리 일반을 들을 수 있단 말인가? 그것은 누군가의 목소리 이외라는 것인가? 그리고 타인의 목소리(이 속에는 발음된 나의 목소리도 포함된다)는 '외청'하는 수밖에 없다. 그러나 마찬가지로 '외청'하는 소리音인 악기와 타인의 목소리 사이에서 어떻게 하면 권리상의 구별을 지을 수 있을 것인가? 그것은 타인의 목소리가 '나의 목소리'라고 하는 동일성을 이끌어내지 않으면 구별할 수 없다. 그런데 나의 목소리는 '내청'되는 것이고 위태로운 것인 이상, 가령 동일성을 이끌어내더라도 목소리 쪽이 권리상 '근원적'이라고는 말할 수 없다. 결국 나의 목소리라고 하는 '내부內'를 '외부外'에 대항해 이끌어낸 일 자체가 실패였던 것이다. 그것은 조화의 상실을 설명한다기보다도 그 상실을 별개의 대립으로 바꿔놓은 것에 지나지 않는다. 그리고 그 별개의 대립인 타인의 목소리와 나의 목소리의 관계를 설명하는 것이 더 성가신 일이다.

논의를 되돌려보자. 요컨대 악기가 '목소리=자연'에 근거하는 것이 아니라, '목소리=자연'이 악기를 모방하는 것이다. 이것은 어떤 의미에서는 당연한 일인데, 애당초 '근원적'인 '목소리=자연'에 속해 있다고 간주되었던 음률은 어떤 전도된 결과에 의해 발견된 것이기 때문이다. 즉, 악기의 쪽에서 음률이 준비된 후, 그것을 소행적遡行的(흐름에 거슬러 올라감)인 방식을 통해 (목)소리로 '발견'했던 것이다. 음률은 관악기든 현악기든 조음調音이 가능한 악기에 의해 비로소 발견된다. 조음의 가능성이 없는 곳(특히 마음과 혼합하는 목소리가 그러하다)에 음률은 있을 수 없을 것이다. 목소리에서 음률은 이차적인 것이다. 이렇게 생각해보면 목소리에 대해 노래歌를 가르치는 일은 불가능하다.

이상 서술한 바와 같이 '근원'과 모방의 논리는 문장의 경우에도 완전히 동일하다. 예를 들면 '태초(시초, 시작)'에 무조건으로 놓여졌던 감정情이나 뜻志인 경우에도 문장의 쪽에서 역으로 발견되었다고 말할 수도 있다. 감정이나 뜻은 문장에 의해 촉발될 뿐만 아니라, 애당초 문장에 의해 나중에 만들어졌다고도 말할 수 있는 것이다. 그리고 수식修飾이 '근원'에 있기 때문이야말로 적절한 '수식=자연'과 과잉된 수식의 구별이 가능해진다고도 말할 수 있는 것이다.

이상 자연의 한계에서 구조적인 역전의 가능성을 검토해보았다. 그것은 수식을 자연으로 받아들이려고 하는 이상, 아니 정확히 말하면 애당초 기원을 찾아내어 거기서 적절한 문장을 기초화하고 부적절한 문장을 배제하려고 하는 이상, 피할 수 없는 가능성이다.

그러나 자연의 문장은 이런 한계, 이런 역전의 가능성을 간단히 받아들일 수는 없을 것이다. 즉, 문장의 근원에 문장이 있다는 것을 인정할 수 없는 것이다. 왜냐하면 자연의 문장에는 문장의 금지, 문장의 망각이 이미 사전에 설정되어 있기 때문이다. 우리는 이제 서두에서 제기한 은유의 문제에 겨우 도달한 것이다.

8

흥興과 비比의 분할―기起와 부附, 은隱과 현顯

서두에서 인용한 부분을 다시 한번 살펴보도록 하자.

초나라 양왕襄王이 굴원屈原에 관한 중상모략의 말들을 모두 믿어버리게 되니, 굴원은 진심으로 나라를 사랑하였으나 추방당하고 말았다. 그러한 사정과 관련해서 (굴원은)『시경』의 정신을 계승하여『이소』를 지었는데, 거기에 나오는 풍유의 수법들은 비比와 흥興을 함께 사용한 것이다. 한대가 되어 문학 창작이 비록 활성화되긴 하였으나, 시인들이 아첨하는 말을 지나치게 좋아하게 되어『시경』의 풍유의 전통을 상실하게 되었고, 결국에는 흥의 수법도 소멸되고 말았다. 그 시기에는 부賦와 송頌의 양식이 크게 발전하였는데, 그로 말미암아 비의 수법은 마치 구름이 피어오르는 것처럼 번다하고 복잡해지게 되었고, 옛날의 규정(이전에 흥과 비를 함께 사용하던 법칙으로서의 옛 규정)을 저버리게 되었다.

『문심조룡』「비흥」

이와 같은 수사기법은 사부辭賦의 양식에서는 다투어 사용하는 것들인데, 사부가辭賦家들은 언제나 비比만을 사용하고 흥興에 대해서는 잊고 있다. 이는 부수적인 것을 익히느라 본질적인 것을 버린 꼴과 같으니, 한나라 문학이 주나라 문학에 미치지 못하는 이유가 바로 여기에 있는 것이다.

같은 책

'태초'의 문장인『시경』과 기흡의 원리를 받아들인『초사』, 그리고 과잉의 수식에 빠져버린 사부辭賦라고 하는 분할은 흥興과 비比, 즉 은유隱喩와 명유明喩의 구별로 중합되어 있다.[21] 그러면 그 흥과 비는 어떠한 수사기법이었던 것일까.

비比는 부附이다. 흥興은 기起이다. 부附란 의미理를 부가하는 일이며, 그것은 유사한 것들을 잘라내어(비유를 사용하여) 사물을 지시·설명한다는 의미이다. 기起란 감정情을 일으키는 일이며, 그것은 어떤 의미를 아주 은근하게 내포하고 있는 사물에 감정을 맡긴다는 뜻이다. 사물과의 접촉을 통해서 감정이 일어나기 때문에 흥興이 일어나며, 의미가 부가되기 때문에 비比가 생겨나는 것이다. '비'란 격분의 감정을 품은 채로 분명히 말하는明言 것이고, '흥'이란 완곡한 비유를 사용하여 거기에 숨겨진 의도를 의탁하는諷喩 것이다. 이러한 차이가 있는 이유를 생각해보면, 때와 장소에 따라서 사용하는 수사기법의 의의가 다른 것이며, 시인들의 뜻(지향하는 표현수법)에는 항상 두 가지 유형이 있는 것이다.

같은 책

이 문장에서 보는 바와 같이 '흥'은 '기起', 즉 감정情을 일으키는 일이다. 그것에 대비하여 '비'는 '부附', 즉 의미理를 부가하는 일이다. '흥'을 '기'라고 하는 비유 자체는, 예를 들면 서력 100년에 걸쳐서 성립한『설문해자說文解字』에도 "흥은 기이다興, 起也"라고 풀이했고, 고전과 그 주석을 보더라도 도처에 존재한다. 그렇다고는 하지만 유협의 정의는 육의六義(풍風, 부賦, 비比, 흥興, 아雅, 송頌)의 하나로서의 '흥'에 대한 설명으로는 독특한 것이며, 부附로서의 '비比'와 대조적으로 사용한 점에서는 완전히 새로운 것이다.

　이 대조에 의해 강조되는 것은 '흥'의 기원성과 '비'의 이차성이다. '흥'에서 감정이 처음으로 일어나고 사건이 발생하는 데 비해, '비'에서는 미리 어떤 것과 유사한 의미를 덧붙인다. 이 차이를 좀더 말해보면 "유사한 것들을 잘라내어 사물을 지시·설명한다"는 말처럼 '비'에서는 비교 가능한 얼마간의 유사성을 찾아내는 조작이 행해지고 있는 데 비해 '흥'에서는 "흥이 일어난다"는 말처럼 일어나는 일, 즉 '시작되는' 일이 발생하고 있다. 이것이 문장文의 분할에 대응하고 있는 것은 이미 분명해졌을 것이다. '태초'의 문장인 『시경』과 이차적이고 차이를 덧붙인 『초사』, 그리고 사부辭賦의 분할이다.

　그렇지만 '흥'과 '비'의 구별은, 더 나아가 '은隱'과 '현顯'의 대비이기도 하다. 바로 앞의 인용문에서도 "비比란 격분의 감정을 품은 채로 분명히 말하는明言 것이고, 흥興이란 완곡한 비유를 사용하여 거기에 숨겨진 의도를 의탁하는諷喩 것"이라고 하여, 풍유인 '흥'에 대비해 '비'는 '명언明言'이라고 했다. 사실 이러한 '은'과 '현'의 대비는 「비흥」편의 서두에 이미 서술되어 있다.

　『시경』의 문장은 넓고도 깊으니, 거기에는 육의六義(풍·아·송·부·비·흥)가 포함되어 있다. 모공毛公이 『시경』에 관한 주석을 달 때에 흥興이라는 수사기법만을 표시標示한 것은 풍風이 통通이라는 것에 대하여 부賦의 경우는 그것의 직접적인 나열의 표현수법이 모든 작품에서 동일同하게 나타나며, 비比의 경우는 그 성격이 매우 분명한顯데 비해서 흥興의 경우는 상대적으로 그 성격이 모호하기隱 때문이었다.

같은 책

현顯인 '비'에 대하여 '흥'은 은隱이다. 우리가 비흥比興을 '명유'와 '은유'로 생각하는 이유다. 그러나 이 은유와 명유의 구별은 단순히 비유의 정도에 따른 분할이 아니다. 그것은 비흥이 바로 앞에서 서술했다시피 '부附'와 '기起'라는 서로 다른 원리에 대응하는 것에 연유하지만, 여기서 사용되는 '은'과 '현'이 독특한 구조를 가지고 있는 데서도 연유한다.

그 구조를 고찰하기 위해서 유협의 비흥 해석에 대한 전후 사정을 살펴보도록 하자.

'비'와 '흥'의 관계는 동일하게 바깥 사물外物에 의탁한다고는 하나, '비'는 분명하고顯, '흥'은 모호하다隱. 분명히 드러나는 것이 우선이고, 모호하게 감추어지는 것은 나중에 결정되는 것이기 때문에 '비'는 '흥'보다 앞에 놓여 있다. 또 모시毛詩에서 단지 '흥'만을 말한 것은 '흥'의 의미가 모호하게 감추어져 있기 때문이다.

『시경』 대서大序 「정의正義」

이것은 당唐나라의 공영달孔穎達(574~648)이 '비현이흥은比顯而興隱'이라는 명제를 거론한 부분이다. 하지만 공영달은 유협의 의론을 그대로 계승한 것은 아니다. 아니 정확히 말하면 거의 유협의 주장에 정면으로 반대하고 있는 것처럼도 보인다. 그것은 두 가지 점에서 그러하다.

첫째로 「정의」에서는 "분명하게 드러나는 것이 우선이고, 모호하게 감추어지는 것은 나중에 결정되는 것이기 때문"이라고 하여 육의六義의 순서에서 "'비'가 '흥'보다 앞에 놓여 있다"는 점을 확인하는 데 머무르고 '흥'의 기원성에는 깊이 파고들지 않는다.

둘째로 차이가 있는 것은, 유협은 '부'와 '기'라는 서로 다른 원리에 따라서 '비흥'을 명유와 은유로 생각한 데 비해, 「정의」는 '비흥'을 "동일하게 바깥 사물外物에 의탁하는" 비유라고 생각한 점이다. 즉, 공영달은 '비흥'을 동일한 원리상에서의 수사기법의 차이로 파악하고 있는 것이다. 공영달은 다른 책에서 이렇게 주석하고 있다.

(『시경』 갈류葛藟의 시를) 「모전毛傳」에서는 '흥'이라 파악하고 있는데도, 여기서는 "군자는 '비比'를 사용한다"라고 서술하고 있는 것에 관하여, '비'의 '은隱' 이라는 것을 '흥'이라 하고, '흥'의 '현顯'이라는 것을 '비'라 하는 것이며, '비'와 '흥'은 깊고 얕은 차이에 지나지 않는다.

『춘추좌씨전春秋左氏傳』 문공文公 7년 「정의正義」

이것은 『춘추좌씨전』 문공 7년 조목에 "고군자이위비故君子以爲比"라고 한 부분에 대해 주석한 것인데, 여기서도 '비흥'이 동일한 원리상에서의 차이라고 말하고 있다. '비흥'은 동일한 비유의 정도의 차이에 지나지 않는다는 것이다.

이러한 공영달의 해석은 훈고학의 전통에 따른 것이다(역으로 말하면 유협은 그러한 전통에서 벗어나 그것과는 다른 방식에서 '근원적으로' 비흥의 기초를 세우고자 했다). 그 전통이란 어떤 것일까. 『문심조룡』 이전의 '비흥' 해석을 살펴보자. 우선 후한의 훈고학자들의 '비흥' 해석이다.

부賦가 포鋪라고 하는 것은 '부'가 지금의 정교政敎의 선악을 밑바탕에 깔고 말한다는 의미이다. '비'는 지금의 정교의 실태를 보고 굳이 명언明言하여 말하지 않으며 유사한 것을 문제 삼아 말한다. '흥'은 지금의 정교의 아름다운 점을 보고 알랑거리며 아첨하는 일이 없이 착한 일善事을 채택하여 권장하며 비유한다. (…) 정사농鄭司農은 (…) "'비'는 사물과 비교한다比方. '흥'은 사건을 사물에 의탁한다"고 말하고 있다.

『주례』「춘관春官·대사大師」주注

'흥'은 선물善物에 의해 착한 일善事을 비유한다.

『주례』「춘관·대사악大司樂」주

이와 같은 정현鄭玄(127~200)의 해석을 보면, 그와 정사농(정중鄭衆, ?~83)의 비흥 해석 사이에는 간과할 수 없는 차이가 존재함에도 불구하고, 양자 모두 '비흥'을 동일한 원리상에서의 표현형식의 차이라고 주장하는 점에서는 일치한다. 결국 정현의 경우는 '정교선악政敎善惡'을 우회하면서 비유적으로 말한다는 면에서 나쁜 일惡事을 말하는 것이 '비'이고, 착한 일善事을 말하는 것이 '흥'이다. 정사농의 경우에는 사물을 표현한다는 점에서는 동일해도 비유의 양태의 차이가 비흥의 차이라는 것이다.

이와 같이 '비흥' 해석에는 그것을 동일 평면상에서의 수사기법의 차이라고 생각하는 전통이 있다. 공영달은 바로 그러한 전통을 따른 것이다. 그러나 유협의 그것에는 대항하고 있다. 이미 인용한 바 있는 "'비'란 격분의 감정을 품은 채로 분명히 말하는明言 것이고, '흥'이란 완곡한 비유를 사용하여 거기에 숨겨진 의도를 의탁하는諷喩 것이다"라는 부분을 상기해보면, 거기서 유협은 '비'를 '명언明言'이라고 말하고 있는데, 이는 '비'를 "굳이 명언하여 말하지 않는다"고 하는 정현에게 정면으로 반대하는 것이다.

그런데 비흥을 동일 원리라고 생각할 수 없다는 유협의 태도는 문학비평가들에게는 공유되고 있다. 유협과 거의 동시대에 활동한 종영鍾嶸(468~518)은 "문장을 다하더라도 뜻意에 남은 것餘剩이 있는 바, 그것이 '흥'이다. 사물에 의해 지향志을 비유하는 일, 그것이 '비'이다"(종영, 『시품詩品』 서序)라고 하면서 '비'도 '흥'도 뜻이나 지향을 표현한다고는 말할 수 있으나, 스스로를 없애는 '흥'에 비해 '비'는 바깥 사물을 이용하는 점에서 표현의 원리가 다르다고 파악했다. 또 지우摯虞(?~311)도 이미 "'비'는 닮은 것類을 비유하는 말이다. '흥'은 느낌感을 만들어내는 말이다"(지우, 『문장유별론文章流別論』)라고 하여 역시 비흥을 서로 다른 원리로서 파악했다.

유협의 비흥 해석은 따라서 훈고학자의 비흥 해석과는 다르며, 문학비평가의 그것에 근접한다. '은隱'이라는 점에서는 '문장을 다한다'고 말하는 종영과 겹쳐지는지도 모르겠다. 또 '기起'라는 점에서는 지우가 말하는 '느낌이 있음有感'을 계승하고 있는지도 모르겠다. 하지만 유협과 종영, 그리고 지우가 완전히 동일하다고 말하는 것은 아니다. 중요한 점은 유협이 '부附'와 '기起'를 '현顯'과 '은隱'에 결합시켜 '비흥'을 이야기하고 있다는 사실이다.

9

은유의 망각—'태초'와 자연의 완성

그렇다면 유협이 구상하는 은유隱喩와 명유明喩는 어떤 독자적인 구조를 가지고 있는 것일까. 다음의 인용문을 살펴보자.

사물에 의탁해서 어떤 의도를 비유적으로 나타내는(풍유하는) '흥'의 방법에 대해 상세히 살펴보면, 말의 사용은 완곡하지만 분명하다. 즉, '흥'이 말하는 명칭과 사물은 비교적 작은 것이지만, 그 명칭과 사물이 유추하는 의미는 크다. 예를 들면, 『시경』주남周南의)「관저關雎」에서 물수리雎鳩는 암컷과 수컷이 짝을 지어 살지만 각자가 바르게 유별하므로, 시인은 후비后妃로 그와 같이 정결한 덕행德에 관한 비유를 사용한 것이다. (『시경』소남召南의)「작소鵲巢」에서 뻐꾸기鳲鳩는 까치집에 살면서도 그 마음이 언제나 정숙하므로, 시인은 부인夫人으로 그와 같이 마음의 한결 같음義에 관한 비유를 사용한 것이다. 의義가 정절을 의미하는 것이라고 한다면 그것으로 좋은 것이고 뻐꾸기라는 새가 문제가 되지 않으며, 덕德이 남녀의 구별을 존중하는 것이라고 한다면 그것으로 좋은 것이고 물수리라는 새와는 전혀 관계가 없다. '흥'의 수법에서 말은 분명하지만 아직 그 말에 의도된 뜻은 확실하게 드러나 있지 않다. 따라서 거기에 관한 주석을 보아야지만 비로소 '그 의미'를 이해하게 된다.

『문심조룡』「비흥」

"'흥'의 수법에서 말은 분명하지만 아직 그 말에 의도된 뜻은 확실하게 드러나 있지 않다. 따라서 거기에 관한 주석을 보아야지만 비로소 그 의미를 이해하게 된다"라고 되어 있듯이 '흥'이라는 은유는 원래 분명하고 명확한 자기 자신을 감추고, 또 감추어진 것으로써 그것을 다시 한번 폭로하는 운동을 야기하는 유혹이다. 결국 은유는 스스로를 감추기 때문에 '태초(시작, 시초)'가 되고 '태초'를 발생시키는 것이다. 다시 한번 '감정을 일으키는 일起情'에 대해 돌이켜 생각해보자. 유협은 "감정情이 일어나기 때문에 '흥'이 일어난다"라고 해서 마치 감정이 일어난 후에 은유가 발생하는 것처럼 말하려 하고 있는데, 이는 그 앞에서 기술된 것과는 반대다. 다시 말하면 앞에서는 "흥은 기起이다"라거나 "감정을 일으키는 일은 미묘한 것으로써 생각을 비유하는 일이다"라고 해서 '기起' 혹은 '기정起情'을 가능하게 해주는 것이 은유라고 서술하고 있기 때문이다. '은유' 없이 감정이 '시작되는' 일은 없다. 은유가 '태초(시작)'를 만들어낸다. 그리고 그것은 스스로를 은폐함으로써 이루어진다. 왜냐하면 '태초'가 '시작'이기 위해서는 '그 이전'이 금지되지 않으면 안 되기 때문이다. 최초의 일격一擊은 망각되지 않으면 안 된다.

그런데 이것은 문장의 '시작' 이전에 은유라고 하는 스스로를 은폐하는 문장을 인정하는 일이며, '근원'이 이미 오염된 상태를 의미한다. 그렇다고는 하지만 이 은유라고 하는 문장은 스스로를 은폐하는 문장이기 때문에 망각된 문장이고 금지된 문장이다. 따라서 '근원'의 오염이라고 해도 오염 자체가 망각된 것, 금지된 것으로 간주되기 때문에 그것으로서 드러나는 일은 없다. 그렇다면 위에서 서술했다시피 자연의 바로 앞에 문장이 있다고 해도 그 문장이 스스로를 망각하는 은유라고 한다면, 자연 위에 있는 문장의 형이상학에서 문장은 아킬레스건이 되기는커녕 역으로 자연으로부터 문장이 발생하는 근거가 되기까지 할 것이다. 자연은 오히려 여기서 완성된다.

은유의 망각, 망각의 은유. 그것은 '태초(시작)'와 자연에게는 실로 바람직한 상황이다. 은유의 선행성은 자연에 근거하는 문장의 형이상학에서 불가결한 요소이며, 문장의 형이상학은 차이를 받아들여 극대화하는 일을 지지하고 최대한의 이익을 획득하게 한다. 그 때문에 은유는 "말하는 명칭과 사물은 비교적 작은 것이지만, 그 명칭과 사물이 유추하는 의미는 크다"고 서술된 것이다. 결국 은유는 의미의 잉여를 최대한으로 산출하는 것이다.

그렇지만 만일 잉여만을 문제로 삼는다면 '비比'의 쪽에 '나눔分'이 있는 것은 아니었을까? 즉, 명유明喩는 "사물을 묘사하여 뜻意을 붙인다附"(『문심조룡』「비흥」)고 한 것처럼 의미를 부가하는 일이며, 또 '비'를 이용한 사부辭賦는 반고班固가 "치려굉연侈麗閎衍(화려하고 아름답고 우아함이 지나침)"이라고까지 말할 정도로 과잉이기 때문이다. 그러나 그러한 '명유'는 "작은 것에 익숙하여 큰 것을 버리고 있다"(『문심조룡』「비흥」)고 비난받았다. 도대체 은유와 명유 사이에는 의미의 잉여라는 관점에서 볼 때 어디에 차이가 있는 것일까?

그것은 명유의 과잉은 사물의 고유성을 훼손하는 데 비해 은유는 훼손하지 않는 점에 있다고 말해도 좋을 것이다. 명유의 과잉은 "꽃이 지나치게 많이 피어 (나무의) 가지를 상하게 하고, 기름기를 너무 섭취하여 뼈를 해친다"(『문심조룡』「전부」)고 말한 것처럼 표현은 수량적으로 과잉이지만, 그 대상인 사물을 오히려 손상시켜버린다. 이에 비해 은유는 스스로를 숨기고 감추는 것이며, 그 말의 문자 그대로의 의미가 망각됨으로써 별도의 다양한 의미를 표현하는 것이기 때문에 사물의 고유한 의미를 충분히 나타낸다.

그렇지만 왜 사물의 고유성에 은유가 관련되는 것일까? 고유성이라고 하는 이상, 비유가 아니라 직서直敍[22]하는 쪽이 좋지 않을까? 여기에는 또 하나의 문제가 놓여 있다. 바로 풍유라고 하는 '올바름'과 관련된 문제다.

10
올바른 문장과 풍유의 정신

왜 은유가 풍유의 정신을 체현하는 것일까? 그리고 은유와 고유성의 관계는 어떤 것인가? 앞에서 이미 살펴본 부분에서도 "완곡한 비유를 사용하여 거기에 숨겨진 의도를 의탁하는諷喩 것이다"라거나 "어떤 의미를 아주 은근하게 내포하고 있는 사물에 감정을 맡긴다"라고 한 것처럼 '흥興'의 은유에는 『시경』의 특징인 풍유의 작용이 있다. '흥'이라는 은유는 스스로를 감추는 일이며 '시작'을 일으킬 뿐만 아니라 풍유와 밀접한 관계를 맺는다. 애당초 풍유와 그 올바름은 이렇게 생각돼왔다.

시란 뜻志의 행선지이다. 마음속에 있는 것이 뜻이며 그것이 말로 발현된 것이 시이다. 다시 말하면 감정情이 마음속에서 움직이고 말로서 표현된다. 말로는 다 표현할 수 없게 된다. 그러면 탄식한다. 탄식하는 것만으로는 부족하게 된다. 그러면 소리를 길게 늘여 노래하게 된다. 노래하는 것만으로는 부족하게 된다. 무의식중에 손을 흔들며 발을 들여놓기 시작한다.

감정은 소리聲로도 발현한다. 그 소리에 좋은 가락이 붙으면 그것이 음音이다. 치세治世의 음은 편안하고 즐거운 것이다. 왜냐하면 그때의 정치가 평화롭기 때문이다. 난세亂世의 음은 원망으로 가득 차 넘친다. 왜냐하면 그때의 정치가 비뚤어졌기 때문이다. 망국亡國의 음은 애달프고 근심으로 가득 차있다. 왜냐하면 그 나라 사람들이 곤궁하기 때문이다.

그래서 득실을 바르게 하고 천지를 움직이며 귀신을 감동시키기 위해서는 시보다 나은 것이 없다. 선왕先王은 시로써 부부 사이의 질서를 세우고, 부모에 효행하고, 윗사람을 존경하게 하고, 인륜을 확고히 지키게 하고, 교화에 복종하도록 하여 풍속을 좋은 방향으로 이끌었던 것이다.

『시경』 대서大序

『시경』 대서의 이 기술은 범례로서 후세에까지 지속적으로 영향을 끼쳤다.

이 기술의 특징은 '감물感物(사물에 감응함)', 그리고 '시언지詩言志(시는 뜻을 말한다)'라는 언어과정에서 풍유의 올바름을 직접적으로 도출해낸 점에 있다. 즉, 언어는 뜻志이나 감정情을 표현하는 것인데, 그 뜻이나 감정이 '있는 그대로' 사회의 현상을 반영한다고 하면 좋은 것은 좋게, 나쁜 것은 나쁜 상태 그대로 정확히 표현된다. 그렇게 하면 결과로서 그것을 표현한 문장에는 '풍風' '풍자'라는 풍유의 작용이 구비되고, 윤리적·교육적·정치적인 올바름이 관철된다는 것이다. 요컨대 올바른(정확한) 언어활동이 이루어지기만 하면 풍유라고 하는 윤리적·교육적·정치적인 올바름(정의)이 실현된다는 것이다.[23]

그러면 정확한 언어활동이 치란治亂하는 바깥 사물의 상황을 '있는 그대로' 표현하는 것이라고 한다면 그것을 가능하게 하는 것은 어떤 언어인 것일까? 사물의 고유성을 훼손하는 일 없이 표현하고 전달하는 언어란 무엇일까?

다시금 반고의 주장을 살펴보자. "그러나 그뒤 송옥宋玉이나 당륵唐勒, 한나라가 흥기하고부터는 매승枚乘, 사마상여 그리고 양웅에 이르기까지 서로 경쟁하듯이 치려侈麗하고 굉연閎衍한 사詞를 만들어 시가 지닌 풍유의 의의를 잃어버리게 하였다."(『한서』 「예문지」, 시부략·총서) 즉, 반고는 '치려굉연'이라는 언어의 표현 형태가 풍유라는 의의의 상실로 이어진 것으로 보았다.

이러한 비난은 반고가 활약한 전후에 걸쳐서도 마찬가지다. 전한前漢의 사마천司馬遷(기원전 145~85년경)은 "사마상여의 글은 비록 공허한 말과 분방한 설명虛辭濫說이 많다고는 하나, 그 작품의 요점은 절약과 검소에 귀일하는데, 이것은 『시경』의 풍간諷諫과 무엇이 다르겠는가?"(『사기史記』 권117, 「사마상여열전」)라고 하여 결과적으로는 풍간을 손상시킨 일이 없다고 해도 '허사남설虛辭濫說'을 강하게 의식하고 있었다고 비판한다. 또 시대가 내려와 서진西晉의 황보밀皇甫謐(215~282)에 이르러서는 "송옥 등의 무리에 이르면 음문淫文이 제멋대로 일어나 말이 실實에 대하여 과잉하고, 과장을 경쟁하기 시작하여 체體를 점점 잃어버렸다"(『삼도부三都賦』서序)라고 하여 역시 과장된 '음문'의 폐해를 한탄하고 있다.

이와 같이 모두 일치한 듯이 '치려굉연'과 '허사남설'과 '과장'에 대해 비판을 집중하고 있는데, 초점은 황보밀이 말한 것처럼 "말이 실實에 대하여 과잉하다"는 점에 있다. 즉, 지시대상에 대한 말의 과잉이 있는 그대로 표현하는 것을 손상시킨 것이다. 이것은 유협이 '비比'의 경우에 목격한 사태다. 과잉으로 장식된 '명유'는 풍유에 어울리지 않는 것이다.

11
직서로서의 부

그렇다고 하면 명실名實을 일치시켜 사물을 있는 그대로 표현하기 위해서는 '직서直敍(직접 서술)'야말로 어울리는 것이 아닐까?

직서는 수사기법으로서 이미 육의六義 속에 들어 있다. 바로 부賦가 그것이다. '육의' 가운데 하나로서의 '부'는 '의義에 대한 상세한 서술을 펼친다'고 하는 '직서'로 해석돼왔다.[24] 그것에 근거해 『문심조룡』도 또한 "『시경』에는 육의가 있다. 그 두 번째가 '부'이다. '부'란 상세한 서술鋪敍을 뜻한다. '상세한 서술'을 펼쳐서 글을 지음으로써 객관적 사물을 체현하고 주관적인 뜻志을 묘사한다."(『문심조룡』,「전부」)라고 말하고 있다.

물론 이 수사기법의 하나인 부賦와 이제까지 고찰해온 사부辭賦라는 문체로서의 부賦는 간단히 혼동되어서는 안 된다.[25] 하지만 문학비평 속에서 이 두 가지 의의를 연결함으로써 다음과 같은 해석학적 효과를 올리고자 했던 점도 간과할 수는 없다. 즉,『시경』의 계보 속에 그 형식이나 표현방법이 달랐던 한대의 사부를 집어넣는 효과가 있는 것이다. 예를 들면 지우의『문장유별론』에는 "부賦란 '상세한 서술'을 펼쳐서 글을 짓는 표현법이고 고시古詩의 사상을 이어받는다"라고 기술되어 있다. 유협은 이를 계승해「전부」편에서 바로 앞에서 말한 "『시경』에는 육의가 있다詩有六義"로부터 시작해 다음으로 반고를 인용하고 "고시의 계통(흐름)이다古詩之流也"라고 말한다. 그 뒤에서는 "육의의 속국屬國으로서의 부賦가 울연蔚然(나무가 우거진 모양)해져 대국大國이 되었다"(『문심조룡』「전부」)라고 말하고 있다. 다시 말하면 사부辭賦의 출신을『시경』의 표현법의 하나인 부賦로 인정하고 그것을 근거로 삼았던 것이다.

하지만 사부가 '치려굉연'해지고 고시의 의義인 풍유의 정신을 잃어버렸다고 탄식할 때, '상세한 서술'을 펼쳐서 "객관적 사물을 체현하고 주관적인 뜻志(의향)을 묘사하는" 육의의 '부'와는 완전히 다른 것이 된 것처럼 보인다. 그런데 유협의 말을 빌리면 그렇지 않다. '직서'로서의 '부'는 확실히 "객관적 사물을 체현하고 주관적인 뜻을 묘사하는" 것이지만, 동시에 "'상세한 서술'을 펼쳐서 글을 짓는" 기능이 있다. 직서는 문채文彩를 걸치고 있고 수식이 불가결한 것이다. 이것은 '부를 짓는 요체'를 서술한 부분에 "(외부의) 사물은 감정을 통하여 관찰되는 것이기 때문에 그 말은(그것에 대한 언어적 표현은) 반드시 교묘하고 아름다워야 한다"(『문심조룡』「전부」)라고 서술한 것으로부터도 짐작할 수 있다.[26]

이러한 서술은 유협의 의론 속에서 수식을 '자연화'로 받아들이려고 하는 움직임을 살펴본 이상, 놀랄 만한 일은 아니다. 그리고 이것을 진전시키면 가장 직접적인 수사기법이어야 할 '직서'도 언제나 수식을 피할 수 없고 "상상이나 감상을 덧붙이지 않고"서는 있을 수 없는 일이 된다. 이에 대해 두 가지 '부'의 혼동을 경계하는 측면에서 볼 때, 이러한 수식으로서의 '직서'라는 거의 모순된 표현법은 유협이 '직서'로서의 '부'(육의의 부)와 문체로서의 '부'(사부)를 중첩시켰기 때문이며, '직서'로서의 '부'는 그 자체로서 가능한 것이라고 비판이 가해진 것이다.

그러나 여기서 다시 문제로 삼아야 할 것은 '있는 그대로' 서술한다고 하는 일이다. 대상인 사물이 고유의 의미를 가지고 있다고 가정해보자. 하지만 그것을 '직접적으로' 표현할 수는 없다. 왜냐하면 전통적인 중국의 언어관과 문학관에 따르면 그것에 의해 촉발되는 감정이나 의향志이 표현되는 것이며, 사물은 애당초 간접적으로밖에 표현되지 못하기 때문이다. 또 그 감정이나 뜻을 언어가 대리하고 있는 한, 거기서 어긋남(차이)이 생기는 것을 피할 수 없다. 게다가 사물의 고유성은 감정이나 뜻 혹은 문장에 의해 뒤에 구성된 것이라는 점도 상기해두자. 그렇다고 하면 사물을 있는 그대로 서술하는 일은 그 고유성이 적절하게 표현되고 있다고 생각하게 하는 효과를 언어가 산출하는 일에 의해서만 가능하게 된다.

그러한 경우에 수식을 포함한 '직서'가 가장 어울리는 표현수단이라고는 말할 수 없다. 바로 여기서 비유가, 그중에서도 과잉의 수식에 이르는 '명유'가 아니라, 수식과 적절한 관계를 맺고 더 나아가 스스로를 은폐하려고 하는 자기망각에 의해 대상을 손상시키는 일 없이 그 고유성을 충분히 표현하는 '은유'가 등장하는 것이다.

12

'오래된 규정'을 위반하는 일─법의 금지와 법의 뒤에

은유가 '직서'에 비해 뛰어난 점은 그것이 비고유적인 표현이라는 점이다. 그것은 스스로의 고유성을 갖지 않기(스스로를 숨기기) 때문에 표현과 의미의 일대일의 대응을 피하고, 다양한 의미를 가지는 감정이나 지향志 그리고 실實을 오히려 적절한 방식으로 표현할 수 있다. 그것은 스스로를 드러내는 상태 그대로의 '명유'가 스스로의 비고유성에 매달리는 일이 없기 때문에 대상과 그 의미의 고유성을 손상시키거나 과잉의 수식에 이르거나 하는 것과도 대조적이다.

이와 같이 은유가 스스로의 비고유성에 매달림으로써 고유성을 있는 그대로 표현하는 일은 그것이 풍유에 최적의 수사기법이라는 것을 새삼스럽게 증명하는 일이기도 하다. 왜냐하면 풍유는 '정의正義', 즉 '올바른 의미=고유의 의미'로 지탱된 윤리적·교육적·정치적 올바름을 실현하고자 하는 것이며, 고유성을 구성하고 그것을 표현하는 은유야말로 이것을 가장 잘 도와주는 것이기 때문이다.

하지만 여기서도 문제가 없는 것은 아니다. 유협이 바라는 은유와 명유의 구별은 과연 가능한 것인가? '마땅히 그러해야 할 것과 존재해서는 안 될 것', '자연과 수식', '본래적인 것과 파생적인 것', '잉여가치(의미)를 산출하는 것과 단순한 과잉', '고유성을 있는 그대로 표현하는 것과 고유성을 훼손하는 것' 등등의 구별을 유지할 수 있을까? 유협이 탄식한 바와 같이 현실은 '흥'이 망각되고 '비'가 사용된다. 두 가지 비유를 구별하고 은유에 우선권을 부여하는 '오래된 규정'을 위반하고 있는 것이다.

우리는 법(규칙, 수법修法)의 뒤에 있다. 유협은 '오래된 규정'에 대한 위반을 한탄하지만, 그것은 무엇보다도 마땅히 그러해야 할 풍유의 정신과 은유가 상실되어 망각되고 있기 때문이다. 따라서 '오래된 규정'을 상기하면서고 다시 한번 되돌아가지 않으면 안 된다고 말한다. 하지만 이것은 확실히 기묘한 일이 아닐까? 만일 유협이 말하는 '오래된 규정'이 대문자大文字의 법法이라고 한다면, 어떻게 그것을 '위반할' 수 있는가? 바꿔 말하면 은유야말로 근원적인 '태초(시작)'의 문장이라고 한다면, 어떻게 그것을 망각할 수 있단 말인가? 애당초 위반할 수 있는 가능성을, 망각할 수 있는 가능성을, 자연에 의해 구조적으로 금지·억압하고 있었던 것은 아닐까? 아니 정확히 말하면 사태는 그 반대일지도 모르겠다.

우리는 자연의 문장에서의 '태초'의 말소에 대해 이미 살펴보았다. 그리고 은유가 그 기원에서 스스로를 감추고자 하는 계기에 관해서도 고찰했다. 말소抹消라 하고, 스스로를 감춘다고 하며 시작의 장면에서의 금지가 '오래된 규정'을 만들어낸 것이지만, 이 금지는 어디서 유래한 것일까? 물론 여기서 금지의 기원 그 자체를 묻고자 하는 것은 아니다. 금지야말로 기원이며, 기원을 금지하는 것이기 때문이다. 금지는 기원과 함께 오래되었다. 아니 그보다는 금지의 뒤에 기원이 시작된다고 말하는 쪽이 더 정확할 것이다. 금지에 의해 법이 시작되는 것은 애당초 법이 금지이기 때문이다. 법은 스스로 금지되는 일을 요구하고 그럼으로써 비로소 법法이라 할 수 있다.

법(규칙)의 금지. 법은 금지된 것이며, 법이 금지한다. 하지만 무엇을 금지한다는 것일까? 그것은 특정의 위법행위를 금지하는 것은 아니다. 말소, 스스로의 은폐와 망각. 이러한 금지는 법과 '직접=즉좌'적으로 관계하는 것 그 자체를 금지하고 있다. 법의 금지. 그것은 법과 관계되는 것을 법이 금지하는 것이다.

그렇다고 한다면 법이 그 순수함을 발휘하는 것은 '법의 뒤에'라는 방식으로 이루어진다. 우리는 배후에 물러나 있는 법에 액세스access(접근)할 수 없으며 관계를 금지당하고 있다. 볼 수 있는 것은 법의 배후뿐이다. 덧붙여 우리는 법에 결정적으로 뒤떨어져 있다. 법 그 자체는 사전에 없었다. 법은 그 흔적을 남길 뿐이다.[27] 따라서 '오래된 규정'이라는 것은 첩어疊語[28]인 것이다. 법은 언제나 이미 '오래된' 것이다. 법은 스스로의 '뒤에' 숨어서 물러남으로써 그 효력을 최대한으로 발휘한다. 법의 효력이 최대가 되는 것은 관계를 금지한다고 하는 관계가 최대가 되었을 때, 즉 법이 살해되었을 때인 것이다. 법은 최대의 폭력에서 최대의 힘을 발휘한다. 따라서 법을 위반하고 법을 망각하는 것이 아니라, 그것 자체가 은유적으로 법을 실현하려고 하는 행위다.

그러면 이러한 은유의 법(수법)으로부터 벗어날 수 있는 것인가? 별도의 법을 세우고 별도의 문장의 법(규칙, 수법)을 만든다면 가능할지도 모른다. 예를 들어 4세기의『포박자抱朴子』에서 그랬던 것처럼『시경』을 그것에 어울리는 위치에까지 떨어뜨려 '근대의 문장'을 찬양하고 아름다움을 문장의 원리로 붙박아놓는다면 어떨까?

『시경』은 화려한 무늬와 색채彩가 있는 언어이다. 그러나 사마상여의「상림부上林賦」, 양웅의「우렵부羽獵賦」, 장형張衡의「이경부二京賦」, 좌사左思의「삼도부三都賦」등등의 차고 넘치는橫溢 풍요함에는 미치지 못한다.

갈홍葛洪,『포박자』「균세鈞世」

『시경』이 모든 것을 가지고 있다 해도, 이 이현二賢(하후담夏侯湛과 반악潘岳)의 작품에 비교할 수는 없다.

같은 책

이러한 논리로 『포박자』는 『시경』을 포함한 고서古書로부터 미묘함이나 심원함을 빼앗아간다.

감정情은 말로 드러나는 이상, 그 의미하는 것도 알 수 있다. 그런데 대부분의 고서에서 (그 의미가) 은미한 것은 옛사람이 일부러 이해하기 어렵게 하고자 했기 때문이 아니다. 하나는 시대가 바뀌어 언어가 변했기 때문이고, 또 하나는 방언의 차이이다. 전란을 거쳐 오랫동안 매장되었던 탓에 죽간이나 엮은(철한) 실이 부패하여 떨어졌거나 혹은 없어졌거나 한 것도 많기 때문일 것이다. 거기에 남은 것을 난잡하게 묶거나, 또는 장구章句를 탈락시키거나 했기 때문일지도 모르겠다. 따라서 이해하기 어려운 것이며 심원한 것처럼 보일 뿐이다.

같은 책

이와 같이 『포박자』는 고서 속에서 은미함을 느끼게 하는 이유를 열거함으로써 은유의 법과 그것에 근거하는 문장의 형이상학을 문장 그대로 파괴한다. 그러나 그 파괴는 단순히 '은隱'을 '현顯'으로 받아들이는 회로를 끊을 뿐이고, 역으로 독해 가능성을 강력하게 보증하며(모든 것은 '현'이며 언어과정은 동일하다고 하기 때문에) 여전히 '오래된 규정'에서 벗어나지 못한다. 게다가 『포박자』는 별도의 부분에서 "만일 이야기를 나누려고 한다면 본디 말이 통하는 사람과 해야만 한다. 북방의 호인胡人과 남방의 월인越人이 대화를 나누어봐야 결코 서로 이해하지 못하기 때문이다. 그런 상황에서는 가르치거나 훈계해도 아무도 이해하지 못한다"고 서술하고 있다. 즉, 언어가 다른 타자와는 처음부터 소통이 불가능하다고 해서 배제하는 것인데, 이것은 최악의 폭력에 이르는 일이 아닐까? 그렇지 않으면 언어가 다른 타자를 사전에 배제하는 일은 은유의 법이 특정의 공동체를 전제로 한 상태에서 가능해지는 법으로서의 무시무시한 귀결인 것일까?

어느 것이라 하든 새로운 법(수법)을 세우고 '오래된 규정'에서 벗어나는 일은 쉽지 않다. 그뿐 아니라 오히려 그것을 강화해버릴지도 모른다. 그렇지만 은유로 받아들일 수 없는 문장이나 법 밖의 타자는 결코 망각할 수 없고 지속적으로 강요하고 있다.

은유라는 법(규칙, 수법)의 보편에 속하지 않는 불합리한(법 이외의) 것. 그것은 흔적으로서의 흔적을 남기지 않는다. 하지만 그것은 기억할 수도 없지만 망각할 수도 없는 흔적이 되지 않는 흔적이다. 마치 죽은 몸뚱이死體와 같은 것이다. 죽은 몸뚱이는 눈에 보인다. 그러나 그것은 무언가라고 해서, 무언가 의미를 산출하는 것으로서 눈에 보이는 것이 아니다. 죽은 몸뚱이는, 아니 좀 더 정확히는 정말로 그 자신이며 대리·치환·반복이라는 과정을 용케 피하는 특이성이다. 빛의 반사를 허락하지 않는다고 말하는 편이 적절할지도 모르겠다. 눈에는 보이지만 그것은 보이는 것의 가능성을 빼앗고 있기 때문에 동시에 눈에는 보이지 않는다. 따라서 훔쳐볼 수도 없다. 시선을 말소하면서 본다고 하는 최대의 쾌락은 대상과의 사이에 숨기고 또한 드러낸다고 하는 유혹의 법(수법)이 성립하지 않으면 안 되지만, 죽은 몸뚱이는 숨김도 드러냄도 하지 않는다. 죽은 몸뚱이는 결코 고유성을 가지지 않는다고 말해도 좋을 것이다. 그것은 영유하는 재산·의미가 아니기 때문이다.

하지만 애당초 모든 고유성에 죽은 몸뚱이가 휘감겨 붙어 있는 것은 아닐까? 다시 말해 고유성의 시작에 위치하고 있는 '사물物'은 고유성이 아닌 특이성이고 의미를 박탈당한 죽은 몸뚱이인 것은 아닐까? 만일 그렇다고 하면 고유성의 보편에 빈틈없이 짜넣어져 있던 '사물'은 역으로 이 구조를 마비시킨다. 물론 그것은 기억에도 남지 않은 특이성의 경험이다.

그런데 은유의 법의 보편에서 비어져 나오는 특이성은 그뿐만이 아니다. '차이'의 원리로서 『시경』의 영향을 받아들인 『초사』에도 잊을 수 없는 특이성이 있다. 그것은 남방의 특이성 혹은 방언의 특이성이다. 유협은 육기陸機에 대해 "(육기는) 운율 면에서 굴원의 후계자라고 할 수 있으나, 『시경』의 정확한 음률을 잃었다"(『문심조룡』 「성률」)라고 평가했는데,[29] 『초사』의 소리가 귀에 거슬린 것이다.

그것은 『초사』가 남방의 방언으로 쓰인 이상 불가피한 일이다. 그러나 그것은 방언으로서의 방언이라는 고유성에 의해 발생하는 소음인 것은 아니다. 고유성으로서의 방언은 '차이'로서 수도首都의 언어로 회수된다. 『초사』가 특이한 점은 그것이 남방의 말이기 때문이다. 그것은 발견된 기원으로서의 남방이지 북방으로 짜넣은 남방이 아니다. 단적으로 말해서 그것은 외국으로서의 '남방'이며 외국어로서 특이한 것이다. 그 이방성異方性은 독해 가능성을 거세게 뒤흔든다. 그것은 문장 성쇠의 역사를 이야기하는 사람들이 어떻게든 보고 싶어 하지 않는 특이성이다.

죽은 몸뚱이와 같은 '사물'과 '남방'이라는 이방성, 올바름(정확함)으로 회수되는 일이 없는 그러한 성분을 봉인해 은유의 법을 포함한 문장의 법을 옹호하는 일. 이것이 중국에서의 '문장文의 철학'이 지니는 하나의 핵심적인 욕망

이다. 그러면 그것을 벗어날 기회는 있을까? 이제 더 나아가 그 전개를 살펴
보도록 하자.

타자로의
투명한 전달

언어가 문제가 되는 것은 언어가 다른 것을 산출해내기 때문이다. 언어는 뜻意이나 감정情을 투명하게 표현하는 수단이 아니다. 그것은 장식적·은유적으로 그에 따라서 있는 그대로 표현하는 것이다. 게다가 뜻이나 감정이야말로 언어에 의해 구성된 것이다. 이제까지 줄곧 문제시된 것은 언어의 효력을 최대한으로 이끌어내면서도, 다른 한편으로 그것이 더한층 다른 것을 표현하는 것으로 변화하지 않도록 하는 일이었다.

예를 들면 정명正名은 언어를 지배함으로써 명실名實의 일치를 실현해 타자로의 전달을 확실히 하고자 의도하는데, 명名이 또다른 실實을 실현하고 허위를 만들어내는 위험을 피하기 위해서 쓰임이 끝난 언어를 말소하기에 이르렀다. 혹은 '언진의론'과 '언부진의론'에서도 언어는 뜻을 표현하는 데 불충분하기는 커녕, 오히려 뜻을 오염시키기 때문에 뜻을 표현한 언어를 곧바로 말소하고 게다가 언어를 사전에 망각해두는 일이 요구되었다. 어느 쪽인 경우에도 최종적으로는 언어 없이 끝내고 싶었던 것이다.

그렇다고는 하지만 언어에서 대리代理의 불완전함·불순함을 배제하려 한 것만은 아니다. 『문심조룡』은 이 점에서 이채異彩를 발한다. 유협은 불완전함·불순함을 '기奇'로서 적극적으로 받아들였다. 수식 일반을 거부하는 것이 아니라 그것을 적극적으로 받아들이고자 했던 것이다. 그 '기'가 제한된 것이고 모든 '불완전함·불순함'이 허용된 것은 아니라고 해도, 유협은 언어와 뜻의 관계를 보다 세련된 방식에서 재정의再定義하고자 했던 것이다.

그런데 유협이 살았던 육조시대나 이후의 수당隋唐 시기에 실제로 유행한 것은 뜻意과는 전혀 관계가 없는 문장이었다. 뜻에 종속되어야 할 언어가 뜻과는 독립적으로 그 자체로서 기능한 것이다. 결국 언어에는 그것이 표현하는 내용과는 별개로 운율이라든가 성률聲律이라고 하는 음성상의 규칙이 형식적으로 구비되어, 여기서 형식적인 아름다움美으로서 조화로운 운율이 추구되었다. 그리하여 한편에서는 근체시近體詩나 변문騈文이라는 정형화된 패턴으로 귀결되고, 다른 한편에서는 음운학이 성립하게 되었다. 이와 같이 언어가 그 형식적인 원리에 따라서 배열될 수 있다는 것은 뜻과의 '대리代理관계'에서 자유로워진 것이며, '본래'의 뜻을 벗어난 문장이 '전고典故'로서 빈번히 인용됨으로써 또다른 의미가 풍부하게 표현되기도 했다.

그러나 이러한 말言과 뜻意의 대리관계의 변화는 당唐 이후의 이른바 고문운동古文運動을 전개한 고문가들에게는 새로운 문론文論의 기회라기보다는 위기이며 기피해야 할 일로밖에 인식되지 않았다. 한유韓愈(768~824)나 유종원柳宗元(773~819) 같은 고문가는 진정한 대리관계를 다시금 구축하려고 했다. 문장文은 뜻意을 대리하는 일을 통해 근원이며 기원인 도道를 대리하지 않으면 안 된다는 것이다. 하지만 그것은 『문심조룡』 서두의 「원도」 편에서 이미 유협도 행한 일이 아닌가? 도대체 고문古文의 주장이란 그 이전의 문론·시론詩論과 무엇이 다르고, 그 '오리지낼리티originality(독창성, 창의성)'는 어떤 것일까?

1

고문의 독자성―한유

해답은 바로 그 '오리지낼리티'에 있다. 한유는 다음과 같이 말했다.

(번소술樊紹述의 문장은) 반드시 자기로부터 출발하고자 하여 선인先人의 한 마디 말과 한 구절도 답습하지 않는다.

한유, 「남양번소술묘지명南陽樊紹述墓誌銘」

옛날에 말은 반드시 자기로부터 발출하였는데, 시대가 내려오자 그것이 불가능하게 되어 '표절剽竊'을 행하게 되었다. 후대의 사람들은 앞의 지시에 따라 노골적으로 답습하고 있다. 한漢에서 오늘날에 이르기까지 일률적으로 사용할 뿐이다. 텅 비어 공허한지 오래되고 (고인古人을) 이어받은 자가 없다. 신묘함神과 성스러움聖은 사라져 숨었고, 도道는 끊어져 막혀버렸다. 이와 같이 이미 극에 달해버렸기 때문에 간신히 다시 (반전하여) 통하게 되어 번소술이 나타난 것이다.

같은 글

성인의 도는 문장을 사용하지 않으면 끝나버린다. 문장을 사용한다면 문장을 잘하는 자를 존경한다. 문장을 잘하는 자란 다름이 아니라 스스로 수립하고, 계승하여 따르거나 하지 않는 사람을 말한다. 문자가 생긴 이래 누구나가 문장을 지었다. 하지만 지금에 이르기까지 전해진 것은 잘 된 것뿐이다.

한유, 「답유정부서答劉正夫書」

여기서 중요한 것은 자기自己다. 고문의 독자성은 자기에 내선內旋하며, 자기에게만 기원하는 자기 대리적인 문장을 주장한 점에 있다. 따라서 그것은 과거의 문장(예를 들면 『시경』)을 특권화하고, 또 그것을 모방하는 것을 허락하지 않는다. 자기발출이야말로 중요하며 말의 신기新奇(새롭고 기이함)가 필요하기 때문이다. 문장文은 마땅히 '신기'하지 않으면 안 된다.

그런데도 '옛것古'을 참조하는 것은 왜일까? 그것은 과거의 문장이 '오리지널리티'를 가지고 있는 그 자체를 계승하려고 했기 때문이다. "(옛 성현의) 뜻을 모범으로 삼고 사辭를 모범으로 삼지 않는다"(「답유정부서」)라는 말은 바로 이런 뜻을 나타낸 것이다. 자기발출에 근거하는 독자성이 고문의 이념이라고 한다면, 그것을 떠받치는 것은 모방 없는 모방의 역사다.

그렇다면 통상의 중국문학사의 평가와는 반대되지만, '뜻의 참신함意新'과 '문장의 신기함文奇'을 주장한 황보식皇甫湜(777경~835경) 쪽이 문장文의 올바름正을 목표로 했다고 평가받는 이고李翱(772~841) 이상으로 당연히 한유를 계승한 셈이 될 터다.[1] 게다가 이고 역시 육경六經을 평가하며 "뜻과 말을 창조하는 데 모범으로 삼을 만한 것은 없다"(이고, 「답주재언서答朱載言書」)라고 말한 것을 고려하면 단순히 문장의 올바름을 주장한 것은 아니며, 역시 고문의 독자성을 강조했다. 황보식은 더 나아가 철저하게 하여 "애당초 뜻이 참신하면 항상 다르고, 항상 다르면 괴이하다. 사詞가 높으면 보통 사람보다 뛰어나게 우수하고, 보통 사람보다 뛰어나게 우수하면 신기奇하다"(황보식, 「답이생제일서荅二生第一書」)라고 말했던 것이다.

그러나 '신기奇'를 주장하는 것만으로는 고문이라고 말할 수 없다. 새롭고 기이한 문장은 이미 육조六朝에서도 크게 유행하고 있었는데, '신기함'만으로는 고문이 아니기 때문이다. 후에 이한李漢(?~845경)이 "문장文은 도를 관통하는 그릇器이다"(이한, 『창려선생집昌黎先生集』서序)라고 서술한 바와 같이 고문은 자기 발출을 통해 도道를 표현하지 않으면 안 된다. 그러면 어떠한 도가 표현되지 않으면 안 되는 것일까? 한유의 「원도原道」라는 텍스트를 보면 그것은 유가의 도인 '선왕의 도' 혹은 '사도斯道'이며, '불로佛老(불교와 도교)의 도'에 대항하는 것이다. 그렇지만 내용(예를 들면 인의仁義)이 뛰어나다는 것만으로는 '유가의 도'의 우월성을 증명하지 못한다. 필요한 것은 '유가의 도'를 '불로의 도'보다 권리상 우월한 것으로서 정의하는 일이다.[2] 그 때문에 도는 모방 없는 모방의 역사로 유지되었던 고문으로만 현전現前하는 것이지 않으면 안 된다. 즉, 도는 '순수한 전승' 그 자체인 것이다. 그것은 전승되는 구체적인 내용이 문제가 아니라, 후에 '도통道統'이라고 불리게 되는 전통이자 통일인 '통統' 그 자체다. 따라서 이 상상적인 역사성으로서의 '도'에는 "요堯가 순舜에게 전하고, 순이 우禹에게, 우가 탕湯에게, 탕이 문文·무武·주공周公에게, 문·무·주공이 공자에게, 공자가 맹자에게 전하였다"(한유, 「원도」)라는 규정이 가장 잘 어울린다.

그러나 이러한 모방 없는 모방과 그 역사에는 적어도 두 가지 의문이 존재한다. 첫째로 순수한 전승 혹은 전승의 순수함이 도통이라는 상상적인 역사를 되풀이해 주장했다고 하더라도 결국은 보증되지 않는 것은 아닐까? 얼마만큼은 순수하겠지만, 전승이 가능해지기 위해서는 역시 언어에 의지할 수밖에 없다. 그리고 언어는 육조의 언어처럼 화려하고 아름다운 방식이든, 혹은 '불로'의 도를 표현하는 것이든 간에 고문에서 보면 도처에서 불순한 방식으로 사용해야 하고, 순수함의 오염을 피할 수 없는 것이다. 고문이라는 자기 발출적이고 독창적인 것을 담당하는 언어는 이 오래된 물음에 어떻게 대답할 것인가? 둘째로 어째서 고문가만이 육조 이후 퇴락한 언어의 순수함을 다시 전승할 수 있단 말인가? 그들이 자기에게서 발출하는 독자적인 언어를 만들어낼 수 있었다는 것만으로는 불충분하다. 전승이 단절된 후에 어떻게 '사도斯道'를 다시 계승할 수 있었는지에 대해 설명하지 않으면 안 된다.

그렇지만 어느 쪽의 의문에도 한유는 충분하게 대답하지 않는다. 역으로 '불로'의 사상을 막기 위해서는 "그 서적을 깡그리 불태워버려야 한다"(「원도」)고 말한다. 이로 미루어 여기에는 한유가 '유가의 도'와 다른 도가 책으로 쓰여 전승되고 있는 것을 두려워하는 모습이 엿보인다. 또 불교의 언설에 대해서는 이렇게 말하고 있다.

> 애당초 불佛은 오랑캐夷狄 사람이다. 중국과는 언어가 통하지 않고 의복의 제작법도 다르다. 선왕의 법언法言(올바른 가르침)을 입에 담지 않고, 선왕의 법복法服도 몸에 걸치지 않는다. 군신의 의義나 부자의 정情을 알지 못하는 것이다.
>
> 한유, 「논불골표論佛骨表」

이 '불골佛骨' 비판은 한유가 불교 배척을 사상적 지평에 머무르지 않고 '정치화'한 하나의 사건이다. 이로 인해 헌종憲宗의 노여움을 산 한유는 변경으로 유배된다. 하지만 중요한 것은 한유가 불교를 비판하는 데 '언어가 통하지 않는다'고 한 점, 즉 그것이 중국어가 아니라는 이유에서 배제한 점에 있다. 한유는 결국 어떤 공동체가 사실로서 갖는 특정의 언어에 호소하는 일 이외에, 고문의 '특권성'을 보증하는 수단을 균형적으로 유지하지 못했다. 그것은 언어를 달리하는 타자를 사전에 배제함으로써 자기 안에서 내부적으로 폐쇄된 전달 공간을 만드는 일이다.

2

문장文의 '도道'로의 환원─주희

주희朱熹(1130~1200)는 한유의 정통 적자正嫡다. 그 이유 가운데 하나는 주희가 도통론道統論을 확대했기 때문이다. 즉, 맹자 이후에 불로佛老로 인해 중도에 끊어진 도를 정명도程明道(1032~1085)와 정이천程伊川(1033~1107)이 다시금 계승했고, 그것을 주희가 더한층 전승했다고 하여 스스로 '도학道學'의 정통성을 주장했기 때문이다. 그러나 보다 중요한 이유는 주희가 한유 이상으로 말(언어)과 도道의 합치를 궁극까지 밀고 나아갔기 때문이다.

『주자어류朱子語類』의 거의 마지막에 배치된 「논문論文」에서 주희는 도道가 근본本이고 문장文은 지엽말단末이라는 주장을 철저히 하고 있다. 이는 문장文은 '명도明道'와 '관도貫道'(후에는 '재도載道'라고 정식화된다)를 위한 것, 즉 도를 표현하는 것이라는 고문가의 생각을 계승한 것이다. 하지만 주희는 이를 더한층 철저히 하여 고문가가 여전히 '도'로부터 구별된 문장을 인정하는 것으로는 불충분하다고 비판하며 문장을 '도'로 완전히 환원시키려고 했다.[3]

재경才卿이 물었다. "한유의 문집에 대한 이한李漢의 서序에 나오는 최초의 한 구절은 훌륭하지 않습니까?" 대답하기를 "너는 좋다고 말하지만, 내가 보는 한 결점이 있다". 진陳이 말하였다. "이한의 말은 '문장은 관도貫道의 그릇器'이라는 것인데, 예를 들면 육경六經은 문장이고 그것이 말하고 있는 것은 모두 도리道理라면 어찌해서 결점이 있게 되는 것입니까?" 대답하기를 "그것은 틀렸다. 어떤 문장도 모두 도道 속에서 흘러나오는 것이라고 하면 문장이 반대로 도를 관통한다고 하는 이치理 따위는 없다. 문장은 문장에 지나지 않고, 도는 도인 것이며, 문장 따위라는 것은 단순히 식사할 때의 반찬에 지나지 않는다. 문장이 도를 관통한다고 생각하는 일은 오히려 본말이 전도된 것이다. 본말을 틀려도 좋다고 말하는가? 후세에 문장을 짓는 사람은 모두 이와 같이 본말을 전도하고 있다".

주희, 『주자어류』 권139

도道는 문장文의 근본이다. 문장은 도의 지엽枝葉이다. 다만 근본을 도에 두고 거기서 문장이 발출하는 이상, 모든 것은 도인 것이다. 삼대三代의 성현의 문장은 모두 이 마음으로 쓴 것이다. 문장, 그것이 곧 도이다. 지금 소식蘇軾(1036~1101)이 "내가 말하는 문장文은 반드시 도와 함께 있다"라고 말하고 있는데, 이것으로는 문장은 문장에 다름 아니고, 도는 도에 다름 아니며, 문장을 지을 때 오히려 도를 추구하여 문장 속에 던져넣는 일이 되어버린다. 이것은 소식의 크나큰 결점이다. (…) 소식의 말은 (도와 문장을) 두 가지로 생각하지 한 가지라고는 생각하지 않는 것이다.

같은 책

위에 서술된 바와 같이 문장이 '관도貫道'라고 하는 주장은 본말을 전도한 것이라고 비판받고 있다. 그것은 "문장은 문장에 다름 아니고, 도는 도에 다름 아니다"라고 해서 문장과 도를 각각 두 가지 사상事象이라고 오해하고 있기 때문이다. 그리고 그 오해는 오히려 도를 훼손한다. 문장과 도를 구별한 상태에서 그 합치를 주장하는 소식에 대하여, "소식의 문장이 올바른 도正道를 해치고 있는데, 이는 불로佛老의 무리보다 심하다"(같은 책)라고 비판하는 까닭이다. 필요한 것은 지엽말절에 지나지 않는 말(언어)을 근본인 '도'로 환원하는 일이다. 주희는 문장과 도가 '한 가지一本'라는 것, 즉 문장이 "도 속에서 흘러나오는 것" 혹은 "문장, 그것이 곧 도"라는 점을 강조한다. 지엽말절인 문장은 근본인 '도'로 환원되지 않으면 안 된다.

그러면 그와 같이 문장을 다 환원시켜 도와 일체가 된 이상理想이란 구체적으로 어떤 것일까? 여기서 주희가 언어의 모든 것을 물리치고 있는 것이 아니라는 점에 주의를 기울여보자. 물리쳐야 할 것은 '도로부터 독립하는 문장, 바로 문장어(글말)다.

『이소離騷』「복거卜居」 편의 말(언어)에 관하여 물었다. 그러자 대답하였다. 자의字義를 이제까지 이해할 수 없었는데, 뜻意을 이어받아 읽으면 알 수 있다. (…) 생각하건대 이것은 마음대로 말에 맡기고 이러이러하며 저러저러하다고 지껄여 저절로 문장이 된 것이다. 임애헌林艾軒이 "반고나 양웅 이후의 사람들은 모두 문장을 짓지만, 그 이전의 사마천이나 사마상여와 같은 이들은 단지 이러이러하며 저러저러하다고 말했을 뿐이다"라고 하였는데, 지금 살펴보더라도 그와 같다. 옛사람은 "높은 곳에 올라가 부賦를 지을 수 있다"라는 것을 평가하였는데, 이것은 민첩하고 빠르게 잘 통하는 것처럼 말하는 일이 필요하다고 생각하였기 때문이다. 옛날에는 "말言에 의해 등용하였다"라고 한 것처럼 말하는 것이 중요하였는데도 후세에서는 단지 종이 위에 쓸 뿐이다. 종이 위에 쓰는 것만으로는 반고나 양웅이 그 이전의 문장에 미치지 못한다. 당시 소진蘇秦이나 장의張儀는 변설辯舌(말을 잘하는 재주)에 능했던 인물들이며, 『사기』에 실린 것도 생각하건대 모두 당시에 이야기되었던 일이다.

같은 책

이 인용문에서 보는 바와 같이 입을 통해 나오는 구어(음성언어)가 종이에 쓰여진 문장어(글말)보다도 우선시되고 있다. 이것은 이제까지 누차 살펴보았던 것처럼 중국에서는 전통적으로 지지받아온 서계序階이며, 주희도 또한 문장어로서의 문장을 환원해 이야기하는 것으로 되돌리려고 한다. "오늘날의 사람들은 문장을 읽는 경우, 큰 뜻을 헤아리지 않고 단지 축어적逐語的으로(글자 하나하나의 뜻을 새겨) 해석하기 때문에 오히려 의도를 꿰뚫지 못한다"(같은 책)라는 말처럼 문장어를 해석해도 의도는 잘 이해되지 않는다. 이와 대비해 바로 앞에서 "민첩하고 빠르게 잘 통하는 것처럼 말한다"고 한 것처럼 말은 즉좌적으로 의도를 전달해준다. 공간 속에 있는 종이에 써 두고, 시간 속에서 남겨지는 문장어로서의 문장이 불순한 의도를 대리하는 것과 대비해 '말하는(이야기하는) 일'은 말하기가 무섭게 순식간에 의도를 남겨둔 채로 스스로 소멸해버리기 때문에 순수하게 의도를 대리한다.

그렇다면 도와 일체가 된 이상적인 문장이란 이상적인 구어(음성언어), 즉 내적인 독백이다. 그러나 그것은 음성이나 리듬이라는 공간성을 갖지 못하기 때문에 언어라고는 말할 수 없을 정도의 언어인 것이다. 그리고 문장이 도와서 일체가 되어 도가 관통하는 이 세계에서는 사람들이 허위의 말을 결코 내뱉지 않으며, 말의 다툼이 없는(그리고 말 자체가 없는) '진실무망眞實無妄'이 실현될 터다. 이에 관한 한 주희는 정명正名과 무명無名 사상의 정통 적자이기도 하다.

　그렇다고는 하지만 단지 단순하게 구어에 호소하면 끝나버릴 일은 아니다. 한유의 정통 적자로서 주희는 문장을 환원하고 도를 유행시키기 위한 방책을 새롭게 발명하지 않으면 안 되었다. 주희는 그것을 언어(말) 쪽에서의 조작이 아니라, 고문의 주장에 충실하게 언어를 발출시키는 자기 쪽에서 추구했다. 그것이 바로 '성의誠意'이며 주자학의 근간을 이루는 개념이다.

3
'성의'에 의한 자기충실―'자-발'의 철학

성誠은 충실充實이다. 의意는 마음에서 발출하는 것이다. 마음에서 발출하는 바를 충실히 하여, 반드시 자기에게 만족하고 스스로 속임이 없고자 하는 것이다.

주희, 『대학장구大學章句』

　이 정의에서 보는 바와 같이 성의誠意는 '뜻意'을 충실하게 하는 것이다. 보다 정확히 말하면 이 충실은 밖을 경유하지 않고 자기 속에서 자기에 의해 자기를 충실하게끔 하는 '자기재귀적自己再歸的'인 방식에서의 '자기충실'이다. 이렇게 자기에게 기원을 두고, 자기로부터 발출하여 그것이 저절로 타자에게 전달되는 형식의 철학을 '자自-발發'의 철학이라 부른다고 하면,[4] 주자학은 그 극한에 위치한다. 왜냐하면 그것은 '자—발'의 모든 계기를 자기 내부에 내선內旋시키고 그때까지의 모든 철학과 모든 문학 및 모든 비평에서 '자—발'의 논리로 환원할 수 없이 남겨져 있던 여러 계기, 즉 언어 혹은 문장, 타인, 시간과 모든 제도 그리고 현실이라는 외부를 '내자화內自化'하고 '자—발'을 완성시켰기 때문이다.[5] '자기에게로 복귀해야만 한다'고 하는 명법命法이 울려 퍼진다.

이 '자—발' 철학의 논리의 핵심에 '성의'가 있다. 그 구조를 살펴보도록 하자.

자기를 닦고자 하는 자가 선善을 행하고 악惡을 제거해야 함이 중요하다는 것을 알았다면, 당연히 충실한 방법으로 자신의 힘을 이용하여 자기기만을 금지해야만 한다. 가령 악을 미워함에는 악취惡臭를 싫어하는 것과 같이 하고, 선善을 좋아함에는 호색好色하는 것과 같이 하여, 모두 힘써 (악을) 결단하여 버리고, (선을) 구하여 반드시 얻고자 한다면 스스로 자기에게 만족할 수 있다. 그러나 조금이라도 외면外面을 따르고 타인을 위해서는 안 되는 것이다. 충실한지 충실하지 않은지는 생각하건대, 타인은 미처 알지 못하고 자기만이 홀로 알고 있는 것이기 때문이다. 따라서 반드시 홀로 있음을 삼가고 그 기미幾微를 소상히 살펴야 한다.

같은 책

충실하고 있는지 어떤지는 자기만이 알고 있다. 따라서 '신독愼獨(자기 홀로 있을 때 삼감)'이 필요하다. '성의'에 의해 자신의 의도를 '자기충실'화할 수 있으면, '뜻意'에 내재하는 '부실不實'한 계기와 거기서 생겨나는 '자기기만'과 허위를 금지할 수 있을 것이다.

이 금지는 더욱더 철저해진다. '신독'의 상황 속에서 "그 기미를 소상히 살펴야 한다"고 한 것처럼 자기기만의 가능성을 그것이 생길지 생기지 않을지 모를 정도의 단계(기미)에서 사전에 미리 금지하는 데 이르는 것이다.[6] "나는 어느새 이미 거짓말을 할 수 없다." 다만 이렇게 거짓말을 할 가능성을 금지할 수 있는 일 자체는 거짓말을 할 가능성에 의거하고 있으며 그 금지의 최종적인 불가능성을 의미하는 것은 아닐까? 『중용장구中庸章句』에서는 사전의 금지에 대해 이렇게 서술하고 있다.

어두운 곳의 가운데와 미세한 일은 자취로서는 아직 드러나 있지 않다고 하더라도, 기미幾微로서는 이미 움직이고 있다. 타인이 비록 알지 못하나 자기가 홀로 알고 있으니, 이는 천하의 일이 드러나 보이고 밝게 나타남이 이보다 더함이 없는 것이다. 그러하므로 군자는 항상 계구戒懼(삼가고 두려워함)하는 것인데, 이에 더욱 삼감을 가하는 것이다. 그럼으로써 인욕人欲을 장차 싹틀 때에 제압하고, 은미隱微한 가운데에 속으로 불어나고 자라서 도道를 멀리 떠나지 않도록 하는 것이다.

주희, 『중용장구』

　자기충실을 막고 자기기만을 생성시키는 것의 정체正體가 여기서는 '인욕人欲'이라고 서술되어 있다. 사전의 금지란 인욕을, 그것이 형체를 취하기 전에 그 맹아의 단계에서 금지하고 제압하는 일이다. 인욕 그 자체는 단적으로 '무화無化'시킬 수 없고, 그것이 '현실화'되는 순간이지 않으면 금지할 수 없기 때문이다. 그러나 자기 속에서 시간을 선취하고 미리 허위의 싹을 잘라내고자 하는 이 논리는 순수한 기원 혹은 기원의 순수함을 상상으로밖에 회복할 수 없다. 사전의 금지란, 현실적 사건의 도래라고 하는 의미에서의 시간을 마치 망각이라도 한 것처럼 간과하면서, 과거와 미래가 현재인 자기에게 현전하고 거기서 컨트롤할 수 있다고 주장하는 일이다. 하지만 그렇게 해서 시간 그 자체가 환원되는 것은 아니며, 회수할 수 없는 시간이 여전히 가로놓여 있기 때문에 그것은 상상 차원의 몽상에 지나지 않는다. 실제로 기원은 뒤에서부터 되돌려지고 순화되며, 그리고 마치 최초부터 순수했던 것처럼 전도된 형태로 표상될 수밖에는 없다.

그러나 이러한 '아포리아'를 갖는 사전의 금지 이외에, 의도를 '자기충실'하게 하는 방책은 없다. 가령 그것이 불충분한 것이라 해도, 의도의 '자기충실'에 밖으로부터 작용하는 듯한 방도가 있어서는 안 되기 때문이다. 주자학에서 특징적인 '내자화'의 논리는 그것이 순수하면 할수록 밖에서 작용하는 수단은 불필요하다. 의도의 자기충실은 그것과 관련하는 수단 그 자체를 폐기해야 비로소 달성될 수 있다. 그렇다고는 하나, 사전의 금지에 이를 정도로 '내자화'를 철저히 해나가면 나갈수록 문제는 심각해진다. 즉, '성의'에 성공한 일을 타인에게 어떻게 전달할 것이냐는 점이다. 이 문제는 주자학의 경우 불가피한 문제다. 왜냐하면 주자학은 '독아론獨我論'에 빠지는 것을 피하고, 타인과의 전달의 공동체를 구성하고자 했기 때문이다.

4
'독아론'에 빠지지 않기 위해—격물치지

만일 '성의'가 언어라는 매개체 없이 타인에게 전해진다고 한다면, 그것은 가장 순수한 전달 공동체의 실현일 것이다. 예를 들면『근사록近思錄』에 채록된 문답 중에 이런 문장이 있다.

> 문인 중에 다음과 같이 묻는 자가 있었다. "저는 다른 사람과 함께 있을 때, 그 사람에게 잘못이 있음을 보고도 충고하지 않으면 마음이 편안치 못할 때가 있습니다. 하지만 충고를 해도 그 사람이 받아들이지 않을 때에는 어떻게 해야 합니까."
>
> (정명도가) 답하였다. "다른 사람과 함께 있으면서 그 사람의 잘못을 충고하지 않는 것은 충실하지忠 못한 것이다. 만일 성의로서의 교제誠意之交通가 말을 하기도 전에 있는 것처럼 하면, 말이 입에서 나왔을 때 그 사람은 믿게 될 것이 틀림없다." 또 말하기를 "서로 선善을 권고하는 데 있어서 만일 성의가 충분히 남을 만큼 있으면, 말이 부족하더라도 타인은 유익하게 될 것이고, 자신에게는 충고를 무시당하는 욕됨이 없는 것이다."
>
> 『근사록』「정사政事」/『정씨유서程氏遺書』 권4

만일 '성의'가 언어 이전에 '교통交通(서로 성의가 통함)'하고 있다면, 언어에 의한 전달의 확실함은 그것으로 보증된다. 바꿔 말하면, 전달의 공동체에서 그것을 흔들림 없는 것으로 하기 위한 가장 좋은 조건은 '성의의 교통'이다.

아마 주희에게도 이 '성의의 교통'은 가장 바라던 상태였을 것이다. 하지만 '성의'라고 해도 그리고 '성의의 교통'이라고 해도, 왜 그것이 성공했는지를 확인하는 일은 아직 이루어지지 않고 있다. '성의'와 그 '교통'은 전달 일반과 공동체를 보증하는 조건이기는 하지만, 그 자체가 어떠한 가능성의 조건하에서 보증되는지는 분명하지 않다. 여기서 주희는 '성의'를 완전한 것으로 하기 위해서 '내자화內自化'의 프로세스에 다시금 밖外(외부)을 편입시켰다. 그것이 '격물치지'格物致知'에 관한 의론이다.

　(『대학』의) 경經에 이르기를 "그 뜻을 성실히 하고자 한다면 먼저 그 지식을 지극히 하라" 하였고, 또 말하기를 "지식이 지극한 뒤에 뜻이 성실해진다"고 하였다. 생각하건대 마음의 본체心體의 밝음이 미진한 바가 있으면, 그 발하는 바가(마음에서 발한 것, 즉 의意) 반드시 실제로 그 힘을 쓰지 못하여 구차하게 스스로 속임이 있는 것이다. 그러나 혹 이미 밝게 알았다 하더라도 이것을 삼가지 않으면 그 밝힌 것이 또 자기 소유가 아니어서 덕德에 나아가는 기초로 삼을 수가 없다.

『대학장구』

　'격물치지'는 종래부터 왕성하게 논의되었던 것으로 주자학 체계의 중심을 이룸과 동시에 또 그것을 위협하기까지 하는 어려운 개념이다. 왕양명王陽明(1472~1528)을 정점으로 하는 비판의 초점은 주자학이 애써 바깥外을 환원해 '내자화'하고자 하면서도, 왜 다시금 바깥을 이끌어내고 있는지에 있었다.

　물론 주희는 단순히 바깥에만 호소했던 것은 아니다. 격물치지는 바깥 사물의 이理(의미)를 분명히 밝히고 그것을 전부 알고 이해하는 일이지만, 그 지식으로 이해된 이(의미)는 마음 안에서의 사상事象에 다름 아니었다.[7] 주희에게 바깥外은 단적인 외부도 아니거니와 안쪽內으로 모두 환원되는 바깥도 아니며, 의미로서 이해되는 바깥이고 안쪽과 이질적인 것이 아니다. 하지만 그렇다고 해서 바깥의 외부성이 완전히 소멸되는 것은 아니다. '성의'의 보증이 안쪽內만으로 끝날 수 없기 때문이다. 이에 따라 일부러 「격물보전格物補傳」을 지어 『대학』의 경문經文에 삽입하기까지 하면서 격물치지를 이끌어냈던 것이다. 또한 바깥에서 살펴서 알 수 없는 안쪽을 정립함과 동시에 안쪽을 뛰어넘어 바깥과 어떻게 접속할 것인가, 그리고 그 바깥이란 무엇인가를 설명하는 일도 주희의 과제였다. 요컨대 안쪽의 보증과 바깥의 설명이라고 하는 상반하는 두 가지 요청을 동시에 해결하는 것이 '격물치지'의 의론이었던 것이다. 여기서 열쇠가 되는 것이 바로 이理(의미)이다.[8] '리'는 바깥의 사물에 있으면서 동시에 안쪽인 자기에게 지식으로 깨달아지는 성격을 갖는다. 이에 따라 바깥은 의미를 갖는 사물 혹은 물사物事로서 안쪽에서 지식으로 깨달을 수 있는 것이라고 설명할 수 있으며, 안쪽은 그 의도에 대응하는 의미가 바깥에서 유래하기 때문에 만일 바깥의 의미를 완전하게 분명히 밝힐 수 있다면 안쪽인 의도의 충실을 보증할 수 있다.

이와 같은 이(의미)를 매개로 한 안內과 밖外의 상호적 '기초 세우기'라는 해결책은 확실히 정교하다. 이 경우 '성의'는 그 의도의 내실을 이루는 의미가 바깥에서 완전히 분명해지고 보증된다는 방도를 갖게 된다. 그렇다고 하면 바깥은 타인과 공유될 터이기 때문에 '성의'는 그 순수함을 계속 유지한 채로 타인에게 전달될 수 있다는 논리가 된다.

그러나 상황은 그 정도로 형편이 좋게 진행되지는 못한다. 「격물보전」을 살펴보도록 하자.

지식을 지극히 함致知이 사물의 의미를 궁구함格物에 있다는 것은, 나의 지식을 지극히 하고자 한다면 사물에 나아가 그 의미(이치)를 궁구함에 있음을 말한 것이다. 인심人心의 영특함은 앎이 있지 않음이 없고, 천하의 사물은 의미가 있지 않음이 없다. 다만 의미가 아직 궁구되지 않았기 때문에 지식(앎)이 다하지 못함이 있는 것이다. 따라서 『대학』에서 처음 가르치는 것은 배우는 자들이 천하의 사물 모든 것을 상대로 하고, 자신이 이미 알고 있는 의미(이치)에서 시작하여, 그것을 더욱 궁구해서 극한에까지 도달하고 그 노력을 긴 시간 동안 계속하면 어느 날 활연豁然히 관통함에 이른다는 것이다. 그렇게 하면 모든 사물의 측면(표리表裏와 정조精粗)에 이르지 않음이 없을 것이요, 내 마음의 전체와 대용大用이 밝지 않음이 없을 것이니, 이것을 '물격物格'이라 이르며, 이것을 '지지지知之至'(知致)라 이른다.

『대학장구』

"의미가 아직 궁구되지 않았기 때문에 지식(知)이 다하지 못함이 있는 것이다"라고 한 것처럼 일반적으로 사물의 이理를 궁구해 모두 알기란 쉽지 않은 일이다. 그렇지만 교묘하게 이 점에서 주희는 '성의'가 불완전한 이유와 학문·교육의 존재 이유를 찾아내고 있다. 다시 말하면 사실로서 '이'가 완전하게 분명해지지 않는 이상, '성의'도 아직 완전하지 않지만 권리로서는 실현 가능하기 때문에 주희는 그것을 향해 노력하는, 요컨대 배우고 가르치지 않으면 안 된다는 논리를 구성하고 있는 것이다.

하지만 사물의 '이'를 완전히 궁구해 '활연관통豁然貫通'하는 일은 애당초 실현 불가능한 것이 아닐까? 가령 사물에 갖추어진 '이'를 모두 열거하는 것이 아니라 중요한 '이'만을 파악하면 충분하다고 해도, 또 유추에 의해 '궁리窮理'를 보완할 수 있다고 해도, 사물에는 여러 측면이 있고 그 지식의 깨달음은 시간 속에서 특정의 원근법遠近法으로부터 이루어지는 것에 다름 아니다. "사물의 모든 측면에 도달할 수 있다"고 한 것처럼 시간을 초월해 모든 원근법으로부터 보이는 명백한 '이'는 인간에게는 기대할 수도 없다. 또 사물의 측면에서도 지식으로 깨달은 의미에 수렴되지 않고 그것을 초과하는 바와 같은 타성他性이 남아 있는 데다가 애당초 만물이 지식으로 깨달을 수 있는 '이'를 갖고 있다는 전제는 한번도 음미된 바 없다.

이상의 논의에 더해 가령 '궁리'의 논리를 받아들인다 해도, 어떻게 해서 '이'를 궁구할 것인가라는 문제가 남는다. 이때 직접 사물로 향해 의미를 밝혀 따진다 해도, 마치 왕양명이 그랬던 것처럼 정신을 병들게 할 뿐이다.[9] 여기서 주희는 다시금 문장文을 이끌어낸다. 격물치지의 중심은 실로 '독서'이며, 성인聖人이라는 '이'를 완전하게 궁구한 사람이 쓴 문장이 이미 존재하므로 그것을 읽는 것만으로 우리도 '이'를 궁구할 수 있다고 하는 논리다. 주희가 새로운 경서로서 사서四書를 만들어내 그때까지의 오경五經과 함께 주석을 고치고 덧붙이는 터무니없는 노고를 한 것은 이 때문이다.

물론 여기서 읽혀야 할 경서의 문장은 특권적인 문장이고, 구어(음성언어)를 실었던 『사기』 이상으로 이야기하는 일 그 자체이며, 도道와 일치하는 문장이다. 하지만 그것은 주희의 바람일 뿐이며, 사서오경은 종이 위에 특정의 언어로 쓰여져 긴 세월 전승되는 동안 원문 비평(연구)이 필요할 정도로 자구字句에 이동異同이 있는 데다가 주석을 빼고는 뜻을 알 수 없는 문장에 지나지 않는다.[10] 그리고 문장은 이상적으로 '말하는(이야기하는) 일'과는 달리 도처에서 반복되고 불순한 방식에서 뜻을 지속적으로 대리하기 때문에 결코 궁극적인 의미를 찾아낼 수 없을 뿐더러, 격물치지의 달성도 계속해서 연기될 것이다.

그렇다고 한다면 격물치지라는 방식에서의 바깥外의 참조는 가령 문장을 이끌어내더라도, 아니 정확히 말하면 문장에 호소하기 때문이야말로 '성의'를 완전하게 보증하는 일에 다름 아니다. 참조되는 바깥이 결코 구석구석까지 분명히 밝혀지지 않는 이상, '성의'에 성공했는지 여부를 알 수 없기 때문이다. 하지만 권리상이라고 하면 격물치지는 가능하다. 만에 하나 '이'를 궁구하는 일에 성공해 '성의'가 증명된다고 한다면 도대체 주희는 어떤 상황을 개척하고자 한 것일까?

5

이상적인 타인─자신自新의 민民

격물치지와 나란히 하여 주희의 『대학』 해석이 독자적이었다는 것은 본문에 있는 '친민親民'을 '신민新民'이라 고쳐 읽고, 그것을 '명명덕明明德'과 연동시켰다는 점에 있다. "이미 스스로 자기 명덕明德을 밝혔다고 한다면, 당연히 그것을 타인에게 미치게 하여 그들에게도 오래되어 익숙해진 더러움을 없애도록 한다"(『대학장구』)라고 한 것처럼 자기의 "명덕을 분명히 밝히"는 일을 "백성民을 새롭게 하는" 일로, 즉 자기로부터 타인에게로 향해 연속적으로 계몽이 확대해나가는 방향을 잘 읽고 이해한 것이다.

그러나 여기에는 처음부터 명백한 모순이 있다. 왜냐하면 애당초 '명명덕'이라는 계몽은 "스스로 자기 명덕을 분명히 밝힌다"고 서술된 것처럼 '자기계몽'이고, 타인이라는 외부로부터는 결코 엿보아 알 수 없는 자기 내부의 행위일 터이기 때문이다. 그것이 타인에게 확대되고, 게다가 타인을 계몽한다는 것은 '자기계몽'이라는 원리와는 서로 용납하지 않는다.

그런데 주희는 이 모순을 격물치지를 통해 극복하고자 한다. 격물치지에 의해 내가 자기계몽에 성공했다는 것이 증명되기만 하면 나의 말에 어떠한 허위도 없는 것이기 때문에 타인도 또한 자기계몽을 개시하고 뜻意의 '자기충실'을 도모하게 된다는 논리인 것이다.

"반드시 송사訟事가 없도록 만들겠다"(『논어』「안연」)는 공자의 말씀을 인용한 것은 성인이 능히 실제가 없는 사람으로 하여금 감히 그 허위의 말을 다하지 못하게 하고자 했기 때문이다. 생각하건대 나 자신의 명덕明德이 이미 밝아져 있다면, 자연히 백성들의 심지心志를 두렵게 하고 복종시킬 수 있다. 따라서 쟁송爭訟은 (그것을) 들어줄 것까지도 없이 저절로 없어져버린다.

『대학장구』

성인은 덕德이 왕성하고 인仁이 무르익었기 때문에 스스로를 분명히 밝히고 있다. 그것은 천하의 지선至善에 도달한 것이다. 그 때문에 크게 사람들의 마음을 외포畏怖시키고 복종케 하여 그들에게 진실이 없는 말을 내뱉지 못하게 할 수 있다. 따라서 쟁송을 다른 사람들과 마찬가지로 들어서 알았다고 해도, 마땅히 들려야 할 쟁송이 저절로 사라져버린다. 생각하건대 자기의 덕이 이미 분명히 밝혀졌다면 백성의 덕도 저절로 새롭게 되었다는 것으로, 본래적이고 분명한 효과가 얻어진다.

주희, 『대학혹문』

여기서 확인할 수 있는 바와 같이 주희가 '이상理想'으로 생각하는 상황은 '자기혁신'에 의해 자기 덕이 분명히 밝혀지면 저절로 백성의 덕도 새롭게 된다는 것이다. 중요한 것은 이 경우는 백성을 위로부터 혹은 바깥으로부터 계몽하는 것이 아니라는 점이다. 필요한 것은 자기계몽과 그 연쇄이며 백성에게 스스로를 분명히 밝히도록 만드는 일, 즉 백성에게 자기계몽을 저절로 시작하게끔 만드는 일이다.

당연히 이 논리는 곤란한 것이다. 왜냐하면 자기계몽의 시작은 자기 내부에 있을 터인데도 밖으로부터의—그것이 얼마나 자연스럽든지 간에—'자기계몽'을 하라는 계몽에 따르는 일은 반드시 자기에 기원하지 않기 때문이다. 그런데 주희는 이 곤란함을 애당초 '자기계몽'을 할 수 있는 사람, '자기재귀적自己再歸的'인 시선을 갖고 있는 사람만을 백성이라고 간주하는 일로 회피하려 했다. 그것이 바로 '신민新民' 해석의 요점이다.

즉, 주희는 '작신민作新民'을 해석하여 "자기를 자기 힘으로 새롭게 하는 백성自新之民을 분발시킨다"(『대학장구』)라고 말했던 것이다. 이때 백성은 '자신自新의 민民'이 되었다. 마찬가지로 『대학혹문』에서도 '신민'에 관해 "악을 없애고 선으로 이행하며, 옛것舊을 버리고 새것新으로 나아가는 일이다"라고 서술한다. 그 뒤를 이어서 "그러나 이 일은 말이나 명령이 미치는 일이 아니다. 자기를 자기 힘으로 새롭게 하는 수밖에 없다"(『대학혹문』)라고 하여 역시 밖으로부터의 말이나 명령에 의해 새롭게 할 수는 없고, 백성 자신이 '스스로 새로워지는自新' 수밖에 없다고 말한다. 이와 같이 '성의'라는 자기계몽의 논리는 타인을 사전에 제한하고, 자연스럽게 '자기계몽'하는 백성이라는 이상적인 타인을 이끌어내면서 그것이 공동체 전체로 확대된다는 이상을 이야기할 수 있었던 것이다.

그렇지만 여기에는 자기를 계몽하려고 하지 않는 사람, '성의'의 논리를 '내자화'하지 않는 사람이 처음부터 배제되고 있다. 그것은 결코 군자로 변화되는 일이 없는 소인小人의 모습이다. 만인을 고려하고 만인에게 타당한 논리를 당연히 사용할 것인 주자학은 처음부터 인간의 자격을 제한하고 있다. 자기를 알고 가려져 있는 본성을 열어 드러내고자 하여 배우는 자만이 인간인 것이다. 배우려고 하지 않는 사람 따위는 있지 않을 터이다. 적어도 주희는 이렇게 생각했을 것이다.[11] 그런데 이것은 거꾸로 된 것이다. 더구나 주자학의 중심에 둥지를 튼 교묘한 본말전도다. 되풀이하는 일이 되겠지만 '자명自明' '자신自新'이라는 자기계몽의 논리를 '내자화'하지 않는 사람, 그것을 할 수 없는 사람은 존재한다. 아니 정확히 말하면 그것을 거부하고 주희가 말하는 의미에서의 배우는 일, 배우는 자의 공동체를 거절하는 사람도 존재한다. 구제를 거부하는 소인이 있는 것이다.[12]

6
자기계몽의 확대−천지만물은 나와 일체다

말할 것도 없이 주희는 그러한 타자를 인정하지 않을 것이다. 여기서 자기계몽의 논리를 구성하는 이상적인 타인에 관해 좀더 검토해보도록 하자. '자신自新의 민民'을 설정하는 일로 자기계몽이 타인에게 확대된다고 하더라도, 왜 그것이 자연스럽게(저절로) 확대된다는 것일까?

그것을 지탱하는 것은 인간끼리의 본래적인 동일성이다. 다시 말하면 사람은 하늘로부터 동등하게 '명덕明德'을 부여받고 있고, 때에 따라서는 그것이 인욕人欲이나 육체에 의해 가려져 어둡게 되기도 하지만, "사람의 본래적인 밝음은 결코 없어진 일이 없다"(『대학혹문』). 그렇다면, 가령 실제로는 많은 사람이 자기를 분명히 밝히지 못한다고 하더라도, 권리상에서는 만인이 '자명自明', 즉 자기 자신을 분명히 밝힐 수 있을 터다. 그리고 이미 '자명'을 이룬 사람은 그것이 '사적인私' 일이 아니라 보편적인 사항이기 때문에 가려졌던 사람들이 '자연스럽게' 스스로의 본래성에 눈을 떠 자각하도록 '구제'하지 않을 수 없게 된다는 것이다.

그런데 명덕明德이라고 말하는 것은 사람들이 똑같이 가지고 있는 것으로, 나만이 사적으로 획득한 것이 아니다. 최초에는 모두 물욕物欲에 가려 막혀져 있고, 현명하고 우둔함賢愚의 차이가 있다 해도 특별한 일은 없다. 하지만 이제 나는 다행스럽게도 스스로를 분명히 밝힐 수 있기 때문에 그들이 나와 마찬가지로 명덕을 갖고 있는 데도 스스로를 분명히 밝히지 못하고, 그 위에서 만족하고 오욕汚辱 속에서 헤매며 빠져나오지 못하는 데도 그것을 알지 못하는 상태를 보면 가슴이 아프고 그들을 구제하려는 생각이 들지 않을 수 없다. 따라서 반드시 내가 스스로를 분명히 밝혔던 일을 그들에게 미치게 하여 제가齊家에서 시작하여 치국治國을 거쳐 평천하平天下에서 끝날 수 있도록, 명덕을 갖고 있는 데도 스스로를 분명히 밝히지 못하는 사람들 모두에게 스스로를 분명히 밝혀 오래되어 익숙해진 더러움을 없애도록 하려는 것이다. 이것이 '신민新民'인데, 이는 사람에게 무언가를 덧붙이거나 늘리거나 하는 일이 아니다. 그런데 자기 안에 있는 덕을 분명히 밝히는 일과 백성 안에 있는 덕을 새롭게 하는 일이란 모두 사람의 힘만으로 이룰 수 있는 것이 아니다. 내가 덕을 분명히 새롭게 하는 것은 사사로운 뜻私意에 의해 임시로라도 이룰 수 있는 것이 아니다. 다시 말하면 그것은 하늘로부터 부여되어 일상 속에서 작용하고 있는 것이며, 원래 본래적으로 결정된 규칙이 있다.

『대학혹문』

『중용장구』에서는 이와 비슷한 문맥을 더 나아가 만물에까지 확대해 서술했다.

신독慎獨으로부터 시작하여 점차 '순수화'해 나가면, 물사物事에 대응하는 경우에 조금의 오류도 없고 모든 것이 그러해야만 할 방향으로 진행한다. 그렇게 되면 조화가 지극해지고 만물이 각각의 생生을 실현할 것이다. 생각하건대 천지만물은 원래 나와 일체다. 나의 마음이 바르면 천지의 마음도 또한 바를 것임에 틀림없다. 나의 기氣가 순하면 천지의 기도 또한 순할 것임에 틀림없다.

『중용장구』

"천지만물은 원래 나와 일체다." 이 본래적인 동일성의 주장이 자기계몽 논리의 확대를 그 근본에서 지탱하고 있다. 본래적으로 천지만물은 나와 동일하기 때문에 매개 없이 직접적으로 자기의 '명明'이나 '신新' 혹은 '성의誠意'가 또 하나의 자기인 타인이나 만물에 자동적으로 반영된다는 것이다.

그러나 이 본래적인 동일성의 주장은 누가 누구에게 이야기하는 것일까? 그것은 말하는 상대를 처음부터 예상하지 않는, 바로 독백에 지나지 않는 것은 아닐까?

이에 대해서는 특정의 누군가를 향해서가 아니라 만인에게 이야기하는 것이며, 결코 자기 속에 갇혀 자기 자신에게 말을 걸고 있는 것은 아니라는 반론이 있을 것이다. 왜냐하면 자기 내부는 절대적으로 닫혀 있는 동시에 절대적으로 열려 있을 터이기 때문이다. 다시 말해 자기가 단순히 확대되는 것이 아니라, 다른 것으로부터는 갇혀 폐쇄된 '자기'라는 내부를, 다른 것을 '내자화內自化'하고 철저하게 충실히 해나가면 '사적私的'인 것이 일체 없어지고,[13] 역으로 보편성으로 열려져 모든 것, 모든 사람을 직접적으로 대리하기 때문에 만인에게 타당하다는 논리다.

여기에 있는 것은 개별적인 내가 아니라, 모든 것을 대리할 정도로 비대해진 대문자大文字의 '자기'다. 바꿔 말하면 '내자화'란 '자自—발發'의 근원인 이 대문자의 '자기'에 내선內旋하는 일이며, 그 대문자의 '자기'는 '사사로움이 없는無私' 것이고 '공적公的'인 것이기 때문에 보편적인 도에 합치한다. 여기서는 개별적인 내가 모두 환원되기 때문에 타인도 그 특이성에서 다루어지지 않으며, 대문자의 자기로 대리되어야 할 또 하나의 '자기'로 간주된다. 여기서 '성의'는 이미 전달이라고는 말할 수 없을 정도로 직접적으로 즉석에서 전달된다. 전달이 필연적으로 보증되는 것이다.

7

윤리·정치·역사의 가능성

그렇다고는 하지만 이 정도로까지 강력한 자기계몽과 그 확대의 논리도 그 핵심은 매우 위태롭다. 예를 들면 자기로부터 '사적'인 계기를 없애고, 자기를 '공적'인 대문자의 자기로 한다고 할 때에 처음부터 '사적'인 계기를 따로 떼어 분리할 수 있는 자기가 전제되는 것은 아닐까? 또 그때 '사적'인 계기와 함께 대문자의 자기에 저항할 수 있는 '내면성'인 '나'도 배제되는 것은 아닐까? 그리고 대문자의 자기가 주장하는 '공적'인 보편성은 가령 숫자상에서는 다수의 (만물이라고 불리는) 사물이나 인간을 포섭했다고 하더라도, 결국 하나로 회수되기 때문에 동일한 것으로 환원할 수 없는 복수의 '우리' 사이에서 유지되는 것과 같은 '공공성公共性'(가령 강한 보편성을 갖고 있지 않다 하더라도)을 처음부터 무시하는 것은 아닐까?

이러한 물음을 다른 말로 바꿔 좀더 쉽게 풀이해 이해해보자. 우선 여기서는 '사私'와 '나'를 혼동해 보자고 권유하는 것은 아니다. 다만 '나'라고 하는 '내면성'을 만일 이야기할 수 있다고 한다면, 그것은 '사욕私欲'이라는 에고이즘egoism(이기주의)의 정점에 있다. 또 그 위에서 '나'의 '무사無私'(스스로 저항하는 일)도 가능하게 되는 것이기 때문에 '사私'는 '나'와 동일하지 않다고 하더라도, 제거해야 할(제거할 수 있는) 장벽이 아니라 '나'와의 사이에 거리를 유지하면서도 그 조건이 되고 있는 것은 아닐까라고 생각해볼 수 있다. 그렇다고 하면 역으로 말해서 '사私'를 다 환원해버린 자기는 결코 '내면성'이 아니며, 더구나 거리가 무화無化되고 있기 때문에 자기에 어긋나더라도 책임을 취할 일이 생기는 경우도 없는 최악의 에고이즘에 빠져버리는 것은 아닐까? 한마디로 말하면 여기에는 윤리의 가능성이 없는 것이다.

물론 주희의 말을 빌리면 일체의 '간격'을 소거한 '사私'의 환원[14]은 최선의 '공평무사公平無私'일 것이다. 그러나 '사'의 환원이 자기 자신과의 거리뿐만 아니라 타인이나 사물과의 거리의 환원인 이상, 여기에 토의할 공간은 없다. 아니 정확히 말하면 '성의'가 필연적으로 전달되기 때문에 언어에 의한 전달 가능성이 애초부터 없는 것이다. 이것은 가능성이 없다고 바꿔 말해도 좋다. 즉, 복수의 다른 사람들 사이에서 토의의 가능성을 물음에 붙이면서도 그것을 보증하는 '공공성'을 옹호하고 의견 교환을 행한다는 의미에서의 정치의 가능성이 없는 것이다. 더 나아가 말하자면 여기에는 시간도 없다. 순식간에 '성의'가 전달되고 모든 것이 서로 통해버리기 때문이다. 일체의 시간은 영원의 이 순간에 회수된다. 도대체 여기에 기억 혹은 역사의 권리는 있는 것일까? 역사에 대한 책임은 과연 있는 것일까?

원래부터 주희가 윤리·정치·역사를 부정했던 것은 아니다. 그 반대로 주희는 도덕·정사政事·도통道統을 이야기하고, 그것들을 근본적으로 기초 세우고자 했다. 그러나 그 기초가 자발적인 자기계몽 논리를 절대화한 결과로 실현하는 '공평무사'에 있다고 한다면, 그것은 '나'와 '타자'를 결여하고 있기 때문에 혹은 '간격'을 결여하고 있기 때문에 역으로 비윤리적·비정치적·비역사적일 수밖에 없다.

하지만 도대체 이상과 같은 의미에서 비윤리적·비정치적·비역사적인 한계를 드러내는 주자학, 즉 '자—발' 철학의 극한이며 모든 것을 '자기대리自己代理'하는 철학을 앞에 두고 우리에게 필요한 것은 무엇일까? 그것을 최후의 문제로 생각해보고 싶다.

우리에게 필요한 일, 그것은 단순히 윤리·정치·역사를 주희에 대항해 주장하는 일이 아니다. 바로 그렇다면 간단히 '내자화'되어 받아들여져 버릴 것이다. 그보다도 오히려 윤리·정치·역사의 가능성을 여는 일, 즉 '간격'을 존중하는 일이 필요하다. 다시 말하면 자기와의 거리를 취하고 스스로에게 대항할 수 있는 '나'를 옹호하고, 대문자의 '자기'로 환원되는 일이 없는 타자를 옹호하는 일, 그리고 '간격'의 가장 으뜸인 언어와 역사를 별개의 방식에서 존중하는 일이 필요한 것이다. 그러나 그러한 가능성을 열기 위한 장소는 어디에도 없다. 주자학은 모든 것을 '자기영유自己領有'하고 있다. 따라서 그 때문에라도 우선은 그러한 가능성을 지워버리고 '간격'을 '무화無化'하는 주희의 언설에 대한 비판이 행해지지 않으면 안 된다. 이 비판은 단순히 안쪽內에서 이루어지는 것도 바깥外에서 이루어지는 것도 아니다. 그것은 주희의 언설이 '바깥을 안쪽으로' 절대적으로 영유하려고 하는 그 방식을 좇아서 주희가 소망한 귀결을 비껴가게 하는 일이다. 따라서 비판은 그 자체가 이미 윤리적·정치적·역사적인 행위일 것이다. 이 장에서 기대했던 것은 바로 이러한 비판이다. 그리고 이 것은 하나의 '탈구축脫構築'이다. 다음에 오는 복수複數의 '탈구축'을 위한 하나 의 '탈구축'이다.

제7장

고문, 백화
그리고 역사

1
송대에서 청대까지의 고문

고문古文의 그뒤 역사를 살펴보면, 모방 없는 모방을 둘러싸고 '정正'과 '기奇'의 어느 쪽에 중점을 둘 것인가에서 입장이 갈리고, 각각의 유파로 나뉘어 다툼을 벌였다.

우선 송대宋代에는 강서시파江西詩派라 불리는 고전주의가 유행한다. 강서시파라는 명칭은 여본중呂本中(1084~1145)의 『강서시사종파도江西詩社宗派圖』에서 유래하며, 그 종사로 추앙하는 황정견黃庭堅(1045~1105)이 강서 지방(홍주洪州 분녕分寧, 지금의 장시 성 슈수이修水) 출신이라 하여 붙여진 것이다. 그뒤 진사도陳師道(1053~1102)를 거쳐 남송의 진여의陳與義(1090~1138)에 이르는 계보가 만들어졌다. 황정견은 두보杜甫와 한유를 찬양하며 "한 글자도 출처가 없는 말이 없다無一字無來處"(「답홍구보서(荅洪駒父書)」)라고 하여 고서古書를 읽는 일과 고인을 모방하는 일을 강조하고 작시作詩의 제반 규칙(구법句法과 법도, 포치布置)을 중시하는 한편, 그로부터 "쇳덩이를 다루어 금을 만든다點鐵成金"(「답홍구보서」)거나 '환골탈태換骨奪胎'(혜홍惠洪, 『냉재야화冷齋夜話』 권1)를 행하고 신기함新奇을 새롭게 밝혀내려고도 했다.

이에 대해 남송의 엄우嚴羽(생몰년 미상)는 그의 저서 『창랑시화滄浪詩話』에서 이지적인 송시宋詩(소식과 황정견, 그리고 강서시파)를 비판하고 언어로 파악되지 않는 '흥취興趣'를 체현한 성당시盛唐詩를 치켜세웠다. 또 금대金代의 시를 모아 『중주집中州集』을 편찬한 원호문元好問(1190~1257)은 황정견은 별도로 하고 강서시파에는 엄격한 태도를 취해 불교에서 유래하는 "배워서 무학無學에 이른다"(「두시학인杜詩學引」)는 점을 강조하면서 단순히 고전을 모방하는 것이 아니라, 거기에 작자의 정성情性이 발휘되는 것을 추구했다. 이러한 대립은 명대明代에도 계승된다. 명대에는 '전후칠자前後七子'라 불리는 고문사파古文辭派가 내세운 복고·의고擬古의 주장이 주류를 이룬다.

전칠자前七子에는 이몽양李夢陽(1472~1529), 하경명何景明(1483~1521)을 중심으로 서정경徐禎卿(1479~1511), 변공邊貢(1476~1532), 강해康海(1475~1540), 왕구사王九思(1468~1551), 왕정상王廷相(1474~1544)이 포함된다. 이몽양이 말한 "문장文은 반드시 진한秦漢, 시는 반드시 성당盛唐"이라는 구절이 그 복고 주장의 전형이라고 평가되지만, 이몽양과 하경명 사이에 모방과 창조를 둘러싼 논쟁이 있었던 것처럼 단순한 복고·의고가 아니라 창조의 조건으로서의 옛것古에 대한 모방이 의식되었다는 점도 간과할 수는 없다. 후칠자後七子에는 이반룡李攀龍(1514~1570), 왕세정王世貞(1526~1590)을 중심으로 사진謝榛(1495~1575), 종신宗臣(1525~1560), 양유예梁有譽(1521~1556), 서중행徐中行(1517~1578), 오국륜

吳國倫(1524~1593)이 포함된다. 이반룡은 이몽양의 주장을 엄격히 지키려고 했는데, 그의 사후 왕세정은 당송파唐宋派의 귀유광歸有光(1507~1571)을 위시한 비판에 직면해 그 입장을 절충적인 것으로 수정했다.

이와 더불어 『당송팔대가문초唐宋八代家文鈔』와 『사기초史記鈔』 등을 저술한 모곤茅坤(1512~1601)으로 대표되는 당송파가 있었다. 이들은 고문사파의 "문장은 반드시 진한"에 반대하여 당나라와 송나라의 고문을 모범으로 삼고 배우기를 주장했다.

그러나 다른 한편으로 '기奇'를 중시하고 독창성을 강조하는 주장도 건재했다. 고문사파의 의고와 형식주의를 비판하고 '성령性靈'의 발로에 의한 독창성을 중시한 공안파公安派가 그들이다. 공안파라는 명칭은 그 중심 인물인 원종도袁宗道(1560~1600)와 원굉도袁宏道(1568~1610) 그리고 원중도袁中道(1570~1623)의 원씨 삼형제가 공안(지금의 후베이 성湖北省) 출신이라는 데서 연유한다. 원종도는 그의 『논문論文』에서 의고를 비판하고 당나라의 백거이白居易, 송나라의 소식을 치켜세웠으며, 원굉도는 고금 시문詩文의 변천을 전제한 상태에서 각 시대 시문의 우열을 논할 수 없다고 하여 고문사파의 주장에 반대했다. "단지 진실한 개성과 감정性靈을 토로할 뿐, 진부한 격식에 구속되지 않는다獨抒性靈, 不拘格套"라는 원굉도의 말에서 독창성을 중시하고 형식적인 속박으로부터 벗어나고자 했던 것을 알 수 있다.

그밖에도 전겸익錢謙益(1582~1664)처럼 원호문의 『중주집』을 모방해 명시明時를 모은 『열조시집列朝詩集』을 편찬하고, 명대 문학을 총괄하면서 '전후칠자'의 고문사파가 말하는 의고를 부정하고 공안파의 성령性靈의 주장을 조건을 붙여 평가한 사람도 있다.

청대清代에 이르러서는 왕사정王士禎(1634~1711)의 '신운설神韻說'이나 원매袁枚

(1716~1797)의 '성령설性靈說'이 우세를 점한다. 왕사정은 '표묘縹渺'[1]라고 하는 언외言外의 여운을 강조하는 '신운설'의 힌트를 엄우와 만당晩唐의 사공도司空圖(837~908)로부터 얻었다고 말한다. 사공도는 시의 풍체風體를 24종으로 나누어 운문으로 표현한 시론인『이십사시품二十四詩品』의 작자로서 '운외韻外의 치致'나 '미외味外의 지旨'를 주장했다. 또 원매는 강우삼대가江右三大家의 한 사람으로 꼽히는 시인이며, '성령설'을 통해 성정性情을 자연스럽게 드러내는 일과 '신령스러운 기틀靈機'이라고 하는 작가의 인스피레이션inspiration(영감에 의한 착상)을 중시했다.

다른 한편으로는 명대의 '전후칠자'를 재평가한 심덕잠沈德潛(1673~1769)처럼 시의 풍격과 음조音調·성조聲調의 형식을 중시하는 '격조설格調說'을 주창해 시에서 '온유돈후溫柔敦厚'를 추구하고 염정艶情을 배척하거나, 또는 옹방강翁方綱(1733~1818)처럼 심덕잠의 격조설과 왕사정의 신운설을 모두 긍정하면서 '기리설肌理說'을 주창한 사람도 있다. '기리肌理'란 기부肌膚(살이나 살가죽)의 문리紋理인 살결(표면)을 가리키는데, 시에 '기리'가 갖춰지는 것을 추구했고 그 때문에 리理를 궁구하는 일도 중시했다.

그렇지만 청대를 대표하는 것은 역시 동성파桐城派의 고문이다. 동성파란 '삼조三祖'라 평가받는 방포方苞(1668~1749)와 유대괴劉大櫆(1698~1779) 그리고 요내姚鼐(1731~1815)가 안휘安徽 동성 출신인 데서 붙여진 고문의 한 유파로 청조 중기부터 말기까지 크나큰 영향을 끼쳤다. 이들은 정주程朱의 이학理學과 당송팔가의 고문을 재평가해 도학가의 문장과 도道를 일체화한 '재도설載道說'을 옹호했다.

예를 들면 방포는 "『춘추』가 의법義法을 제정하고 사마천이 이것을 분명히 밝히고 나서 후세의 문장에 조예가 깊은 사람은 이것을 갖추었다. 의義는 『역』가

인괘상전家人卦象傳」에서 말하는 '말言에 사물이 있음'이고, 법法은『역』「간괘상전艮卦象傳」에서 말하는 '말에 차례序가 있음'이다. 의를 경經이라 하고, 법을 위緯라 하는 것이야말로 완성된 문장이 이루어지는 것이다"(『망계문집望溪文集』권2「우서화식전후又書貨殖傳後」)라고 말한 것처럼 '의법설義法說'을 주창했다. 의법이란 의미 내용道으로서의 '의義'와 표현방법文으로서의 '법法'을 겸한 것이며, 전자는 송학宋學의 의리義理를, 후자는 고문의 서법書法을 구체적으로 지시하고 있다.

그후 동성파는 방동수方東樹(1772~1851), 증국번曾國藩(1811~1872)을 거쳐 오여륜吳汝綸(1840~1903), 린수林紓(1852~1924), 옌푸嚴復(1853~1921)와 같은 청말의 유력한 문인들을 배출했다. 그들은 새로운 시대의 요청에 마땅히 부응해 서양 서적을 번역하거나 새로운 고문의 가능성을 모색하면서 커다란 영향력을 발휘했는데, 문학혁명 이후에는 비판의 대상이 되기도 했다. 거기에는 이 장에서 논의하는 후스胡適가 큰 역할을 담당했다.

2
고문과 후스

젊은 날의 후쓰미胡嗣穈는 옌푸가 번역한 『천연론天演論』(원저는 토머스 H. 헉슬리의 『진화와 윤리Evolution and Ethics』)을 읽고, '적자생존適者生存'으로 상징되는 사회진화론에 커다란 영향을 받았다. 이에 감동을 받은 그가 스스로 후스胡適(1891~1962)로 개명한 일은 잘 알려져 있다. 이런 후스의 문장에 고문이 농후하게 스며들어 있다는 것은 여러 대가가 자주 지적하고 있는 바다. 예를 들면 「문학개량추의文學改良芻議」(1917년 1월)에서 「팔불八不(여덟 가지 중요한 일)」의 서두에 배치된 '언지유물言之有物'이라는 테제는 원래『역易』에 나오는 말(「가인괘상전」에 "군자가 이를 본받아서 말은 사물에 맞고 행실은 항상됨이 있느니라君子以言有物而行有恒"라는 문장이 있다)인데, 문학비평사에서 이 말을 자주 사용한 것은 바로 앞에서 살펴본 고문의 아성牙城인 '동성파'였다.

만일 고문에 철저하게 반대한다면 후스는 이 테제를 포기해도 좋았을 터다. 실제로 천두슈陳獨秀(1879~1942)는「문학개량추의」가 발표되기 전에 이 글을 읽고 이 테제에 의문을 표출했다.[2]

물론 고문을 배제하고 백화白話를 일으키자는 '백화운동白話運動'의 주요 대표인 후스가 그대로의 방식으로 고문과 그 이론을 받아들인 것은 아니다. '언지유물'에 대해서도「문학개량추의」에서 '재도설載道說'에 따른 해석과는 다른 것이라고 구태여 주장하고 있다. 하지만 그럼에도 후스가 주장하는 명명백백한 빛의 언어인 백화에 고문이 그 그늘진 시선을 지속적으로 던진 일도 또한 부정할 수 없다. 그것은 과거科擧를 통해 제도화되었다고 하더라도, 고문에는 근대 백화의 욕망에 공통하는 투명한 전달과 그것을 지탱하는 등질적인 공간에 대한 씻을 수 없는 경향이 있었기 때문은 아닐까? 이미 한유와 주희의 경우에서 살펴본 바와 같이 고문을 내세우는 일은 '고古'라는 과거를 참조하면서도 단순한 모방·반복을 잘라버리고 거기에 있었을 '자기발출'이라는 신기함新奇을 계승함과 더불어 그 의도를 손상하지 않으면서 투명하고도 빠른 속도로 타자에게 전달하는 것이다. 그렇다고 하면 후스의 백화는 현대의 '살아 있는' 고문이며, 지금은 '이미 죽어버린' 고문이 예전의 '백화'가 될 것이다.

그리고 후스 또한 스스로 '살아 있는' 고문을 고문가라고 하는 '고문을 경직화·체제화시킨 자들'의 수중에서 구해내고자 했다.

고문가古文家는 사마천이나 반고를 적극적으로 활발히 찬양하지만, 그 문장이 고문이 아니라는 것을 알지 못한다. (…) 고문가는 또 한유나 유종원을 적극적으로 활발히 찬양하지만, 그들이 당시에는 문학혁명을 추구한 사람들이었다는 것을 알지 못한다. 그들은 육조 시기의 변려체駢儷體 문장을 미련 없이 버려야 한다고 생각했기 때문에 문장을 개혁하고 문법에 적합한 것들을 향하여 자연의 문체에 접근했던 것이다. 당시 백화의 문장은 아직 등장하지 않았는데, 그들의 문장이야말로 당시의 '신문학新文學'이었다. 그들은 스스로 고문이라고 주장했던 것이 아니며, 고문이란 후대의 사람들이 붙인 명칭에 지나지 않는다. (…) 즉 그들은 금문今文을 지었는데, 후대 사람들이 그것을 고문이라고 부른 것이다. (후대 사람들/고문가들은) 그들이 당시의 문체에서 가장 문언文言의 자연에 가까운 것을 쓰고자 했다는 일을 모른다. (…) 다만 원대元代 이후의 고문가들이 복고를 목표로 하여 통속문학을 과도하게 억압하고 한위漢魏와 당송唐宋의 것으로 그것을 대신하였다. 이러한 무리가 진정한 고문가이며, 내가 공격하는 것은 단지 이렇게 "오늘의 세상에 살면서 옛 도道로 돌아가고자 하는" 진정한 고문가들이다.

「역사적 문학관념론歷史的文學觀念論」1917, 전집 제1권, 32~33쪽

당송팔가唐宋八家 이하의 고문을 경멸하는 사람은 과대망상을 품고 주진周秦과 한위漢魏 시대로 돌아가고자 하여 문장을 지으면 지을수록 의미가 통하지 않게 되었고, 오래되면 오래될수록 유용하지 않게 되었다. 그들은 문학계에서 통할 것 같지만 통하지 않는 거짓의 골동骨董을 덧붙였던 것이다. 당송팔가의 고문과 동성파 고문의 장점은 그들이 자발적으로 '통순청담通順淸談'한 문장을 짓고, 거짓의 골동을 만들고자 과대망상하지 않았다는 것

이다.

「50년래의 중국문학五十年来の中國の文学」1922, 전집 제2권, 266쪽

여기서 인용한 논의에서 분명히 알 수 있듯이, 후스가 반대했던 것은 고문을 치켜세우면서도 그 의의를 알지 못하는 고문가이지 고문 그 자체는 아니다. 따라서 동성파의 고문도 또한 '통순청담通順淸談'이라고 하는 한, 긍정되지 않으면 안 된다.

고문은 동성파에 의한 부정不淨의 제거를 거쳐 순조롭게 통하는 명백한 문체가 되었다. 그리고 수십 년 동안 고문가들은 더욱더 필사적으로 발버둥을 침으로써 이러한 문체를 사용하고 급변하는 시대의 요구에 응답하고자 했던 것이다. 하지만 시대의 변화가 너무 빨라서 새로운 사물은 점점 많아졌고, 새로운 지식은 점점 복잡해졌으며, 새로운 사상은 점점 광범해졌기 때문에 그러한 단순한 고문의 문체로는 그것이 얼마만큼 변화하든지 간에 이 새로운 시대의 요구에 부응할 수 없게 되었고, 마침내는 실패하고 말았다. 그 최대의 것이 옌푸와 같은 식의 번역이다.

『중국신문학대계·건설이론집中國新文學大系·建設理論集』
제1집 도언導言, 1935, 전집 제12권, 259~260쪽

이와 같이 청말 동성파의 고문개혁도 '명백한' 문체를 획득하고 있었다. 일종의 번안飜案인 린수林紓의 번역에 대해서도 "고문의 응용으로 사마천 이래 이렇게까지 커다란 공적을 올린 자가 없다"(「50년래의 중국문학」, 전집 제2권, 280쪽)라고 후스는 평가하고 있다. 하지만 동성파가 얼마나 능숙하게 고

문을 변화시켰든 간에 '새로운 시대'는 '살아 있는' 금문今文을 요구하고 있었기 때문에 그것은 결코 성공하지 못했다. 후스는 계속해서 이렇게 서술하고 있다. "고문은 결국 이미 죽어버린 문자이며, 얼마나 잘 쓰려고 하든지 간에 소수의 사람들에게 상완賞玩(좋아하여 보고 즐김)을 제공할 뿐이며, 멀리까지 퍼지지 못하고 보급할 수도 없다"(같은 책).[3] 그리고 동성파를 뛰어넘어 새로운 백화와 백화문학을 만들어낸 인물이 바로 후스다.

3

'타귀打鬼'를 위한 고문

1927년 2월 7일 후스는 「국고정리와 '타귀'整理國故與'打鬼'」라는 서간문을 지었다. 이 서간문은 후스가 제창한 '국고정리國故整理(중국의 옛 문물文物을 정리한다)'와 백화를 비꼬아 풍자한 펑하오쉬彭浩徐의 「주객답문主客答問」에 대한 응답이다. 그 속에서 후스는 몇 가지 반론을 제기하고 있다.

우선 '국고정리'에 관해서는 서간문의 제목에도 있는 것처럼 그것을 주창한다 하더라도 단순히 중국 전통문화로 회귀하려는 것이 아니라 '타귀(귀신을 잡아 쫓아버림)' 혹은 '착요捉妖(요괴를 붙잡음)'를 행하여 중국의 오래된 문화의 망령된 모습을 백일하에 드러내고자 하는 시도라고 변호하고 있다.[4]

더구나 후스는 량수밍梁漱溟이 자신의 『중국철학사대강中國哲學史大綱』에 대해서 "후 선생(후스)의 표현에서는 중국철학이 이러한 것에 지나지 않는다"고 평한 구절을 인용해 이렇게 말하기도 했다. "내가 국고國故를 정리하려는 것은 단지 사람들에게 이러한 것은 원래부터 '이러한 것에 지나지 않는다'고 알려주기 위해서다."(「국고정리와 타귀」, 전집 제3권, 147쪽) 정말로 『중국철학사대강』이 '이러한 것에 지나지 않는' 중국철학을 나타낼 수 있는지 여부에 관해서는 잠시 유보한다고 해도, 후스의 의도는 철학이든 문학이든 거기로부터 '귀신 그림자鬼影'를 모조리 떨쳐버리는 일이며, '이러한 것에 지나지 않는' 모습을 드러내 보여주고자 하는 데 있었다.[5] 그리고 이 '타귀'를 위해 백화가 필요했던 것이다. 그렇다면 이 백화란 도대체 어떤 것일까?

> 명백히 알 수 있는 문자를 사용하여 전하는 일이며 눈을 가지고 있는 자라면 누구라도 볼 수 있고, 머리를 가지고 있는 자라면 누구라도 이해할 수 있게 하는 일이다. 이것은 암흑을 광명으로, 신기神奇라 숭앙되는 것을 썩은 냄새腐臭가 나는 것으로, 현묘玄妙를 평상平常으로, 신성神聖을 범용凡庸으로 바꾸는 일이다. 이렇게 해야 비로소 "새로운 화폐로 모든 가치를 다시 정할" 수 있다.
>
> 같은 책

그 누구라도 눈만 있으면 볼 수 있고, 머리만 있으면 이해할 수 있는 것과 같은 '명백히 알 수 있는 문자'를 말하고 있다. 이것이 곧 백화다. 그 '백白'이란 빛光이며 범용凡庸이다. 범용이란 얕고 가까운 것으로 깊이가 없는 것이다. '새로운 화폐'로서의 백화는 신성함을 벗겨내고 물사物事를 그대로 보이게 한다. 그것은 단순한 언문일치言文一致가 아니다.

그렇다 하더라도 어쩌면 이토록 이해 가능성이 극단적일까! 백화를 앞에 두고 그것을 알지 못하는 사람은 없다. 있다고 하더라도 그러한 이해를 하지 않는 사람은 백화의 빛 속에서는 암흑조차도 없으며 단순히 존재하지 않을 뿐이다.

4

환골탈태와 옛것의 참조

그런데 이러한 백화는 기묘한 일이지만 완전한 형태에서는 아직 실재하지 않으며, 완전한 형태가 되면 모습을 감춰버린다. 이 서간문의 서두에서 후스는 펑하오쉬가 행한 비판 ─ 국고정리의 악영향 때문에 "반문반백半文半白(반은 문언이고 반은 백화)의 백화문이 쓰인다"─ 에 대해 바로 앞에서 살펴본 국고정리 이외에도 세 가지 요인을 들어 반론을 제기했다(같은 책, 144~145쪽).

그 세 가지란 첫째로 "고문을 늘 써서 익숙해진 사람이 사전에 백화로 글을 지으려고 한다면, 왕왕 '환골탈태'를 할 수 없으며 반고반금半古半今의 문제가 발생하는 것"이다. 여기에는 량치차오梁啓超(1873~1929) 그리고 후스 자신이 포함된다.

둘째는 "의도적으로 고문의 말투를 삽입해 정취를 더하고, 익살스러운 뉘앙스를 가미하고자 하는 것"이며, 여기에는 우즈후이吳稚暉나 루쉰 형제, 그리고 첸쉬안퉁錢玄同이 포함된다.

셋째는 "유행을 배우고 있지만 숙달되지 못한 젊은 사람"이다. "그들은 원래부터 자각적인 주장도 없고, 문학적인 감각도 없으며 붓이 가는 대로 갈겨 쓰는 것에 지나지 않는다".

주목할 만한 것은 후스가 자신을 첫째 그룹에 넣었다는 점이다. 고문古文 출신이기에 고문을 환골탈태하는 일이 필요하지만, 고문을 "완전하게 환골탈태하는 일이 용이하지 않다"(같은 책, 145쪽)고 후스 스스로 고백하고 있다. 그리고 '순수한 백화문'을 쓰기 위해서는 후스조차도 "있는 대로의 모든 정신을 수사조구修辭造句에 기울이지" 않으면 안 되고, "조금만 긴장을 늦추면 바로 '애매한' 문장이 되어버린다"(같은 책). 백화는 귀로 듣기는커녕 실은 쓰는 일도 용이하지 않는 것이다.

여기서 '환골탈태'라는 말에 주목해보도록 하자. 이 말은 이 장의 서두에서 살펴본 북송 말기부터 남송 초기에 걸쳐서 유행한 강서시파의 주장이다. 강서시파에 대해서 후스는 당초 '구파舊派의 문학'으로서 '파괴할 가치조차 없다'고 멀리했지만(「건설적 문학혁명론 국어의 문학─문학의 국어建設的文學革命論 國語的文學─文學的國語」, 1918, 전집 제1권, 52쪽), 그후에는 "한편으로는 상당히 백화에 가까운 시가 있지만, 다른 한편으로 상당히 나쁜 고전시가도 있다"(「50년래의 중국문학」, 전집 제2권, 327쪽)고 하면서 양의적으로 평가하게 되었다. 그것은 역시 강서시파의 주장이 단순한 모방이 아니라, 환골탈태를 행하고 신기新奇함을 발명하려고 했던 데서 연유할 것이다. 환골탈태는 오래된 옛 문학으로 빨려 들어갈 수 있는 위험을 지닌 동시에 새로운 문학으로 이행할 수 있는 기회도 갖추고 있었던 것이다.

그러나 왜 근대의 백화에 환골탈태가 필요한 것일까? 과거를 참조하지 않고 생각한 것을 그대로 쓰는 쪽이 "주체의 경우에 직접적이며 투명한 언어표현"(무라타 유지로村田雄二郎, 「문백의 저편:근대 중국의 국어문제文白の彼方に:近代中國における國語問題」, 21쪽)에 어울리지 않을까? 그런데도 가령 비판적이라고 하더라도 간접적으로 고문으로 우회하거나 과거를 역사적으로 계속해서 참조하는 것은 후스의 경우에 백화가 정치적·철학적·역사비판적인 언어이기 때문이다. 여기서 정치적·철학적·역사비판적이라는 것은 후스의 경우에 철학은 '사회와 정치의 혁신'(「선진명학사先秦名學史」, 1922, 전집 제5권, 34쪽)이며, 종래의 것에 대한 '반동'으로서의 혁명을 의미하는 것과 마찬가지다. 철학과 문학에서 정치적인 혁신은 역사에 대한 비판을 통해서 처음으로 수행된다. 후스는 단

순히 언문일치나 새로운 문학을 요구하는 것이 아니라, '타귀'라는 정치적·철학적·역사비판적인 영위를 가능하게 하는 언어를 추구한 것이다.

5

무의無意와 유의有意의 백화

그렇다고 한다면 앞에서 잠깐 인용한 셋째 그룹에 대한 후스의 신랄함도 이해될 것이다. 유행을 좇을 뿐인 젊은 그들은 "원래부터 자각적인 주장도 없고, 문학적인 감각도 없으며 붓이 가는 대로 휘갈겨 쓰는 것에 지나지 않는다"는 이유에서 안 된다는 것이다. 휘갈겨 쓰는 것이 좋다는 말이 아니다. 필요한 것은 자각이며 '문학적 감각'이다.

이 사항에 관해서는 다음 인용문을 살펴볼 필요가 있다.

이 50년 동안의 '백화소설사白話小說史'에는 여전히 천 년 동안의 백화문학과 똑같은 커다란 결점이 있다. 즉, 백화의 채용이 여전히 무의無意(무의식적, 무의도적)이고 제멋대로의 생각이며, 결코 유의有意(의식적, 의도적)가 아니라는 점이다. 그런데 민국 6년(1917년) 이래의 '문학혁명'은 일종의 유의적인 주장이었다. 무의적인 변천·진화는 천천히 느긋하며 불경제不經濟다.

「50년래의 중국문학」, 전집 제2권, 262쪽

단지 백화를 쓰면 좋다고 하는 것이 아니다. 백화에 어울리는 백화에는 '유의有意'라는 것이 필요하다. 그리고 '문학혁명'의 백화는 '유의', 즉 의식적·의도적인 것이었기 때문에 성공을 거둔 것이고, 그 이외의 백화는 가령 백화였다 하더라도 '무의無意'였기 때문에 실패한 것이다. 그것은 정확히 정치적 차원에서 태평천국太平天國으로 대표되는 청조淸朝 타도의 움직임이 수없이 있었음에도 불구하고 실패한 것과 동일하다. 그것들은 모두 의도적이지도 계획적이지도 않았기 때문에 실패했던 것이다.

"당시唐詩, 송사宋詞, 원곡元曲, 명청明淸의 소설 등 어느 것이나 모두 유의적인 고취를 했던 일이 없으며, 고문학을 명백하게 공격했던 일도, 백화의 문학을 명백하게 주장했던 일도 없다."(같은 책) 여기서 알 수 있듯이 후스에게 '명백함'은 단순히 밝고 투명한 것만이 아니다. 그것은 의도적으로 빛 아래에 드러내는 일이다. '무의'처럼 "천천히 느긋하며 불경제不經濟"여서는 안 되고 속도와 경제성이 필요한 것이다.[6]

지금까지의 논의를 통해 앞의 셋째 그룹에 대해 요구했던 '자각적인 주장'이나 '문학적 감각'의 의미도 알 수 있을 것이다. 그것은 "고문학은 이미 죽은 문학이라고 진지하게 선언한다"거나 "'죽은 문학'은 '살아 있는 문학'을 만들어낼 수 없다고 진지하게 선언한다"(같은 책)라고 하는 역사적이며 문학적인(더 나아가 말하면 정치적·철학적인) 태도를 취하는 일에 다름 아니다. 젊은 시절에 진화론의 영향을, 단 목적론적 방향성을 여전히 가지고 있던 진화론의 영향을 강하게 받았던 후스의 경우에 이것은 당연한 귀결일지도 모르겠다. 후스는 「국고정리와 타귀」에서 계속해서 젊은 사람들에게 두 가지 충고를 잊지 않고 있다.

"첫째로 문장을 짓기 위해서는 역기力氣를 사용하지 않으면 안 된다. 둘째는 현재의 작품 속에서 그러한 기력氣力을 사용한 문장을 선택해 모범으로 삼아야 하고, 일시적인 놀이와 같은 작품을 선택해서는 안 된다."(「국고국고와 타귀」, 전집 제3권, 145쪽) 어쩌면 이렇게 고지식한 것일까! 마치 '무의'의 백화를 두려워하는 것처럼 보이기까지 한다.

역설적이지만, 후스가 옹호하는 '유의'의 백화는 그것에 의해 문학혁명이 정말로 성공하고 나면 깨끗하고 산뜻하게 소멸해버리는 것이다. 왜냐하면 그것은 바로 '무의'의 백화를 등장시키는 조건을 준비하기 때문이다. 후스는 「국고 정리와 타귀」에서 이렇게 기술하고 있다.

아마도 우리와 같은 '반도半途(도중, 중도) 출신'의 작가는 누구나 다 순수한 국어문國語文을 쓸 수 있는 사람이 아닐지도 모른다. 신문학의 창조자는 우리 아이들 속에서 나올 것이 틀림없다. 그들이야말로 '정도正途 출신'이며, 국어는 그들의 제1 언어인 것이다. 그들은 어쩌면 우리 결점을 피할 수 있을 것이다.

같은 책

국어를 제1 언어로 삼는 차세대의 아이들에게 백화란 '무의'의 백화밖에 없다. 따라서 '자각적 주장'이나 '문학적 감각'을 가지고 의도하면서까지 백화를 쓸 필요는 없을 터다. 그런데 '아마도' 그러한 날은 오지 않을 것이다. 바로 앞에서 언급한 충고가 곧바로 이 문장 뒤에 온다는 점에 주목해보자. '무의'의 백화의 도래를 소외시키는 것은 후스 자신이다. 그 '진지함'은 귀신 타파를 요구하면서도 끊임없이 오래된 옛 망령을 불러서 깨우고, '놀이'를 지속적으로 억압하는 것이다.

6

도통道統이라는 마도魔道 — 후스와 한유

이상에서 살펴본 바와 같이 후스의 백화는 고문에 대한 차이에서 성립한다. 더구나 그것은 종래 백화의 주장과는 달리 스스로의 주장에 '자각적'인 점에서 뛰어나다. 그러나 이 태도는 이미 확인한 바와 같이 고문을 그 이전의 아름다운 문장美文으로부터 잘라내고, 그 기회를 틈타 '자기주장'을 내세운 한유와 동일한 것은 아닐까? 후스 역시 한유를 '문학혁명의 사람'이라고 찬양하고 있지만, 한유와 후스는 어느 지점에서 구별되는 것일까?

후스에게는 「국어문학사國語文學史」(1921~1922년의 강연 내용을 모아 1927년에 출판)를 토대로 하여 저술한 「백화문학사(상권)」(1927년 완성, 1928년 출판)라는 중국문학사가 있다. '문학혁명의 사람'인 한유에 대해 언급한 부분은 「백화문학사(상권)」에 보인다. 하지만 아쉽게도 그가 제창한 '고문운동'에 관해서는 "별고別稿(하권)에서 논한다"라고 되어 있을 뿐 상세한 논급은 없다(「백화문학사(상권)」, 전집 제11권, 547쪽). 그런데도 한유가 지은 시에 대해 육조부터 초당初唐에 걸친 '꼬불꼬불 구부러진 추태醜態'를 일소하고 '시를 문장처럼 지었'으며 '생각한 것을 유통·전달'할 수 있도록 한 점을 높이 평가한 것은 중요하다. 이것은 후대의 '송시宋詩'가 '말하는 것처럼 시를 짓는' 일의 선례가 되었던 것이다(같은 책, 548쪽).

그렇다고는 하지만 한유는 백화의 길을 걸은 적이 없다. 왜 '백화신시白話新詩'의 길을 걸을 수도 있었을 한유가 '고아古雅(예스럽고 아담한 멋)'를 추구하고 '압운押韻'[7]을 필요로 하는 나쁘고 잘못된 풍기風氣로의 길, 즉 '마도魔道'를 걸었던 것일까?

한유는 당시 '도통道統'을 스스로 자임했는데, 우인友人들도 그가 도통을 담당하기를 기대하고 있었다. (…) 그 때문에 한유는 노동盧소의 방자함을 모방하지 않고, 규구規矩에 따르는 존엄성이 있는 모습으로 행동한 것이다.

같은 책, 553쪽

이 '도통'이란 요堯로부터 줄곧 지속적으로 계승되어 중국에 고유문화를 전달하는 라인line이다. 한유는 이 도통을 담당했기 때문에 백화의 길이 아니라, '마도'에 빠져 후에 나쁘고 잘못된 고문을 만들어냈다. 중국문화를 근저에서 변혁하는 일이 '문학혁명'이라고 한다면, 한유는 철저하지 못했던 것이다. 게다가 한유 이후, 도통은 주희를 거쳐 이학理學과 일체가 된다. '이학'을 새로운 '철학'에 의거해 철저하게 비판한 후스의 경우에 도통과 그것에 붙어 다니는 문화적 보수주의는 허용할 수 있는 일이 아니다.

그런데 상황은 여기서도 단순하지 않다. 그 하나는 한유와 대조적으로 "대담하게 백화신시의 길로 나아갔던"(같은 책, 552쪽) 노동盧소(당나라 시인, 호는 옥천자玉川子)과 같은 방자함 또한 바로 앞에서 살펴본 '고지식한' 원칙 때문에 최종적으로는 허용할 수 없다는 점이다. 그리고 그 방자함은 실제로도 '유의'의 백화를 개척하는 힘을 갖지 못했다.

하지만 또 하나 이보다 더 성가신 일이 있다. 그것은 후스가 스스로 학문의 핵심적 방법으로 주장했던 '역사적 방법'을 전개해나가면, 그것이 비판해야만 될 한유의 도통과 동일한 상태가 된다는 점이다.

고문이 아니라 고문가古文家를 공격하는 것이라고 서술한 1917년의 「역사적 문학관념론」으로 되돌아가 보자. 거기서 후스는 '역사적 문학관념'을 정의해 이렇게 말하고 있다.

오늘날에 문학개량을 말하는 경우, '역사적 문학관념'을 중시하지 않으면 안 된다. 그것을 한 마디로 말하면, 한 시대에는 한 시대의 문학이 있다는 것이다. 이 시대와 저 시대 사이에는 앞을 이어받아 뒤를 연다고 하는 관계가 있지만, 그것은 결코 완전한 모방·답습이 아니다. 완전한 모방·답습은 진정한 문학이 되지 못한다.

「역사적 문학관념론」, 전집 제1권, 30쪽

이 말은 자주 언급되는데도 불구하고 실은 잘 알 수 없는 부분이다. 만일 후스의 '역사'가 "한 시대에는 한 시대의 문학이 있다"고 한 것처럼 시대에 고유의 문학을 주장하는 데 있다면, 그뒤에 이어서 "백화의 문학은 송宋 이래 고문가들에 의해 뒤덮여져 왔는데, 줄곧 한 가닥의 선으로 계승되고 있고 지금까지 끊어지지 않고 있다"(같은 책, 31쪽)라는 언명은 이해하기 어렵다. 또 후에 백화를 『시경』에까지 거슬러 올라가게 했지만, 그것도 또한 이해하기 곤란하다. 여기서의 요점은 '시대에 고유의 문학'이라는 것보다도, 여기서 이야기되는 '역사'가 '앞을 이어받아 뒤를 여는' 계승 관계를 의미한다는 점에 있다.

당시 후스는 프래그머티스트pragmatist(실용주의자)인 존 듀이John Dewey (1859~1952)의 방법론을 의식하고 있었다. '역사적 방법'이라는 후스의 용어는 듀이의 'the genetic method'의 번역어이다. 그러나 듀이가 진화론을 심각하게 받아들여 인과율因果律을 비판하고 목적론적인 구조를 포기한 철학 비판으로서의 프래그머티즘을 구상한 데 비해, 후스의 '역사적 방법'은 다시금 인과율을 도입해 목적론 속에 가두는 방법이 되고 말았다.[8]

예를 들어 「듀이 선생과 중국」(1921년 7월)을 살펴보도록 하자. 여기서는 '역사적 방법'을 '조손祖孫의 방법'으로 바꿔 말하고 있다.

듀이의 철학 방법은 '실험주의'라고 총칭할 수 있는데, 그것을 두 가지(역사적 방법과 실험적 방법)로 나누어 서술해보도록 하자.

1. 역사적 방법: 조손祖孫의 방법

듀이는 어떤 제도나 학설을 고립된 것이라고 보는 것이 아니라, 중도中途에 있는 것이라고 생각했다. 다시 말해 한편으로 그 발생 원인이 있고, 다른 한편으로 그것이 만들어내는 결과가 있다. 위에는 그 조부祖父가 있고, 아래로는 그 자손子孫이 있다고 하는 것이다. 이 양단兩端을 파악한다면 그것은 이제 도망치지 못한다.

「듀이 선생과 중국」, 전집 제1권, 361쪽

"양단을 파악한다면 그것은 이제 도망치지 못한다"는 '역사적 방법'으로 후스가 발견한 것은 '앞을 이어받아 뒤를 여는' '일선상승一線相承(한 가닥의 선으로 계승됨)'의 '계통'이었다. 그것은 백화의 역사뿐만 아니라, 중국철학의 역사에서도 발견되는 역사다. "사상思想은 앞을 이어받아 뒤를 여는 것이고, 일정한 선색線索(어떤 일의 실마리를 탐색함)이 있으며 동분서주하거나 전혀 규율이 없거나 하는 것이 아니다"(「중국철학의 이치」, 1921, 전집 제7권, 471쪽). 그리고 '국고정리'란 이러한 계통을 찾아내는 작업이라고 정의한다.

'정리'란 흐트러진 제각각의 것들 속에서 하나의 조리條理와 맥락을 찾아내는 일이다. 복잡하게 얽힌 것들 속에서 전후의 인과관계를 찾아내는 일이다. 황당무계한 주장 속에서 진정한 의미를 찾아내는 일이다. 독단적인 미신 속에서 진정한 가치를 찾아내는 일이다. 왜 정리가 필요한 것인가? 그것은 고대의 학술사상이 이제까지 조리가 없고, 대체적인 윤곽도 없으며 계

통이 없었기 때문이다. 따라서 그 때문에 최초로 조리 계통의 정리를 하는
것이다.

「신사조의 의의—문제연구, 학리수입, 국고정리,

문명재조新思潮的意義—硏究問題, 輸入學理, 整理國故, 再造文明」

『신청년新靑年』제7권 제4호, 1919년 12월 1일 수록, 전집 제1권, 698쪽

그러나 이러한 계통은 한유가 도통으로 추구한 것, 즉 다른 것도 아닌 중국
문화의 고유성을 보증하는 이념적 역사성과 차라리 중첩되는 것은 아닐까?

차이위안페이蔡元培(1868~1940)는 후스의 『중국철학사대강』에 붙인 서문에
서 중국철학사를 편찬하는 데 두 가지 곤란한 문제점으로 하나는 문헌 비평,
또 하나는 이 계통을 편성하는 일을 꼽았다. 그리고 이어서 후스는 전자에 대
해서는 한학漢學의 소양으로, 후자에 대해서는 미국 유학으로 몸에 익힌 서양
철학사의 방법으로 대응할 수 있었다고 칭찬했다(『중국철학사대강』 서序, 전집
제5권, 191쪽). 그러나 후스의 계통은 듀이의 그것과는 다르다. 거기에는 "'한
학漢學'의 유전성遺傳性"(같은 책)이 침투해 있고, 도통을 깊이 회복하고 있었던
것이다.

7
'중국'이라는 전달 공간

그렇다면 후스는 백화를 통해 어떠한(문학적이든 철학적이든) 전달 공간을
만들어내고자 했던 것일까? 그것은 순수하게 투명한 전달 공간이 아니다. 만

일 순수한 투명성을 '진지하게' 원했다면, 직접 백화로 향해 고문의 귀영鬼影을 내쫓고 전통을 철저히 단절하면 그만이다. 그리하면 "주체에 있어서 직접적이며 투명한 언어표현"을 어쩌면(권리상이라고 하더라도) 획득할 수 있었을지도 모르겠다. 하지만 후스의 '진지함'은 백화를 우회해 '백화문학사'라는 중국적인 문학 감각이 잔뜩 쌓인 역사성으로 향한다. 그것은 철학에 대해서도 마찬가지다. 철학으로 직접 향하는 것이 아니라, 중국철학사를 쓰는 일로써 후스는 특정의 철학적 공간을 열어 젖힌다. 근대의 한유라 할 수 있는 후스는 신생新生(르네상스)의 '중국'이라는 전달 공간을 원했던 것이다. 그러면 그것은 어떻게 조직화되었던 것일까?

후스는 일본의 근대화에 대해 거기에는 오래된 옛 습속의 전통이 그대로 남아 있기 때문에 결국 실패했다고 비판한다. 이제 문제는 "왜 일본의 근대화 운동은 성공하고, 중국은 성공하지 못했는지"가 아니라, "중국은 마침내 옛 문화를 전복시켜 중국의 르네상스를 달성했는데도, 일본이 70년 동안의 근대화 뒤에 여전히 옛 습속의 견고한 핵심을 포기할 수 없었던 것은 무엇 때문일까?"이다(「중국과 일본의 근대화운동: 문화 충돌의 비교연구」, 1939, 전집 제13권, 238~239쪽). 그 해답으로서 후스는 에밀 레더러Emil Lederer(1882~1939)를 인용하면서 일본의 서양화는 '군국주의화'였기 때문에 구래의 제도와 전통을 계승한 채로 처음에는 신속한 근대화를 이루었지만, 사회제도를 변혁하고 민주주의와 자유를 실현하지 못했기 때문에 한계가 있었다고 말한다. 그에 비해 중국은 신해혁명辛亥革命을 일으키고, 그후 후스 자신도 관여한 '중국의 르네상스'를 거쳐 사회를 근본적으로 변혁했기 때문에 다소 시간은 걸렸지만, 결국은 일본을 훨씬 능가하는 근대화를 이룩할 수 있었다는 것이다(같은 책, 239쪽 이하).

여기서 생각해볼 수 있는 것은 후스가 제시한 견해의 옳고 그름이 아니다. 중요한 것은 '중국의 르네상스'라는 개념이다. 그것은 한편으로 일본과는 달리 철저한 전통문화 비판이며, '서양화'로서의 근대화를 추구하는 태도다. 하지만 다른 한편으로는 그것이 '르네상스'라고 하는 이상, 중국의 전통과 관계를 다시 맺는 것이기도 하다.

「중국의 르네상스」(1933년)라는 간단한 글 속에서 후스는 아전인수 격으로 1917년 이후의 신문화운동新文化運動을 유럽의 르네상스에 비교했다.

『신조新潮』The Renaissance는 베이징대학의 학생들이 1918년에 발간한 새로운 월간지에 붙인 명칭이다. 그들은 성숙한 학생들이며, 양호한 중국문화의 전통적인 훈련을 받았고, 당시 베이징대학의 교수들이 이끈 신운동新運動이 유럽의 르네상스와 놀랄 정도로 닮아 있다는 점을 기쁘게 인정했던 것이다.

「중국의 르네상스」, 겅윈즈耿雲志 주편主編『후스논쟁집胡適論爭集』중권, 1629쪽

그런데 닮아 있을 터인 그 르네상스와는 달리, 후스에 따르면 중국에는 몇 차례나 르네상스가 있었다. 더구나 네 차례나 있었다고 말한다(같은 책).

첫 번째는 당대唐代의 르네상스인데, 대시인이 출현한 것과 동시에 한유로 대표되는 고문부흥운동과 인도 불교의 중국 개량판인 선종禪宗이 등장했다. 두 번째는 송대宋代의 르네상스다. 이것은 주자학으로 대표되는 이른바 신유학新儒學이다. 세 번째는 13세기부터 시작된 희곡戲曲 그리고 그뒤를 이은 소설의 등장이다. 그리고 네 번째는 17세기, 즉 청대淸代의 '반송명리학反宋明理學'이다.

그러면 왜 중국에서는 몇 번이나 르네상스가 필요했던 것일까? 여기서도 후스의 논리는 일관한다. 종래의 르네상스에는 ‘역사적 사명에 대한 자각’이 없었기 때문이라는 것이다.

위에서 서술한 역사운동은 그때마다 주기적으로, 오래된 옛 문명의 생기와 활력을 부활시키는 데도 중요한 작용을 완수했다. 어떤 운동도 확실히 ‘르네상스’라는 이름에 어울리는 실질이 있다. 그러나 어느 것이나 모두 공통된 결함이 있다. 거기에는 자신의 역사적 사명에 대해 자각하는 의식이 결여된 것이다. 거기에는 자각의 노력도 없으며, 자신의 의도에 대한 명백한 표명도 없다. 있는 것이라고는 단지 역사 추세의 자연 발전뿐이다. 그리고 그것들은 전통 속에 있는 어떤 보수적인 힘에 대해 애매모호하게 자각이 없는 투쟁을 행한 것에 지나지 않는다. 그 때문에 실로 간단하게 보수적인 힘에 제압되거나 일소된다. 자각적인 요소가 없기 때문에 이러한 운동은 단지 혁명적인 전변轉變의 자연 과정이기는 하더라도 혁명적인 전변의 성공에는 이르지 못한 것이다. 그것들은 새로운 범형範型 new patterns을 가져오기는 하지만, 근본부터 오래된 옛 범형을 뒤집지는 못한다. 오래된 옛 범형은 계속해서 그것들과 공존하고 있으며, 최후에는 그것들을 소화消化해 버린다. 선종을 예로 들면 실제로는 그밖의 불교의 유파를 대신했던 것이지만, 관습慣習에 의해 정통이라고 인정되자 그 혁명성을 잃어버렸다. 그리고 창시자가 명확히 반대했던 모든 특성을 다시금 드러낸 것이다. 신유학인 세속철학도 원래는 중세의 종교를 대신했던 것이지만, 무의식 속에서 신속하게 자기 자신이 중세 정신의 특징을 체현한 종교가 되고 말았다. 근 300년 동안의 고증학도 처음에는 심성을 공담空談하는 일과 무용한 과거科擧 교육에 반역했던 것이지만, 계속되는 동안에 그것들의 피난처가 되었으며 그것들은 여전히 지속되어 절대다수의 중국 문인들을 지배했다. 신희곡新戲曲, 신소설도 출현하고 나서부터 줄곧 지속적으로 존재했는데도, 정부가 경서經書를 내용으로 하는 과거시험을 계속 시행했기 때문에 문인들은 문언文言으로 시문을 짓는 일을 계속해온 것이다.

같은 책, 1630쪽

무자각, 무의식적인 운동은 자연적인 것에 지나지 않으며, 혁명적인 전변을 근본부터 이룰 수 없다. 그것은 오래된 옛 범형을 전복하지 못하고 보수적인 힘을 온존하게 한다. 이와 같이 무자각의 르네상스를 비판한 상태에서 후스는 스스로 덧붙인 최신의 르네상스를 '완전히 자각적이며 의식적인 운동'(같은 책)이라고 정의한다. 그것은 "무엇이 필요하며 그러기 위해서는 무엇을 파괴해야 할지 알고 있는"(같은 책) 것이다.

그렇다면 어째서 최신의 르네상스만이 자각적일 수 있는 것일까? 후스의 변명은 이러하다. "이 운동의 자각이라는 요소는 서양인과 그 문명과의 장기간에 걸친 접촉의 결과다."(같은 책) "만일 서양문명과의 긴밀한 접촉이 없다면 '중국의 르네상스'는 불가능하다."(같은 책, 1631쪽) 요컨대 서양문명에 의해 가치기준을 새롭게 하여 사람들이 스스로의 문화를 다시 평가할 수 있었다는 것이다. "문화의 자각적 개혁과 갱신은 이러한 가치전환으로부터 생기는 자연스런 결과다."(같은 책, 1630~1631쪽)

그렇다면 후스에게 역사의 자각이란 한편으로는 중국의 외부(여기서는 서양문명)와의 접촉으로 초래되는 것이다. 그러나 여기서 후스가 예로 든 이전의 르네상스 또한 이 두 가지 요소를 가지고 있지는 않았던 것일까?

예를 들면 후스가 첫 번째와 두 번째 르네상스의 예로 든 당대와 송대의 '운동'은 어느 것이나 모두 불교라는 새로운 가치기준과의 실로 '자각적인' 싸움이었을 터다. 되풀이하지만, 한유의 '고문부흥운동'인 경우에도, 주희의 신유학인 경우에도 단순히 '오래된 옛것古'의 부흥 따위가 아니라, 불교에 대항하기 위해서 새로운 의미에서의 '옛것'을 발명한 것에 다름 아니다. 즉, 스스로를 기원으로 하는 자발성으로서의 '옛것'이며, 그것이 전승되어온 도통에 의해 유학으로 불교에 대항하려고 했던 것이다. 어쩌면 네 번째의 르네상스에서 대진戴震(1724~1777)이 그리스도교 선교사와 접촉한 것도 '반이학反理學'을 실천한 것이 아닐까?

그렇다면 후스가 참가한 최신의 르네상스만이 진정한 자각이라고 결론짓기는 어려울 것이다. 그것도 또한 밖으로부터 도래한 새로운 원리에 대한 중국의 자기인식의 한 형태인 것이다. 한유와 마찬가지로 후스 역시 보다 철학적이며 동시에 문학적인 방식으로 보다 중국적인 전달 공간을 열어젖힌 것이다. 그것은 이미 살펴본 바와 같이 중국의 역사성을 관통하는 공간이다. 다른 말로 표현하면 중국문화에서 '내적 도리道理'를 찾아내는 일이다.[9] 이 '내적 도리'는 연대기적으로 질서 있게 정리한 외적인 역사가 아니라, 철학이나 문학 등을 통해 역사 그 자체를 자각한 상태에서 발견되는 내적인 역사다. 따라서 중국철학사나 (중국) 백화문학사를 쓰는 일은 있는 그대로보다 철학적·문학적임과 동시에 중국의 고유성을 가장 잘 실현하는 일이다.

그렇지만 그것은 다른 한편으로 특정의 중국만을 잘라내 중국문화의 다양한 모습을 인정하지 않는 '마도魔道'이기도 하다. 한유가 불교도를 '언어가 통하지 않는다'고 해서 중국의 전달 공간으로부터 배제했던 것처럼 후스 역시 고문가를 백화에 속하지 않는 자라고 해서 배제한다. 또 내적인 역사를 자각하

지 못하는 자, 혹은 역사의 자각을 원리로 삼지 않는 자도 중국의 전달 공간
에서 축출되는 것이다.

대체로 '자각의 역사' 혹은 '역사의 자각'에 감염되지 않고 중국의 문학이나
철학을 구상할 수는 없는 것일까? '중국'을 '자기동정自己同定'의 프로세스에서
해방시키고 보다 열려 있는 전달 공간이 되게 할 수는 없는 것일까? 문학이나
철학을 '아유화我有化'에서 벗어나 타자에게 열린 것으로 할 수는 없을까? 만일
그와 같은 '중국'이라는 전달 공간의 미래가 도래하는 일이 있다면, '중국철학'
이나 '중국문학' 그리고 '중국'은 질 들뢰즈Gilles Deleuze(1925~1995)가 말한 것
처럼 '어쩔 수도 없이 마이너minor'인 사람들과 그 장소의 이름으로 변하는 일
일 것이다.[10]

殘響

제3부

타자의 목소리

제8장

공공공간이라고
말하는 것

그러면 특정의 공동체(예를 들면 중국의 전달 공간)에 회수되는 일이 없는 사고思考와 언어의 가능성은 어디에 있는 것일까? 언어를 지배하고 그 위에서 투명한 전달의 공동체를 구축하는 것이 아니라, 언어의 근원적인 폭력을 응시하면서 언어가 서로 교환되는 공간을 타자에게, 특히 그중에서도 '마이너인 사람들'을 향해 열기 위해서는 어떻게 하면 좋을까? 그것을 검토하기 위해서 중국과는 별도의 방식으로 근대 서양의 학지學知를 떠맡았던 20세기 두 유대인 사상가의 '언어론'과 '공동체론'으로 우회해보도록 하자.

에마뉘엘 레비나스(1906~1995)와 한나 아렌트(1906~1975). 이 두 동세대인은 같은 시기에 독일에서 철학을 배웠는데, 특히 마르틴 하이데거(1889~1976)와는 결정적인 방식에서 관련된다. 그리고 나치즘의 위협에 문자 그대로 눈을 뜨게 된 후, 두 사람 모두 서양 형이상학의 총체를 비판하고 전체주의와 그것으로 향하는, 혹은 그것을 결과하는 철학적·윤리적·정치적 언설에 지속적으로 저항해나갔다. 전체주의는 서양 형이상학의 필연적 귀결은 아니라고 하더라도 그 하나의, 더구나 강력한 실현이었기 때문이다. 두 사람은 모두 '일자一者'로 결집하려는 욕망을 비판하고, 환원 불가능한 타자의 유일성·특이성을 존중하려고 한다. 그러나 동일한 개념을 사용하고 있음에도 불구하고, 그 형이상학 비판의 내실은 매우 달랐으며, "형이상학과 철학의 무장해제"(LM1 212*244)[1]의 수법은 거의 정반대로까지 보인다. 그것은 양자에게 관계되어야 할 타자의 모습이 다르기 때문이다.

아렌트가 타자의 유일성을 이야기할 때, 그것은 복수의 평등한 타자들 사이에서의 차이 있는 유일성이다. 그것이 있기 때문에 나는 타자들과 빛이 비치는 공공공간公共空間을 함께 형성할 수 있다. 그리고 사람들은 그 공공공간에 스스로 발언하는 일을 통해 모습을 드러낸다. 이 공간의 가장 큰 특징은 말의 교환이다. 다만 말을 할 수 있는 것은 어디까지나 그리스적인 자유인이다. 요컨대 그 공공공간은 사전에 구성원이 정해진 공간이며, 누구나가 참가할 수 있는 장소는 아니다.

이에 비해 레비나스가 타자의 유일성을 말할 때, 그 타자는 나와 평등하지 않다. 타자와 나 사이에는 높이의 차이가 있으며 단수의 타자가 그 절대적인 타성他性에서 고려되고 있다. 내가 마주 대하는 타자는 빛에서 벗어나서 공공공간에는 결코 나타나는 일이 없다. 또 공공공간에서의 언어활동은 타자로부터 그 타성을 빼앗는 정합적 언설 혹은 빛의 언어에 지나지 않는다. 따라서 필요한 것은 공공공간에서의 언어 교환이 이루어지는 바로 앞에서 공동체로부터 밀려나오는 타자에게 말을 걸어 기원한다고 하는 별도의 오럴리티(구어성의 소리)다. 그것은 자크 데리다의 파롤Parole[2] 비판(자신이 말하는 것을 듣는)을 거친 상태에서 더 나아가 주장된 언어를 타자로 향하게 하고 타자의 목소리를 듣는 작법이다.

이러한 대비를 통해 아렌트는 복수의 사람들로서의 타자를 공공공간에서 문제로 삼기 때문에 정치에 역점을 두고 있고, 이에 반해 레비나스는 면전의 '얼굴'에 다름 아닌 이 타자에 대한 책임을 문제로 삼기 때문에 윤리에 역점을 두었다고 말할 수도 있을 것이다. 그러나 상황은 그 정도로 단순하지 않다. 왜냐 하면 아렌트가 정치를 재구축하려고 했던 것은 애당초 '악惡의 진부함'에 대항하는 윤리를 위한 것이었고, 레비나스도 또 하나의 타자인 제삼자를 통해 타자의 복수성과 함께 계산 가능성과 연결된 '정의正義'를 문제시했는데, 그것은 타자를 판단하고 정치를 고려의 대상에 넣은 것이기 때문이다. 아니 정확히 말하면 레비나스에 관해서는 오히려 윤리의 바로 앞에 이미 정치가 있었다고 해야 할지도 모르겠다. 스스로 말할 수 없고 페르소나Persona(인칭, 인격)를 결여한 존재로 여성을 폄하해 보면서 그 '향수享受'의 위에 윤리가 성립하는 양태를 레비나스는 이야기했던 것이다. 정치와 윤리는 아렌트와 레비나스 사이에서도, 또 각각의 핵심에서도 삐걱거리고 있다. 이 장에서는 아렌트를, 다음 장에서는 레비나스를 각각 살펴보고자 한다.

1

'악의 진부함'과 판단의 필요

아렌트 정치사상의 커다란 핵심은 인간의 존엄이 그곳에 존재하는 인간의 복수성複數性을 '일자一者'로의 환원으로부터 지키고, 그것을 실현하는 공적인 표현공간으로서 정치 영역을 확보하는 데 있다. 이 정치공간이 실현되어야 '악의 진부함'을 간신히 막아낼 수 있는 것이다. 정치는 윤리로부터 그리고 윤리에 의해 가능하게 되고, 윤리도 정치를 필요로 한다. 하지만 이렇게 해서 만들어지는 윤리와 정치의 아말감(결합, 합성)은 구조적으로 서로 상처를 입힌다. 그 구조를 검토하면서 아렌트의 '윤리-정치'의 한계에 시선을 돌려보도록 하자.

'악의 진부함'을 해명하는 일은 극히 곤란하며, 더구나 그것을 근절하는 일은 불가능할지도 모르겠다. 그러나 그것이 불합리하고 선례가 없다고 하더라도, 법의 한계에서 자비가 아니라 정의를 위해, 결코 일반적인 문제로서가 아니라 그 악을 범한 사실과 개인의 책임을 판단할 필요가 있다. 『예루살렘의 아이히만Eichmann in Jerusalem』에서 아렌트가 말한 것은 이러한 사항에 다름 아니다. "이 책은 유대 민족을 덮친 최대 파국의 역사를 다루는 것도 아니거니와, 전체주의와 관련한 보고報告 혹은 제3제국에서의 독일 민족의 역사도 아니며, 하물며 악이라는 것의 본질에 관한 이론적 논문도 아니다."(EJ 285＊220) 그것은 특정한 재판의 보고이며, 개별적 사례를 구체적으로 판단(재판)하고 이야기함으로써 '악의 진부함'에 대항하려고 한 것이다.[3]

그렇다면 판단에 의해 '악의 진부함'을 방지하려고 한다는 것은 어떤 일일까? 그 핵심은 '판단의 거부를 거부하는' 일에 있다. 로널드 베이너Ronald Beiner가 인용하면서 강조하는 바와 같이 아렌트는 '극한악極限惡'으로서의 '악의 진부함'을 판단의 거부와 관련지었다(LKPP 112~13＊169~70). 그것은 "사람이 자신의 범례範例나 자신의 동료를 선택하는 것을 싫어하는 일, 또는 그것을 할 수 없는 일"(LKPP 113＊170), 그리고 "판단을 통해 타자에 관계되는(말을 거는) 것을 싫어하는 일, 또는 그것을 할 수 없는 일"(같은 책)이다. 따라서 "악의 진부함"에 대항하는 일은 스스로 판단을 내리는 것과 동시에 타자에게도 판단을 요구하는 일이 된다.

하지만 하나의 판단이라고도 생각할 수 있는 판단의 포기에 대해 판단의 필요를 호소하는 일은 그 자체가 곤란한 행위는 아닐까? 그런데 아렌트는 더 나아가 '악의 진부함'의 응시자로서뿐만 아니라, 행위자인 아돌프 아이히만 Adolf Eichmann(1906~1962) 자신에게도 판단력을 요구한다. "인간은 설사 자기 자신의 판단밖에 기대는 것이 없다 하더라도, 게다가 그 판단이 주위 사람들 모두가 일치한 의견과 반대 방향으로 거스르는 것이라 하더라도, 선악을 변별하는 능력을 갖고 있지 않으면 안 된다."(EJ 294~95*226~27) 아렌트가 필요로 하는 판단은 이와 같은 위태로운 판단이며, 근대법 체계의 한계에 있는 판단이라고 해도 좋을 것이다. 그것은 "이 '악을 행하는' 의도가 없는 경우, 정신이상을 포함해 어떠한 이유에 의하든 간에 선악의 변별 능력이 훼손되고 있는 경우에 우리는 범죄가 행해지고 있지 않다고 느낀다"(EJ 277*213)라는 근대법의 가설에서 불거져 나오기 때문이다.

그렇다면 아렌트는 "가령 광인狂人이라 해도 판단력을 갖고 있지 않으면 안 된다"고까지 주장하는 것일까? 아이히만에 대해 "그 활동이 나의 마음으로 이해할 수 있는 사람에게만 향해지는 동정심을 전혀 느끼지 못한다"(EJ 251*194)고 해서 '공통의 인간성'(같은 책)을 인정하지 않고, 인간의 공동체로부터 배제하려고 했던 마르틴 부버Martin Buber(1878~1965)를 아렌트가 강하게 비판했던 점을 상기해보자. 어느 정도의 괴로움에 가득 차 있다 해도 아이히만을 재판하는 사람들이 법에 호소해 "우리가 고발하고 재판해 유죄로 삼은 사람들과 공통의 인간성을 갖는다는 것을 전제"(EJ 251~52*194)로 하지 않으면 안 되는 것이다. 그렇다면 "판단력을 갖고 있지 않으면 안 된다"는 것은 판단력을 갖지 못한 것처럼 보이는 사람을 갖고 있지 못하다는 이유로 배제하는

'오연傲然한 태도'(같은 책)가 아니라, 법에 호소하는 한 판단력을 갖는 일을 전제하지 않을 수 없는 곤란함을 떠맡으려는 일이 된다.

한편 아렌트는 이 판단을 정치적 능력으로서의 판단력이라고 말한다. 그것은 이마누엘 칸트(1724~1804)의 규정적 판단력과 반성적 판단력의 구별을 계승한 것으로, 후자의 반성적 판단력에 해당한다. 즉, "개별적인 것을 일반적인 제 규칙으로 포괄하는 일 없이 판단하는 능력"(LM1 192*224)이다. 중요한 것은 판단(재판)을 통해 범례로서 타당한 일종의 일반적 규칙을 세우는 일이다. '악의 진부함'에 대해 보편적인 방법(본질의 사고)에 의해서가 아니라, 개별적인 판단을 내리는 일로써 대항하는 연유가 여기에 있다. 왜냐하면 거기에서 판단된 사례가 보편적 타당성이 아니라 하더라도, 범례적 타당성을 가짐으로써 장래의 악을 방지하는 조건의 하나가 될 수 있기 때문이다. 달리 표현하면 "이미 미네르바의 올빼미가 아니라"[4]고 말하게 하는 계기를 과거의 사건에 관계된 판단력(혹은 역사)으로 인정하고 미래와 관계를 맺고자 했던 것이다.

다시 확인하면, 아렌트는 '악의 진부함'에 대한 대항을 판단이라는 정치적 능력에서 요구했던 것이며, 선善 혹은 선행을 추구하는 윤리에서는 요구하지 못했다. 판단의 필요가 애당초 단순한 정치적 요구가 아니라 윤리에 깊이 뿌리내린 것임에도 불구하고, 아니 정확히 말하면 그렇기 때문에 아렌트는 우선 눈에 보이는 형태로 정의를 요구하고, 표현의 공간인 공공공간에서 복수의 사람들 사이에서 행해지는 극히 정치적인 활동으로서의 판단을 요구했던 것이다. 그러나 어째서 아렌트는 윤리를 위한 일을 윤리가 아니라 정치로부터 시작했던 것일까?

2
타자들과 언어를 통해 관계하는 공간

그 요체는 역시 '악의 진부함'에 있다. 아렌트에게 이 악의 무서움은 여타 복수의 사람들과 함께 있으며, 조명을 받는 표현의 공간에서 서로 보고 듣는 것과 같은 인간의 영역, 즉 공적·정치적 영역을 파괴하는 데 있었다(HC 241* 267~68). 그렇다고 하면 그것에 대해 선이나 선행으로 대치하더라도 무력하다. 왜냐하면 선이나 선행 그 자체가 놀랄 만한 일이긴 하지만 악과 마찬가지로 자기를 타인으로부터 숨기고 빛의 밝음으로부터 도망치는 것이며, 그 한도에서는 선이나 선행이 공공공간의 파괴에는 전혀 할 수 있는 기술이 없기 때문이다. 그것뿐인가, 빛 속에서 타자와 관계하는 일을 끊는다는 점에서는 선이나 선행은 '반윤리적'이라고까지 할 수 있을지도 모르겠다(HC 76~77* 73~75, 180*206).[5] 그 때문에 아렌트는 타자에 대한 윤리를 위해서 우선 타자와 함께 있는 정치의 영역을 확립하려고 했던 것이다.

아렌트는 정치의 영역을 여러 가지 개념을 사용해 말하고 있는데, 그 중심의 이미지는 타자들과 언어를 통해 관계하는 공간이다. 여기서 내걸고 있는 것은 '사람들 사이間에 존재하는 것inter-homines-esse' 혹은 '사이−존재inter-esse'이다. 악센트를 '사이−inter−'에 두고 아렌트는 '사이間'를, '개재介在'를, '매개媒介'를 옹호하려고 했다. 정치의 영역은 표현(현상)의 공간, 공공공간이며, 타자와의 거리를 유지한다. 타자와 일치하지도 않거니와 타자로부터 분리되지도 않으며, '관심interest'을 가지고 타자에 관계되는 일이 중요하다. 이때 거리를 유지하면서 타자와 관계하기 위해서는 두 가지 조건이 필요하다. 하나는 '인간의 복수성複數性'이고, 다른 하나는 '말하는 일'이다.

인간의 복수성은 아렌트를 독해할 때 열쇠가 되는 개념이다. 그것은 "지구의 법法"(LM1 19*24, 187*217)이라고까지 이야기되는 가장 기초적인 인간의 조건인 동시에 "인간의 복수성은 모든 정치적 삶의 조건 그 자체─단순히 필요조건일 뿐만 아니라 최대의 조건이다(HC 7*10)라고 하는 것처럼 극히 뛰어난 정치의 조건이기도 하다.

그러면 인간의 복수성에는 어떠한 특징이 있을까? 그것은 "활동과 언론의 기본적 조건이지만, 평등과 차이라는 이중의 성격을 갖고 있다"(HC 175*201). 요컨대 인간의 복수성은 차이를 차이로서 상호 이해하고 전달하는 인간의 차이성에 근거하는 것이다. 그것은 수적으로 같지 않지만 결국은 하나로 통합되는 다수성多數性도 아니거니와, 차이를 차이로서 이해할 수 없을 정도로 분리되는 이산성離散性도 아니다. 그것은 결합하는 것과 동시에 분리하는 것과 같은 "유일한 존재자들의 '패러독스'적인 복수성"(HC 176*202)이다. 그리고 그렇기 때문에 차이를 차이로서 결합하고 분리하는 일을 가능하게 하는 공통의 장場(세계 혹은 공공공간)과 거기에서의 상호 이해, 스스로를 전달하는 일을 가능하게 하는 '언론'이 필요하다.

언론은 "차이성의 사실에 대응하고, 평등자의 사이에서 차이 있는 유일한 것으로서 사는 복수성이라는 인간 조건의 현실화"(HC 178*204)라고 정의된다. 이렇게 말하는 것은 언론은 매개하면서 결합하는 것, 다시 말해 타자와의 환원 불가능한 거리를 유지하면서 관계하는 일에도 가장 적합한 활동이기 때문이다. 언론을 통해 스스로를 차이 있는 것으로서 타자에게 전달하고, 타자들의 차이를 차이로서 유지한다. 바꿔 말하면 인간의 복수성은 전달 가능성에 맡겨져 있다.

아렌트가 말하는 자유, 권력, 활동은 이러한 복수성과 전달 가능성으로부터 성립하는 '사이−존재inter-esse'에서 등장한다. 아렌트의 경우에 자유는 '공적 자유', 즉 "공적 관계에 참가, 혹은 공적 영역에 가입"(OR 32*31)하는 자유이며, 정치로부터의 자유인 '해방'이라기보다는 그것을 조건으로 삼은 상태에서 정치로 향하는, 정치에 대한 자유다. 따라서 자유와 권력은 적대하는 것이 아니라, 동일한 것에 속해 있다. 자유는 "공적 권력에 참가해 그것을 공유하는"(OR 255*268) 활동인 것이다. '사이−존재inter-esse'에서 자유, 권력, 활동은 일체—體다. 그 내실을 살펴보면 자유는 자기 자신을 타인에게 드러내는 자유, 즉 자신의 의견을 말하고 그것을 타인이 보고 듣게 하는 활동이며, 그 때문에 상호 약속하고 권력을 형성해가는 것이다. 자유와 활동의 핵심은 "활동하는 있고 바를 (타인들에게) 보이는 일"(OR 130*137)에 있다.

이상에서 살펴본 바와 같이 타자들과 언어를 통해 관계하는 공간은 인간의 복수성, 그리고 그 현실화인 언론에 의해 성립한다. 하지만 인간의 복수성이 '지구의 법'이기 때문이라 해서 '아프리오리'하게 정치공간이 성립하고 있는 것은 아니다. 반대로 이러한 공공공간은 '항상' 존재하지 않을지도 모르겠지만 자주 잃어버리게 되고, 그렇게 때문에 아렌트는 그것을 어떻게 하든지 재구축하려고 했던 것이다.

3

공공공간의 상실

공공공간을 상실한 원인으로 아렌트는 두 가지 이유를 예로 들고 있다. 하나는, 공공공간에서 이루어지는 자유로운 활동이 지나치게 불안정하거나, 반대로 그 자신을 속박할 정도로 굳세고 튼튼한 것으로 공공공간을 대신해 더 이점이 있는 "조용하고 질서 잡힌 견고함"(HC 222＊248)으로 이행하려고 했기 때문이라는 것이다. 또 하나는, 근대 이후 공적 영역과 구별되어 있던 사적 영역이 공공공간에 침입해 그것을 파괴하고 용이하게 다수의 사람들을 하나로 결집한 대중사회가 등장했기 때문이라는 것이다.

1) 정치의 또 하나의 조건으로서 윤리— 용서와 약속

우선 전자의 이유부터 살펴보도록 하자. 아렌트는 공공공간을 지탱하고 거기서 행해지는 활동이 지배될 수 없다는 것을 '활동의 불가역성不可逆性'과 '활동의 불가예견성不可豫見性'이라 불렀다. 자유롭고 새롭게 시작되었을 터인 활동이 자유로웠음에도 불구하고 그 행위자의 의도를 초월한 결과가 생겨나고, 그것을 다시 할 수 없다는 것이 '활동의 불가역성'이다. 이와는 대조적으로 활동이 너무 자유롭기 때문에 다음 순간 무엇을 해야 할지 모르는 자기 자신이 의지가 되지 못하고 동일한 자유를 갖고 있는 타인이 무엇을 하는지도 전혀 모르는 것이 '활동의 불가예견성'이다. 이로부터 엿볼 수 있는 것은 자유 그 자체가 막다른 골목길에 빠져 있으며 "자유로운 일이 운명 지어져 있다"고 하는 필연성으로 변화해버리는 '아포리아'다.

자유로운 활동의 아포리아. 이것을 구제하기 위해서 아렌트가 행한 것은 자유를 주권主權으로부터 구별하는 일이었다. 다시 말해 이러한 아포리아에 빠져버리는 이유는 자유와 주권을 동일시하고, 활동을 지배할 수 있는 일을 자유라고 생각하기 때문이다. 자유는 주권이 아니다. "주권이라는 것은 비타협적인 자기충족과 지배의 이념이며, 다름 아닌 복수성의 조건과 모순되기"(HC 234＊261) 때문이다. 여기서 아렌트는 비주권非主權의 자유를 생각하는 것이지만, 그 실재를 특수한 활동으로 인정하려고 했다. 그것이 용서와 약속이다. 이것은 자유로운 활동이지만, 스스로를 지배하려고 하는 활동이 아니라 타자에게 의존하고 타자로부터 도래한다고 하는 의미에서 비주권적이며 기적적인 활동이다. 그뿐만이 아니다. 이것은 "활동의 능력은 그 자신 속에 비주권의 무력함을 뛰어넘어 활동을 존속시킬 수 있는 얼마간의 잠재적인 힘을 숨기고 있지 않은지 어떤지"(HC 236*262)라는 물음에 응답하는 활동, 요컨대 활동을 가능하게 하는 특수한 활동(혹은 활동이 극히 뛰어나 언론인 이상, 언어를 가능하게 하는 언어행위)이다.[6] 그것은 "자신이 행한 행위의 결과로부터 사람을 해방하고"(HC 237*264), "본래가 그렇다고 정의하는 불확실성의 큰 바다 속에 안전한 작은 섬을 만들어내는"(같은 책) 일이며, 불가역성과 불가예견성을 구제한다.

활동이라는 것과 동시에 활동을 가능하게 하는 활동으로서의 용서와 약속. 그러나 이것으로는 공공공간의 상실을 막지 못한다. 용서와 약속은 선善과는 별개라고는 할 수 있으나, 정치가 아니라 윤리의 차원에 속해 있으며, "기적 창조 능력"(HC 246*273)이라고 불리는 바와 같이 애당초 다행스러운 것이다. 그렇다고 하면, 공공공간이 구축되는 일 자체가 기적에 의존하는 일이 된다. 요컨대 정치의 재구축의 핵심으로 윤리에 호소한다면 공공공간은 그 상실이 문제가 되기 이전에 그 성립 자체가 위태로운 것이다. 위에서 살펴본 바와 같이 애당초 윤리로부터 잘라내어 분리된 지점에서 정치를 확립하려고 했던 아렌트의 경우, 그것은 용인할 수 없는 일이었다.

2) 타자를 결여하는 것―사적 영역의 침입

또 하나의 이유인 근대 이후 사적 영역의 공적 영역으로의 침입에 관해서도 검토해보자. 그것이 어째서 공공공간을 파괴하는가 하면, 사적 영역은 타자와의 거리를 없애고 타자와 융즉融即[7]하는, 타자를 결여한 영역이기 때문이다.

아렌트는 구별하기를 좋아했는데, 그중에서도 '공적–사적' 대립은 기초적이다. 사적 영역의 특징은 그것이 자유가 아니라 삶의 필연·자연에 종속하는 것이며, '폴리스polis'라는 '정치적 조직'이 아니라 '오이키아oikia(家)'라는 "자연적 결합"(HC 24＊29)을 장場으로 한다. 그리고 거기서 활동이 아니라 노동이, 정치가 아니라 '경제=가정家政'이 행해진다. 오이키아가 비판받는 것은 타자들의 '평등과 차이'가 인정되지 않고, 지배·피지배를 통해 가족의 구성원을 아버지인 가장家長 아래에 일체화하기 때문이다.[8]

그런데도 '공적–사적'의 구별이 지켜지고 있다면 아직 문제는 없다. 그런데 근대는 이 구별이 파괴되어 사적 영역이 공적 영역에 침입해 경제를 중심 관심사로 하는 '사회'가 발흥했다. 그것은 "그곳에 공통 세계가 나타나지만, 그것에 대해서는 공통의 척도나 공분모公分母를 절대로 고안할 수 없는 것과 같은 무수한 관점과 측면이 동시에 현전現前하는"(HC 57＊57) 공적 세계의 리얼리티를 파괴한다. 왜냐하면 "사회는 항상 그 구성원이 마치 단지 하나의 의견과 하나의 이해利害밖에 갖지 못하는 하나의 거대 가족의 구성원인 것처럼 활동하도록 요구하기 때문이다"(HC 39＊41). 그리고 "모든 사람이 갑자기 마치 한 가족의 구성원인 것처럼 행동하고, 각각 자신들 이웃의 관점을 확장하거나 증식시키거나 한다"(HC 58＊58).

그런데 사회는 공적 영역뿐만 아니라 동시에 사적 영역도 파괴해버린다. "삶의 공적 영역과 사적 영역은 다함께 사라져 없어졌다. 왜냐하면 공적인 것은 사적인 것의 한 기능이 되었고, 사적인 것은 남겨진 유일한 공적 관심이 되었기 때문이다."(HC 69＊66)

하지만 그렇다고 한다면 사회의 발흥에 의해 사적 영역이 공적 영역을 모두 다 뒤덮어버렸다고 생각하는 것은 부적절하지 않을까? 사회는 '공적-사적'이라는 구별을 넘어 그 구별 자체를 무효로 해버리는 것의 '분출噴出'이었던 것은 아닐까? 게다가 사회문제·경제문제는 이른바 근대 이전에도 가능성으로는 적어도 존재하고 있었을 터다. 그렇다면 '공적-사적'이라는 구별은 애당초 무리였던 것처럼 보이기도 한다.

또 삶의 필연으로부터 해방되어 비로소 성립하는 자유로운 공공공간의 모델을 아렌트는 고대 그리스와 미국혁명에서 요구하고 있는데, "이들 사회가 노예제를 함께 갖고 있었다고 하는 일은 섬뜩하고 기분 나쁜 일치"(가와사키 오사무川崎修,「한나 아렌트의 정치사상ハンナ·アーレントの政治思想」(2), 231쪽)를 보여준다. 더구나 삶의 필연이 충족되어 있을 터인 번영한 미국에서 오히려 정치 영역이 위협받고 있다는(같은 책, 235쪽) 점을 고려한다면, 사적 영역의 정의인 삶의 필연은 자유의 반대물로서 정리될 수 없으며, 그것을 초과하는 보다 귀찮고 성가신 외부일 것이다.

이렇게 생각하면 '공적-사적'의 구별, 그 상태에서의 사적 영역에 의한 공공공간의 침범이라는 도식은 설득력이 충분하지 않다. 앞의 항목에서 검토한 활동의 불가역성, 불가예견성의 논의도 마찬가지다. 그렇다면 공공공간의 상실에는 아렌트가 늘 익숙하게 표현하고는 있지만, 그것이라고는 인정하지 못하는 듯한 별개의 이유가 있는 것은 아닐까? 요컨대 공공공간 그 자체가 스스로를 상처 입히는 것은 아닐까? 이런 이유로 아래에서는 공공공간의 특징을 상세히 살펴보기로 한다. 이것은 공공공간의 조건인 인간의 복수성과 언론에 대한 검토이기도 하다. 공공공간은 만인에게 열려진 표현의 공간이 아니며, 또 그것을 지탱하는 인간의 복수성과 언론을 제한할 뿐만 아니라 정치 영역에서 가장 존중받아야 할 타자의 차이성을 과도하게 감축하는 결과를 초래하고 있지는 않을까 하는 물음인 것이다.

4
제한된 복수성

우선 공공공간의 특징을 살펴보도록 하자. 여기서 생각하고 싶은 문제는 "누가 공공공간을 구성하고 있는가?"이며, "어떻게 구성하고 있는가?"이다.

1) 페르소나가 드러나는 공간

공공공간의 특징으로서 이미 서술한 것은 '사이−존재inter-esse'의 의미로부터 간파할 수 있는 가지각색의 의미, 요컨대 나타나(드러나) 있는 것, 타자와 거리가 있는 것, 복수複數의 시점인 목소리(의견)가 있는 것 등이었다. 그런데 프랑스혁명은 이와 정반대로 타자와의 거리를 없애고, 타자들을 하나로 통합해 개별적 의견과 이해를 일반의지·일반이해로 지양止揚했기 때문에 정치적 자유를 구성하는 데 실패했다고 평가되었다. 혁명가는 '무사無私'였기 때문에 혁명에 실패했다.[9] 사람들은 "다만 수적인 의미에서 다수자인 것에 지나지 않았다"(OR 94＊98). 그들의 목소리는 "빵을 요구하는 외침"(같은 책)이었고, 그것은 "반드시 하나의 목소리가 되어 울려 퍼졌다"(같은 책). 프랑스혁명은 '필연=빈궁'이 공공공간에 침입함으로써 실패했다는 것이다.

그렇다면 그 침입을 허용한 것은 무엇일까? 아렌트는 그것을 "동정同情의 열정"(OR 94＊99)으로 본다. 다만 여기서 말하는 동정은 근대에 발견된 동정이며, 무언無言의 예수로 형상화되듯이 타자와 함께 괴로워한다고 하는 의미에서의 동정과 동일하지 않다. 후자는 고뇌하는 한 사람 한 사람의 특수한 인간에 직접 향하는 것으로, 결코 일반화되는 것이 아니며 선善과 마찬가지로 정치의 문제도 아니다. 그런데 장 자크 루소(1712~1778)에 의해 동정은 '동정심(연민)'으로 왜곡되었다. 즉, 동정은 타자와 함께 괴로워하는 것이 아니라 타자로부터 잘라내어져 분리된 개인의 심정적인 것이 되었고, "사람은 동정심을 위한 동정심을 느낄 수 있을"(OR 89*93) 정도로 정서적이게 되었다. 그것은 한도가 없는 정서이고, 일거에 무제한의 사람들을 동정한다(연민한다). 그리고 그것은 한 사람에 대한 동정과 혼동되어 사람들을 마치 한 명의 사람처럼 하나로 묶어버린다. 이 동정이 귀찮고 성가신 것은 자연적이기 때문이다. 그것은 모든 것을 자연으로 환원시키지는 않으며, 본래는 드러나지 않는 사람의 '마음의 자연'이 드러나지 않으면 안 된다고 한다. 이원적인 존재와 현상의 일치가 요구된다. 그 때문에 여기서는 가면을 벗고 위선을 폭로하는 일이 최대의 정열이 된다.

이에 대한 아렌트의 비판은 매우 흥미진진하다. 우선 동정에 대해서는 그것은 한도가 없는 감정이기 때문에 그 해결에 무제한의 폭력이 사용된다고 지적한다(OR 92*96). 그것에 대해 "처음부터 끝까지 지속적으로 활동적이었던 미국혁명의 사람들"(OR 95*99)을 두고 "그들은 정열, 그 가장 고귀한 형식으로서의 동정에 이끌리지 않았기 때문에 정열을 욕망이라고 간단히 생각해, 고통 그리고 참고 견딘다는 정열이 원래 포함하고 있었던 의미를 제거했다"(같은 책)고 말한다. 폭력에 이르는 수동성이 갖는 자연스러움에 대해 아렌트는 권력에 이르는 활동의 능동성을 강조한 것이다. 그리고 위선의 폭로(또는 그 결과로서의 테러)에 대해서는 "다른 어떠한 영역에서, 더구나 정치에서는 존재와 현상을 구별할 수 없다. 실제로 인간 사상事象의 영역에서는 존재와 현상이 하나이고 동일한 것이다"(OR 98＊103)라고 말하고, 존재와 현상의 이원성을 전제로 하는 자연으로의 환원을 비판한다. 그리고 벗겨지려고 하는 가면(페르소나)을 옹호해 '자연인'이 아니라 '법적 인격(페르소나)'이야말로 공공공간에서 드러나는 데 어울린다고 말한다(OR 105~09＊111~14). 가면 아래에 진실로 존재하는 얼굴 따위는 없으며, 공공공간은 배후에 진정한 존재를 갖지 않는 페르소나가 서로 드러나는 공간인 것이다.

그러나 반대로 말하면 이러한 비판을 통해 인간의 복수성은 페르소나라는 것에 한정되었다. '자연인自然人'이나 '다두多頭의 괴물'은 제외되고, 타자와의 거리를 소멸시키는 것을 타자로서 인정하지 않는 정치가 작용했던 것이다. 그리고 '평등과 차이'를 옹호하는 이상, 이러한 정치는 아직 타당한 것으로 보인다. 그런데 이 페르소나 사이의 관계가 동정이 아니라고 한다면 무엇일까? 아렌트는 그것을 친구 사이의 존경이라고 생각했다.

2) 친구의 공동체

그러나 사랑愛은 그 자신이 좁게 구획이 그어졌던 분야에 멈추고 있는 데 비하여, 존경은 그보다도 넓은 인간 사상事象의 영역에 존재한다. 존경이란 아리스토텔레스의 '정치적 우애友愛'와 닮지 않은 것도 아니며, 일종의 '우정'이지만 친밀함과 가까움을 결여하고 있다. 그것은 세계의 공간이 우리들 간에 놓인 거리를 사이에 둔 인물(인격)에 대한 경의敬意이며, 이 경의는 칭찬하는 특질이나 높게 평가하는 공적과는 관계가 없는 것이다.

HC 243＊269

페르소나에 어울리는 것은 일종의 우정인 존경이며, 사랑이 아니다. 사랑은 두 사람 사이의 '친밀함과 가까움'에 있으며, "그 정열에 의해 우리를 타인과 결부시키는 동시에 차별하는 개재자介在者를 파괴하는"(HC 242＊268) "비정치적일 뿐만 아니라 반정치적인"(HC 242＊269) 것이기 때문이다. 그것과 대조적으로 페르소나가 드러나는 공공공간은 '친구들의 공동체'라고 해야만 할 것이다. 친구가 상호간에 약속하고 공공공간을 만드는 일이 중요하다.[10]

하지만 존경하는 '페르소나'인 친구는 동정이나 사랑만큼은 아니라 하더라도, 역시 자기에게 상당히 가까운 자이며 타자와의 거리·차이를 약화시켜버리는 것은 아닐까? 이에 대해서는 아렌트 자신이 후에 다음과 같이 말한 적이 있다.

달리 말하면 정치적 자유가 가능한 것은 인간의 복수성이라는 영역에 있어서뿐이며, 이 영역이 단지 이원적인 자기와 자기 자신을 복수의 우리에게 확대한 것이 아니라고 하는 전제가 있다. 활동은 그것에 의해 하나의 우리가 항상 공통 세계를 변화시키려고 하는 것이지만, 그것은 자기와 자기 자신의 사이에서 조작되는 사고思考의 고독한 일과는 가능한 한도에서 가장 첨예하게 대립한다. 정말로 예외적으로 혜택받은 상황이 없는 것은 아니다. 살펴본 바와 같이 대화가 타자에게 확대될 수 있는 경우는 있다. 그러나 그것은 친구가 아리스토텔레스가 말한 '또 하나의 자기'라고 하는 한에서 그런 것이다. 그렇지만 그것으로는 결코 우리나 활동의 진정한 복수複數에는 도달할 수 없다(진리를 보증하는 것으로서 커뮤니케이션의 중요성을 주장하는 현대 철학자들 속에서 매우 널리 퍼져 있는 오류는—주로 카를 야스퍼스와 마르틴 부버가 '나와 너의 철학'에서—다음 사항을 믿었다는 것이다. 대화의 친밀함, 즉 내가 나 자신에게 혹은 '타아他我'에게, 아리스토텔레스의 친구에게, 야스퍼스가 사랑하는 사람에게, 부버의 너에게 '호소하는' 바와 같은 '내적 활동'의 친밀함이 확대되어 정치 영역에서 패러다임이 될 수 있다는 것이다).

LM2 200※239

이 문장에서 보는 바와 같이 아렌트는 친밀함을 이유로 친구를 거부하고 있다. 친구는 '또 하나의 자기'에 지나지 않으며, 결국은 '이원적인 자기와 자기 자신'의 관계의 변형變形 variant을 만들고 "우리나 활동의 진정한 복수성에는 도달할 수 없기" 때문이다.

그렇다고는 하지만 친구의 공동체라는 생각을 포기한 것은 아니다. 아렌트는 여전히 정치의 영역은 "사람 일반이라는 것보다도 시민"(같은 책)의 공동체라고 생각했으며, 별도의 부분에서는 친구를 옹호하기 때문이다. 두 종류의 친구가 있고, 친구 중에도 '또 하나의 자기'로 환원할 수 없는 차이로서의 친구가 있으며 '우리'는 그들과 함께 구성될 것이다. 핵심은 친구가 자기에 선행先行하는 일이다. 아리스토텔레스처럼 "친구는 또 하나의 자기"라고 하는 것이 아니라 "자기도 일종의 친구"(LM1 189※219)라고 생각한다면 '복수성'을, 차이를 차이로서 지킬 수 있다.[11]

하지만 친구인 타자가 자기에 선행하는 것이 지켜질까? 그것은 아렌트가 경계하는 바와 같이 전도轉倒되어 결국 자기의 논리에 뒤덮이는 것은 아닐까? 그리고 이 전도는 거의 불가피하고, 그것을 이유로 그 차이성을 빼앗기지 않기 위해서 공공공간을 잃어버리는 것은 아닐까?

3) 재현전=대리의 공간

친구가 자기에 '내화內化'되는 것은 '재현전再現前=대리代理'의 구조에 근거한다. 다시 말해 자기에 선행해 드러나(나타나) 있어야 할 친구가 자기에 의한 대리를 통해 자기에 의해 재현전한 것이라 간주되어 차이와 타성을 잃고 '또 하나의 자기'로 치환된다. 그렇게 되면 공공공간은 어느새 표현의 공간이 아니라, 이미 재현전의 공간이다.

물론 재현전의 구조이기 때문이라서 곧바로 차이를 잃어버리는 것은 아니다. 아렌트는 '평등과 차이'를 복수성으로 인정했던 것이며, 차이를 차이로서 전달하는 데에는 이미 어느 정도의 재현전의 구조가 필요불가결한 것이었다. 그러나 문제가 되는 것은 그 정도程度다. 그렇다면 아렌트는 과도하게 재현전의 구조를 작용시켜 공공공간의 파괴를 부득이하게 감행해버린 것은 아닐까? 그것을 생각해보기 위해서 여기서는 정치 영역에서의 재현전의 구조인 '대표제代表制'에 대해 아렌트가 어떻게 논의했는지를 살펴보도록 하자.

아렌트는 한편으로 대표제를 비판한다. "중심적인 문제는 대표제에 대한 활동과 참가의 싸움이다. 평의회는 활동적 기관이지만, 혁명정당은 '재현전=대리'의 기관이었다"(OR 273＊286)라고 서술한 아렌트는 활동과 참가를 옹호해 평의회에 찬성했다. 대표제는 설령 민주주의적이라 하더라도 사람들이 완전히는 참가할 수 없고, 지배하는 소수의 엘리트와 거기서의 선택에 지배받는 다수의 단순한 투표자가 동의하거나 동의하지 않거나 혹은 모두 포기하는 제도에 다름 아니다. 지배, 피지배라는 공공공간에서의 자유의 활동과 완전히 대립하는 관계가 대표제를 구성하는 것이다.

그런데 아렌트는 "정치라는 것은 그 정의로 보아 다수자 이상에, 즉 엄밀하게 말하면 모든 시민의 총체에 관계된다"(OR 275＊289)고 말한다. 하지만 전원의 참가는 반드시 대표제 그 자체와 정치적 엘리트를 제외하는 것이 아니다. 이렇게 해서 아렌트는 다른 한편으로 대표제를 적극적으로 긍정한다. 그것은 지배, 피지배라는 상하관계에서 강요된 선택과 배제에 근거하는 대표제가 아니라, 평의회 혹은 '기본적 공화국'이라는 공공공간을 구성하는 평등자 사이에서 신임을 얻은 자가 대표가 되고, 보다 상급의 심급으로 나아가 거기서 다시 동일하게 선발된 자가 더한층 상급의 심급으로 나아간다는 의미에서의 대표제다(OR 277~278*291~292).

여기서 주목하지 않으면 안 되는 것은 대표로 선발되는 사람은 정치적 엘리트로서 적극적으로 '자기선택'한 사람이라는 점이다. 이것은 정치적 엘리트에 속하지 않는 사람의 '자기배제'와 대칭을 이룬다.

확실히 이와 같은 '귀족주의적인' 통치 형태는 오늘날 이해되는 바와 같은 보통선거의 마지막을 의미하는 것이다. '기본적 공화국'의 자발적 구성원으로서 스스로의 사적인 행복 이상의 것을 염려하여, 세계의 상태에 관심을 갖고 있는 것을 증명한 사람만이 공화국의 업무를 수행하는 데에 더하여 발언하는 권리를 가질 것이기 때문이다. 하지만 이와 같은 정치로부터의 배제는 불명예스러운 것이 아닐까? 이렇게 말하는 것은 정치적 엘리트는 사회적, 문화적, 전문직업적 엘리트와 절대로 동일한 것이 아니기 때문이다. 더구나 이 배제는 외부의 단체에 의하는 것이 아니다. 정치적 엘리트에 속하는 사람이 자기가 자신을 선택했다고 한다면, 거기에 속하지 않는 사람은 자기가 자신을 배제한 일이 되기 때문이다. 이와 같은 '자기배제'는 자의적인 차별은커녕 우리가 고대 세계의 종말 이래로 향수하고 있는 가장 중요한 '네거티브negative(부정적)'한 자유의 하나, 즉 정치로부터의 자유에 진실로 실질과 리얼리티를 부여하는 일일 것이다.

OR 279~280*293~294

아렌트가 이상理想으로 하는 대표제는 자기선택과 자기배제라는 원리에 의해 유지된다. 즉, 표현의 공간은 단순한 '재현전=대리'의 공간이 아니라, '자기재귀적自己再歸的'인 '재현전=대리'의 공간이다.

하지만 대표제에 따라다니는 타자의 지배, 피지배라는 위험을 피하기 위해서라고는 하나, 자기선택과 자기배제라는 자기재귀적인 원리를 이끌어내는 일은 오히려 타자를 더 심하게 빼앗는 일이다. 왜냐하면 그것도 역시 자기의 논리이고, 스스로를 배제하는 이상적인 타자와 그러한 타자에게만 자기관심을 돌리고 '자기대리自己代理'하는 엘리트를 내세워 자기의 논리를 초과하는 듯한 차이와 타성을 없애기 때문이다. 자기선택과 자기배제는 그 기준이 밖에서는 엿보아 알 수 없고, 기대되지 않은 별도의 강력한 배제가 있어도 은폐되며, 무엇보다도 자기선택과 자기배제를 행하지 않을 가능성이 사라져버린다.

문제는 '재현전=대리'의 구조가 자기재귀적인 자기선택과 자기배제로 향해 '자기대리'의 구조를 취하는 일 그 자체다. 그것은 친구인 타자가 자기에 선행하는 전제를 전도시켜 자기를 타자에 선행시키고 강력하게 타자를 '내자화內自化'한다. 이것으로 공공공간에 고유의 위태로움, 즉 커뮤니케이션(설득, 동의, 대표)의 실패 가능성은 거의 없어져버린다. 하지만 그것은 동시에 스스로의 발밑(기반)을 파서 무너뜨리듯이 타자를 잃어버리고, 공공공간이 파괴되는 일인 것이다. 가령 이 전도의 가능성이 '재현전=대리'의 구조에 원래부터 갖추어져 있다고 하더라도, 그것을 밟고 넘어서 '자기대리'로서 현실화해야만 하는 것은 아니다. 그런데 아렌트는 대표제의 논의에 머무르지 않고 한 걸음 더 나아간다. 그것은 아렌트 자신이 공공공간의 조건으로서 내세운 복수성과 언론으로 대표되는 활동을 감축하는 일에 의해서다. 게다가 아렌트가 "가장 정치적인 힘"(LM1 192*224)으로 중시한 판단력을 통해서다.

5
복수성의 환원

1) 대표적 사고로서의 판단력

'악의 진부함'을 앞에 두고 필요하게 된 판단력은 정신 능력의 하나에 속하고, 여타의 능력인 사고思考와 독특한 관계를 갖고 있다.

한편으로 판단력은 사고와 구별된다. 그것은 사고가 '자기와 자기 자신과의 대화'이며 개별적인 것을 일반화하려는 것인 데 비해, 판단력은 타자와의 동의에 의존해 "개별적인 것을 일반적인 제 규칙에 포괄하는 일 없이 판단하는 능력"(LM1 192*224)이기 때문이다. 아렌트는 사고와 판단력을 처음으로 구별했다는 이유에서 칸트를 높이 평가했다. 그런데 다른 한편으로 판단력은 사고인 것이다. "판단은 사고가 가져오는 해방 효과의 부산물이며 사고를 현실화하고 표현의 세계에 드러나게 한다."(LM1 193*224)

이 두 가지 관계를 이해하기 위해서는 사고 속에 '소크라테스적인 사고'의 가능성을 인정한 사실을 상기해보면 좋을 것이다.[12] 다시 말하면 판단력은 소크라테스처럼 타자와의 대화를 통한 또 하나의 사고이며, 사변적 사고와 대립하는 비판적 사고 혹은 그것을 현실화한 정치적 사고다. 그 특징은 "타인의 의견을 고려하는 일"(BPF 241*327)에 있고, 칸트가 말한 것처럼 "자신의 판단을, 타인의 현실 판단보다는 오히려 가능한 판단과 비교하고, 자기 자신을 다른 모든 사람의 위치에 놓이게 함"(LKPP 43*61)으로써 실행된다.

이때 주의해야 할 것은 타인의 의견이라 해도, '타인의 현실 판단'을 고려하는 것이 아니라는 점이다. 왜냐하면 아렌트의 경우에 판단력은 스스로 사고하는 "자립적 사고"(같은 책)이지, "타자의 생각을 수동적으로 받아들이는 일, 즉 그들의 선입견을 나 자신의 위치에 고유한 선입견과 교환하는 일"(LKPP 43*62)이 아니기 때문이다.

그러나 아렌트에게 정치 영역은 의견이 교환되는 장소였을 터다. 더구나 그 의견은 그 사람의 사적인 이해관심利害關心과도 동일시되는 것이다. 물론 그것이 완전히 타인을 무시한 사적인 것이거나, 커뮤니케이션의 가능성을 애초부터 거부하는 것이어서는 안 되며, 어느 정도는 의견이 판단되는 일이 필요할 것이다. 하지만 그것은 타자의 생각을 '선입견=판단' 이전으로서 멀리하는 것이 아니며, 커뮤니케이션의 성공을 선취하는 일도 아니다.

아렌트는 더구나 판단하는 자에게 '무사無私'를 요구한다. 타자의 의견을, 보다 큰 타당성을 가지고 대리하기 위해서는 구상력構想力이 충분히 발휘되지 않으면 안 되는데, 그 "유일한 조건은 '무사', 즉 자기 자신의 사적 이해로부터의 해방이다"(BPF 242*328). 하지만 이미 서술한 바와 같이 '무사'야말로 아렌트가 프랑스혁명의 혁명가에게 인정하고, 공공공간의 구성에 실패했다고 비판한 태도가 아니던가? 또한 이렇게 해서 획득되는 견해와 그 입장은 극히 강력해서 무언가 초월적인 높은 곳에 서는 진리나 보편인 것처럼 보인다. 하지만 아렌트는 진리나 보편을 무엇보다도 비판하지 않았던가?

이상의 비판에 대해서는 판단력에 의해 형성되는 의견과 그 입장은 결코 보편적인 높은 곳에 서 있는 것이 아니며, 개별적·특수적인 것과 관계를 갖는

"상대적인 공평함"(LKPP 73＊112)에 지나지 않는다는 반론이 있을 것이다. 확실히 아렌트는 진리를 목표로 하는 철학적인 사고의 입장, 즉 세계로부터 은퇴한 완전한 주시자注視者에 의한 관상觀想의 입장을 보편적이라고 생각한다. 또 그것과 표현의 세계에 머물러 타자의 의견을 고려하는 판단력의 입장을 구별하려고 한다. 그것은 '보편적'과 '일반적'의 구별, 요컨대 판단이 '보편적 타당성'이 아니라, '특수한 타당성' 즉 '범례적 타당성'을 가지면 좋다고 하는 논의에서도 잘 드러난다(LKPP 163＊250의 주 155).

　이러한 반론은 그 자체로서는 납득할 수 있는 것이다. 그러나 그 의도에도 불구하고 '상대적인 공평함'이 별도의 보편에 빠지지 않는다고는 단정할 수 없다. 문제가 되는 것은 보편적인가 어떤가의 구별이 아니라, 어떻게 해서 보편화에 대항하는가다. 보편성의 요구를 약화시키는 일은 모든 타자를 고려하지 않고 끝내는 격이 되고, 특정한 사람들에게게만 한정되어 보다 강력하게 결집된 정치 영역을 허락하는 일이 될지도 모른다. 실제로 아렌트는 다음과 같이 말하고 있다.

　판단의 힘은 타인과의 잠재적 동의에 달려 있으며, 무언가를 판단할 때에 작용하는 사고 과정은 순수 추리의 사고 과정과 같은 나와 나 자신의 대화가 아니라, 가령 결정을 하는 경우에 완전히 혼자라 하더라도 내가 최종적으로는 그 사람과 무언가의 동의에 도달하지 않으면 안 된다는 것을 알고 있는, 그러한 타인과 미리 취하게 되는(선취되는) 커뮤니케이션 안에 항상 있으며 그리고 본디부터 있는 것이다.

BPF 220＊298

판단력의 강함은 '타인과의 잠재적 동의'에 있다. 요컨대 커뮤니케이션의 성공이 선취先取되고, 동의에 도달할 수 있는 이상적인 타자만 고려된다. 하지만 판단력은 "자신 이외의 모든 사람의 입장에서 생각하는" 일이라고 정의되지 않았던가! 또 의견의 잠재적 일치(예를 들면 세론世論)는 차이 있는 복수성을 파괴하는 것으로서 거부되지 않았던가! 거기에 애당초 동의에 이르는 것은 행운의 결과이며 미리 사전에 동의가 보증되는 것은 본말전도가 아닐까!(BPF 222∗301).

이에 대해 '타인과의 잠재적 동의'를, 최종적으로 동의하는 일에 대한 동의라고 이해하는 길도 없는 것은 아니다. 정말로 공공공간이 전달 가능성에 빚을 지고 있는 이상, 전달 가능성에 대한 최저한도의 동의는 필요할 것이다. 그러나 '타인과의 잠재적 동의'는 그 정도를 초월한 것처럼 생각할 수 있다. 왜냐하면 그것이 타자를 미리 사전에 선별하고 부동의不同意의 가능성을 제거해 실제로 동의하는 일에 따라다니는 위태로움이나 전달 가능성에 고유의 것일 터인 실패의 위험성을 회피하고 있기 때문이다. 아렌트는 계속해서 다음과 같이 말하고 있다.

따라서 판단은 어떤 특수한 타당성을 부여받고 있다고는 하나, 그것은 결코 보편적인 타당성이 아니다. 그것이 타당성을 갖는다는 주장은 판단하는 사람이 잘 생각해서 그 입장에 스스로를 놓이게 한 타인을 뛰어넘어 확장할 수 없다. 칸트는 이렇게 말한다. 판단은 '단독으로 판단하는 사람 전부에게' 타당성을 갖는다. 그러나 이 구절의 중점은 '판단한다'는 말에 있다. 판단하지 않는 사람들 혹은 판단의 대상이 나타나 있는 공적 영역의 구성원이 아닌 듯한 사람들에게는 타당하지 않다는 것이다.

판단하는 능력은 바로 칸트가 논의한 의미이며 특수하게 정치적인 능력이라는 것, 즉 스스로에게 고유의 관점에서만이 아니라, 가끔 그곳에 마침 자리하고 있는 사람들 전원의 관점에서 사물을 보는 능력이라는 것이다.

BPF 221＊298-99

분명히 아렌트는 판단력의 적용 범위를 힘껏 좁혀 축소하고 있다. 모든 타자가 아니라, '가끔 그곳에 마침 자리하고 있는 사람들 전원'이 공적 영역을 구성한다는 것이다.

확실히 공공공간은 페르소나로서의 친구의 공동체이고, 복수성이 어느 정도 제한된다. 하지만 그것은 여전히 끊임없이 누가 친구인지를 음미하면서 구성되는 영역이기도 하다. 그런데 여기서 아렌트는 '공적 영역의 구성원'을 전제한 상태에서 거기서부터 시작한다. 다시 말하면 '판단하지 않는 사람들'을 처음부터 제외한 것이다. 그러나 그것은 '악의 진부함'에 대항하는 아렌트의 방법 그 자체에 반하는 것은 아닐까? 그저 아이히만과 같은 사람이 판단으로부터 미리 배제될 뿐만 아니라, 아이히만과 '가끔 그곳에 마침 자리하고' 있지 않은 사람에게는 판단하는 권리도 없는 것이 되기 때문이다. 그런데 아렌트는 "(스스로 그 장소에 있고 그 일에 관계하지 않았다면 판단을 내릴 수 없다고 하는 논의가) 올바르다고 하면, 재판의 운영도 역사의 기술도 불가능하다는 것은 분명하다고 생각할 수 있다"(EJ 295-96＊227)고 말한다.

문제가 되는 것은 전달 가능성이다. 판단력의 논의를 통해 커뮤니케이션의 범위가 좁혀지고 축소됨으로써 그것은 '전달 확실성'에 가까워지지만, 그 때문에 오히려 질식해버리고 끝내는 공공공간을 폐쇄해버린다.

2) '활동자'에서 '주시자'로의 환원, 광인의 배제

공공공간으로부터 내몰린 것은 전달 가능성을 위태롭게 하는 자들―활동자活動者나 광인狂人―이다. 활동자는 전달 가능성을 뛰어넘는 새로움을 초래하고, 광인은 전달 가능성의 기초인 '공통 감각=공동체 감각'을 결여하고 있기 때문이다.

하지만 활동자는 정치 영역에서 가장 중요한 요소일 것이다. 그런데 '가장 정치적인 힘'인 판단력은 활동자가 아니라, 주시자注視者의 능력에 해당된다. 주시자는 활동적 삶과는 대극에 위치하는 관상적觀想的 삶에 속하는 데도 불구하고, 정치의 영역에서 벗어나 그것을 하나의 연극劇으로 관상하고 그 의미를 알고 있다(LM1 92*108-09).

물론 아렌트는 처음부터 주시자를 결여하는 활동을 상정한 것은 아니다. 역으로 주시자를 결여하면 그것은 선善과 똑같이 공공공간을 파괴해버릴 것이다. 또 주시자의 판단 자체도 하나의 활동, 다시 말해 활동의 의미를 분명히 하는 활동이라고도 인식된다.(예를 들면 역사가의 역사 서술 등은 단지 과거 행위의 의미를 뒤에서부터 기술하는 것이 아니라, 행위자가 의도하지 않았다 하더라도 만들어져버린 의미를 해석함으로써 현재 그리고 미래에 걸쳐서 새로운 해석을 지속적으로 자극한다.) 따라서 아렌트는 '인간의 복수성'을 활동자만이 아니라 주시자를 포함해 정의하고 있고(LM1 187*217), 주시자가 반드시 정치 영역에 걸맞지 않은 것도 아니다.

게다가 아렌트는 주시자의 입장을 완전한 관상觀想의 입장인 철학자의 입장과 구별하려고 한다. "판단의 은퇴는 분명히 철학자의 은퇴와는 다르다. 그것은 표현의 세계에서 벗어나지 않지만, 거기에 활동적인 방식으로 말려드는 일로부터 은퇴하여 특권적인 입장에 서서 전체를 관상한다."(LM1 94*111) 하지만 표현의 세계에 속하면서 거기에 말려들지 않는 것과 같은 '특권적인 입장'은 어떻게 해서 가능하고, 도대체 어디에 위치하는 것일까? 이에 대한 분명한 해답은 없지만, 힌트가 되는 범례는 주어져 있다. 그것은 맹목盲目의 시인詩人이다. 시인은 역사가와 나란히 하여 판단을 내리는 자로 평가되는데, 어느 쪽이든 일상적 사건(일)의 의미를 판단하고 이야기하는 주시자다. 하지만 그중에서도 특히 시인은 맹목적이지 않으면 안 된다. "'일상적인 사건(일)의 의미'를 열어서 보이는 사람은 표현에 말려들지 않는다. 맹목적이고 보이는 것으로부터 차단되어 있기 때문에 보이지 않는 것을 '볼' 수 있다."(LM1 133＊154). 맹목의 주시자. 확실히 그것은 보는 일을 특권화하는 완전한 관상의 철학자와는 다를지도 모르겠다. 하지만 역으로 말하면 이것이야말로 (반드시 서양에만 한정된다고 생각할 수도 없는 것이지만), "서양 형이상학의 오래된 꿈"(LM1 207＊238)의 극한적인 모습은 아닐까.

그러나 아렌트는 더한층 구별을 시도하려고 한다. 즉, 철학자가 '단수=단독'으로 존재하는 데 비해 주시자는 복수로 존재한다는 것이다. 그리고 주시자의 복수성으로부터 정치철학이 가능하게 된다고 말한다.[13] 하지만 이 구별은 인간의 복수성이 활동자가 아니라 주시자에 의해 구성되고, 공공공간으로부터 활동자가 배제되는 것으로 귀결한다.

아름다운 대상이 존재하기 위한 필요조건은 전달 가능성이다. 즉, 주시자의 판단력이 그것을 결여하고서는 아름다운 대상이 완전히 드러나지 않는 공간을 만들어내는 것이다. 공적 영역은 활동자와 제작자製作者에 의해서가 아니라, 비평가와 주시자에 의해 구성된다. 더구나 이 비평가와 주시자의 요소는 어떤 활동자와 제작자 안에도 있다. 이 비판적 능력, 판단력을 결여한다면 행위자 또는 제작자는 주시자로부터 독립해 인정받는 일조차 없어지게 될 것이다. 혹은 달리 말하면 이것도 칸트의 표현방식이지만, 예술가의 진정한 독창성(또는 활동자의 진정한 새로움)은 자기 자신을 예술가(또는 활동자)가 아닌 자에게 이해시키는 일에 달려 있다. 또 천재에 관해서는 그 독창성 때문에 단수로 이야기할 수 있지만, 피타고라스가 그러했던 바와 마찬가지로 주시자에 관해 단수로 이야기할 수 없다. 주시자는 오로지 복수로 존재한다. 주시자는 활동에 휩쓸리지는 않지만, 항상 동료 주시자들과 함께 동반한다. 주시자는 천재의 능력인 독창성을 제작자와 공유하는 일이 없으며, 또 새로움을 가져오는 능력을 활동자와 공유하는 일도 없다. 주시자들이 공통으로 지닌 능력은 판단력이다.

LKPP 63*95-96

활동자는 단순히 배제되었던 것이 아니다. 활동자는 주시자에 편입되어 '비판적 능력, 판단력'을 요구받는다. 즉, 활동자의 활동은 전달 가능한 활동에 제한되고, 그것을 초과하는 듯한 새로움이나 독창성은 인정되지 않는다. 하지만 이러한 전달 가능성의 선취先取는 타당한 정도를 뛰어넘어 활동과 차이를 축약하고, 역으로 전달 가능성 그 자체와 공공공간을 파괴한다. 바꿔 말하면 인간의 복수성은 주시자의 복수성으로 치환되며 대폭적으로 환원돼버리는 것이다.

그리고 전달 가능성을 과도하게 요구해 복수성을 환원하는 움직임은 전달 가능성이 없다고 여겨진 자, 즉 광기狂氣의 사람을 배제하는 데서 극한을 이룬다.

판단은 그것이 타당성을 가지고 전달 가능성을 가지는 조건으로서 '공통 감각'에 호소한다(LKPP 72＊111). 그것은 "인간이 그것에 의해 동물이나 신들로부터 구별되는 능력"(LKPP 70＊107)이고, "인간의 당연한 인간성"(같은 책)이며 만인에게 갖추어져 있는 것이다. 그런데 광인은 그런 공통 감각을 결여하고 있다고 한다.

칸트도 『인간학人間學』에서 완전히 동일한 상태에서 광기는 주시자로서 판단을 가능하게 해주는 공통 감각을 상실해버린다고 말한다. 이 공통 감각의 반대가 '사적 감각'이다. 이것은 '논리적 아의我意'라고도 불리는데, 전제로부터 결론을 이끌어내는 것을 가능하게 해주는 논리적 능력은 커뮤니케이션을 결여해도 기능할 수 있다는 것이다. 다만 광기 때문에 공통 감각을 상실하는 경우에는, 그것은 광기의 결과를 초래하는 일이 될 것이다. 왜냐하면 바로 그것은 타자가 현전現前하는 경우에만 타당하고, 또 타당화될 수 있는 듯한 경험으로부터 분리되어 있기 때문이다.

LKPP 64＊96~97

공통 감각의 상실은 단지 커뮤니케이션이 불가능한 것만을 의미하지 않는다. 공통 감각이 "사적 감각으로부터 구별된 공동체 감각"(LKPP 72＊111)인 이상, 그 상실은 인간 공동체로부터의 배제인 것이다.

이 광인의 유기遺棄(돌보지 않고 내버려 둠)는, 아니 정확히 말하면 광인의 유기에 단계적으로 확대되어 가는 복수성의 환원은 타당한 것이라고 말할 수 있을까? 아렌트는 공공공간을 파괴하는 자, 혹은 인간의 공동성(사적 영역도 포함해서)을 송두리째 파괴하는 자를 앞에 두고 판단의 필요(판단의 거부의 거부)를 주장하고, 법의 한계를 넘어 광인에게까지 '공통의 인간성'을 인정하는 가능성을 제시한다. 그리고 그것에 더해 법을 적용하는 일로 '악의 진부함'에 대항하려고 했던 것이지만, 그 광인을 배제한다면 적어도 그 윤리는 훼손돼 버릴 것이다.

그러면 정치적으로는 타당한 것일까? 정치 영역을 유지하기 위해서 인간의 복수성이 어느 정도 제한되거나 전달 가능성이 어느 정도 보증되는 것은 그 방식에 따라 다르지만 타당한 경우도 생각할 수 있다. 그러나 그것이 자기에 의한 '재현전=대리'로부터 선입견으로서의 의견의 거부, 잠재적 동의와 선취된 커뮤니케이션을 거쳐 복수성의 감축에 이르게 된다면, 전달 가능성에 고유한 의견 교환의 프로세스나 실패의 가능성이 거의 사라져버리고, 정치 영역 그 자체를 잃어버리게 될 것이다. 결국 복수성의 환원은 반윤리적이며 반정치적이라고 말해야 한다.

6

선취할 수 없는 미래로

원래부터 간단한 일은 아니다. 왜냐하면 반윤리적·반정치적인 복수성의 환원은 판단의 필요의 하나의 귀결, 하지만 불가피한 귀결이기도 하기 때문이다. 판단의 필요에 잠복하는 위태로움을 제거하고 그것을 보다 확실한 것으로 하려고 한다면, 어떻게 해서라도 전달 가능성을 선취하고 타자를 제한하는 방향으로 향해버린다. 애당초 필요라는 요구에는 어떤 성급함이 항상 떨어지지 않고 붙어 다닌다. 그러나 판단의 필요는 바로 그 성급함에 대항하는 것이다. 공공공간은 미리 사전에 보증되는 것이어서는 안 된다. 그것은 필요는 하지만 필연적인 것이 아니며, 그 도래到來를 바라고 희망하는 것이다.

여기서 아렌트와 함께 아렌트에 대항하면서 타자에게 정의를 돌려주기 위해서는 시간이 필요하다고 말하지 않으면 안 된다. 즉, 언론에 의한 설득과 의론의 시간, 과거를 음미하는 시간, 미래를 소망하는 시간이다. 이 시간은 판단을 가능하게 하고 정의를 실현하는 조건만은 아니다. 시간을 주는 일 그 자체가 거리를 유지하고 차이를 차이로서 존중하는 일이며, 타자에게 정의를 돌려주는 하나의 방법인 것이다. 이것도 하나의 정치이자 윤리다. 그러나 지금 단계에서 그 이상으로 윤리적인 것이 있을까? 그리고 이 성급함에 대항해 시간을 주는 스피드 다운speed down(속도 줄임)이야말로 선취할 수 없는 완전히 새로운 미래를 여는 일일 것이다. 판단된 이야기는 하나의 범례로서 미래를 잉태하고 있다.

칸트에게 이야기나 사건(일)의 중요성은 마지막이 아니라 미래의 새로운 지평을 연다는 점에 있다. 프랑스혁명을 그토록 중요한 사건으로 삼은 것은, 그것이 다음에 오는 세대를 위해 품었던 희망 때문이다.

LKPP 56*84~85

제9장　　　　　　　　　# 누가 타자인가　　　　　　　에마뉘엘 레비나스

　　레비나스는 윤리에서 시작한다. 윤리야말로 근원적이며 '제1철학'이다. 이 것은 아르케arche[1]의 탐구에서 '다른 방법에서는 있을 수 없는' '존재로서의 존 재'의 관상觀想을 '제1철학'이라 하고, 윤리학과 정치학을 이차적인 학문이라 했던 아리스토텔레스의 도식[2]을 뒤집는 시도다. 레비나스가 말하는 윤리는 아나르시anarchie(기원의 바로 앞, 근원이 아니라)로 정위定位되고, '다른 방법이라 는 것'이나 '존재하는 것과는 다른 방법으로'를 말하려고 한다. 그것은 기원이 자 근원인 존재를 통해 타자를 '동일자同一者'로 집결하는 '존재론'에 대항하면 서 자연에 반하더라도 타자를 존중하는, 있을 것 같지도 않은 '형이상학'이다. 그리고 그것은 인식을 대신해 책임(타자를 대신하는 데까지 이른다)을 타자에 대 한 '나의 관계'의 처음에 두는 것이다.

　　주목해야 할 것은 레비나스가 존재의 관상觀想으로서의 철학과 같은 항렬 에 정치를 배치하고, '존재-정치학'에 윤리를 대치시켰다는 점이다. "철학자

들은 정치 위에서 도덕의 기초를 세운다"(TI X*16)고 말한 것처럼 이제까지 윤리는 도덕으로서 '존재−정치학'의 기초를 바탕으로 성립해왔다. 도덕으로서의 윤리는 말하자면 존재의 국가에 흡수되었던 것이다. 따라서 새로운 의미에서의 윤리로부터 시작한다는 것은 스스로 시작할 수 있는 권능權能을 가진 '존재−정치학'에 대항해 이니셔티브(주도권, 발언권) 없이 '존재의 국가'의 테두리 밖으로 향하는 일이다. 이 태도는 정치로부터 시작하려고 하는 아렌트와는 대척을 이룬다. 아렌트가 인간의 복수성에 호소하고 사람들 사이間에서 관심을 가지며 '사이−존재inter-esse' 위에서 활동·자유·권력이 가능하게 되는 정치 영역과 공공공간을 구성한 데 비해, 레비나스는 면전에 있는 타자의 '타성他性'에 호소하고 '몰이해沒利害=함께 존재하는 것에서 벗어남dés-intér-essement'(혹은 '이해관계 없음'이라고도 번역)을 말하면서 수동성을 강조하고 자유와 권력을 부정한다.[3] 그리고 표현의 질서에 속하는 일이 없는 그 바로 앞 혹은 저편의 타자와의 윤리적 관계를 의견 교환이라는 커뮤니케이션이 아니라, 호소·기도·염려라고 하는 '말하는 일'로써 드러내 보여준다.

그렇다고는 하지만 두 사람이 희구하던 것이 완전히 별개였던 것은 아니다. 전체주의의 극한악極限惡에 대치해 무엇보다도 타자의 차이를 존중하는 윤리를 옹호하려고 한 점에서는 동일하다. 하지만 윤리를 위해 정치를 재구축하려고 한 아렌트와 반대로 레비나스는 정치와 그 구축 자체가 윤리를 빼앗는 것으로 보고, 윤리를 위해 정치를 비판한 것이다.

1

타자의 구별이라는 정치

이미 살펴본 바와 같이 정치를 재흥再興하려고 하는 아렌트의 기도企圖는 그 정치가 전체주의로 귀착해 철저하게 붕괴된 현실을 응시하고 있음에도 불구하고 정치의 불가능성 혹은 정치라는 악惡을 낮게 평가하고 있는 것처럼 보이기도 한다. 또 아렌트가 옹호하려고 하는 공공공간, 즉 '평등과 차이'라는 이중의 성격을 갖는 인간의 복수성과, 차이를 차이로서 상호간에 서로 전달하는 언론에 의해 구성되는 공공공간은 그 의도에도 불구하고 타자의 차이성을 축약할지도 모르는 것이다.

바로 이 점에서 레비나스는 정치의 부정否定을 말하고 윤리로 향한다. 레비나스가 말하는 타자는 아렌트와는 다르다. 그것은 공통의 것을 일체 갖지 않고, 관계를 잘라버리는 것처럼 절대적인 것이며, 결코 '대리=재현전'되는 일이 없는 '간격間隔'이고 공시적으로 존재하는 일이 없는 '격시성隔時性'을 띤다. 타자와의 관계는 상호 평등이 아니라, 나의 '부등성不等性'에 떠맡겨져 있다. 타자는 이해 불가능한 것, 나의 권능을 능가하는 것이고 나를 강박하고 나에게 응답과 책임을 요청하는 윤리적 관계 안에서만 등장한다.

레비나스는 이 관계를 '가까움(친함)' 혹은 "무관심으로 있을 수 없는=차이를 무시할 수 없는non-in-différence"[4] 것이라고도 말한다. 그것은 아렌트가 말하는 타자, 즉 계측 가능한 거리를 갖고 관심을 갖게 되는 타자의 현전現前에 앞서 그것을 지탱하는 일인 것이다. 따라서 타자와의 커뮤니케이션도 또한 "기초가 바탕이 되어야 할 우리를 전제하는 것"(AE 153*221)이 아니라, 항상 "실패와 거절이라는 위험이 동반하는"(같은 책) 것이다.

그러면 이러한 당치 않은(불합리한) 윤리를 주장하는 일에 의해 이미 정치는 불필요하게 되었다고 말해야 되는 것일까? 가령 그것이 어떤 면에서는 의도에 반하는 결과를 초래한다고 하더라도, 아렌트가 정치로부터 시작한 데에는 윤리가 표현의 공간에 나타나지 않고, 우리 인간에 속하는 것이 아니라는 이유가 있다. 거기에 애당초 정치가 불필요한 것이라면, 왜 현실에 정치가 존재하는 것일까? 그것을 단순한 퇴락이라고 정리하지 않는다면 어떻게 정치를 설명할 것인가? 또 무엇보다도 타자가 복수라는 것을 어떻게 생각할 것인가?

　이러한 물음은 역시 레비나스의 물음이기도 했다. 그리고 레비나스 또한 제삼자의 문제를 통해 판단(재판), '표상表象=재현전', 공공공간을 이야기하고, 게다가 계측 가능한 정의正義의 필요성을 이야기한다. 그 정치의 차원에서는 나 또한 한 사람의 타인이 되고, 타인들의 일원이라 간주된다.

> 　정의의 차원은 표상으로부터 생겨나고, 자아自我가 타자를 대신하는 것을 억제하고 계측하여 자기를 계산으로 되돌려 보낸다. 정의는 표상의 동시성同時性을 요청한다. 이렇게 해서 이웃 사람이 눈에 보이게 되고, 얼굴을 빼앗기고, 스스로를 현전現前시킨다. 그리고 나를 위한 정의도 또한 존재한다.
>
> AE 202＊288-89

　"나를 위한 정의도 또한 존재한다." 그렇지만 레비나스에 따르면 이러한 다자와 비교 가능한 내가 등장하는 정치의 차원은 "신의 은총"(AE 201＊288) 없이는 성립할 수 없고 성립해서도 안 된다. 바꿔 말하면 "정의, 사회, 국가 그리고 그 모든 제도"(AE 202＊289)를 요청해 타자를 판단하게 되어도, 그 심판은 '가까움'의 안에 지속적으로 있지 않으면 안 되며 내가 책임을 피하는 일 따위는 없다(AE 202~203*289).

　하지만 가령 그렇다 하더라도 실제는 바로 신의 이름 아래에서 정치가 윤리를 삼켜 왔고, 또한 삼켜 가는 것은 아닐까? 레비나스도 그 위험을 결코 간과하지는 않는다.

　이와 같이 의식의 활동은 정치적 동시성일 것이다. 하지만 그것도 신에 의거한 일인 것이다. 그런데 이 신은 모든 에고이즘의 비호자庇護者로 변할 수 있는 위험을 항상 갖고 있으며, 배신할지도 모르는 신인 것이다.

AE 205*292

　그 위험을 피하기 위해 레비나스가 행한 것은 윤리적 국가로서의 이스라엘이라는 범례를 보편화하는 일이었다. 레비나스는 이스라엘을 "도덕적 카테고리"(DL 39*40)이며, 또 모든 국가도 마땅히 그러해야 할 것이라고 한다. 그것은 "메시아적 국가에서의 다비드(다윗) 국가의 완성"이며, 바로 '유토피아'다(AV 219*297~298). 혹은 "우리가 결코 태어나지 않은 나라", "온갖 자연과도 관계가 없는 나라", "우리 조국인 일도 없고 금후 이주할 일도 없는 나라"다(TI 3*31). 그리고 이어서 이렇게 말한다.

　(무분별한 위험을 무릅쓰고) 이스라엘의 항상성恒常性을, 시대를 관통하는 이스라엘 의식의 유일성을 우리 몸으로 떠맡는 일. 그것은 결국 인류 의식의 유일성을 우리 몸으로 떠맡는 일이다. 인류 의식의 유일성이란 시공을 초월해 형제이자 하나로 연결되어 있다고 굳게 마음을 다지는 일이다.

QLT 16*15

이와 같이 레비나스는 이스라엘의 "구체적 보편성"(같은 책)을 굳이 말하면서 그것을 떠맡으려고 한다. 이것은 아렌트의 '범례적 타당성'에 해당한다. 그러나 그렇다면 역시 레비나스도 특정의 공동체(특정의 기억에 호소하는 공동체)를 전제로 하고, 타자를 제한하는 것이 아닐까? 가령 어느 정도 이스라엘이 공동성 없는 공동체, 역사로 회수될 수 없는 카테고리로서의 공동체, 어디에도 존재하지 않는 유토피아였다고 하더라도, 그것은 아버지의 슬하에 모인 형제들의 '우애友愛의 공동체'라는 이미지를 벗어나지는 못한다. 그리고 실제로 이스라엘은 "아버지와 할아버지들 토지로의 귀환"(AV 220＊299)에 다름 아니며, 유대인들이 이주한 나라인 것이다.

이처럼 정치에 삼켜버려질 위험이 있다고는 하나, 윤리에서 정치로 이행하면서도 계속해서 무한책임을 짊어지려고 하는 레비나스의 사고思考의 궤적을 더듬는 일은 확실히 필요하다. 하지만 한편으로 여기서 생각하고 싶은 바는 과연 레비나스가 기대하는 것처럼 정치가 윤리에 대해 이차적인 것인가라는 문제다. 정치를 말하는 경우든 말하지 않는 경우든 레비나스에게 정치는 파생적인 것이었다.

그러나 만일 레비나스가 말하는 윤리가 이미 이루어진 정치의 결과였다고 한다면 어떨까? 윤리를 가능하게 하는 조건 속에 정치가 있었다고 한다면 또 어떨까? 요컨대 레비나스가 말하는 책임으로서의 윤리의 중핵에는 타자의 구별이라는 정치가 이미 침투해 있었던 것은 아닐까? 여기에 레비나스의 사고, 그 호소에 동의한다고 말하면서도 잠시 머뭇거리게 하는 이유가 있는 것이다. 하지만 또 한 번 레비나스에 동의한다고 말하기 위해서라도 이 윤리로부터 정치로의 또 하나의 이행移行에 물음표를 던지지 않으면 안 된다.

2

'모든 것에, 모든 사람에 대한 책임'과 책임의 한계

나라고 하는 말은 나 여기에라는 것을 의미하며 모든 것에, 모든 사람에게
책임을 지는=응답하는 것이다.

AE 145*211

레비나스는 타자에 대해 책임을 짊어지려고 한다. 그것은 전면적인 책임인
동시에 짊어지면 질수록 더한층 늘어나는 무한책임이다. 그런데 정치의 차원
을 말할 때 레비나스의 윤리의 요점이어야 할 무한책임이 완화되는 것처럼 보
인다.

타자는 제삼자와 관계하고 있다. 어떠한 물음보다도 앞서 내가 이웃 사람에
게만 책임을 지는 것이라고 하면, 나는 이 제삼자에 대해서 전면적으로 책임
을 질 수 없다. 하지만 타자와 제삼자는 모두 나의 이웃이고 동시에 존재하
는 것이며 서로 나를, 타자로부터도 제삼자로부터도 멀리하려고 한다. "먼
곳에 있는 사람과 가까운 곳에 있는 사람에게 평화, 평화가 있어라."(『이사
야서』, 57 : 19). 언뜻 보기에 미사여구로 비치는 이 한 구절의 절실함을 우리
는 지금이야말로 이해한다. 제삼자는 그때까지 타자를 앞에 둔 그 의미가
유일했던 말하는 일 안에 모순을 끌어들인다. 이것이 애당초 책임의 한계,
물음의 탄생이다. 정의를 가지고 나는 무엇을 하지 않으면 안 될까? 의식의
물음이다. 정의가 필요한 것이다. 바꿔 말한다면 비교, 공존, 동시간성, 집
합, 질서, 주제화, 복수의 얼굴의 가시성可視性이, 더 나아가서는 지향성과 지

해知解 작용이 필요한 것이다. (⋯)

AE 200＊286

모든 사람에게 책임을 질 터인데도 불구하고 복수의 타자 각각을 앞에 두었을 경우, 제삼자도 타자이기 때문에 나는 이웃에게만 전면적인 책임을 질 수 없으며, '책임의 한계'를 묻지 않을 수 없다. 정의를 누구에게 어느 정도 돌려줄 것인가? 무한책임이 계산 가능성으로 되돌아온다. 그것이 일방적으로 책임을 짊어져야 할 나로서도 "나를 위한 정의도 또한 존재한다"고 서술되는 데까지 이르렀을 때 책임의 완화는 극점에 달한 것과 같다.

그러나 그 때문이라 해서 간단히 책임의 한계를 책임의 제한이라고 생각해야만 되는 것은 아니다. 바로 앞의 인용에 이어서 레비나스는 이렇게 말하고 있다.

어떻든 정의는 강박強迫의 '점감漸減＝퇴화褪化'가 아니고, 타자를 위한 퇴화도 아니며, 기원 없는 책임의 경감이나 제한도 아니며, 무한한 영광의 '중성화中性化'도 아니며, 경험적 이유로부터 최초의 둘이 셋으로 된다고 하는 순서에 응하여 일어나는 퇴화도 아니다.

AE 203＊290

정의의 필요가 책임의 경감이나 제한을 허락하는 것은 아니다. 둘이 셋으로 되는 것처럼 책임이 완화되는 것은 아니다.

애당초 레비나스는 정치를 말하기 이전에도 타자와의 대면 속에 이미 제삼자의 눈빛(시선)이 있고, 타자에 대한 책임은 처음부터 모든 사람에 대한 책임, 타자의 책임까지도 떠맡는 무한책임이라고 생각했다. 따라서 책임의 한계는 책임의 무한無限이 일관되게 유지된 상태에서의 물음(누구에게나, 어느 정도로), 아니 정확히 말하면 물음이 열리는 장소이고, 그 장소를 정치·정의의 차원이라 부르는 것이다. 무한의 책임을 요구하는 윤리의 한가운데에, 필요에 따라 무한책임을 다시 묻는 장소, 즉 정치의 영역이 탄생한다. 그 반대의 순서가 아니다. 바꿔 말하면 그때까지 윤리를 거기서 분리해온 정치의 차원을, 역으로 윤리의 위에 기초 세우고, 정치의 의미를 변용시킨 상태 위에서 다시금 발견하려고 했던 것이다. 이러한 윤리로부터 정치로의 이행은 무조건적으로 정당화되는 것이 아니라, 무한책임을 유지한 채로 책임의 한계를 묻는 질문이라고 하는 이상, 항상 지속적인 물음이 제기된다.

그런데 책임의 한계는 단지 물음에서 멈출 수가 있는 것일까? 윤리의 기초에 바탕을 두어야 할 정치가 반대로 윤리를 회수하는 현실을 고려한다면, 책임의 한계는 책임의 제한으로 곧바로 전환되는 것은 아닐까? 그리고 레비나스도 또한 타자와 제삼자 사이에 정치적인 구별을 설정하고, '나의 이웃'으로서 이스라엘 사람들을 특권적으로 한정하고 있는 것은 아닐까?

하지만 여기서 생각하고 싶은 문제는 그것과는 별개의 것, 그 바로 앞이다. 책임의 한계가 책임의 제한으로 전환되는 것은 아마도 우연이 아닐 것이다. 그럼에도 불구하고 무한의 책임이 유지된다고 레비나스는 말한다. 이 두 가지의 상호 모순될지도 모르는 명제는 어떻게 해서 공존하는 것일까? 그것은 애초부터 무한의 책임 그 자체가 책임의 제한을 포함하기 때문은 아닐까? 혹은 책임의 제한에 이르는 것처럼 무언가의 제한 위에 성립하기 때문은 아닐까? 요컨대 그 위에 정치가 나와야 할 윤리의 바로 앞에 이미 사전에 정치가 있었던 것은 아닐까?

3

또 하나의 자기

　주목해야 할 것은, 『존재와 다르게: 본질의 저편』이전에는 제삼자가 등장하고 있음에도 불구하고 무한책임이 관철되고 있다는 점이다. 바꿔 말하면 복수의 타자 사이의 상극을 마땅히 보아야만 할 것을 보지 않고 끝내버린 것이다. 그것은 어떻게 가능했던 것일까? 보지 않고 끝나게 된 것은 이미 정치가 작용하고 있었기 때문은 아닐까?

1) 우애의 공동체

　자기를 위해서가 아니라 모든 사람을 위해서라고 하는 존재자, 동시에 존재이자 몰관심沒關心인 존재자를 창설하는 일. 자기를 위해서란 자기 의식을 의미하고, 모든 사람을 위해서란 타자들에 대한 책임, 보편을 지탱하는 것을 의미한다. 이와 같이 사전에 관여하는 일 없이 응답하는 방법, 즉 타인에 대한 책임이 자유에 앞서는 인간의 우애友愛(프라테르니테fraternité) 그 자체다.

AE 148~149＊215~216

　그런데 모든 사람에게 책임을 지는 일은 강박强迫이며 선택의 여지가 없다. 그것은 "자유에 앞서는 인간의 우애 그 자체이기" 때문이다. 우애는 "인류의 통일성은 바로 우애의 뒤를 따른다"(AE 211＊301)라고 서술되는 바와 같이 차이와 타성他性을 빼앗는 보편적인 (인)류가 아니다. 그것은 우애이지만, 원래의 뜻을 되울려서 형제 관계를 범례로 하는 우애의 관계 혹은 '우애의 공동체'라고 이해하고 싶다. 모든 사람에 대한 책임은 모든 것에 앞서서 무기원적無起源的인 우애의 관계에 있기 때문이다.

하지만 그것은 아렌트가 직면했던 '친구의 공동체'라는 함정을 피하는 것일까? 다시 말해 타자는 결국 '또 하나의 자기'에 지나지 않고, '재현전=대리'되는 이상적인 타자로 미리 제한된 공동체는 아닌 것일까? 더구나 형제는 친구 이상으로 가까운 것이고, 아렌트가 비판했던 사적 영역에 속하는 가족을 구성하며, 아버지인 가장 아래에서 일체화되어 의견이나 이해의 대립은 없지만, 복수의 제諸 개체의 유일성을 빼앗는 일이 되지는 않을까?

이에 대해 레비나스는 이미 다음과 같이 말한 바 있다.

언어에 의해 창설되는 인간의 공동체는 대화자對話者 동료가 절대적으로 분리되어 있고, 동류同類의 통일성을 구성하지 않는다. 그것을 인간의 근친近親 관계라고 말한다. 모든 인간이 형제라고 하는 것은 그들의 유사類似에 의해서는 설명되지 않고, 공통의 원인에 의해서도 설명되지 않는다. 공통의 원인이라는 것은 복수의 메달medal(금속 상패)이 그것을 두드려 만든 동일한 거푸집(주형)으로 귀착되는 것처럼 그들이 그 원인의 결과인 것이다. (형제라는 것을 설명하는) 부성父性=부자관계는 모든 개인이 신비적으로 융즉融卽하거나, 그보다 신비적이지 않다고 말할 수 없는 효과에 의해 연대의 현상을 규정하는 것 같은 인과관계에는 들어가지 않는다.

AE 211*301

우애는 '공통의 원인'에서 설명되는 것이 아니며 '신비적 융즉融卽'도 아니다. 이를테면 "수적 다수성으로부터 구별된 래디컬한(급진적인) 다수성"(TI 195*

337)이며, 각각이 환원할 수 없는 차이를 가진 특이성으로서 "절대적으로 분리되어 있다"는 것이다.

그러나 이 주장을 받아들인다 하더라도, '우애'라는 말을 사용하는 이유의 설명으로는 불충분하다. 가령 그것이 복수의 메달이 아니라고 하더라도 역시 우애는 공통의 아버지와 그 아래에 모이는 아이들의 연대이며 가족을 상기시킨다. 게다가 레비나스에게는 이 가족이야말로 필요로 하던 것이다.

타인이 그 이외의 타인 모두의 연대자連帶者로서 나타나는 우애에서 얼굴과 관계하는 일이 사회적 차원을 구성한다. 요컨대 어떠한 대화도 제삼자와 관계하고 있으며, 그 때문에 우리 혹은 동료가 대면이라는 대치對峙를 포섭해 에로스 성性을 사회적 삶으로 이르게 한다. 사회적 삶은 의미성과 절도節度이며 가족의 구조 그 자체를 포섭한다. 하지만 사회적 삶에서 자아가 소실되는 일은 없다. 그런데 에로스 성과 그것을 분절分節하는 가족이 사회적 삶을 보증하는 것이고, 사회적 삶에서도 자아는 소실되지 않는다. 자아는 선량함을 약속받고 끊임없이 선량함을 희구하고 있으며 승리의 무한 시간이 주어진다. 이 무한의 시간을 결여할 때 선량함은 주관성이고 광기인 것이다.

TI 257*433

'우리'라고 불리는 차원, 즉 '사회적 차원' '사회적 삶'은 제삼자와 연대하는 우애의 상태에서 구성된다. 그것은 대면對面이라는 이원적 관계에 있는 '에로스 성'과 그것을 구조화한 가족을 포섭하지만, 역으로 가족에 의해 보증되지 않으면 사회적 삶에서 자아는 단순한 주관성과 광기로 변해버린다. 다시 말해 우애란, 가족과 사회를 연결하는 열쇠이며, 가족을 상기시키지 않으면 안 되는 것이었다. 하지만 주목할 것은 이 『전체성과 무한Totalité et infini』의 단계에서는 '책임의 한계'를 생각나게 하는 계기, 즉 형제간의 상극이 없으며, 우애에서는 "타인이 그 이외의 타인 모두의 연대자로 나타난다"고 한 것처럼 형제간의 연대가 '자명시自明視'되었다. 부친 살해는 더더욱 생각할 수 없다. 그렇다면 왜일까?

2) '나는 나의 아들이다'

자아는 그 유일성을 아버지의 에로스의 자아로부터 이끌어낸다. 아버지는 단지 아들의 원인이 되는 것은 아니다. 자신의 아들이라는 것, 그것은 자신의 아들 안에서 자아自我라는 것, 실체적으로 자신의 아들 안에 있다는 것을 의미하지만, 거기서 스스로를 동일적으로 유지하는 것은 아니다. 번식성에 대한 분석은 모두 이 모순되는 두 가지 움직임을 유지하는 변증법적인 연결을 확립하려고 하는 것이었다. 아들은 아버지의 유일성을 답습하면서도 아버지의 외부에 머무른다. 즉, 아들은 유일한 아들인 것이다. 숫자에 의해 유일한 것은 아니다. 아버지의 각각의 아들은 유일한 아들이며 선택된 아들이다.

TI 257*433

형제라는 것은 복수의 유일성의 공존을 의미한다. 하지만 그것은 아렌트가 '평등과 차이'에 따라 언급했던 인간의 복수성과 동일하지 않다. 각각의 사람의 유일성은 절대적이며 공통의 기저가 없는 차이에 의하기 때문이다. 따라서 이대로는 후에 레비나스가 보았던 것처럼 설령 내가 일방적으로 책임을 진다고 하더라도 복수의 타자의 상극은 피할 수 없을 것이다.

그런데 여기서는 우애에 복수의 타자의 평화적 공존이 끼워넣어져 있다. 그것은 형제라는 것이 부자관계=부성父性(파테르니테paternité)에 의해 유지되기 때문이다. 요컨대 각각의 아들(딸이 아니라)은 아버지의 유일성을 답습하기(재개하기) 때문에 유일한 것이지만, 아버지가 "무수한 미래로서"(TI 256*432) 존재하는 것으로부터 이 아들은 "다른 선택된 것, 동등한 것들"(같은 책)과 공존한다는 것이다.

핵심은 아버지의 유일성이 복수의 아들에게 답습된다는 점에 있다. 레비나스는 그것을 생물학적 또는 신학적인 용어로 '번식성繁殖性'이라 부른다. 아버지는 숫자의 한정 없이 아이들을 둔다. 하지만 그것은 아이들을 소유하는 것은 아니라고 말한다. "나는 나의 아들이다." 이 기묘한 언명은 부자관계를 "타자이면서 자아인 것 같은 이방인과의 관계"(TI 254*429)라고 하여 타자의 초월과 자아의 유지라는 모순되는 두 가지를 연결하려고 한다.

다수성을, 불연속성을, 즉 번식성을 결여할 때 자아는 어떠한 모험도 일개 운명의 모험으로 바뀌어버리는 것 같은 주체에 머무를 것이다. 자신의 운명과는 별개의 운명을 받아들일 수 있는 존재, 그것이 번식력 있는 존재다. 부성父性에 있어서 자아는 불가피한 죽음이라는 이미 결정된 일을 관통하고, 타자에게로 연장된다. 이와 같은 부성 안에서 시간은 그 불연속성에 의해 늙음과 운명을 극복해낸다. 완전히 자기 자신이면서도 다른 것인 방식으로서의 부성은 시간 안에서의 변형과도, 무언가의 전생轉生과도 관계가 없다. 시간 안에서의 변형은 시간을 관통하는 동일성을 극복해낼 수 없다. 전생에 있어서도 자아는 전신轉身을 인지할 수 있을 뿐이며, 다른 자아가 되는 일은 없다.

하지만 레비나스가 뭐라 말하든(그 불연속성의 강조에도 불구하고), 번식성은 역시 대문자의 자아의 전신轉身 이야기, 혹은 파란만장하지만 자기회귀해버리는 모험담으로 이해되고 만다. 결국 아들이라는 타자는 '또 하나의 자기'에 한없이 가까워지는 것은 아닐까? 예를 들면 레비나스는 "타인을 자신의 아들로 간주한다"(EI 63*95)고 말한다. 그럼으로써 번식성을 그 생물학적 의미를 초월해 인간 상호의 관계로 넓히려는 것이다. 그러나 그 의도와는 별도로 번식성은 타자를 받아들이고, 우애友愛로 정치를 보지 않고 끝내는 정치적인 작용을 하는 것은 아닐까?

정치를 없애기 위한 사전의 정치. 물론 레비나스의 의도가 거기에 있는 것은 아니다. 왜냐하면 "타자를 자신의 아들로 간주하는" 일로써 보다 윤리적이되려고 하기 때문이다.

초월—타인을 위해서—선량함은, 얼굴과 상관적이지만, 보다 깊은 관계를 기초 세운다. 요컨대 선량함의 선량함이라는 관계다. 번식성을 산출하는 번식성이 선량함을 성취한다. 그것은 증여贈與를 강요하는 희생으로부터 먼 곳에 있다. 선량함이란 증여의 권능의 증여이며 아이의 회태懷胎(임신)다.

TI 247*417

레비나스는 자아의 "중심重心을 유출시키고"(TI 222*379), "주관성의 번식성

진항의 중국 철학

을 통해 자아를 오래 살게 하는"(TI 225*384) 일로써 무한책임을 무한의 시간으로 계속해서 짊어지려고 하는 것이다. 선량함이 선량함에 대한 선량함으로서 차수次數를 올리고, 보다 윤리적인 것이 되려고 한다. 아니 더 정확히는 '다른 자아'로 변화할 때까지 오래 살아남아 책임을 지려고 하는 것이 "자아를 최종적으로 정의한다"(TI 222*379)고 말하는 편이 낫다.

　그러나 그것이 얼마만큼 진지하든, 이 윤리는 역시 "특이성의 고양高揚"(TI 222*379)이라 일컬어지는 바와 같이 자아의 생존, 타자의 동화同化라고 하는 정치에 침투되어 있는 것은 아닐까? 아들이 아버지의 책임을 감히 떠맡는 일이 있더라도, 그것은 아들의 문제이며 아버지로부터 강요되는 것은 아니다.[5] 그런데 여기서는 무한책임을 지속적으로 담당하는 일이 강조되는 나머지, 그것에 대해 책임을 져야만 하는 타자에게 역으로 책임을 지게 만들고 있다. 바로 여기에 책임의 한계가 문제가 되지 않는 이유가 있다. 다시 말해 책임을 짊어져야 할 타자가 "나는 나의 아들이다" 혹은 "타자를 자신의 아들이라고 간주한다"는 것을 통해 감축되고 유보되긴 하지만 자아에 동화되었기 때문인 것이다. 설령 보다 윤리적인 것이 되려고 하는 의도가 있을지라도, 이 논리는 타자의 초월을 자아의 초월로, 타자의 유일성을 자아의 유일성으로 치환해버린다. 정치를 보지 않고 끝내는 지점地點에서 자아 생존의 정치가 인정되는 것이다.

4

타자의 히에라르키

그러면 책임의 한계를 문제시하고 적극적으로 정치를 논하는 것처럼 보이는『존재와 다르게:본질의 저편』의 경우라면, 윤리가 정치를 피해 성립할 수 있는 것일까? 하지만 번식성의 논의가 상당히 후퇴했다고는 하나, 우애나 무한책임은 여전히 이야기되고 있으며 자아 생존의 정치가 없어지게 되었다고는 말할 수 없다. 거기에 무엇보다도 또 하나의 정치, 타자를 구별하고 이용하는 정치를 피하고 있지는 않다. 그것은 레비나스가 말하는 윤리를 근본에서 지탱한다고 여겨지는 정치이며, 여성이(그리고 동물도) 그 타성을 축약하고, 성인 남성인 타자에 대한 존중 혹은 책임이라는 윤리를 가능하게 하는 조건이다. 책임의 한계를 물어 윤리에 바탕을 둔 정치를 말한다 하더라도, 향수享受와 거기로부터 주체가 출래出來하는 구도가 유지되는 한, 이러한 타자의 히에라르키Hierarchie(위계성, 계층성)는 늘 붙어서 따라다닌다.

이제까지 살펴본 바와 같이 레비나스가 사용하는 개념은 부자관계=부성(파테르니테)은 물론이고 우애(프라테르니테)라 하더라도 남성에 속한다. 그것은 우연이 아니다. 설령 레비나스가 어떻게 항변할지라도,[6] 타자에 대한 책임을 지는 나의 조건을 충족시키는 범례는 남성이다.

레비나스가 '나'로서 소환하는 것은 성숙한 대인大人이며, '말할 수 있는 것', 즉 '페르소나'(인칭, 인격)다. 그들만이 거기서 판단(재판)이 이루어지는 법정에 설 수 있다(TI XI＊18). 그렇다면 '대인'이라는 것은 '타자에 대한 책임'의 윤리를 말하기 이전에 요청되는 윤리인 것일까? 하지만 레비나스의 의도에 반하더라도, 그것은 정치라고 말하지 않으면 안 된다. 성숙한 대인인 나, 아이를 둘

수 있는 아버지인 나는 여성·미숙한 것·짐승인 것을 사전에 폄시貶視하는 정치의 위에 군림하기 때문이다. 그뿐만이 아니다. 레비나스의 '윤리-정치'를 지탱하는 평면은 타자를 성인 남성에 한정하는 것처럼 보인다. 여성에 대한 망각이다. 이러한 정치가 레비나스가 말하는 윤리의 한가운데에 둥지를 틀고 있는 것은 아닐까?

1) 여성에 대한 망각 혹은 폄시

책임의 한계를 말하는 『존재와 다르게:본질의 저편』에서는 여성이 거의 이야기될 수 없었다. 그것은 이미 충분히 다 말했다고 하는 이유에서의 침묵인 것도, 또 단순히 해야 할 말을 빠뜨린 것도 아니다. 여성과의 관계, 즉 에로스의 관계는 '타자를 위해 대신하게 되는(대역이 되는) 나'라고 하는 책임에 어울리지 않기 때문인 것이다.

> 에로스적 타성他性 아래에는 타인을 위해 대신하게 되는 타성, 즉 에로스에 앞서는 책임이 존재하고 있다.
>
> AE 113*341

"욕망을 자아내지 않는 것에 대한 욕망"(AE 158*226)이고 "어떠한 에로티시즘도 없이 절대적으로 이질적인 '호소에 대답하는 응답"(AE 68*109)인 책임에 대하여, 에로스는 '육욕肉欲' 혹은 "'내적 욕구'나 '자연적 경향'"(같은 책)이며 자기만족이라고 하여 거부된다.

그런데 에로스에 대한 이러한 배제는 납득이 가지 않는다. 레비나스가 그이전에 적극적으로 전개했던 '에로스의 현상학'은 에로스의 관계야말로 절대적으로 다른 것과의 관계이며, 그것은 '육욕'이지만 동시에 초월로 향하는 욕망, 즉 사랑받는 타자인 '초월자의 향수'를 통해 '얼굴의 저편'을 목표로 하는 독자적인 것이었기 때문이다(TI 232~233*392~393). 바꿔 말하면 에로스의 관계는 타자의 자기에 대한 융즉融卽이 아니라, 친밀하고 비공공적非公共的인 쾌락의 한가운데에 제삼자가 등장하고 거기로부터 공적·정치적인 차원으로서의 '사회'가 전망되는 것이었다. "언뜻 보면 비사회적인 것으로 보이는 에로스의 관계는 가령 부정적인 방법이라 하더라도, 사회적인 것과 관계하고 있다"(TI 240*405)는 말이다.

그러한 에로스의 관계 혹은 '에로스적 타성'을 『존재와 다르게:본질의 저편』에서 거부한 것처럼 보이는 것은 타자론他者論의 변화──대역(대신)에 이르기까지의 래디컬한(급진적인) 타자에 대한 책임이나 제삼자를 통한 책임의 한계에 대한 물음, 윤리에 의한 정치의 기초 세우기 등등──에 따라 여성을 말하지 않고 끝나게 되었기 때문일지도 모르겠다. 혹은 에로스의 관계 그 자체가 실은 이차적인 것이라 여겨지고, 타자론의 변화에 따라 보다 단순한 형태로 드러났던 것은 아닐까? 요컨대 『존재와 다르게:본질의 저편』에서의 여성의 부재는 그 이전 텍스트에서의 여성에 대한 언급과 단순히 대립하는 것이 아니라, 여성에 대한 망각 혹은 여성 폄시라는 정치의 또 하나의 귀결은 아닐까?

그런데 레비나스는 유대교에 대한 주해에서 이렇게 말하고 있다.

이것으로 잘 알게 되셨겠지요. 여성은 이 가치의 히에라르키(위계성)에 있어서 충분히 높은 지위를 점하고 있습니다. 그것은 선택이 양자택일이 되면 나타나는 '히에라르키'입니다. 여성은 제2위를 차지합니다. 이것은 여성이 경시되고 있다는 말이 아닙니다. 그렇지는 않고, 남성과 여성의 성적 차이에 근거한 관계는 인간 상호의 관계보다도 하위에 있다는 것입니다. 인간 상호의 관계는 리비도libido[7]의 힘이나 복합으로는 환원할 수 없습니다. 그리고 인간 상호의 관계로 향할 때, 여자는 남자처럼 스스로를 높이게 되는 것입니다. 아마도 이렇게 스스로를 높이는 일에서 남자는 여자보다 몇 세기는 앞서 있을 것입니다.

SS 148*213

유대교는 레비나스의 경우에 일체의 소박함을 거절한 "대인大人의 종교"(QLT 34*39)다. 그것은 무신론의 절망과 신비에 대한 융즉의 어느 쪽도 모두 거부하는, 즉 부정否定과 유혹에 저항한다(QLT 106*119~110). 그러나 그것은 동시에 여성을 이차적인 것으로 생각한다. 레비나스의 사고思考가 유다이즘과 분리될 수 없다고 한다면, 역시 그것은 애초부터 여성을 폄시하고 있었다고 해야 할 것이다. 물론 인용문에서 보는 바와 같이 여성이 아니라 성적 차이를 종속적이라고 생각한 것이라는 반론이 있을 수 있다. 하지만 여성 폄시는 성적 차이, 즉 여성과의 관계를 종속적이라고 생각함으로써 보다 강력해지는 것은 아닐까? 자크 데리다가 레비나스의 언설에 대해 "이차적인 것, 파생적인 것, 종속적인 것이라 하는 것은 여성 혹은 여성적인 것이 아니라, 성적 차이다"[8]라고 말했을 때에 강조했던 것이 바로 이러한 사항이다. 문제가 되는 것은 여성을 말하는 일 혹은 말하지 않는 일이 아니라, 어떠한 관계에서 어떻게 말할 것인가 또는 말하지 않을 것인가다.

2) 향수享受의 동물

그러면 레비나스는 여성에 대해 어떻게 말했을까?

나의 의지와 싸우는 의지, 나의 의지에 종속하는 의지로서가 아니라 역으로 진실한 말을 말하는 일이 없는 무책임한 수성獸性(짐승의 성질)으로서 사랑받는 여자는 나와 대립한다. 사랑받는 여자는 책임 없는 유아幼兒(말을 해서 얻지 못하는 존재)로 돌아가고, 아양 떠는 용모와 젊음과 '약간의 어리석은 (동물적인)' 순수한 삶에 의해 인격으로서의 그 지위와 품격을 포기해버린 것이다. 얼굴은 마멸되어 표현하는 일 없이 그 비인칭적 중립성 안에서 애매함을 걸치면서 '수성'으로 연장되어 간다. 이와 같은 한에서 타자와의 제관계는 장난과 같은 것으로서 작용한다. 우리는 어린(유치한) 짐승이라고 해야 할 타자와 장난하는 것이다.

TI 241*406

페르소나도 없이, 스스로 말할 수도 없고 책임을 지는 일도 없는 어린(유치한) 것, 즉 동물로서의 여성이다. 이것은 이미 언급한 바 있는 성숙한 대인과 선명한 대조를 이룬다. 그러나 문제는 단지 여성을 폄시하는 것만이 아니라, 폄시받는 여성이 타자에 대한 윤리를 위해 이용되고 있다는 점이다. 그것은 "초월자의 향수享受"(TI 233*392)라는 표현으로 응축된다. 여성은 '향수'되는 타자다. 그런데 향수란 어떤 것일까? 향수는 일관되게 언급되고, 더구나 그 구조는『존재와 다르게: 본질의 저편』에서도 또는 그 이전에도 변함이 없다 (AE 93*144, TI 91*172).

식량을 잔뜩 입에 넣고, 그것에 의해 살아가는 일. 향수는 무엇보다도 이러한 자족이다. 이것은 타자를 고려에도 넣지 않는 에고이즘이며, 여기서 "절대적 자존성"(TI 31*76)으로서의 자아·주체성이 발생한다. 그런데 레비나스는 이러한 에고이즘이야말로 초월로서의 타자를 욕망하고, 타자의 대역(대신)이 되기 위한 불가결한 계기라고 생각한다. 역설적이지만 절대적인 타자로 향하기 위해서는 절대적으로 분리된 자아가 필요하다. 이렇게 말하는 것은 타자와 상관관계에 있는 자아, 타자와 "변증법적인 대립"(TI 8*38)에 있는 '자동자自同者'는 타자에 의존하는 자아이고 타성을 상대화해버리기 때문이다. 또 타자에 힘입고 있다면 자아의 "핵붕괴核崩壞"(AE 81*128)는 일어날 수도 없기 때문이다(AE 93*144, TI 34*81). "자신이 먹고 있는 빵을 증여하기 위해서는 '자신의 빵'을 사전에 향수하고 있지 않으면 안 된다."(AE 91*141)

그러나 '절대적 자존성'이 일어나고 그러한 자아가 타자와 관계하는 것은 어떠한 구조로 가능하게 되는 것일까? 레비나스는 그것을 "의존하는 자존自存"(TI 87*166)이라는 모순된 개념으로 설명하려고 한다. "분리된 존재에 뚫렸던 외부로의 문은 열려 있는 동시에 닫혀 있지 않으면 안 된다."(TI 122*223) 그리고 여기서 우리가 문제로 삼고 있는 타자의 구별을 이끌어냈다. 요컨대 절대적인 타자와 구별된, 향수되는 타자로서의 식량(양식) 그리고 여성이다.

소유란, 바꿔 말하면 자아와의 관계로 다름他이며, 최초에만 다름인 것에 지나지 않는 것의 타성他性을 중단하는 일이지만, 이와 같은 소유의 가능성 그것이 자동자自同者의 양식樣式이다. 세계 안에서 나는 우리 집에 있다. 이렇게 말하는 것도 세계는 소유에 제공되는가, 그것을 거부하는가의 어느 쪽이기 때문이다(절대적으로 다른 것은 단지 소유를 거부하는 것일 뿐만 아니라 소유에 대해서 이의를 제기하는데, 바로 이러한 일에 의해 소유를 인정해버린다). 이와 같이 세계의 타성이 자기동정自己同定으로 표변한다는 점을 확고히 명기해두지 않으면 안 된다. 이 자기동정의 모든 '계기', 즉 신체·집·노동·소유·이코노미(경제)는 자동자의 형식적 골조骨組에 부착한 경험적이고 우연적인 소여所與로서 마음속에 그려서는 안 된다. 이들 '계기'는 자동자 구조의 분기分岐인 것이다. 자동자의 자기동정은 무의미한 동어 반복도 타자와의 변증법적인 대립도 아니며, 에고이즘이라는 구체성인 것이다. 이것은 형이상학이 가능한지 여부의 문제에서 중요하다. 만일 자동자가 단지 타자와의 대립에 의해 자기동정하는 것이라면, 자동자는 자동자와 타자를 포섭하는 전체성의 일부를 이미 이루고 있는 일이 될 것이다. 우리 고찰의 출발점이었던 형이상학적 욕망의 희구希求, 즉 절대적 타자와의 관계를 목표로 하는 이 희구도 이때 반대의 결과가 되어버린다.

TI 8 * 38

확실히 가장 깊숙이 숨겨져 간직되었던 나의 깊숙한 곳內奧도 이방異邦이라는 것, 적대하는 것으로서 나의 앞에 나타나고, 일용품, 식료, 게다가 우리가 살고 있는 세계도 우리에게 있어서 다른 것이다. 그렇지만 자아의 타성이나 우리가 사는 세계의 타성은 형식적인 것일 수밖에 없다. 이미 제시한 바와 같이 그러한 타성은 나의 권능 아래에서 내가 머무르는 세계에 빠져들고 있다. 형이상학적 타자와는 형식적이지 않는 타성을 가진 다른 것이다. 이 타성은 자동성自同性의 단순한 뒷면도, 자동자에 대한 대항에서 이루어지는 타성도 아니다. 그것은 자동자의 어떠한 이니셔티브(주도권), 자동자의 어떠한 제국주의에도 선행하는 타성인 것이다.

TI 8~9 * 39

형이상학의 존립, 즉 형이상학적 타자와의 관계를 지탱하는 것, 그것이 "자아와의 관계로 다름他이며, 최초에만 다름인 것에 지나지 않는 것", '세계의 타성'이다. 그것은 "형식적"(TI 8*39)이라고 말해지는 타성이며, 자아의 권능 아래에서 향수를 통해 자아의 동일성을 구성하는 계기다. 고다 마사토合田正人가 '상대적 타자'로 번역한 바와 같이 그것은 자아가 절대적 타자와 절대적인 방법으로 관계하기 위해 도입된 타성이며, 에고이즘을 성취시키는 동시에 형이상학적 타자의 타성을 순수하게 유지하는 장치인 것이다.[9] 이 형식적 타성의 가장 으뜸가는 것이 먹는 일과 살아가는 일에 대응하는 식량과 여성이다. 그리고 여기에는 다음과 같은 타자의 히에라르키가 있다.

~에 의해 단지 살아가는 일, 요컨대 모든 원기元基를 무심히 즐기는 일[①]은 아직 사는(거주하는) 일[②]이 아니다. 하지만 사는 일도 아직 언어의 초월[③]은 아니다. 내밀성內密性 안에서 영접하는 타인[여성②]은 높이의 차원에서 현현顯現하는 얼굴로서의 당신[③]이 아니다. 그렇지 않고 이 타자는 가족적으로 친밀한 너에 다름 아니다. 그것은 가르침 없는 언어, 침묵한 언어, 말 없는 이해, 비밀리의 표현이다.

TI 122*223

이 문장에서 보는 바와 같이 여성이라는 타자는 향수되는 식량(원기元基)과 언어의 초월로서 이야기되는 절대적 타자와의 사이에서 자리매김된다. 이 '신중한' 타자는 스스로 빛을 피하는 타자이고 말을 갖지 않으며 "완전한 인격을 기저로 해야만 이 신중함이 이해되고 그 내면화의 기능을 발휘하는"(TI 129*234) 대상이다. 또 "내면성이라는 차원을 열기 위해서 그 인격성이 보류되는 일도 있을 수 있다"(같은 책)고 하는 매우 형편이 좋은 이차적인 타자인 것이다. 그리고 ①'~에 의해 살아가는 일'→②'사는(거주하는) 일'→③'말하는 일'이라는 히에라르키(위계성)와 병행해서 ①식량→②여성→③인간(남성)이라는 타자의 히에라르키가 있다. 식량과 여성의 향수를 통해 자아는 자기동정自己同定되고, '사는(거주하는) 일'로부터 '소유所有'가 확립되어 간다. 그렇게 해서 처음으로 최종의 심급에 있는 타자에 대해 '말하는 일' 그리고 '증여贈與'가 가능해진다. '증여의 권능의 증여'라 해도 동일하다. 레비나스의 타자에게 향하는 윤리는 타자의 히에라르키를 이용하는 정치의 결과인 것이다.

그런데 윤리의 가능성의 조건인 정치, 타자를 구별해 히에라르키를 설정하고 뒤떨어진(열등한) 타자를 이용하는 정치는 반정치적이며 반윤리적이라고 말해야 될 것이다. 그것은 그저 이러한 정치가 사실에도, 법 혹은 권리에도 근거하지 않기 때문만은 아니다. 그것은 이러한 정치가 정치 그 자체일 터인 계산 가능성을 과도하게 뛰어넘고, 정도程度 문제를 질質의 문제로 치환하고 있기 때문이다. 요컨대 여성(게다가 동물)으로부터 '페르소나'나 언론의 능력을 '아프리오리'하게 빼앗는 일은, '형이상학' 더구나 타자를 판단하는 정치를 가능하게 할지도 모르겠다. 하지만 그 자체는 정도를 묻는 일의 가능성과 위험성을 피하는, 아니 정확히 말하면 무시하기 때문에 반정치적이고, 또 그 때문에 정치로부터 사전에 제외해도 상관없는 타자(페르소나도 언론의 능력도 없기 때문에)를 세우는 일은 반윤리적이기도 하다. 정치와 윤리는 결코 별개의 사항(사정)에 관계되는 것이 아니다.

5

타자에게 정의를 돌려주는 일

윤리의 핵심에 침투하는 정치. 이러한 정치는 윤리에 바탕을 둔 정치를 말하는 바로 앞에서 그러한 정치를 말하는 일까지도 가능하게 해주는 조건이다. '또 하나의 자기'인 타자, 히에라르키(위계성)를 이루는 타자가, 타자에게 향하는 윤리에 의해 이야기되고 그것을 가능하게 한다. 그런데 이러한 비판은 레비나스에게 가혹할지도 모르겠다. 왜냐하면 타자에게 향하는 윤리는 단지 레비나스에게만 한정되지 않으며, 불가피하게 정치성을 띠게 될 것이기 때문이다. 다시 말하면 '누가 타자인가'라는 물음을 회피할 수 없는 이상, 타자를 무언가로 구별해 대답하지 않을 수 없기 때문이다. 그렇다면 타자에게 정의를 돌려주려고 하는 일은 스스로를 배반하는 형태로밖에 가능해지지 않는 것일까?

그러나 레비나스에 반대하더라도, 다시 레비나스와 함께 어떻게 하든 정치와 윤리의 공범을 절단하는 일이 필요하다. '누가 타자인가'라는 물음을 다시 되물어 타자의 구별을 비판하는 일. 이것은 성급하게 혹은 사전에 대답을 이끌어내는 힘에 대항해 시간을 부여하는 일이기도 하다. 정치와 윤리의 공범에 대한 중단과 유보. 타자의 정치·타자의 윤리는 바로 이러한 사정과 관계된 것이다. 타자에게 정의를 돌려주는 일은 이러한 의미에서 무한의 시간을 필요로 하고, 무제한으로 타자에게 열려 있지 않으면 안 된다.

그런데 그것은 책임의 한계, 누구에게 어느 정도 정의를 돌려주어야만 하는가라는 판단을 피하는 것이 아니다. 그렇다고는 하나 이것은 책임이 제한되는 일이 아니며, 더구나 책임의 테두리 밖에 놓인 타자를 인정하는 일, 즉 사전에 타성이 제한된 타자를 인정하는 일은 결코 없다. 타자에게 정의를 돌려주는 일은 정의를 돌려줄 수 있는 타자를, 혹은 돌려줄 수 있는 정의를 발견하는 일은 아니기 때문이다. 정도 문제를 질의 문제로 치환해서는 안 된다. 그것은 극한의 요청이다. 그러나 또 그것은 필요하다. 필요를 말하는 언설의 폭력에 진감震撼(울려 흔들림)하면서도, 다시 한번 이 사정을 말하지 않으면 안 된다. 정의가 결코 이루어지는 일이 없었던 타자가 있었고, 또한 있기 때문이다. 기억의 용량을 뛰어넘어 기억되는 일이 없는 타자의 역사가 있기 때문이다.[10] 정의가 가능되는 것은 가능할 수 없는 타자와 그 역사를 앞에 두고서다.

　타자에게 향하는 레비나스, 그리고 아렌트와 함께 타자에게 정의를 돌려주는 일. 그러나 바로 그것을 위해서도 레비나스와 아렌트에게 반대하더라도 윤리와 정치 사이에, 아니 정확히 말하면 윤리와 정치의 핵심에 둥지를 틀고 사는 타자의 감축減縮을 비판하지 않으면 안 된다. 이것도 하나의 '윤리=정치'일 것이다. 대문자의 윤리, 대문자의 정치가 붕괴한 뒤라도 윤리와 정치를 피하는 정밀靜謐한 장소 따위는 없다.

　그리고 이것은 무엇보다도 타자에게 언어를 돌려주는 일에 다름 아니다. 정합적인 빛의 언어에 회수되는 일이 없는 말의 중얼거림이나 우물거림에 귀를 기울이는 일. 이렇게 해서 타자의 오럴리티(음성)에 열려진 공간은 아마도 약함의 공간일 것이다. 그것은 특정의 기원에 호소해 계속해서 자기동정自己同定하거나 순수한 전달 가능성의 이름으로 '마이너(하급, 소수파)의 사람들'을 배제하는 것과 같은 특정의 공동체는 아니다. 그것은 설정되는 어떠한 특정의 기원보다도 오래된 결속(결합)이며, 다음에 오는 미래에 회복되어야만 하는 결속일 것이다.

　끝으로 레비나스로부터의 증여, 증여의 증여인 말(언어)을, 설령 있을 것 같지도 않은 일이라 하더라도 받아들이고 싶은 마음이다.

　대지를 뒤덮는 한 줌의 인간에게는 단순한 폭력에 대한 혐오의 다음 단계에 있는, 존재하는 일의 이완弛緩이 필요하다. 요컨대 정의의 전쟁이 바로 이 정의 때문에 전쟁에 이르게 되어버리는 일에 대해 끊이지 않고 부르르 떨며 진감震撼하는 일. 이러한 약함(나약함)이 필요한 것이다.

TI 8*38

제10장

속후速朽와
늙음

중얼대거나 우물거리는 말에 귀를 기울이는 약함의 공간으로 향하여. 여기서 다시금 중국으로 되돌아가보자. 중국에서 약함의 공간과 거기에서의 약함의 표현 방식에 민감했던 인물은 루쉰魯迅(1881~1936)이었다. 이 책의 서두에서 살펴본 바와 같이 루쉰은 '마음의 소리心聲'를 잃어버리게 하는 고문을 배제하고, '진실한 소리'를 전달하는 '살아 있는 구어'인 백화문白話文을 사용하려고 했다. 다만 그 소리는 투명한 전달공간에서 전달되어야 할 뜻意을 대리하고자 한 것은 아니다. 그것은 소리 없는 소리로서 외치고 지를 수 있는 '납함吶喊'이다. 루쉰이 초기에 쓴 몇 권의 소설이 『납함』(1923)이라는 제목으로 모아져 출간된 일을 상기해보도록 하자. 루쉰은 그「자서自序」에서 이렇게 말했다.

어리석고 나약한愚弱 국민은 설령 체격이 좋고 아무리 완강하더라도, 기껏해야 하찮은 본보기가 될 재료나 그 구경꾼이 될 뿐이다. 병이 나거나 죽거나 하는 인간이 많을지라도 그러한 일은 불행이라고까지는 말할 수 없는 것이다. 오히려 우리가 최초에 완수해야 할 임무는 그들의 정신을 개조하는 일이다. 그리고 정신의 개조에 도움이 되는 것이라면, 당시 나의 생각에서는 물론 문예文藝가 가장 첫 번째였다. 그래서 문예운동을 일으키자는 생각을 하였다.

『납함』, 전집 제1권, 417쪽 : 문집 제1권, 5~6쪽

여기서 '어리석고 나약한愚弱 국민'으로 표상되는 것은 루쉰이 일본 센다이仙臺의 의학전문학교에서 공부할 때 본 러일전쟁의 슬라이드에 찍힌 중국인이다. 사람을 치료하는 의학을 배우는 장場이 속박된 채로 무참히 살해되는 중국인을 비웃는 공간으로 변한 순간, 바로 '동일한 것同一者'들의 공동체가 그 폭력을 드러내려고 했던 것이다. 거기에 있던 일본인에게 결코 들리지 않았던 것은, 그리고 들으려고 하지 않았던 것은 슬라이드 속의 중국인의 목소리였다. 그후 루쉰은 의학을 버리고 문예(문학예술)로 나아갔다. 그것은 '어리석고 나약한 국민'을 먼저 치료하기 위해서였을 것이다.

그렇다고는 하지만 소설로 국민의 '혼魂'이나 '정신'을 변혁함으로써 사회를 근저에서부터 개혁하려고 하는 프로그램은 젊은 루쉰만의 전유물은 아니었다. 예를 들면 청나라 말기에 량치차오梁啓超는 "한 나라의 백성民을 새롭게 하려면, 우선 한 나라의 소설을 새롭게 하지 않으면 안 된다"(량치차오, 「소설과 군치群治의 관계를 논하다」, 1902, 『량치차오전집梁啓超全集』 제2책, 884쪽)고 일찍부터 말하고 있었다. 여기서 '신민新民(백성을 새롭게 함)'이 주자학의 개념이라는 것을 상기해본다면, 량치차오가 말하는 '소설'은 자발自發의 문장으로서의 고문의 '리바이벌revival(재상영, 재상연)'이라고도 할 수 있을 것이다. 또 이미 살펴

본 바와 같이 루쉰과 동시대인이었던 후스는『신청년』에 발표한「문학개량추의文學改良芻議」에서 백화 사용을 위한 8개 조항을 제시하면서 옛사람古人의 모방 금지와 전고典故 및 대구對句의 사용 금지를 핵심으로 하는 백화문학운동을 제창했는데, 이것 또한 한유의 고문의 정의와 아득히 호응하고 있었던 것이다.

루쉰의 백화소설은 이러한 새로운 고문과 겹쳐지면서도 그것들과는 또다른 특이성을 갖고 있다. 그것은 쓰이자마자 곧바로 썩어 없어져버리는 '속후速朽'의 문장이기 때문이다.

1

속후의 문장

량치차오든 후스든 소설을 통한 사회 개혁은 국민문학에 의해 사람들을 근대적인 국민으로 키우고 양성해내는 데 있다. 그런데 루쉰의 경우에 '너, 국민이 되어라' '너, 세계인이 되어라'라고 하는 소리는 온갖 차이를 '동일화'하는 데에 이르는 '나쁜 소리惡聲'에 지나지 않다(「파악성론破惡聲論」, 1908년 12월 5일, 전집 제8권, 26쪽 ; 학연學硏 제10권, 54~56쪽). 루쉰이 청취하려고 했던 소리는 약한 자의 소리이며, 중얼거림이나 우물거림이라고 하는 '진실한 소리'다. 확실히 루쉰이 보았던 것은 '소리 없는 중국'이며,[1] '말하지 않는 국민'이다.

"말하지 않는 국민의 영혼을 묘사하는 것은 중국에서는 정말로 어려운 일이다."(「러시아어 역『아큐정전阿Q正傳』서문 및 저자 자서전략自敍傳略」, 1925년 5월 26일, 전집 제7권, 82쪽 ; 학연 제9권, 114쪽) 이렇게 말한 배경에는 이 '말하지 않는 국민'이 악귀처럼 서로 영혼을 뜯어먹고 있는 견딜 수 없는 현실이 있다. 아큐

阿Q의 '영혼을 물어뜯었던' 것이 '이리의 눈'을 한 사람들이었다는 점을 상기해보자. 그들이 물어뜯었기 때문에 아큐는 '말을 할 수 없었고', 살해되기 직전까지 '도와줘(사람 살려)'라는 소리를 외칠 수 없었다(『아큐정전』, 전집 제1권, 526쪽; 문집 제1권, 153쪽).

그러면 아큐와 아큐를 물어뜯은 사람들을 동시에 구원하기 위해서는 어떻게 하면 좋을까? 그것은 그들에게 소리를 회복시켜주는 일이고, 그러기 위해서는 새로운 문장을 생각해 만들어내는 일밖에는 없다. 그러나 소리를 계속해서 빼앗아왔던 것은 바로 문장이며, 그것이 영혼을 만들어낸 것이다.[2] 그렇다면 루쉰에게는 문장에 대항하면서 문장을 짓는 방법 이외에는 없다. 이 곤란함을 앞에 두고 루쉰이 선택한 것이 '빠르게 썩어 없어지는' 문장이었다. 『아큐정전』의 서두 부분을 읽어보자.

내가 아큐의 정전을 쓰려고 결심한 지도 이미 한두 해의 일이 아니다. 하지만 쓰고 싶다는 일면에서 주저하기도 했다. 아무래도 나와 같은 따위는 '언론으로 후세에 불후의 명성을 남길' 필력이 없을 것 같았다. 이렇게 말하는 것은 예로부터 불후의 문장이라고 하면 불후의 인물이 전하는 것이라고 해서, 사람은 문장에 의해 전해지고, 문장은 사람에 의해 전해진다고 하기 때문이다. 그래서 누가 누구에게 전하느냐 하는 문제를 따지게 되면 점점 애매해진다. 막상 아큐의 전기를 전하기로 마음먹고 보니, 무언가 귀신에게라도 홀린 것만 같다.

그래서 이 불후하지도 않은 속후(빨리 썩어 없어짐)의 문장을 쓴다고 결정하고 붓을 들자 금세 난관에 봉착했다.

『아큐정전』, 전집 제1권, 487쪽; 문집 제1권, 98쪽

애당초 아큐라는 '말을 하지 않는 국민의 영혼'을 쓰는 일은 "무언가 귀신에 홀린 것" 같은 터무니없는 일이다. 아큐는 이름도 없는 유령 같은 존재이고, 그것을 전하기 위해서는 불후의 문장(고문)이 아니라 속후의 문장(백화문)이 야말로 적합한 것이다.

여기서 언급되는 '속후速朽'는 복상服喪에 관해 논한 『예기』 「단궁檀弓」 편을 전거로 한다. 즉, 환사마桓司馬가 석관石棺(돌판으로 만든 관)을 만들었다는 일에 대해서 공자가 "죽으면 빨리 썩어 없어지고 싶다"라고 말했다고 하는데, 이것이 속후라는 말의 유래. 석관 속에서 좀처럼 썩어 없어지지 않는 사체死體와 망령과는 달리, 나무로 만든 관 속에서는 사체와 망령이 빨리 썩어 없어진다. 그와 마찬가지로 스스로 지은 백화문의 소설도 또한 빨리 썩어 없어지기를 소망한 것이다. 그렇지 않으면 그것은 새로운 고문으로서 새로운 귀신(유령)을 만들어내고 말 것이다.

2
죽음을 되돌리다

문장에 대한 이러한 태도는 그후에도 일관되었다. 루쉰은 1927년에 산문시 집 『야초野草』를 출판했는데, 그것은 다케우치 요시미竹内好(1910~1977)가 "루쉰의 에센스(정수)라고도 할 수 있다"(다케우치 요시미, 「『야초』 해설『野草』解說」, 1955년 7월, 『다케우치 요시미 전집竹内好全集』 제1권, 324쪽) 라고 평가했던 작품이다. 그 「제사題辭」에는 이렇게 적혀 있다.

나 자신을 위해서, 친구와 적, 사람과 짐승, 사랑하는 자와 사랑하지 않는 자를 위해서, 나는 이 야초野草의 사멸死滅과 부후腐朽(썩어서 문드러짐)가 신속히 찾아오기를 기대한다. 그렇지 않으면 내가 애초부터 생존하지 않았다는 일이 되기 때문이다. 그것은 완전한 사멸과 부후보다도 한층 더 불행한 일이다. 가라! 야초여! 나의 제사題辭와 함께.

『야초』, 전집 제2권, 160쪽 ; 학연 제3권, 12쪽

루쉰이 '야초'라 부르는 것은 스스로가 피로 쓴 문장이라는 것을 의미한다. 그리고 여기서도 반복해서 그 "사멸死滅과 부후腐朽가 빨리 찾아오기"를 소망하고 있다. '루쉰'이라는 필명이 '느리고魯 빠름迅'이라는 속도와 관계된 뜻임을 되풀이해 상기해보자. 이 속도감 있는 사람은 죽음을 초월해 지속적으로 살아가는 '불후'라는 영원을 거부하며 죽음을 응시하고, 현실의 내부에서 그 복잡한 흐름을 해독하면서 사해死骸(시체, 송장)에 바싹 달라붙어 죽은 자에게 죽음을 되돌리려고 하는 것이다.

이에 대해 생각해보기 위해서『야초』의 한 편을 골라 살펴보기로 하자. 그것은 「사후死後」(1925)라는 제목이 붙은 단편이다. 거기에는 다음과 같은 구절이 있다. "살아 있을 때, 나는 일시적이나마 생각해보고 싶은 일이 있다. 만일 사람이 사망하여 운동신경이 사멸한 것뿐으로 지각知覺이 남아 있다고 한다면, 그것은 완전한 죽음보다도 훨씬 무섭다."(같은 책, 209쪽 ; 같은 책, 65쪽) 그 예측이 적중해 죽어버린 '나'는 코 속에 흙이 들어가도 재채기조차 할 수 없고, 찰싹 달라붙어 있는 개미나 쇠파리를 쫓아버릴 수도 없는 불능不能함을 지겹도록 맛본다. 무섭고 두려운 것은 죽어도 죽을 수 없는 일인 것이다. 그리고 '나'는 사람에게는 '생각한 대로 죽을 권리'(같은 책, 211쪽 ; 같은 책, 67쪽)조차도 없

다고 이해한다.

하지만 기묘한 것은 이 뒤에 벽으로 둘러싸인 관통棺桶 속에서 '나'는 옛날 아는 사이였던 책방의 젊은 점원을 만나서 명대판明代版 『공양전公羊傳』을 읽을 것을 권유받는다. 모든 것이 불능이 된 와중에 어떻게 읽을 수 있는가? 그런데 점원은 "읽으시면 대장부지요!"(같은 책, 212쪽; 같은 책, 69쪽)라고 대답한다.

불후의 문장이 목표로 하는 것은 사후의 명성이다. 하지만 여기에 묘사되는 것은 그 그림자의 영분領分(영지, 영토)이다. 다시 말해 죽은 후에도 불후의 문장은 사람에 홀린 것처럼 되고, 그 사람을 '망령화'하여 '완전한 죽음'을 허락하지 않는다. 그에 대항해 죽은 자에게 죽음을 되돌리고, 죽음을 이루기 위해서는 불후의 문장을 폐지하지 않으면 안 된다. 불후의 문장이야말로 귀신이며, 또한 조문 받지 못하는 유령을 만들어내는 것이기 때문이다.[3] 하지만 이미 살펴본 바와 같이 문장을 폐지하기 위해서는 문장에 의할 수밖에 없다. 그렇기 때문에 문장 그 자체를 신속하게 빨리 썩게 하려는 것이다. 그것이 아큐라는 귀신을 전하면서 동시에 유령을 내치며, 그리고 구제하는 속후의 문장이다.

다만 이 속후의 문장은 왕필王弼이 바라던 사전에 망각된 말로서의 망언忘言은 아니다. '망언'은 시간을 미리 선취함으로써 뜻意을 통째로 파악하는 장치이며, 시간을 조작해 빼앗는 것이기 때문이다.

3

루쉰의 종말론

그렇다고는 하지만, 루쉰이 그 속도를 일거에 최대한으로 더해 속후의 문장을 모두 다 불태우는, 말하자면 '종말론'적인 격정을 갖고 있었다는 점도 확실하다.[4] 그것은 특히 '사해死骸(시체)의 무게를 느끼지 않는 사람들'을 전제로 했을 때 분출한다.

1926년 3월 18일, 베이징에서 학생들이 돤치루이段祺瑞 정부에 반대해 국민대회를 열었을 때 군대와 경찰이 무차별로 발포한 사건이 있었다. 그 무렵 많은 사람이 살해되었는데, 그 가운데 루쉰의 제자 두 명도 포함되었다. 그 직후인 3월 25일에 루쉰은 「사지死地」(1926)라는 작품을 써서 "사해死骸의 무게를 느끼지 않는 자들이 별도로 존재하고, 더구나 '사해의 무게를 알고 있는' 마음을 하나로 묶어 도살하고 있다"(『화개집 속편華蓋集續編』, 전집 제3권, 267쪽;학연 제4권, 305쪽)고 하여 분노를 드러냈다. 곧이어 루쉰은 「빛바랜 혈흔 속에―몇 사람인가의 사자와 생자와 아직 태어나지 않은 자를 기념하여淡淡的血痕中―紀念幾個死者和生者和未生者」(1926, 『야초』 수록)를 발표해 '사해의 무게를 느끼는 일이 없는 자들'이 계속해서 승리하는 이 세계에 '종말'을 가져오고, 이 세계를 근저에서 변혁시키는 일을 염원했다.

이 글의 서두에서 그는 다음과 같이 말하고 있다.

현재 조물주는 역시 겁쟁이다.

그는 살그머니 천변지이天變地異를 일으키면서 지구 전체를 파괴하려고 하지 않는다. 살그머니 생물을 쇠망衰亡으로 이끌면서 모든 사체死體를 길게 남겨

두려고도 하지 않는다. 살그머니 인류에게 피를 흘리게 하면서 피의 빛깔을 언제까지라도 선명하고 짙은 채로 내버려두려고도 하지 않는다. 살그머니 인류에게 고난을 강요하면서 언제까지라도 기억에 머무르게 하려고도 하지 않는다.

『야초』, 전집 제2권, 221쪽 ; 학연 제3권, 78쪽

프리드리히 니체(1844~1900)를 모방해 루쉰은 이 겁 많은 조물주와 그에 호응하는 '인류 속의 겁쟁이'가 사람들을 사육해 길들이고, 가혹한 현실을 보지 않고 대충 때우고 있는 일을 고발한다. 그 세계에서는 '모든 사체死體'가 죽음을 되돌려 받는 일 없이 사라져버리고, 흘린 피는 '기억에 머물러' 버리는 일 없이 잊혀 간다. 그러나 루쉰은 바로 그 순간에도 역시 니체를 모방하면서 '반역叛逆의 용사(반역의 맹사猛士)'를 등장시킨다.[5] 그 '맹사'는 조물주에 반역해 '빛바랜 혈흔'을 똑바로 응시한 상태에서 이 세계에 '종말'을 가져온다.

반역의 용사가 인간세계에 나타난다. 그는 벌떡 일어나 우뚝 선다. 그리고 이미 모양을 바꾼 것과 현존의 모든 폐허와 몹시 황폐해진 무덤을 빠짐없이 지켜보고, 광대하고 영원히 지속하는 모든 고통을 기억에 멈춰 세우며 몇 겹으로 쌓인 모든 응혈凝血을 똑바로 본다. 게다가 죽은 자, 살아 있는 자, 태어나려고 하는 자, 아직 태어나지 않은 자, 그것들 모두를 깊이 이해한다. 그는 조화의 계략을 간파하고 스스로 일어나서 이들 조물주의 양민良民인 인류를 소생시키든가 혹은 멸망시키든가 하려고 한다.

같은 책, 221~222쪽 ; 같은 책, 79쪽

'조물주의 양민'이 소생하는지 멸망하는지, 그것은 알 수 없다. 그렇지만 그 '종말'에서 이 세계는 근저에서부터 그 양상을 바꿔간다.

조물주, 거기에 겁쟁이는 부끄러워져서 몸을 숨긴다. 천지는 용사의 눈 속에서 이렇게 해서 양상을 바꾼다.

같은 책, 222쪽; 같은 책, 79쪽

물론 루쉰의 '속후의 문장'인 『야초』는 그 종말의 때를 맞이해서는 이미 썩어 없어질 여유는 없을 것이다. 그러나 그것이 활짝 피었던 '지옥'[6]의 '대지大地'가 허물어져 떨어진다고 하면, 그것도 또한 긍정된다. 다시 『야초』의 「제사題辭」로 돌아가 보자.

나는 물론 나의 야초野草를 사랑한다. 하지만 이 야초를 장식으로 하고 있는 대지에는 미움(증오)을 품는다.

지화地火는 대지의 아래를 휘젓고 돌아다니며 돌진한다. 용암이 한번 분출하면 모든 야초를 전부 불태우고, 교목喬木(줄기가 곧고 굵으며, 높이 자라는 나무)에까지 미칠 것이다. 이렇게 되면 이미 부후腐朽해야만 할 것도 없다.

하지만 나는 마음이 편안하고 생글생글 기쁘다. 나는 큰 소리로 웃거나 노래를 부르거나 하는 것이다.

같은 책, 159쪽; 같은 책, 11~12쪽

'지화地火'가 분출하고 야초뿐이 아닌 교목까지 다 불태워버리는 '종말'. 그때 루쉰은 "마음이 편안하고 생글생글 기쁘다". 이 엄청난 긍정에 있어서 루쉰은

웃으며 또한 노래를 부르는 것이다.[7]

4

메시아니즘 없는 메시아적인 것,
혹은 메시아적 평화의 종말론

루쉰의 '종말론'은 그리스도교적인 종말론처럼 세계의 종말이나 최후의 심판을 말하면서 역사에 '종말=목적'을 도입하는 목적론적인 체계로는 이해할 수 없다. 후자는 그 종말에서 신에 의해 모든 의미가 회복되고, 사람들이 구제되는 일을 '프로그램화'하고 있다. 그런데 전자는 조물주와 함께 거기에 공범으로 참여하는 겁쟁이를 배제한 상태에서 신 없는 구제에 핵심을 두고 있기 때문이다.

자크 데리다의 경우라면 이러한 루쉰의 '종말론'을 '메시아니즘Messianism 없는 메시아적인 것'(자크 데리다, 『마르크스의 유령들Spectres de Marx』, 96쪽)이라고 불렀을 것이다. 그것은 "해방적이고 메시아적인 어떤 종류의 긍정이고 어떤 종류의 약속의 경험이며, 일체의 '도그마dogma(독단적 신념이나 학설)'적인 것으로부터도, 게다가 일체의 형이상학적·종교적인 결정으로부터도, 그리고 일체의 메시아니즘으로부터도 해방되는 일이 가능한 것이다. 그것은 지켜져야만 할 청부받은 약속이다. 즉, '정신적'이나 '추상적'인 곳에 머무르는 것이 아니라, 일어난 일(사건)·새로운 형식의 활동·실천·조직 등등을 만들어낸다고 하는 약속이다.(같은 책, 146~147쪽) 요컨대 루쉰의 '종말론'은 모든 목적론적인 종말론을 절단한 상태에서 완전히 새로운 방식으로, 일(사건)과 타자가 도래하는 일을 환대하는 종말론 없는 종말론적인 것이다.

그리고 이것은 바로 에마뉘엘 레비나스에 의해 일찍부터 논의되어온 일이다. 레비나스는 새로운 사건과 타자가 도래한 '종말'을 "메시아적 평화"(TI X＊16)라 부르고, 그것을 가져오는 것을 '에스카톨로지eschatologie'라고 정의했다. 이때 '에스카톨로지'는 그 어원적 의미를 확대해 '에스카톤eschaton(가장 먼 것)', 즉 '저편=타자에 관계되는 언설'로 이해되었다.

에스카톨로지는 전체성 속에 목적론적인 체계를 도입하는 것이 아니며, 역사의 방향을 가리키는 것도 아니다. 그것은 존재자와의 관계를 '전체성이나 역사의 저편'에 두는 것이며, 과거와 현재의 저편에 두는 것이 아니다. (…) 에스카톨로지는 '항상 전체성의 외부에 있는 잉여剩餘'와의 관계'다.

TI XI＊17

이러한 전체성과 객관적 경험의 '저편'은 완전히 부정적으로 기술되는 것은 아니다. 그것은 전체성과 역사 그리고 경험의 내부에 반영되는 것이다. 역사의 '저편'으로서의 에스카톨로지적인 것은 존재자를 역사와 미래의 관할로부터 떼어내고, 존재자에게 스스로의 완전한 책임을 호소한다. 그것은 역사에 종말을 새기는 전쟁의 외부에 있고 역사 전체를 심판에 부치는 것이지만, 그것은 개개의 순간에서 그 순간 그 자체에 그 완전한 의미를 회복하는 일인 것이다. 요컨대 어떠한 조건이라 하든 모든 결심結審의 때(시간)를 맞이하고 있다. 중요한 것은 최후의 심판이 아니라, 그 시간 속에 있는 모든 순간의 심판이고 여기서는 (사자死者가 아니라) 생자生者가 재판되는 것이다.

TI XI＊17~18

요컨대 레비나스가 말하는 '에스카톨로지'는 전체성과 역사에 영유되는 일이 없는 타자와의 관계를 도입하는 것이며, 그때 그것에 책임을 지는 '자아'를 메시아로서 이 순간에 소환한다. 즉, '메시아적 평화'는 주체로서의 존재자(자아)를 기점으로 해서만 가능한 것이다.

평화는 나의 평화이지 않으면 안 된다. 그것은 자아로부터 나와 타자에게 향하는 관계 속에 있다. 그것은 자아가 스스로를 유지하면서도 에고이즘 없이 존재한다고 하는 욕망과 선량함에 있다. 평화는 자아로부터 구상된다. 그 자아는 도덕성과 현실성의 일치를 확신하는 자아이며, 번식성을 통해 무한의 시간이 자신의 시간이 되는 것을 확신하는 자아다.

TI 283*471

'에고이즘 없이 존재하는' 메시아로서의 '자아'. 그러면 그 '자아'에 의해 열리는 '메시아적 평화'는 어떠한 타자와의 관계를 실현하는 것일까? 데리다가 바로 앞의 메시아적인 긍정 혹은 약속을 "탈구축할 수 없는 어떤 종류의 (여기서는 법 권리로부터 분리된 것으로서의) 정의의 관념"(자크 데리다, 『마르크스의 유령들』, 147쪽)이라고 서술했지만, 레비나스 역시 예전부터 줄곧 이 '메시아적 평화'를 '정의正義'로서 말하고 있었던 것이다.

자기에 대한 무한의 요구란 자유를 물음에 부치고, 나를 자신이 혼자가 아닌 상황, 그리고 내가 재판되는 상황에 놓고, 거기에 멈춰 고정시킨다. 그것은 최초의 사회성이다. 즉, 인격의 관계는 나를 재판하는 정의의 엄격함 속에 있는 것이며, 나를 용서하는 사랑에 있는 것은 아니다.

나를 재판하고 타자에게 정의를 돌려주는 일. 이것이 레비나스가 말하는 '메시아적 평화의 종말론'이다. 그러면 그 '정의'는 무엇에 의해 열리는 것일까? 레비나스의 경우에 그것은 역시 언어이며, 특히 그중에서도 '말하는 일'에 다름 아니다.

5

말하는 일

"언어의 본질은 우애友愛이며 환대歡待다."(TI 282＊470) 이렇게 말한 레비나스에게는 타자에게 말(이야기)을 거는 일이야말로 그 '메시아적 평화'를 지탱하는 것이다. "평화는 스스로 발언할 수 있는 능력으로서 생겨나기"(TI XI＊18) 때문이다.

다만 그 언어는 유령을 만들어내는 데 쓰여진 것으로서의 고문이 아니라, 루쉰과 마찬가지로 '진실한 소리'이지 않으면 안 된다. 그러나 '진실한 소리'는 이미 존재하지 않는 것이며, 더 나아가 말하면 '속후의 문장'처럼 존재하는 것과는 다른 방식으로밖에는 슬쩍 엿볼 수 없는 것이다. 레비나스는 이것을 『전체성과 무한』의 뒤에서 탐구하고 그 소리에 대해, 로고스logos로서의 '말해진(이야기된) 일le Dit'에 회수되지 않는, 책임으로서 타자에게 몸을 여는 '말하는 일le Dire'이라고 서술했다.

존재와 진리 속에 들어가는 일은 말해진(이야기된) 일 속에 들어가는 일이다. 존재는 의미로부터 분리될 수 없기 때문이다. 존재는 말해진다(이야기된다). 존재는 로고스 속에 있다. 그러나 '말해진 일'은 '말하는 일'로 환원된다. 그것은 로고스의 저편이고 존재와 비존재의 저편이며, 존재하는 일의 저편이고 진실과 비진실의 저편인 '말하는 일'이다. 이 환원은 의미로의 환원이며, 책임이라는 타인 때문에 있는 일자─者(더 정확히 말하면 대신)로의 환원이다. 그것은 장소 혹은 비장소, 장소와 비장소, 인간의 유토피아다. 그것은 말의 글자 뜻 그대로의 의미로서의 불안inquiétude으로의 환원이며, 그 격시성隔時性으로의 환원이다. 모든 결집된 힘에도 불구하고, 또 그 통일에서 동시화同時化된 힘에도 불구하고, 존재는 이미 영원화永遠化되지 않는다.

AE 58*95

'말하는 일'은 '말해진(이야기된) 일'을 환원하는 일로 인해 처음으로 발견되는 차원이다. 그것은 현재·과거·미래라는 시간 계통과는 별도의 시간에 속해 있고, '앵퀴튀드inquiétude(불안, 소요)', 즉 자신의 집에서 편안히 지낼 수 없고, 조용히 입을 다문 채로 있을 수 없다고 하는 '코노테이션connotation(언외言外의 의미, 함의)'을 갖는 '불안' 속에 내 몸을 두는 일이다. 여기서 나는 타인에 대해 '무관심으로 있을 수 없다non-in-différence'. 그렇다면 나는 타인에게 스스로를 속속들이 드러내고, 타인에게 가까이 다가가지 않으면 안 된다. 그 하나의 구체적인 양태가 타인을 향해 입을 여는 일이고, '말하는(이야기하는) 일'이다.

말하는 일, 그것은 이웃에게 접근하고, 이웃을 향해 '의미성의 입을 여는'

일이다. 이와 같이 말하는 일은 설화說話로서 말해진 것 안에 각인되는 '의미의 공여供與'만으로 끝나는 것이 아니다. 본래적인 의미에서의 말하는 일은, 어떠한 대상화보다도 앞서서 타인에 대해서 입을 열 수 있는 의미성이며, 기호를 주고받는 일은 아니다. (…) 확실히 말하는 일은 커뮤니케이션이다. 하지만 그것뿐만은 아니다. 말하는 일은 일체의 커뮤니케이션의 조건, 즉 폭로暴露이기도 한 것이다.

AE 61*100

이 인용문에서도 분명히 드러나듯이 '말하는 일'은 기호를 교환하는 일로 단순히 의미를 전달하는 커뮤니케이션은 아니다. 그것은 그러한 커뮤니케이션에 앞서서 있는 것이며, 그것을 가능하게 해주는(설령 커뮤니케이션에 의해 깊이 감추어진다 하더라도) 조건이다.

6
노쇠한 주체

그렇다면 말하고 책임을 지는 '나'는 어떠한 의미에서의 주체(레비나스는 결코 주체를 포기하지 않는다)인 것일까? 그것이 "주권적이고 활동적인 주체"(AE 61*99)가 아니라는 점은 분명할 것이다. 그것은 그 반대로 극도로 수동적인 주체다.

이웃과의 관계는 분명히 말하는 일에서 성취되는 것이지만, 그것은 그 이웃에 대한 책임이며, 말하는 일은 타인에게 책임을 지는 일이다. 이렇게 주장하는 일 자체는 그러한 타인에 대한 책임에, 이미 한계도 척도도 인정하지 않는다는 것이다. 타인에 대한 책임, 그것은 '인간의 기억에 있는 한' 한 번도 계약되었던 일이 없는 책임이며, 나에게는 제어할 수 없는 다른 인간의 자유와 운명의 뜻대로 되는 책임이다. 타인에 대한 책임, 그것은 타인과의 관계 안에서, 그리고 역설적이지만 순연하게 말하는 일과 그 자체 안에서 극도의 수동성을, 상정想定도 되지 않은 수동성을 슬그머니 엿보는 일이다.

AE 60~61*99

말하는(이야기하는) 주체는 극도로 수동적이어서 무한의 책임으로 스스로를 개방한다. 그러면 어떻게 해서 이 "일체의 수동성보다도 수동적인 수동성"(AE 233*331)에 다다를 수 있는 것일까? 레비나스는 그것을 '컨서메이션 consummation(소모)'이라는 용어로 설명한다. 그것은 예를 들면 죄다 불태워버린다는 의미다. "나는 타인을 위해 죄다 불태우지만, 이 불태워 없앤 잿더미 속에서 활동이 되살아나는 일은 없다."(같은 책) 이것은『존재와 다르게: 본질의 저편』이라는 책의 결론 부분에 있는 문장이다.

거기에 덧붙여 이 '컨서메이션'에는 또 하나, 몸을 닳도록 소모시키는 혹은 노쇠老衰라는 의미가 있다는 점에 주의할 필요가 있다. 활동성이나 능동성의 대극에 위치하는 주체는 몸을 닳도록 지속적으로 소모시키고, 늙음(노쇠함)으로 참고 견디는 주체다. 그 노쇠함의 끝에 "스스로의 죽음에 대해서 어떤 태도를 취하는 것이 아닌, 무력한 권태倦怠"(AE 69*111)가 찾아온다. 그것은 "존재와 죽음의 무시"(AE 224*318)이며, "존재하는 것에 대한 무관심"(같은 책)일 뿐만 아니라, "불합리한 방식으로 죽음을 잊는"(AE 179*256) 일인 것이다.

이러한 기묘한 상태, 아니 정확히 말하면 "존재한다는 것과는 별도의 방식"이 "노쇠함의 주체"(AE 69*110)로서의 '나'의 책임이다.

들이마신 숨을 지속적으로 내뿜고, 타인을 향해 입을 지속적으로 열면서 몸을 닳도록 소모시키고 노쇠함(늙음)으로 가는 일. 그 궁극의 모습은 이러하다.

이스라엘의 성현聖賢은 비유적으로 이야기하여 모세는 신의 입맞춤을 받아 '영혼을 되돌렸다=숨을 거두었다'고 말하고 있다. 신의 명령을 받아 죽는 일에 대해 헤브라이어에서는 "신의 입술 위에서(신의 말에 따라서)"(「신명기申命記」, 34장 5절)라고 말한다. 신의 입맞춤을 받고 절대적으로 숨을 내뿜는 일은 신의 명령을 받아 수동성과 복종 안에서 죽는 일, 타자를 위해 타자에 의해 숨이 내뿜어지고 있는 가운데 죽는 일이다.

AE 69*110

이러한 죽음에 이르는 모습은 일종의 광기狂氣일 것이다. 그런데 이러한 광기를 말하는 주체는 영혼에 감싸여 있는 것이다.

영혼은 내 안의 타자다. 심성心性, 타인을 위한 일자一者는 빙의憑依, 정신장해로 변하는 일도 있다. 영혼은 이미 한줌의 광기다.

AE 86*338

7____
중얼거리는 어머니의 소리

광기로서의 영혼. 그러나 설령 그것이 거의 무신론으로 착각될 정도라 하더라도, 레비나스에게는 신이 잔존하고 있다. 그에 비해 루쉰은 신에게 호소하는 일 없이 타자에게 책임을 지는, 말하는 주체를 만들어내려고 했다. 왜냐하면 이 세계는 신과 사람들의 공범관계로부터 성립하는 '지옥'이기 때문이다.[8]

『광인일기狂人日記』(1918)로 되돌아가 보자. "내"가 끝까지 "불안"하고, "잠들수 없는"(전집 제1권, 422~425쪽 ; 학연 제2권, 19~22쪽) 것은, 그것이 묘사하려고 했던 세계가 사람이 사람을 잡아먹는 세계였기 때문이다.[9] 그러나 '나' 또한 그 세계의 일부를 이루고 있으며 책임이 없는 것도 아니다. 바로 이러한 지옥을 온몸으로 이해한 '나'는 최후에 이렇게 중얼거린다.

인간을 먹은 적이 없는 아이가 아직 있을까?
어떻게든 아이를……

『광인일기』, 전집 제1권, 432쪽 ; 문집 제1권, 28쪽

그것은 "구구해자救救孩子(어떻게든 아이를/아이를 구해줘)……"라는 구제를 희구하는 중얼거림이었다.[10] 그것은 아직 도래하지 않은, 게다가 '어디까지나 가정에 지나지 않는'[11] 미래에서의 구제를, 이 '종말'이라는 순간에 희구하는 (목)소리다.

그러나 여기서 또 하나, 어떻게 해서라도 생각해보고 싶은 문제는, 이 최후의 구절을 발성한 소리에 관해서다. 그것은 남성이 아니라 여성의, 더구나 어

쩌면 어머니의 목소리는 아니었던 것일까? 이것은 번역을 통해서밖에는 눈에 들어오지 않는 상황이다. 여기에는 다케우치 요시미의 번역을 감히 제시했다.[12] 다케우치는 『광인일기』의 번역에서 중국어의 1인칭인 '워我'를 일관되게 '나오레(오레)'[13]라고 번역한 상태에서 이 최후의 구절만 남성에게 환원할 수 없는 소리로 번역하고 있다. 그것은 마치 다케우치가 그랬던 것처럼 루쉰도 또한 이 '종말'에서 다음에 올 미래인 아이를 '받아 안을(감싸 안을)' 수밖에 없었던 일을 나타내고 있는 듯하다.

정말로 모성이라는 말을 무방비 상태로 사용하는 것은 위험할 터다. 하지만 그것을 "그대로 사용하는 일에 의한 저항의 길"이 있는 것도 또한 잊을 수는 없다.

그것이 '주舟'가 지닌 양면성인 것이다.

한국어의 '감싸 안기カムサアンキ'라는 말에 포함되는 껴안기, 받아 안는 상냥함. 그것과 관련해 이데올로기적으로 사용되는 '모성론母性論'과도 다른 의미에서의, 모성주의적 디스쿠르discours(언설)를 파괴하는 형태에서의, 또 하나의 어머니인 것의, 여자인 것의 가능성. 혹은 별도의 체계·별도의 디스쿠르를 사용하지 않고, 그대로 사용하는 일에 의한 저항의 길. 그와 같이 해서 지배의 디스쿠르가 되고 있는 것의 이데올로기성性을 파괴해 가는, 또 해체해 가는⋯⋯.

이정화李靜和, 『넋두리의 정치사상つぶやきの政治思想』

한국어의 '배舟/腹', 그리고 '감싸 안기カムサアンキ'를 이끌어내면서 이정화는 모성에 관해 '받아 안는 일', 그리고 잉태하는(임신하는) 일을 상상도 할 수 없는

슬픔의 강도로 묘사했다. 그것은 루쉰의 '저항의 길'에 아득히 호응할 뿐만 아니라, 레비나스의 '모성'이라는 '개념(잉태하는 일)conception'을 최대한의 한계점에서 구원해주는 일인 것이다. 레비나스는 그 극도의 수동성으로서 '나'의 상태의 총체를 '모성'으로서 이해하려고 했다.

박해받는 자가 떠안은 불안은 모성의 한 양태에 다름 아닌 것은 아닐까? 그것은 자신이 이윽고 잉태할 자들에 의해, 또 자신이 일찍이 잉태했던 자들에 의해 훼손된 '자궁子宮의 신음'의 한 양태에 다름 아닌 것은 아닐까? 모성에 있어서 타인들에 대한 책임은 의미를 가지고, 타인들의 대신(대역)이 되는 일에 다다른다. 그것은 박해의 결과뿐만 아니라, 박해자 자신이 스스로를 아프게 하는 박해하는 일 그 자체로도 고통에 이른다. 모성이란 월등한 의미에서의 잉태하는 일porter(짐꾼)이지만, 그것은 박해자가 박해하는 일에 대한 책임까지도 짊어지고 있다.

AE 95*147~147

결코 '받아 안을' 수 없는 것을 '받아 안는' 일이란 대체 어떤 '모성'인 것일까?

루쉰은 『축복祝福』(1924)에서 어느 해 연말에 숨을 거둔 샹린댁祥林嫂이라는 여성을 묘사했다. 그녀는 루진魯鎭이라는 장소에 정말로 유령 같은 존재로서 몇 번이나 회귀했다. 그리고 루진에서 마지막 나날들을 보내면서 그녀는 다음과 같은 일을 반복해서 이야기했다. 그것은 바로 자신이 원하지 않았던 폭력적인 혼인을 했고, 그렇게 임신한 아이가 늑대에게 물려 죽었다는 이야기다. 그러나 이 절망적인 이야기를 듣고서도 사람들은 곧바로 싫증을 내버렸다.

자신의 슬픔이 사람들에 의해 며칠씩이나 걸쳐 쑥덕거려지고, 오랜 앙금만
으로 남게 되고, 그뒤에는 씹다가 내뱉어질 뿐인 일이 되고 말았다는 것을
그녀가 이해했는지 어떤지는 알 수 없다. 하지만 사람들의 웃는 얼굴에 나
타난 차갑고 가시가 돋친 말투를 보고, 이미 입을 열 필요가 없게 되었다는
것을 깨달은 것처럼 흘끗 눈길을 줄 뿐, 한마디 말도 대답하지 않았다.

『축복』, 전집 제2권, 18쪽 ; 학연 제2권, 211쪽

그 샹린댁이 고향인 루진에 돌아온 '나'를 찾아온다. 그리고 죽은 후에도 영
혼이 있는지, 지옥은 있는지, 죽은 가족과 재회할 수 있는지를 묻는다. 그 물
음에 대답할 수 없었던 '나'는 불안해진다. 불안감이 고조될 때 그녀의 절망적
인 죽음이 전해진다. 그것은 주위의 인간들로부터 '라오러老了(늙어서 죽음)' 혹
은 '충쓰窮死(객사, 길가에 쓰러져 죽음)'라고 표현되는 것처럼 내버려둔 채 버려
진 죽음이다. 그리고 그 죽음이 버림받은 죽음일수록 그것은 쉽게 스쳐 지나
가버리고 망각된다.

『축복』의 최후에는 새해를 축하하는 폭죽의 소리가 울리고 있다.

몽롱한 의식 속에서 틈새 없이 쏘아 올리는 먼 곳의 폭죽 소리가 희미하게
귀에 들어왔다. 그것들이 하늘 한쪽에서 소리를 내는 짙은 구름이 되고,
아슬아슬하게 춤추는 눈발과 함께하면서 마을을 깨끗이 껴안고 있는 정경
이 눈에 어른거렸다. 나는 이 활기찬 소리에 푹 안기면서 나른함에 빠지지
만, 어느새 마음이 편안해졌다. 대낮부터 초저녁까지 계속된 마음의 근심
이 축복의 공기에 흩날려버렸다. (신불에게) 바치는 희생犧牲과 지주旨酒(좋은
술), 선향線香의 연기를 충분하게 많이 드신 천지의 신들이 공중을 갈지자로

거닐면서 루진 사람들에게 무한의 행복을 약속하고 있는 모습이 (눈에) 보이는 듯하였다.

같은 책, 21쪽 ; 같은 책, 214~215쪽

불안과 불면에 시달리면서도 '나'는 희생이 된 모성에 대한 절대적인 망은忘恩속에 있다. 그 절대적인 망은에 의해 '나'는 '편안한 기분'이 되는 것이다. 그러나 그 행복을 근저에서 지탱하는 것은 버림받고 망각된 샹린댁의 '포옹抱擁'이아닐까? 그것은 그녀에게는 자신의 아이를 꽉 껴안는(감싸 안는) 포옹이었지만, 그 포옹이 꽉 껴안았던 것은 자신의 아이만은 아니었던 것이다.

끝으로 그냥 루쉰의 중얼거림을 다시 한번 되새기며 말해두고 싶다. 그것은 '주舟(배)'에 의해 전달된 타자의 언어다.

아이를 구해줘救救孩子…….

에필로그

"분노를 가지고 써라." 언제부터 이 말을 좌우명으로 삼았는지는 잊어버렸는데, 이 말만을 믿고 논문을 계속해서 써내던 것이 나의 30대 시절이었다. 이 책의 저본이 된 논문의 대부분은 이 시기에 쓴 것들이다. 후에 한 권의 책으로 정리하게 되리라고는 꿈에도 생각하지 못했고, 마치 이 세계의 부침浮沈이 한 편의 논문에 달려 있는 것처럼 절박한 심정으로 썼던 기억이 난다. 젊은 혈기의 소치라 말해버리면 그걸로 끝이지만, 무언가 숨이 막힐 정도의 책임감에 눌려버린 것 같은 기분에 휩싸였던 것이다.

마침 그때 세계는 크게 요동치려 하였다. 1989년 11월에 베를린 장벽이 무너졌는데, 나는 그 2개월 후에 현장으로 달려가 장벽의 잔해 한 조각을 손에 넣게 되었다. 아무리 강하고 견고한 것일지라도 사람이 만든 것이라면 그것 또한 사람이 파괴할 수 있다. 이러한 실로 당연한 이치를 깨달은 것이다. 물론 그 주변에 어떠한 깊은 절망이 서려 있는지를 잊은 것은 아니다. 그때도 동베

를린의 작은 역에서는 어떤 젊은이가 술 한 병을 다 마셔버리고, 마치 자신이 무언가의 감정을 갖는다는 일 그 자체에 초조해 하는 듯이 그 술병을 플랫폼에 내동댕이치며 어떤 슬픔을 드러내는 장면을 목격한 일도 있다. 벨벳혁명 후의 체코에 가니 프라하의 바츨라프 광장을 둘러싸고 깊숙이 들어간 작은 길의 도처에 촛불들이 작은 불꽃을 일렁이고 있었다. 자세히 들여다보니 그 옆에는 군복 차림을 한 누군가의 남편과 아들의 사진이 붙어 있었다. 게다가 오스트리아 빈에서는 차우셰스쿠 처형 후의 루마니아에 원조를 하기 위한 모금 콘서트가 여기저기서 개최되고 있었다. 사람을 미워하는 것도 사람이고, 사람을 생각하는 것도 사람이다. 그리고 사람을 죽이는 것도 사람이며, 사람을 구하는 것도 사람이다. 이 또한 진부할 정도로 당연한 일이지만, 사람이 사는 세상의 일상을 새삼 깨달은 것이다.

그러면 1989년의 동아시아는 어떠했을까? 한편에서는 버블경제가 절정인 가운데 쇼와昭和 천황 서거 때의 '자숙' 모드에 휩싸여 있던 일본과, 개혁개방의 진전 속에서 톈안먼天安門 사건을 일으킨 중국이 있었다. 다른 한편에서는 전년도의 올림픽을 성공적으로 개최하면서 한층 더 민주화로 향하고 있던 한국과, 역시 전년도에 리덩후이李登輝가 총통이 되어 민주화의 방향타를 막 잡으려고 하던 타이완이 있었다. 냉전 구조가 붕괴되어 사라져버린 일에 대해 기대감을 품으면서도 그 도정道程의 소원疏遠함마저 또한 예감케 하고 있었던 것이다.

『중국철학연구中國哲學研究』(도쿄대학 중국철학연구회 편)를 발행한 것은 바로 이처럼 세계가 커다란 변화를 맞은 시기였다. 『중철문학회보中哲文學會報』(도쿄대학 중철문학회東大中哲文學會 편)가 10호에 다다른 것을 기점으로 보다 넓은 학문 분야에 열려진 중국연구의 플랫폼으로서 『중국 사회와 문화中國社會と文化』(도쿄대학 중국학회東大中國學會 편, 후에 중국사회문화학회中國社會文化學會 편)로 옷을 갈아입은 것이 1986년이었다. 그러나 그것은 동시에 철학연구로서의 중국철학이 옆으로 내몰림을 당하는 일이기도 했다. 그 당시에 도쿄대학의 조교나 대학원생이었던 일부의 젊은 연구자들은 철학 그 자체가 스스로 기대고 선 기반을 다시 되묻고 새로운 언설과 문제 등을 개척하기 시작했다. 그리고 이러한 점에 근거해서 중국철학 연구의 상황을 변경해 철학의 오리엔탈리즘으로부터 그것을 구출해내고 비판 가능한 언설로서의 중국철학을 제시하는 일로써 세계에 접근하려고 했던 것이다. 이러한 이념하에서 1989년부터 준비해 1990년 3월에 드디어 또 하나의 플랫폼으로서의『중국철학연구』가 시작되었다.

이 책의 저본이 된 논문의 대부분은『중국철학연구』에 게재한 것들이다. 따라서 이 책은『중국철학연구』라는 새로운 운동 없이는 존재할 수 없는 것이다. 투고한 논문은 복수의 사독査讀을 거친 상태에서 중국철학연구회에서 철저하게 논의되고, 몇 번의 재수정이 요구된다. 그에 더해 다시금 중국철학연구회에서 글자 그대로 철야徹夜하면서 논의하는 과정을 거친다. 그렇다고 해서 논문을 쓰는 일의 고독감이 사라져버리는 것은 아니다. 하지만 논문을 읽고 함께 문제가 된 것들을 공유하며 물음을 제기하는 '철학의 벗友'이 없다면, 고독한 영혼이 스스로를 갉아먹는 일 또한 피할 수 없다. 그런 의미에서 이 책은『중국철학연구』라는 운동에 관계된 모든 '철학의 벗'들의 것이다.

그리고 우리는 끊임없이 분노했다. 그것은 일본과 중국에서 행해진 중국철학 연구의 역사에 대한 분노였다. 다시 말해 중국철학을 제각각 사유화私有化하고, 거기에 서양철학 이상으로 철학적인 것을 발견하려고 하거나, 혹은 서양철학과는 다른 '사상思想'으로서 스스로를 정의하는 것을 지배적인 언설로 만들어온 역사에 대한 분노였다. 또 그것은 중국철학이라는 근대의 비뚤어진 언설의 제도를 만들어내게 한 서양 근대철학의 양상에 대한 분노이기도 했다. 근대에서 중국철학과 서양철학은 뿌리 깊은 공범관계에 있다. 양자를 동시에 비판하면서 새로운 물음의 가능성을 여는 일, 이것이 우리가 공통으로 안고 있던 문제의식이었다. 그것 없이는 우리가 이 세계에 책임을 질 수 없다고 생각했기 때문이다. 이 세계의 양상을 바꾸기 위해서는 그것을 지탱하고 있는 언설의 구조를 변경하지 않으면 안 된다. 예전부터 알려져 있는 이 명제는, 적어도 유럽의 경우에는 20세기 말엽에 실현되려고 하고 있었다. 그러나 동아시아에서는, 특히 그중 일본에서는 실로 곤란한 일처럼 보였다. 그래서 우리는 마음속에 가득한 분노를 가지고 중국철학을 비판 가능한 철학의 언설로서 '탈구축'하고자 했던 것이다. 그렇지만 그 곤란함은 아직도 감소되지 않고 있다. 변함없이 정신적 쇄국鎖國하에 일본의 언설이 존재하고, 이 세계에 책임을 지는 따위 등을 말하는 자라면 고개가 움츠러들 뿐이다. 그렇다고는 하나 사람이 만든 것이라면 사람이 파괴할 수 있는 것이고, 사람을 구하는 것도 역시 사람이다. 스스로 고백하면 나는 아직도 계속해서 분노하고 있다. 젊은 혈기는 아직 그 극치를 맞이하고 있지 않은 것이다.

이 책의 저본이 된 논문이 처음 게재된 상황은 다음과 같다.

제1장 「『순자』의 올바른 언어의 폭력과 그 파열『荀子』における《正しい言語の暴力とそのほころび》」, 『中國哲学研究』創刊號, 東京大学中國哲学研究會, 1990년 3월.

제2·3장 「어떻게 하면 언어를 말소할 수 있을까: '언진의' '언부진의'를 둘러싼 제 문제 どうすれば言語を抹消できるのか?: 「言尽意」「言不尽意」をめぐる諸問題」, 『中國哲学研究』第三號, 東京大学中國哲学研究會, 1991년 7월.

제4장 「정치사상사의 재구축에 관하여: J. G. A. 포칵, 「의례, 언어, 권력」 서설 政治思想史の再構築について: J. G. A. ポーコック, 「儀礼, 言語, 權力」序説」, 『中國哲学研究』第七號, 東京大学中國哲学研究會, 1993년 12월.

제5장 「은유의 망각 혹은 법의 뒤에: 『문심조룡』 비흥편에서 隱喩の忘却もしくは法の後に: 『文心雕龍』比興篇から」, 『中國哲学研究』第六號, 東京大学中國哲学研究會, 1993년 3월.

제6장 「자-발의 한계: 주자학의 재구축을 위해 自-發の限界: 朱子学の脱構築のために」, 『中國哲学研究』第九號, 東京大学中國哲学研究會, 1995년 8월.

제7장 「귀신을 타파하다: 백화, 고문 그리고 역사 鬼を打つ: 白話, 古文そして歴史」, 무라타 유지로村田雄二郎, 크리스틴 라마르Christine Lamarre 편, 『한자권의 근대: 언어와 국가 漢字圏の近代: ことばと國家』, 東京大学出版會, 2005년 9월.

제8·9장 「타자에게 정의를 돌려주는 일: 아렌트와 레비나스의 윤리-정치他者に正義を返すこと: アレントとレヴィナスの倫理-政治」, 『現代思想』三月號·四月號, 靑土社, 1995년 3월·4월.

제10장 「속후와 노쇠: 죽음의 시간에 관하여速朽と衰老: 死の時間について」, 『立命館文学』第五五一號, 立命館大学人文学會, 1997년 11월.

「국가와 전쟁: 방치하고 제사지내지 않음 國家と戦爭: 放にして祀らず」, 『東洋大学哲学論集 第二巻 哲学を使いこなす』, 知泉書館, 2004년 6월.

이상의 어떤 논문이든지 대폭적으로 가필해 수정했다. 특히 '일반적인 것에 반하여 쓰는 것'을 취지로 삼았던 더 이전의 논문들은 의식적으로 삭제했다. 논문을 단지 나열만 하는 논문집이 아니라, 한 권의 완성된 책으로 내놓고 싶었기 때문이다. 그 때문에 많은 부분을 새로 쓰게 되었다. 그것은 새삼스러운 발견에 마음이 충만해지는 기쁨의 작업이었다.

일본어로는 최초의 졸저를 이제야 겨우 상재上梓할 수 있게 되었다. 안도감과 함께 필자가 이제까지 지나온 우여곡절의 길을 지켜봐준 많은 분에게 깊은 감사의 마음을 전하고 싶다. 지금 한 사람 한 사람의 얼굴을 떠올리면서도 새삼스럽게 '철학의 우애'에 대한 감사함을 음미하고 있다.

이번의 이 책은 3부작 가운데 제1부작이다. 크게 나누면 필자의 연구 영역은 '언어와 정치', '타자와 윤리', '역사와 미학'의 세 부분이다. 그것들은 상호 중첩하고 있기 때문에 반드시 뚜렷하게 나뉘는 것은 아니다. 또 '언어와 정치'를 중심에 놓은 이 책의 경우에 이미 뒤의 두 영역과 연결되는 부분이 많다는 점도 밝혀둔다. 모두 가까운 시일 내에 남겨진 두 부분의 과제를 상재하여 필자의 연구 영역의 전모를 밝힐 수 있으면 좋겠다는 기대감을 품고 있다.

끝으로 이 책을 저술하기까지 도쿄대학 출판회의 고구레 아키라小暮明 선생에게 많은 신세를 진 일도 특별히 언급해두고 싶다. 실은 자신이 계속해서 써온 논문을 바탕으로 책을 저술한다는 일에 대해 필자는 한 번도 생각해본 일이 없었다. 왜냐하면 '일반적인 것에 반하여 쓰는' 것을 스스로에게 부과했고, 또 지나치게 흥미와 관심이 넓었기 때문에 정리 작업이란 상상하지도 못했기 때문이다. 그러한 필자에게 말을 걸어준 이가 고구레 아키라 선생이었다. 처음에 출판 의뢰를 받고 난 지 벌써 3년 이상이 경과해버렸다. 다망함이 극에 달해 있었다고는 하나, 필자 자신의 나태함 때문에 출판이 늦어진 데 대해서는 부끄러울 따름이다. 그런데도 이 새로운 '철학의 벗'은 그러한 필자를 버리지 않고 계속해서 지켜봐주었다. 진심으로 감사드리고 싶다.

2007년 8월 도쿄에서

나카지마 다카히로

프롤로그

1　키메라Chimera란 원래 생물학 용어로서 동일 개체 내에 서로 다른 유전적 성질을 가지는 동종의 세포가 함께 혼합되어 존재하는 현상을 말한다. 이 용어는 그리스신화에 등장하는 전설의 생물 '키메라'에서 유래하는데, 일반적으로 이 키메라는 괴물, 즉 가공의 괴물 혹은 근거 없는 환상, 망상 등을 뜻한다. - 옮긴이
2　오랄리테oralité는 프랑스어로 영어의 오럴리티orality에 해당하며, 구순성口脣性, 구술성口述性 혹은 구어성口語性이라는 뜻이다. 이 책에서는 소리나 음성의 의미로도 쓰인다. - 옮긴이
3　아말감은 화학용어로 수은과 다른 금속과의 합금, 즉 은·주석·수은의 합금을 뜻한다. 여기서는 윤리와 정치의 결합, 합성의 의미이다. - 옮긴이

서문

1　중국 전설에서 한자의 창조자로 일컬어지는 인물이다. 황힐皇頡 또는 힐황頡皇이라고도 한다. 일설에는 황제黃帝의 사관史官 또는 고대의 제왕이라고도 한다. - 옮긴이
2　여기서의 천상은 괴성魁星(북두칠성의 방형方形을 이룬 네 별)의 둥글고 굽은 형세를 말한다. - 옮긴이
3　번역에 관해서는 일본어 번역을 될 수 있는 한 참조했는데, 원문의 의미를 살리기 위해 반드시 그대로 사용하지 않았던 경우나 이 부분과 같이 새롭게 다시 번역한 경우가 있다. 이하 동일하다.
4　중국 예술에서 귀鬼(귀신)를 묘사하는 것은 하나의 장르로서 확립되어 있다. 장언원도 「그림의 육법六法을 논하다」에서 귀신을 묘사하는 일에 관해 언급하고, 동진東晉 고개지顧愷之의 「논화論畫」를 원용하면서 '귀신, 인물'을 묘사하는 데는 형사形似가 아니라, '생동'하는 '신운神韻'을 파악하지 않으면 안 되기 때문에 어렵다고 서술하고 있다(장언원, 『역대명화기』, 「그림의 육법六法을 논하다」, 나가히로 도시오 『역대명화기』1, 71~74쪽). 그러나 다른 한편으로 『한비자』「외저설外儲說」에 있는, 귀신을 묘사하는 것은 견마犬馬를 묘사하는 일보다도 쉽다고 하는 기록을 긍정하고 있다. 나가히로 도시오의 해석을 근거로 하면 형사뿐이라 하면 견마는 누구나 알고 있는 것으로 오히려 어렵지만, 귀신은 '휼괴譎怪[기이]'한 것이기 때문에 쉽다.

하지만 '골기骨奇'로부터 파악하면 그와 같은 형사의 난이難易는 문제가 되지 않는다고 하는 이해도 가능할 것이다(나가히로 도시오, 『역대명화기』 1, 74~77쪽). 어느 쪽이든지, 귀신은 서화書畫로 그 모습을 파악할 수 있는 것으로서 '이미지'화 돼왔던 것이다.

5 원래 권화權化란 부처나 보살이 중생을 구하기 위해 다른 모습으로 변해 나타나는 일 또는 그 화신을 말한다. 여기서는 추상적인 것이 구체적인 모습으로 나타나는 것을 의미한다. – 옮긴이

6 속후란 빨리 썩어 없어지거나 빨리 노쇠하는 것을 뜻한다. – 옮긴이

제1장 올바른 언어의 폭력—『순자』

1 칭찬하고 비방하는 말과 행동, 즉, 남을 헐뜯음과 칭찬함을 뜻한다. – 옮긴이

2 '명유고선名有固善'에 관해서는 그 앞의 '명무고의名無固宜'와 '명무고실名無固實'과 대비해 '유有'를 '무無'로 바꾸는 쪽이 좋다고 하는 설, 마땅히 '유有' 그대로여야만 한다고 하는 설이 있다. 예를 들면 오규 소라이荻生徂徠는 일찍이 『독순자讀荀子』에서 "명名의 선·불선善·不善에 관해서도 일정의 불역不易(바꾸지 않음)인 것은 없다"고 하는 의미이기 때문에 '유'를 '무로 고쳐야만 한다고 말했다(『소라이산진외집徂徠山人外集』 「독순자」, 181쪽). 이에 대해 룽위춘龍宇純처럼 "(순자는) '명무고의'의 이론을 말한 후, 곧바로 '명유고선'의 설을 보충했는데, 전자가 정명주의正名主義에 불리한 영향을 끼친 일을 구제했다"(룽위춘, 『순자론집荀子論集』, 125쪽)고 해서 '유'라는 것을 적극적으로 평가하고 있는 사람도 있거니와, 저우췬전周群振처럼 양쪽 주장을 병기하는 사람도 있다(저우췬전, 『순자사상연구荀子思想研究』, 224~225쪽). 여기서는 '무'라고 하는 텍스트가 없는 이상, '유'를 '무'로 고치는 데는 상당히 강한 이유가 없으면 안 된다는 점과, 설령 '무'로 고친다 하더라도 그 직후에 왜 '선善'의 요건으로서 '약정속성約定俗成'이 아니라 '경이이불불徑易而不拂(편안히 알기 쉽고 무책임한 엉터리가 아니면)'을 이끌어내지 않으면 안 되는 것인가를 설명하기 어렵다는 점에서 '유' 그대로 해석했다.

3 '기호의 자의성'이라는 '원리적 성격'에 관해서는 페르디낭 드 소쉬르의 『소쉬르 강의록 주해ソシュール講義錄注解』(마에다 히데키前田秀樹 역주, 20~22쪽)에 기호와 그것에 의해 지시되는 것의 무관련성과 함께, 기호가 어떤 체계 내에서 시차적示差的인 위치를 차지하는 일인 가치를 낳는 것이라는 정의가 있다. 언어기호는 "공동체의 동의, 거기에 속하는 각양각색의 구성원 사이의 계약", 즉 '자의적인' '약정(약속)'에 근거하고 있다(같은 책, 22쪽). 그리고 그 '자의적인 사항'은 "일단 채택되기만 하면, 거기에는 숙명적이라고 불러도 좋을 일종의 진전밖에 없

다"(같은 책).

요컨대 '자의성'이라는 것은 '기호 내부의 시니피앙과 시니피에의 관계에서 발견되는 것'과 '한 언어체계 안의 기호끼리의 횡적 관계에서 발견되는 것'(마루야마 게이자부로丸山圭三郎, 『소쉬르의 사상ソシュールの思想』, 144~145쪽)이다. 그것은 항상 뒤에서 발견되는 기호의 원리지만, 현실에 언어기호가 작용하는 상황, 즉 랑그로서 특정의 언어가 기능하는 경우에는 그 '자의성'이 구성원에 대해서 어느 정도의 강한 구속성을 발휘한다.

그밖에도 소쉬르의 『일반언어학 제3회 강의一般言語學 第三回講義』(아이하라 나쓰에相原奈津江·아키쓰 레이秋津伶 역) 154쪽 이하도 참조하기 바람.

4 '명名'을 '언어기호', '의宜'를 '의미', '실實'을 '지시대상'이라고 번역하는 것에 관해서는 졸론 『『순자』의 올바른 언어의 폭력과 그 파열『荀子』における《正しい言語の暴力とそのほころび》』, 제1부 제1장 「명名, 실實 그 밖의 용어에 관하여「名」「實」その他の用語について」를 참조.

5 '약約'은 약속이라는 사회적인 약속(약정)의 행위다. 그것은 한 번 행하면 중단되는 것이 아니라, 몇 번이라도 반복할 수 있는 행위이기 때문에 관습으로서 정착하는 것도 가능하며, 동시에 새로운 약정을 언제라도 시행할 수 있다는 성격을 갖고 있다. 그 약속의 '주체'로서는 '사람들'과 '군주'라는 두 가지가 상정되고 있는데(후술), 어느 쪽이라 하더라도 왜 약속이라는 사회적인 약정이 가능한 것일까. 그 근거로서 전제되었던 것이 감각 작용의 동일성이다.

> 그러면 무엇으로 대상의 같고 다름同異을 지각하는가? 그것은 천관天官(감각기관)에 의한다. 무릇 같은 종류同類와 같은 정감同情은 모두 그 천관이 사물을 지각하는 방식은 동일하기 때문에 유사한 것들을 비교해서 일괄해 보면 서로 통하는 것이다. 이상이 약속한 명名을 함께해서 서로 약정할 수 있는 근거이다.
>
> 『순자』「정명」

요컨대 감각의 작용이 동일하기 때문이야말로, 어떤 명名이 지시하는 실實이 어느 정도 동일한 것(유사한 것)으로서 되풀이되어 지각될 수 있다는 것이다. 여기서 주의를 요하는 것은 '약約'의 기초로 여겨지는 동일성은 감각 작용의 동일성이지 감각되는 대상의 동일성이 아니라고 하는 점이며, 여기서 요구되는 동일성은 엄밀한 동일성이 아니라, 유동성類同性이라는 점이다. 상세한 사항에 관해서는 졸론 『『순자』의 올바른 언어의 폭력과 그 파열』, 제1부 제1장 제1절 「감각에 의한 명약名約의 기초 확립感覺」による「名約」の基礎づけ」을 참조.

6 『순자』는 외국어를 '이속異俗'으로 파악하고 있다.

> 한干·월越·이夷·맥貊 등 이민족의 아이들이 태어났을 때에는 우리 아이들과 같은 동일한

언어능력(성聲)을 가지고 있지만, 성장하면 [언어체계(말)를 포함해] 습속이 사뭇 달라지는 것(이속異俗)은 교육이 그들을 그렇게 한 것이다.

『순자』「권학勸學」

언어가 '약정속성'의 산물이라고 하는 이상, 언어의 차이는 '언어능력'에 의하는 것이 아니라, 후천적으로 획득하는 관습에 의한다. 따라서 언어 간의 커뮤니케이션은 무언가의 변환 코드를 설정하기만 하면 가능하다.

먼 변방의 풍속을 달리하는異俗 지역의 언어와 변환 코드까지도 자세하고 충분히 검토하는 것을 기약해본다면 통용하게 된다.

『순자』「정명」

그렇다고는 하지만, 변환 코드를 기약하는(약속하는, 합치는) 일은 원초적인 '약約'과 마찬가지로 소행적遡行的으로 발견되는 것일 수밖에 없다. 『순자』에서의 외국어는 이미 외국과의 교환(말의 번역이나 경제적인 교역)이 성립하고 있는 지점으로부터 분명하게 드러난 문제인 것이다.

또한 『순자』에서의 경제적인 교역에 관해서는 졸론 「『순자』의 올바른 언어의 폭력과 그 파열」, 제2부 제2장 제4항a 「이방성의 흡수異邦性의 吸收」를 참조.

7　여기서의 후왕은 후세의 군왕이라는 뜻으로 주왕周王을 가리킨다. ─ 옮긴이

8　앞의 주5에서 살펴본 바와 같이 '약約'의 근거에 감각 작용의 동일성이 있기 때문에 '실實'을 구성하는 때에는 일정한 방식으로 제약을 받는다. 그 때문에 '아프리오리a priori(선험적 또는 선천적)'한 절대적 과거에 있어서조차 언어기호의 자의성은 전면적인 것이 아니다. 그것에 대해 역사적으로 선행하는 명名으로서의 구명舊名에 따르는 일은 언어기호의 자의성을 '아포스테리오리a posteriori(경험적 또는 후천적)'하게 제한하는 것이다. 그렇다고는 하지만, 명名과 실實의 구성에 앞서 있는 감각과, 역사의 차원에서 모든 것에 선행하는 명名의 관계는 단순한 것이 아니다. 절대적인 과거라는 차원이 결코 그대로는 일어나지 않는 이상, 그것을 제약하는 감각은 현재에 있어서는 명名에 후속해 발견되는 수밖에 없기 때문이다.

9　선왕과 후왕의 관계에 관해 생각할 때, 다음 부분은 중요하다.

그 많은 성왕聖王 가운데 어느 분의 법을 따라야 옳을 것인가? 옛말에 "예법도 오랜 세월이 지나면 시세를 따라 없어지고, 음악도 오래 되면 시대의 감정에 따라 자취를 감춘다"고 하였다. 사실 대대로 법의 조목을 지켜 내려오던 일반 관리들도 세월이 흘러가면 자연히 그

정신이 해이해지게 마련이다. 그러므로 나는 "성왕의 치적을 알려면 우리 눈으로 가까이 볼 수 있는 후왕의 예법을 취하라"고 말하고 싶다. 후왕이야말로 온 천하에서 우러러볼 수 있는 훌륭한 임금이다. 이러한 후왕을 버리고 자세히 알 수도 없는 옛 군주를 말하는 것은, 비유하자면 바로 자신의 군주를 버리고 타인의 군주를 섬기는 것과 조금도 다를 바가 없다. 그러므로 "천 년의 옛일을 알고자 하거든 먼저 눈앞에 보이는 오늘을 놓고 헤아릴 것이요, 억만의 수를 알고자 하거든 먼저 하나, 둘의 수부터 헤아려 나갈 것이며, 상고시대上代를 알고자 하거든 가까운 주周나라의 법을, 주나라의 법을 알고자 하거든 각각의 사람들이 존경하는 군주를 소상히 밝혀보도록 하라"고 나는 또한 말하고 싶다. 옛말에 "가까운 것으로 미루어 먼 데 것을 알고, 한 가지를 미루어 만 가지를 알며, 지극히 미미한 것으로 큰 것(밝음, 明)을 안다"는 말이 있다. 바로 이러한 일을 말하는 것이다.

『순자』「비상非相」

마땅히 찬연히 빛나는 후왕을 따라야 한다. 다만 『순자』는 선왕을 버리고 후왕을 따라야 한다고 말하는 것은 아니다. 확실히 그런 것이 아니며, 선왕의 사적事跡이 시간이 흘러 퇴화해버렸기 때문에 그것을 찬연히 빛나는 후왕을 통해 '재활성화'해야 한다는 의도인 것이다. 따라서 이것은 과거를 이상화하여 현재를 폄하하는 것도, 과거를 잘라버리고 현재를 찬양하는 일도 아니다. 이것은 과거를 또 하나의 현재로서 파악하고, 지금 여기서의 현재를 그 반복으로서 생각하는, 일종의 역사적인 태도다. 우치야마 토시히코内山俊彦는 이렇게 정리하고 있다.

앞에서 서술한 바와 같이 순자에 의하면 '수많은 제왕百王이 똑같이 하는 것', 불변한 것이 있는데, '예禮'의 질서가 그것이다. 그것은 '예'의 제작자로서의 '선왕'으로부터 역대에 걸쳐 지금 세상의 '후왕'에까지 공통하여 존재한다. 그렇게 생각함으로써 현재의 군주에게 '예'라는 불변의 '이념'이 관통한다고 간주할 수 있을 것이다. 이것은 현재의 군주, 현실의 지배자들을 이념 아래로 끌어당겨 생각하려는 것이다. 게다가 한편으로는 "수많은 제왕의 법은 동일하지 않고" 구체적인 정책은 가변적이기 때문에 '후왕'의 '법'이란 현재의 군주에게 독자적인 그것이다. 이 사고방식은 현실의 지배자들이 객관적 상황에 유효하게 정치 행동을 변화시켜가는 일을 인정하는 것이다.

우치야마 도시히코, 『순자: 고대 사상가의 초상荀子: 古代思想家の肖像』, 169쪽

따라서 역사적이라 해도, 그것은 선왕과 후왕 사이에 이념적인 동일성을 허구라 하는 이상, 설령 권리상은 항상 가능하더라도, 그 계승 관계를 뒤흔드는 것 같은 다른 사건이나 다른 계

보를 용인하는 일은 없다. 그것은 지금 여기서의 현전現前이 찬연하게 발하는 빛 아래에서 모든 것을 다 지해知解(지식으로 깨달음)하고, 격시적隔時的인 과거성을 소거하려는 것이다. 우치야마 도시히코가 인용한 "수많은 제왕들의 법은 동일하지 않고"에 이어지는 것은 "그러나 귀착하는 곳은 하나다"(『순자』「왕패王覇」)라는 결론이었다. 후왕을 따른다는 것은 '하나'인 투명한 세계를 실현하는 일인 것이다.

> 한 사람의 성정性情을 알면 천 사람의 성정千人萬人之情이 다 같다는 것을 알게 되고, 지금 보이는 천지天地의 모습으로 미루어 그것이 태초의 천지의 모습임을 알게 되며, 후왕後王(지금의 왕, 혹설에는 주周의 문왕文王·무왕武王이라고도 함)이 행하는 도로 미루어, 그것이 지난날의 많은 제왕들百王의 도임을 미루어 알 수 있다. 군자가 후왕의 도를 자세히 살펴 고대 제왕들 이전을 논한다면 그것은 마치 두 손을 마주잡고 의논하듯이 쉽다.
>
> 『순자』「불구不苟」

이 인용문의 첫 줄을 바꿔 말하면 "천인 만인의 정情은 한 사람의 정이다"라고 할 수 있는데, 이 언명은 확실히 놀라게 하는 바가 있다. 하지만『순자』가 개척한 역사성이라는 계기는 '하나'로의 결집으로 귀착하는 것에 지나지 않는 것일까? 만일 이 언명을 그대로 다시 읽는다면, 즉 "한 사람의 정은 천인 만인의 정이다"라고 해서 결집이 아니라 복수의 다른 것으로의 통로로서 이해한다면, 지금 여기서의 찬연한 현전現前에 복수의 과거를 회수하고 환원하는 방향이 아니라, 그것들을 구제하는 방향으로 향할 수도 있을 것이다. 독해의 여지로서 이 미세한 가능성을 지적해두고 싶다.

10 '천인天人의 분分'에 관해서는 다음 구절이 있다.

> 천행天行에는 일정한 법칙성常이 갖추어져 있다. 요堯 임금에 의하여 이루어진 것도, (포학한) 걸桀에 의하여 잃어버린 것도 아니다. 이와 같이 (일정한) 천행에 대하여 안정된 세상을 실현하는 선정善政의 시행으로 임한다면 그 결과는 길吉이 되는 것이고, 어지러운 세상을 인도하는 악정惡政의 시행으로 임한다면 흉凶이 되는 것이다. (…) 따라서 하늘을 원망하는 것은 옳지 않다. 스스로가 선택한 인간적 행위가 그와 같은 결과를 초래한 것이다. 이상으로써 하늘과 인간과의 역할 분담天人之分을 명확히 자각하면 그 사람을 '지인至人(최고의 도를 닦은 사람)'이라 부를 수 있다.
>
> 『순자』「천론天論」

이밖에도 장자를 "하늘에 가려져 사람을 알지 못한다"(『순자』「해폐解蔽」)고 비판했던 바와

같이 『순자』에서는 초월적인 심급을 설정하고, 인간의 행위에 기초하는 일을 피하려 하고 있다. 다만 성性이라는 본질은 바로 천부적 것이라고 하는 이상, "사람의 명命은 하늘天에 있고"(『순자』「강국彊國」)라는 언명이 한편으로 이루어지는 것이지만, 『순자』가 물음을 제기하는 것은 그러한 하늘이나 본성에 대치되는 별도의 외부성으로서의 프락시스praxis(실천)의 차원이다. 이 사항에 관해서는 우치야마 도시히코『순자: 고대 사상가의 초상』(84쪽)과 『중국고대사상사의 자연인식中國古代思想史における自然認識』(101쪽)을 참조.

11 예의禮義가 본성에 속해 있지 않다는 것은 "한편 사람의 본성에는 원래부터 예의가 속해 있지 않다. 따라서 노력하고 배워서 그것을 몸에 익히려고 추구한다"(『순자』「성악」)라는 한 구절에서도 분명히 드러난다.

또 선왕이 예의를 제정한 일에 관해서는 다음 부분을 참조할 필요가 있다.

"예禮는 어떻게 생기는 것일까?" 이 물음에 답해보면 사람에게는 태어나면서부터 욕망欲이 있다. 욕망이 있는데 손에 넣지 못하면 어떻게 하든 손에 넣으려고 추구한다. 추구하여 거기에 일정한 한계가 없으면 (타인의 몫을 침범하게 되고) 다투지 않고는 견뎌내지 못한다. 다투면 (사회는) 혼란하고, 혼란하면 드디어 (사회는) 어려움을 겪는다. 선왕은 그 혼란을 싫어했던 것이다. 그래서 예의를 제정하여 사람들의 욕망에 일정한 한계를 그어 그로 하여금 사람들의 욕망을 양육하고, 사람들의 욕구를 충족시키며, 욕망이 물질로 인하여 결코 파탄이 오지 않도록 욕망과 물질이 서로 균형을 유지하면서 증가하도록 하였다. 이것이 예의 기원이다.

『순자』「예론禮論」

12 철학에서 주로 사용하는 용어로 대화법을 통해 문제를 탐구하는 도중에 부딪치게 되는 해결할 수 없는 어려운 문제를 의미한다. 이 문제는 해결하지 못하는 것으로 버려지는 것이 아니라 다른 방법이나 관점에서 새로이 탐구하는 출발점이 된다. ─ 옮긴이

13 『순자』는 '삼혹三惑'이라 하여 언어의 잘못된 사용법을 세 가지 패턴으로 정리했다(『순자』「정명」). 즉, "명사名辭를 잘못 사용함으로써 (미혹되어) 올바른 명사를 혼란하게 하는 것", "실제 대상實을 제대로 쓸 줄 몰라서 올바른 명사를 혼란하게 하는 것", "명사의 사용법을 몰라서 사물의 대상을 혼란하게 하는 것"이 그것이다. 그리고 모든 오용은 이 삼혹 이외에 아무 것도 없기 때문에 정명의 원리로 되돌아간다면 금지할 수 있을 것이라고 말한다. 이와 같이 『순자』에서는 정명으로 언어의 오용을 배제할 수 있다고 생각했다.

그러나 여기서 예로 든 '혹惑'은 '일상적'이라는 그 자체가 형이상학적인 함의를 가진 콘텍스트(문맥)를 전제로 하고, 그것에 입각하는 한에서 판단된 오용에 지나지 않는다. 애당초 언어는 일상적이지 않은 특수한 콘텍스트에서도 성립하며 다른 의미를 별도의 콘텍스트에서 만들어

낼 수도 있었기 때문에, 새롭게 '약약約'이 가능했을 터다. 『순자』에서 일상적이라는 콘텍스트를 강조하는 것의 의의와 한계에 관해서는 졸론 『순자』의 올바른 언어의 폭력과 그 파열言語の誤った使用あるいはコミュニケーションの必然的な失敗」, 제2부 제2장 제2절 「언어의 잘못된 사용 혹은 커뮤니케이션의 필연적 실패」)를 참조.

제2장 어떻게 언어를 말소할 수 있을까

1 『만기론萬機論』을 저술한 위魏나라 장제蔣濟의 의론인데, 이미 유실되었다.
2 『위지魏志』 권21에 "부하傅蝦가 재성동이才性同異를 논하고, 종회鍾會가 그것을 모아 논하였다"라고 되어 있다.
3 『단연잡록丹鉛雜錄』(양신楊愼 찬撰) 총서집성초편叢書集成初編·총류總類에 따라서 '우의외于意外'를 '호상외乎象外'로 고쳤다. 바로 뒤의 문장을 생각해보아도 '상외象外'–'계표繫表'라는 대칭으로 논해지고 있기 때문에 이 변경은 타당한 것이다.
4 '계표繫表'에 관해서는 왕바오쉬안王葆玹의 해석에 따라서 '계사이외繫辭以外'로 풀이했다 (왕바오쉬안, 『정시현학正始玄學』, 326쪽).
5 독일어의 히에라르키Hierarchie는 피라미드형의 계층 조직, 즉 위계제位階制 또는 계층제階層制를 뜻한다. 원래는 교황을 정점으로 하는 성직자의 세속적인 지배 제도, 즉 로마 교황이 모든 세속적 권력을 장악하고, 국가는 교회가 승인하는 범위 안에서만 독립권을 행사한다는 로마가톨릭의 교의敎義와 제도를 이르는 말이다. –옮긴이
6 탕융퉁湯用彤(1893~1964)은 이에 대해 일찍부터 명확하게 서술한 바 있다.

> 왕필의 설은 '언부진의설'이 유행한 후에 일어났는데, 양자에게는 다름과 같음이 있다. 생각하건대 '언부진의'가 존중하는 것은 마음이고 '이해하는 일意會'이며, '망상망언忘象忘言'이 존중하는 것은 '뜻을 얻는 일得會'이다. 즉, 양쪽 주장 모두 마찬가지로 말을 경시하고 뜻意을 중시한다. 그러나 '언부진의'가 언어를 거의 무용한 것으로 보는 데 비해, 왕필은 오히려 말과 상象을 인정하고, 그것에 의해 상象과 뜻을 다한다고 생각해 모두 합해서 '진상막약언盡象莫若言' '진의막약상盡意莫若象'이라고 말한다. 이것이 양쪽 주장의 다른 점이다.
>
> 탕융퉁, 『위진현학논고魏晉玄學論稿』, 29쪽

7 유개념이란, 어떤 개념의 외연外延이 다른 개념의 외연보다 크고 그것을 포괄할 경우에 전자를 후자에 대하여 이르는 말이다. 예를 들면, 소나무·매화나무 따위의 종개념種槪念에 대하

여 식물은 유개념이 된다. - 옮긴이

8 원문에서는 "'상象'은 '뜻意'에 포섭되지 않으며"라고 되어 있는데, 저자의 이해를 얻어 정정했다. '뜻－상'을 '유類－종種'이라고 생각하는 한, "뜻은 '상에 포섭되지 않으며"라는 쪽이 문장의 뜻과 맞는다.

9 옛 형구인 차꼬와 수갑을 아울러 이르는 말. 몹시 속박해 자유를 가질 수 없는 고통의 상태를 비유적으로 이르는 말이다. - 옮긴이

10 사물에 집착하지 않고 욕심이 없고 담백하며, 마음이 편해 이익을 탐내는 마음이 없음을 뜻한다. - 옮긴이

11 예를 들면 하치야 구니오는 다음과 같이 서술하고 있다.

> 순자가 "변설辨說이란 것은 도道를 표현하는 마음의 작용이다. 마음이란 것은 도의 공재工宰(주재자)이다……"라고 한 규정을 언의言意의 차원에서 보면 분명히 말하고는 있지 않지만, 말言은 뜻意을 다해야 한다는 방향에 있다고 해석해도 크게 틀리지 않을 것이다.
>
> 하치야 구니오, 『중국의 사유』, 122~123쪽

제3장 '오럴리티'의 치원—『장자』

1 수레바퀴輪 깎는 일을 직업으로 하는 편扁이라는 사람. - 옮긴이

2 각각 다음과 같이 서술되어 있다.

> 왕수王壽가 책을 등에 짊어지고 걸어가다가 주周나라로 가는 길에서 서풍徐馮을 만났다. 서풍이 말했다. "일은 변화에 따라서 움직이는 것이다. 그리고 변화는 때에 따라서 생긴다. 그러므로 때를 아는 지자知者는 언제라도 같은 행동을 하는 것이 아니다. 책은 말이 그곳으로부터 나오는 것이다. 그리고 말은 지자로부터 발단한다. 그러므로 지자는 책을 필요로 하지 않는다." 왕수는 이 말을 듣고 너무 기뻐서 책을 모두 불태워버리고 춤을 추었다.
>
> 『회남자』「도응순」/『한비자』「유로」

> 애당초 사辭는 뜻意을 표현하는 것이다. 그 표현을 보고 뜻을 버리는 것은 도리에 어긋난다. 따라서 옛사람들은 뜻을 획득하면 말言을 버렸던 것임에 틀림없다. 말을 듣는 것은 말에 의해 뜻을 보고 있다는 것이다. 말을 듣고도 뜻을 알지 못한다는 것은 교언橋言(사리에 어긋나는 말)에 다름 아니다.

3 제3장의 제1절에서 인용한 성현영의 소疏에는 "부망언득리夫忘言得理(말을 잊고 이치를 얻
는다)"라고 되어 있는데, 이것도 왕필의 해석을 본보기로 삼고 있고 그 영향 아래에 있다는 점
은 분명하다.

제4장 언어의 정치적 지배는 가능한가──유가 묵가 도가 법가

1 위스턴 휴 오든Wystan Hugh Auden(1907~1973)은 영국 출신으로 미국에 이주해 활동한
시인이다. 20세기 최고의 시인 가운데 한 사람으로 평가받는다. ─옮긴이

2 J. G. A. 포칵 지음, 곽차섭 옮김, 『마키아벨리언 모멘트─피렌체 정치사상과 대서양의 공화주
의 전통』1~2권, 나남출판, 2011. 원서는 J. G. A. Pocock, *The Machiavellian Moment*:
Florentine Political Thought and the Atlantic Republican Tradition, Princeton
University Press, 1975). 한국어 번역본은 1권과 2권으로 나뉘어 출판됨. 이 책은 마키아벨
리와 그 밖의 르네상스기 이탈리아 사상가들에 의해 부활된 고전 공화국의 이상이 근대의 역
사적, 사회적 의식에 가져온 결과를 탐구한 고전 역작이라 할 수 있다. 이 책에서는 고전 고대
의 공화주의 사상이 15~16세기 마키아벨리 시대의 시민적 휴머니스트들에 의해 재생·변형
되어 근대 역사주의적 세계관의 단초가 되고, 다시 18세기 잉글랜드·아메리카의 대서양 세
계 속에서 로크의 상업적 세계관과 대립, 병존하는 새로운 공화주의 사상으로 확립되는 과
정이 그려지고 있다. 저자는 고전 고대로부터 유래한 공화주의가 건국 시조들에게 심대한 영
향을 미쳤으며, 로크적 자유주의에 부여된 전통적인 역할을 재고해야 한다는 새로운 주장을
제시한다. ─옮긴이

3 J. G. A. Pocock, *Politics, Language, and Time*: *Essays on Political Thought and
History*, The University of Chicago Press, Chicago and London, 1971, 1989.

4 포칵은 중국철학에 관한 몇 편의 영어 논문을 참조하고 있는데, 주요한 것은 평유란馮友蘭에
게 사사한 더크 보드Derk Bodde가 번역한 평유란의 『중국철학사』 영역본(Fung Yu-Lan,
A history of Chinese philosophy, vol. Ⅰ, Peiping and London, 1937)이다.

5 그 밖의 장에서는 니콜로 마키아벨리Niccolò Machiavelli 외에 제임스 해링턴James
Harrington, 토머스 홉스Thomas Hobbes, 에드먼드 버크Edmund Burke 등 영국의 정치
사상가들을 논하고 있다.

6 인용한 쪽수는 '원문*일본어역'의 순서로 나타냈다. 일본어역은 졸역 「의례, 언어, 권력─고대
중국철학의 분명한 정치적 의미에 관하여儀礼, 言語, 權力: 古代中國哲学の明らかに政治的な

意味について」에 따랐지만, 일부는 수정했다.

7 물론 의례를 주장하는 것도 권력의 일종의 모습이고, 또 전통·권위·윤리·형벌도 권력의 성격과 깊이 관련된 것이지만, 역시 언어야말로 권력을 생각하는 중심적인 테마다. 포착이 「의례, 언어, 권력」이라고 제목을 붙인 이유가 바로 여기서 자명해진다.

이 인용문 속에서 포착은 "설득이냐 강제냐의 선택에 직면하지 않을 수 없다"고 서술했는데, 이에 대한 여러 학파의 회답은 결코 양자택일적인 것이 아니다. 정말로 유가→묵가→도가→법가의 순서로 설득으로부터 강제로, 즉 동의로부터 힘으로 그 강조점이 이행하고 있는 것처럼 보인다. 그런데 그 양단에 위치한 유가와 법가는 권력을 유지한다는 점에서는 일치한다(「의례, 언어, 권력」, 69*28쪽). 그렇다고 하는 이상, 실제로는 '설득도 아니거니와 강제도 아닌' 혹은 '설득이기도 하고 강제이기도 하다'라는 회답이 나오게 되었다고 이해하는 편이 적절하다.

8 『묵자』「상동」 하편에도 똑같은 기록이 있다.

9 그렇다고는 하지만, 포착이라 하더라도 "묵자의 체계에 결여된 점이나 애매한 점은 있다"(「의례, 언어, 권력」, 54*13쪽)고 말한다. 예를 들면, 권위 그 자체가 아니라 권위가 필요하다는 것에 동의한다고 해도, 구체적으로 어느 것이 그리고 누가 권위가 되는가는 결정할 수 없으며, 애당초 자연 상태로부터 왜 탈각脫却하는 일이 필요한지는 설명할 수 없다. 그것이 정치라 하더라도 그 정치 자체를 묻는 시선이 필요하다.

10 Anne Cheng, *Histoire de la Pensée Chinoise*, Seuil, Paris, 1997.

11 한비자의 사상으로, 법 운용의 기술이다. 형刑은 이루어낸 실적, 명名은 부하의 보고, 참동參同은 양자를 맞붙여 평가하는 것이다. 즉, 관리의 근무평가라고 할 수 있다. – 옮긴이

12 간사한 꾀로 남을 속여 희롱함을 이르는 고사성어. 중국 전국시대의 송나라 저공狙公과 관련된 고사로, 먹이를 아침에 세 개, 저녁에 네 개씩 주겠다는 말에는 원숭이들이 적다고 화를 내더니 아침에 네 개, 저녁에 세 개씩 주겠다는 말에는 좋아했다는 데서 유래한다. – 옮긴이

13 다만 이 고금의 동일성에 호소한 반론에는 문제가 있다. 포착은 만일 고금이 완전히 동일한 것이라 한다면, "결국은 역사적인 권위에 호소하는 일을 완전히 파괴해버리는"(「의례, 언어, 권력」, 72*31쪽) 것이 아닌가라고 묻는다. 도가와는 다르다고 하지만, 이것도 역시 역사를 무시하는 결과에 도달해버리기 때문이다.

14 원래 불교에서 자주 쓰이는 용어로 도를 닦는 데 방해가 되는 세 가지 번뇌, 즉 견사혹見思惑, 진사혹塵沙惑, 무명혹無明惑을 말한다. 이 가운데서 견사혹은 성문, 연각, 보살이 함께 끊을 수 있는 것이므로 통혹通惑이라 하고, 진사혹과 무명혹은 보살만이 끊는 것이므로 별혹別惑이라 한다. – 옮긴이

1 "옛날의 규정(이전에 흥과 비를 함께 사용하던 법칙으로서의 옛 규정)을 저버리게 되었다"고
   번역한 부분의 원문은 '신구장의信舊章矣'다. 이 부분에 관해 판원란范文瀾은 '신信(믿음)
   은 패倍(등짐 혹은 배반)로 써야 하고, 패倍는 '등지다背'라는 뜻이다'(판원란, 『문심조룡』 하,
   606쪽)라고 해석해 풍유와 '흥'을 중심으로 하는 『시경』의 옛 규정에 위배되었다는 뜻으로 이
   해했다. 많은 학자들도 문맥으로부터 판원란의 설을 지지하고 있고, 이 책에서도 그것에 따
   른다. 또한 '구장舊章'에 관해서는 잔잉詹鍈이 『시경』 「대아大雅·가락假樂」을 인용해 "이 부분
   의 '구장'은 옛 시대에 장법章法(규정)이 있었다는 것이다"(잔잉, 『문심조룡의증文心雕龍義證』
   하, 1361쪽)라고 풀이한 것에 따라 '옛날의 규정'이라고 해석했다.

2 예를 들면 황보밀皇甫謐의 「삼도부三都賦」 서序, 심약沈約의 「사영운전론謝靈運傳論」, 소통
   蕭統의 『문선文選』 서, 종영鍾嶸의 『시품詩品』 서 등이 있다.

3 직설적인 말을 피해 멀리 돌리거나 비유적으로 하는 말. ─ 옮긴이

4 제후가 경卿으로 하여금 다른 제후에게 가서 안부를 묻게 하는 인사의 예禮. ─ 옮긴이

5 벼슬길에 오르지 못한 서민을 일컬음. ─ 옮긴이

6 거짓으로 꾸며서 남을 헐뜯어 윗사람에게 고해 바침. 또는 그런 말. ─ 옮긴이

7 풍부하고 아름답다는 뜻. 뒤의 굉연도 같은 뜻이다. ─ 옮긴이

8 사부辭賦는 문체 이름으로 사辭와 부賦를 통칭한 것이다. 굴원의 『이소』에서 시작해 한대漢
   代에 극성했다. ─ 옮긴이

9 '지志'와 '정情'을 이 책에서는 구별하지 않고 이해했다. 정말로 '지'가 마음의 보다 이지적인 면
   을, '정'이 마음의 보다 정감적인 면을 나타내고 있다면 구별하고 이해하는 일은 가능하다. 그
   러나 한위육조 시기의 용법을 보는 한, 그것이 엄밀하게 구별되어 있다고는 생각하기 어렵다.
   어느 쪽도 마음에 있어서의 무언가의 지향志向 작용을 나타내는 것으로서 똑같이 사용되고
   있기 때문이다. 왕원시王運熙·양밍楊明의 『위진남북조문학비평사魏晉南北朝文學批評史』
   에서도 "한위漢魏 이래, 정情·지志의 두 글자는 항상 혼용되었다"고 논하고 있다(왕원시·양
   밍, 『위진남북조문학비평사』, 101~102쪽).
   그런데 다른 한편으로 '지'와 '정'의 구별에 집착하는 연구도 있다. 하야시다 신노스케林田愼
   之助의 『중국중세문학평론사中國中世文學評論史』는 그 대표적인 것이며, 거기서는 육기陸
   機의 '시연정이기미詩緣情而綺靡'라는 명제를 '지'로부터 '정'으로의 전환점이라고 해석한다.
   "그때까지의 시체詩體의 개념 규정은 '시언지詩言志'설의 범위에서 한 발자국도 나아가지 못
   했다. 육기가 '입덕입공立德立功'과 유착될지도 모르는 '지'의 개념을 버리고, '정'의 개념을 전
   면에 내세울 수 있었던 것은 개인적인 희로애락의 감정을 중시하고, 내발적인 서정미의 발견

에 시의 본질이 있다고 인식했기 때문이다."(하야시다 신노스케, 『중국중세문학평론사』, 83쪽) 하야시다 신노스케는 육기의 경우에는 아직 '지'와 '정'이 분리되어 있지 않다고 지적하면서도, "이 점으로부터 『문부文賦』의 문학이론은 한대의 도리道理 존중으로부터, 육조의 정성情性 존중으로 옮겨가는 과도적인 사상 내용을 나타내고 있다고 볼 수 있다. 그런데 '지'와 '정'의 관계를 축으로 하여 생각해보더라도, 동일한 것을 말할 수 있을 것 같다"(같은 책, 36쪽)라고 해서 '지'와 '정'의 구별에 집착하고 있다. 이러한 이유로는 동일하게 육기에 대해 "한대 '언지설言志說'을 따르고 있던 도덕적인 혹은 정치적 취미臭味(몸에 밴 좋지 않은 느낌)를 지워 없애고, 주정주의적主情主義的인 예술지상의 문학사조를 이끌어내게 되었다"(같은 책, 23쪽)라고 논한 부분에서 분명해진 바와 같이 정치로부터 자립한 '예술=문학지상주의'라는 생각을 굳건히 유지했던 것이다.

하지만 만일 그러한 '예술=문학지상주의'라는 전제를 벗겨내면 하야시다 신노스케 본인도 인정했듯이 『문심조룡』에서는 '지'와 '정'이 '통일, 정합整合'되어 있는 것이고, 주정주의의 대표로 언급되는 종영의 『시품』에서도(확실히 '지'의 용례는 적다고 하더라도) "사물에 의해 지志를 비유하는 것이 비比이다"라고 서술되어 있는 것을 무리 없이 이해할 수 있다. 덧붙여 애당초 주정주의의 명제가 된 '정성음영설情性吟詠說'의 출처는 『시경』 대서大序이고, 반드시 주정주의를 후발하는 것이라고 생각하는 일도 없다.

이상으로부터 생각해보건대 이 책에서는 '지'와 '정'을 특별히 구별하지 않고 그대로 사용하고자 한다.

10 서쪽으로 파미르고원에서 시작해 동쪽으로 칭하이 성淸海省에서 쓰촨 성四川省 서북부를 거쳐 신장新疆과 티베트를 관통하는 산. 이 곤륜(중국어 발음은 쿤룬)은 중국 고대의 신화전설 속에 나오는 산인데, 처음에는 하늘에 이르는 높은 산 또는 아름다운 옥이 나는 산으로 알려졌으나, 전국戰國 말기부터는 서왕모西王母가 살며, 불사不死의 물이 흐르는 신선경神仙境이라 믿었다. – 옮긴이

11 저승에서 하는 결혼. – 옮긴이

12 복비宓妃는 황하黃河의 신 하백河伯의 아내이자 낙수洛水의 여신이다. 복희伏羲의 어여쁜 딸이기도 하다. – 옮긴이

13 남방과 북방의 대비는 중국의 학술에 있어서 종종 사용되는데, 그것은 단순한 '장소의 차이'가 아니라, 근원적인 은유로서 기능한다. 풍요함, 뜨거움, 부드러움, 정념적情念的인 것으로서의 남방에 대하여, 엄격함, 차가움, 강경함, 이지적理知的인 것으로서의 북방이 상정된다. 이것은 곧바로 음양, 인의仁義라고 하는 제 개념과 겹쳐지고, 남북의 왕조라든가 문화의 차이 등을 설명할 때에 반드시 참조된다.

그런데 이 남방과 북방은 음양이 반전反轉하는 바와 같이 '반전 가능=교환 가능한' 것이

며, 어느 한쪽이 유일한 기원인 것은 아니다. 요컨대 북방은 남방의 기원이고, 남방은 북방의 기원이라고 말할 수도 있다. 그러나 유일한 기원을 추구해왔다는 점도 확실하다. 그것을 남방으로 추구하든가, 북방으로 추구하든가의 어느 쪽이라 하든, 그때가 되어 유일한 기원과 또 하나의 기원의 관계가 문제가 되면, 종종 후자는 전자로부터 파생한 것이 아니라, 전자를 보충하고 활성화시키는 것과 같은 원리라고 간주된다. 즉, 후자는 전자에 있어서 내부에 불가결한 외부인 것이다.

이러한 설정은 자크 데리다가 루소의 『언어기원론Essai sur l'origine des langues』에 관해 서술한 『그라마톨로지에 관하여De la grammatologie』에서 '근원의 대보代補'(근원을 대리 보충하는/근원이 대리이자 보충이다)라고 불렸던 것에 해당한다. 데리다는 거기서 언어의 유일한 기원을 '남방'에 두는 루소를, 북방/남방의 구조적인 대리관계를 기술하는 루소에 의해 탈구축하고 있다. 다시 말해 기원에 있어서의 대보성代補性을 척결하면서 더한층 그것을 철저히 하고, 유일한 '기원'인 파롤parole(구어)에 대한 또 하나의 '기원'인 에크리튀르écriture(문장어)를 '근원의 대보'라 하여 기원 그 자체의 치환 가능성·대보성, 즉 반복 가능성까지 논급하고 있다(이상, 『그라마톨로지에 관하여』 제3장 『『언어기원론』의 생성과 구조』를 참조).

물론 루소가 말하는 『언어기원론』과 이 책에서 논의하는 문장의 분할은 문맥을 달리하기 때문에 간단히 대비할 수 있는 것이 아니다. 여기서는 남방이 아니라, 북방의 『시경』을 유일한 기원으로 하고 있는 것이며, 후술하는 바와 같이 에크리튀르(文)에 관해서도 그것을 별도의 기원이라고 인정하면서도, 즉각 '자연화'하여 받아들이기 때문이다. 그러나 완전히 별개의 사항이 문제가 되고 있는 것은 아니다. 북방을 대보(대리 보충)하는 또 하나의 기원으로서의 남방은 악의 기원이고 수식修飾의 기원이며 '자연화'할 수 없는 에크리튀르(文)의 장소이기도 하기 때문이다.

따라서 데리다와 함께 반복 가능성이야말로 '기원'이 아닌가라고 묻고 난 상태에서, 북방에 의해 길들여진 대보(대리 보충)로서의 남방과는 별도의 상태를 생각할 필요가 있다. 그것은 이 장의 끝부분에서 살짝 엿보려고 하는 외국으로서의 '남방'이다. 그것은 기원이나 기원에 대한 꿈에 편입시킬 수 없는 토포스topos(늘 사용되는 주제, 개념, 표현)다.

14 고젠 히로시興膳宏는 "실로 『문심조룡』 50편은 이러한 의미에서의 '기奇'라는 것에 대한 탄핵으로 시종일관한다고 말할 수 있다"(고젠 히로시, 『중국의 문학이론中國の文學理論』, 308쪽)고 하여 『문심조룡』이 기본적으로는 '기'를 마이너스적인 것으로서 받아들이고 있다고 말한다. 또 그는 다른 한편으로 『초사』만은 취급이 다르고 "경서적인 정통성으로 유지되는 '기奇'─이것으로 유협 문학론의 요체를 인정해야만 될 것이다"(같은 책, 310쪽)라고 서술하고 있다. 이 두 가지 '기'의 사용법이 어떤 연관이 있는지가 문제시되어야만 할 과제다.

15 『문심조룡』에서 『초사』를 적극적으로 편입한 것은 이제까지 많은 주목을 받아왔다. 예를 들면

하야시다 신노스케는 "그 의미에서 경서의 전통 유산을 근거로 하여 훌륭한 시대적 변혁을 실증한 위서緯書와 『초사』라는 문학의 귀자鬼子를 「정위正緯」, 「변소」 두 편에 집어넣고, 「징성徵聖」, 「종경宗經」 두 편과 나란히 하여 등가치等價値에 놓으면서 문학 원리 고찰의 대상으로 삼고 있는데, 이것은 선험적으로 문학사가文學史家로서 출발한 유협에게는 의식 과잉이라 할 수 있을 정도의 주도면밀한 배려를 더한 상태에서의 발상이었다"(『중국중세문학평론사』, 324쪽)라고 말한다. 또 가이 가쓰지甲斐勝二도 "이렇다는 것보다도 유협은 초사가 '풍간충원諷諫忠怨'이라는 경전의 정신을 계승하고 소화하면서, 그 위에 '다재多才'의 독자적인 표현을 만들어내고 있다는 점에 적극적인 평가를 내리고 있다"(가이 가쓰지, 「『문심조룡』의 기본 성격『文心雕龍』の基本的性格」, 66쪽)고 말한다. 그러나 이들의 연구는 차이를 이해 가능한 것, 올바른 것으로 회수하는 '기奇'의 장치로서『초사』를 비판적으로 파악하는 것은 아니다.

16 예를 들면 고젠 히로시가 "도道는 유협 문학론의 핵심적인 개념이며 문학의 보편적인 근원 혹은 원리를 의미한다. 이 편(「원도」)은 문학의 기원과 원리에 관해 고찰·탐구하고, 문장은 천지자연의 미관美觀이 스스로 그렇게 된 표현이라고 하는 독특한 주장을 전개한다"(고젠 히로시, 『문심조룡』, 211쪽)고 말한 것을 참조.

17 여기서 오토마티즘이라는 것은 쉬르레알리슴Surréalisme(초현실주의)에서 말하는 그것과는 엄밀히 따지면 구별되어야만 한다. 전자가 '도道'라는 법(규칙, 표현형식)의 내부에 결국은 머무르는 한에서의 자동서기自動書記라고 하는 데 비해, 후자에는 법을 초과하는 기회가 있기 때문이다. 다만 '쉬르레알리슴'이 정말로 목적론적인 배치로부터 자유로웠는가에 대해서는 논의할 여지가 있다.

18 자크 데리다의 『법의 힘Force de loi』(1994) 참조.

19 이 사항에 관해서는 안도 노부히로安藤信廣의 「『문심조룡』과 『시품』:수사주의에 대한 대치와 통저『文心雕龍』と『詩品』:修辭主義への対峙と通底」(이토 도라마루伊藤虎丸·요코야마 이세오橫山伊勢雄 편, 『중국문학론中國の文学論』 수록)을 참조.

20 고젠 히로시는 『문경비부론』「논문의」의 이 부분과 『문심조룡』「명시」 편에서 "사람은 칠정七情을 받아들이고 있고, 사물에 반응하여 느끼며 사물에 감응함으로써 뜻을 음영하는 것인데, 이러한 모든 과정은 지극히 자연스럽게 이루어진다"라고 한 것을 비교해 "논리적으로 비슷하다"고 말한다. 또 그 뒤에서는 '무작無作'을 "'무위無爲'와 거의 동일한 뜻이라 봐도 좋으며", "'자연'은 인위가 더해지지 않은 본래대로의 상태"라고 말하고 있다(고젠 히로시, 『인법대사 구카이전집弘法大師空海全集』 제5권, 380쪽). 그러나 형식적인 논리가 유사하기 때문이라 해도, 그것이 예상하는 범위나 내용이 크게 다른 경우도 있다. 이하의 본문에서 서술하는 바와 같이 '자연'에 관해서는 『문경비부론』과 『문심조룡』의 차이야말로 중요한 것이 아닐까? 이렇게 말하는 것은 그 사이에 얼마간의 관계가 보인다 하더라도, 노장사상 혹은 현학玄學의

문맥에 유협의 언설을 환원하는 것은 무리가 있다고 생각되기 때문이다. 예를 들면 같은 『문심조룡』「명시」 편에서 "동진東晉시대의 작품은 형이상학에 빠져, 성실하게 세상일에 힘쓰는 일을 조소하고, 속세에서 벗어나 청담淸談을 마구 부추겼다"고 하여 오히려 현학에는 비판적인 입장을 보인다. 또 고젠 히로시 자신도 말한 바와 같이 유협이 노장사상을 이해하고 있었다 해도, 거기에 중심을 두고 있었던 것은 아니다. 고젠은 『문심조룡』의 '근원'에 대한 지향을 '회귀의 논리'라 명명하고, '원시요종原始要終'이라는 말에 주목해 '근본本'으로 돌아감으로써 '말末'을 컨트롤하는 논리를 발견했다. 더구나 "회귀 사상의 본류는 역시 뭐라고 해도 도가의 철학이다"(『중국의 문학이론』, 192쪽)라고 말하면서도, 동시에 "유협은 그의 '회귀의 논리'를 형성해가는 데 맞추어 말할 것도 없이 이러한 전통적인 사고방식을 크건 작건 간에 의식의 어딘가에 두고 있었음에 틀림없다. 하지만 경건한 불교도였던 유협의 생각이 보다 많이 직접적인 훈염薰染(좋은 감화를 주거나 받음)을 받았던 것은 조금 더 별도의 곳에서 추구되어야만 할 것이다"(같은 책, 193쪽)라고 서술했다. 즉, 유협은 노장사상에도 조예가 깊지만, 기본적으로는 불교도라고 말하고 있는 것이다. 만일 그렇다고 한다면 '회귀'의 텔로스telos(목적)인 자연의 내용 해석도 노장사상과는 동떨어져 있다고 보는 것이 온당한 이해가 아닐까? 이상으로부터 여기서는 유협과 노장, 현학과의 차이를 중시하기로 한다.

덧붙여서 말하면 유협과 대비되어 거론되는 경우가 많은 종영은 그의 『시품』에서 한 부분만 자연에 관해 언급하고 있다. 그것은 전고典故(전거)의 인용만 많은 작품에 대한 비판으로, "자연의 뛰어난 정신이 작자와 딱 들어맞게 만나는 경우는 드물다"고 서술한 부분이다. 다카기 마사카즈高木正一는 이 '자연의 뛰어난 정신'을 "전거典據 등 인위적인 기교를 사용하지 않은 소박한 취향 또는 정신"(다카기 마사카즈 역주譯注, 『종영시품鍾嶸詩品』, 103쪽)이라고 이해하고 있는데, 바로 여기서 종영이 소박하게 자연을 파악하고 있었음을 엿볼 수 있다.

또 한 사람, 육운陸雲(262~303)을 예로 들어보자. 육운도 또한 "문장을 비판하는 데 청성淸省(청순하고 간약簡約)한 것을 좋아하고, 아무것도 보태는 것이 없는 편이 좋다. 뜻意은 여기에 이르러 비로소 자연에서 나오는 듯이 된다"(『여평원서與平原書』)라고 말하면서 역시 자연을 '청순하고 간약'한 것으로 생각하고 있다.

이와 같이 육운으로부터 종영을 거쳐 『문경비부론』에 이르기까지의 자연의 파악 방식에 근거해 보면, 유협의 자연 개념의 독자성이 더한층 두드러지게 눈에 들어온다.

21 『문심조룡』에서의 흥興과 비比의 구체적인 사례를 보면, 흥의 예로서 후비后妃의 덕德이나 부인의 의義를 비유하는 「관저關雎(물수리)」나 「시구尸鳩(뻐꾸기)」를 언급한다. 이때 이들 새 자체가 어떤 새인가는 그 비유와는 관계가 없다. 비比에 관해서는 비교하는 것과 비교되는 것이 어떤 방식에서 닮아 있다는 것이고, 비교하는 말의 의미 그 자체도 비유에는 필요하다. 이 것은 흥興이 일어나는 것과 강한 관계가 없다고 하는 일과는 반대다. 그러한 비의 용례의 대

부분은 '여如' '약若'이라는 방식으로 표현되고 있다. 이를테면『문심조룡』「비흥」편에는 "마의 여설麻衣如雪(삼베옷은 눈과 같네)"(『시경』「조풍曹風·부유蜉蝣」), "양참여무兩驂如舞(두 마리의 부마副馬는 춤추는 듯하네)"(『시경』「정풍鄭風·대숙우전大叔于田」)라는 표현이 비의 예로서 인용되고 있다. 이들 사례는 비가 명유明喩라는 정의를 지지하는 것이다.

22 상상이나 감상 따위를 덧붙이지 않고 있는 그대로 진술·서술하는 것을 의미함. - 옮긴이

23 지금까지도 언어의 정확함과 윤리적·교육적·정치적 올바름은 별개의 것임에도 불구하고, 유가는 후자를 전자에 우격다짐으로 중첩시켰다는 비판이 종종 제기된다. 전형적인 비판으로는 "민간에 유행하는 가요가 사회의 반영이라고 하는 주장은 하나의 진리이며, 이것을 서력 기원전에 주창했던 것은 탁견이라 해도 좋을 것이다. 하지만 유가들은 이 주장을 더한층 확대하면서 사실과 이념을 혼동했다. 즉, 시가 사회를 반영하고 있을 것이라는 사실과, 시는 모든 풍유를 위해 지어져야만 한다고 하는 이념을 하나로 통일해버린 것이다"(마에노 나오아키前野直彬編,『중국문학사中國文學史』, 11~12쪽)라는 것이 있다. 확실히 소박한 방법으로 문장에서 올바름이라는 이념을 읽고 이해하는 일은 위험하다. 이 점에서 "그렇다면 문학예술(문예) 속에서 윤리사상을 끄집어내고자 하는 의도는 마치 잡목림에서 송이버섯을 찾으려고 하는 일과 동일하며, 힘은 많이 쓰고 효용은 적은 것이다"(아오키 마사루靑木正兒,「중국문예와 윤리사상支那文藝と倫理思想」,『아오키 마사루 전집靑木正兒全集』제1권, 152쪽)라는 지적은 아직도 유효하다.

24 육의의 하나로서 '부賦'에 주석을 단 인물은 정현이다. "賦를 포鋪(펼치다)라고 풀이하는 것은 그것이 지금의 정교政敎의 선악을 그대로 기술하기 때문이다"(『주례』「춘관·대사」주注)라고 말하여, 똑같이 정교의 선악을 기술한다 하더라도 비흥과는 다르게 "그대로 기술한다"고 부를 이해하고 있다. 이 정현의 주석을 전후로 하여 "賦는 부敷(펼치다)이다. 의義를 펼쳐 까는 것을 賦라고 한다"(『석명釋名』「석전예釋典藝」), "반頒, 부賦, 포鋪, 부敷는 포布(펴다)이다"(『소이아小爾雅』「광고廣詁」)라는 주석들이 나왔으니, 賦가 '펼쳐 넓히는' 직서적인 표현이라고 하는 이해 기반은 이미 있었다고 생각해도 좋을 것이다.

25 거기에 덧붙여『한서』「예문지·시부략」에서 "노래하지 않고 입으로 읊조리는 것을 부賦라 이른다"라고 기술한, 노래하는 방법의 하나로서의 '부'도 구별되어야만 한다는 의견도 있을 것이다. 보다 강한 해석의 예로는 나카지마 치아키中島千秋처럼 육의의 '부'도 노래하는 방법으로서 생각해야만 한다는 견해도 있다. 나카지마 치아키,『부의 성립과 전개賦の成立と展開』를 참조.

26 잔잉詹鍈은 이 부분에 주석을 달아 "부는 바깥 사물을 묘사할 때 평판平板에 묘사하는 것이 아니다. 부가賦家들은 바깥 사물을 관찰할 때 정감을 통해 관찰을 진행하며, 이 때문에 사용하는 문사文詞는 필연적으로 감정의 색채를 띠고, 표현은 정교하고 화려해진다"(『문심조룡의

증』상, 305쪽)라고 말하고 있다.

27 '법法의 뒤에'라는 방식으로 법과 관계한다고 하는 경우, 곧바로 염두에 떠오르는 것이 프란츠 카프카(1883~1924)의 『심판審判』에 등장하는 문지기다. 카프카의 「규정(법도)의 문 앞」(혹은 「법 앞에서」)라는 텍스트에 관해서는 자크 데리다가 『선입견Préjugés』에서 언급하고 있다. 즉, '시골에서 올라온 남자'는 항상 '판단=재판의 앞'에 있으며 법에 접근하는 것이 금지·연기되고 있었는데, 반대로 그 '앞에서'라는 방식으로 법과 관계하는 일이, 다시 말하면 법 앞에 출두하지만 법 안으로는 결코 들어가지 못하는 일이 법의 법이다(Jacques Derrida, 《Préjugés》, in Jean-François Lyotard, *La Faculté de Juger*, pp. 117~126/ 일역;자크 데리다 「선입견: 법의 앞에先入見: 法の前に」, 『어떻게 판단하는가どのように判斷するか』, 192~206쪽). 하지만 법에 관계되는 것은 법 밖에 있는 자인 '시골에서 올라온 남자'만이 아니다. 우리는 '문지기'이기도 하다. 법에 등지고 있지만, 법과 관계하려고 하는 자에게 법의 내부에 있다고 간주되는 문지기다. 과연 그는 법과 관계하고 있는 것일까? 법은 그가 마주 대하고 있는 시골에서 올라온 남자의 배후에서 계속해서 도망치는(벗어나는) 것은 아닐까?

문지기가 법과 관계할 수 없다고 할 때, 그것은 시골에서 올라온 남자가 법과 관계할 수 없다고 하는 것과는 다르다. 법이 열려 있을 것이라 하여 '법 앞에' 있는 남자에 비해, 문지기는 법이 이미 없어져 버린 '법의 뒤에' 있었던 것은 아닐까? 그것은 법의 금지까지도 이미 금지되어 불능이 되어 버린 지점이다. 그렇다고는 하지만 문지기에게 남자는 불가결하며, 남자에게도 문지기는 불가결하다. 요컨대 법의 금지는 '법의 앞에'라는 방법과 함께 '법의 뒤에'라는 방법을 필요로 한다. 그런데 그것은 항상 법의 금지가 금지되는, 법의 망각이 망각되는 위험과 서로 등을 맞대고 있는 것이다.

남자가 죽었을 때 법도 죽었다. 하지만 문을 닫으려고 하는 문지기는 법의 사후에도 계속해서 있지 않으면 안 된다. '법의 뒤에'란 죽는 일도 허락되지 않는 상태다.

카프카는 『심판』의 제9장 「대성당大聖堂에서」라는 부분에서 다음과 같이 말하고 있다.

> 그뒤 잠깐 두 사람은 입을 다물고 있었는데, 이윽고 K가 말했다.
> "그럼 당신은 남자가 속은 것이 아니라고 생각합니까?"
> "내가 말하는 것을 오해해서는 안 되네"라고 신부가 말했다. "나는 다만 이 이야기에 관해 행해지고 있는 가지각색의 견해를 가르치고 있을 뿐이라네. 자네는 그것들의 견해를 너무 존중해서는 안 되네. 불변하는 것은 책이고, 견해 따위라는 것은 종종 그것에 대한 절망의 표현에 지나지 않는 것이네. 이 경우에도 속은 사람은 문지기 쪽이라고 하는 주장마저도 있을 정도라네."
>
> 나카노 고지中野孝次 역, 『카프카전집カフカ全集』5, 186쪽

문지기에 대해 "법의 내부를 알지 못하고, 그 길만을 알고 있음에 지나지 않는다고 말하고 있다"(같은 책). 그리고 "내부의 모습이나 의미에 관해 아무것도 모르고, 오히려 그것에 관해 잘못 생각하고 있다는 것이다. 더구나 그는 시골에서 올라온 남자에 관해서도 잘못 생각하고 있었다고 생각된다. 왜냐하면 그는 실제로 이 남자의 하위에 위치하면서 그 일을 모르기 때문이다"(같은 책, 187쪽). 또한 "얼핏 보기에 그가 가령 그렇게 하고 싶어도 내부에 들어가는 일은 허락되지 않았을 것 같다. 그뿐만이 아니라, 그는 법에 종사하고 있다고는 하나 그것도 이 입구 때문일 뿐이며, 따라서 이 입구가 혼자 그 사람 때문이라고 정해져 있는, 오직 남자를 위해서만 봉사하고 있는 연유다. 이 이유로부터 생각해봐도 그는 남자보다도 하위에 있는 자다"(같은 책).

문지기 쪽이야말로 법이 있다고 속은 것은 아닐까? 그는 법 앞에 있는 남자 쪽으로부터 요청받은 하위의 존재인 것이다. 그 자신이 '자유의지'로 법을 요구한 것이 아니다. 그런데 법은 그를 돌연 '법의 배후'에 세우고, 또 '법의 사후'에 내버려두고 가버린다. 문지기는 법 안으로 들어갈 수도 없지만, 법 밖에 서 있을 수도 없는 것이다.

문지기는 바로 우리다. 그러나 동시에 시골에서 올라온 남자도 우리다. 그렇다고 하면 우리는 도대체 어떠한 법적 존재인 것일까? 그렇지 않으면 법을 초월해 법의 저편으로 향해 관계하는 일이 아직 허용된다고도 말하는 것일까? 이것은 있을 것 같지도 않은 일이다. 왜냐하면 카프카는 다음과 같이 신부에게 말하고 있기 때문이다.

> 그런데 그(문지기)가 문을 닫을 수 없다고 하는 점에서는 모든 사람의 의견이 일치하고 있다.
>
> 같은 책, 188쪽

요컨대 문지기가 문을 닫을 수 있다고 한다면, '법의 앞에' 이어져서 '법의 뒤에'라는 관계의 방식도 없어지기 때문에 법과는 무관계가 될 기회도 나올 것이지만, 문을 닫을 수 없는 이상, 그 기회는 생길 리가 없다. 그리고 카프카는 동시에 이렇게도 말하고 있는 것이다.

> 모든 것을 진실이라고 하는 생각 따위는 해서는 안 된다. 모든 것은 단지 필연적이라고 생각하지 않으면 안 된다.
>
> 같은 책, 189쪽

일체의 위로와 희망도 없이 법에 포박당해 탈출할 수 없는 상황을 필연으로서 깨닫지 않으면 안 된다. 그것은 『문심조룡』을 통해 언급한 '오래된 규정'에 있어서도 마찬가지이다. 그 경우에도 이 필연의 무게(중대성)는 어느 정도인 것일까?

28 한 단어를 반복해서 결합한 복합어. '누구누구', '드문드문', '꼭꼭' 따위가 있다. – 옮긴이

29 육기의 작품이 초楚의 운韻을 달고 있는 것에 관해서는 동생 육운陸雲이 형에게 보낸 편지에도 보인다. 사토 도시유키佐藤利行의 분류에서는 「여평원서與平原書」의 기십오其十五에 보인다(사토 도시유키, 『육운연구陸雲研究』, 146~149쪽).

제6장 타자로의 투명한 전달—주자학

1 이고와 황보식에 관해서 장학성章學誠(1738~1801)은 이렇게 평가하고 있다. "이고는 한유의 정正을 이어받고, 황보식은 한유의 기奇를 이어받았다"(장학성, 「황보지정집서후皇甫持正集書後」).

2 주희가 어떻게든 불로佛老를 배격하려고 했던 것은 그것이 잘못되었기 때문이 아니라, 그것이 거의 진리를 주장하고 있었기 때문이다. 예를 들면 『중용장구中庸章句』 서序에 "(불로의 무리들은) 거의 이理에 접근해 있지만, 크게 진리眞를 어지럽히고 있다"고 기술한 부분을 참조.

3 이 사항에 관해서는 푸단대학復旦大學 중문과 고전문학교연조古典文學敎研組 편, 『중국문학비평사中國文學批評史』 중책, 제4편 제2장 제3절 「주희와 이학가의 문학관」과 하야시다 신노스케 『중국중세문학평론사』, 제6장 「수당시대의 문학사상」(부론, 주자의 문예론)을 참조.

4 여기서 '자自—발發'의 철학이라 부르는 것은 다음에 예를 드는 특징적인 일련의 제 개념을 사용해 현실을 기초 세우려고 하는 철학이다. 즉 ①자연발생의 개념, ②출자出自(기원)에 관계되는 개념, ③자기발출의 개념이다. 이 세 가지가 더불어 논하는 것은, 퇴락하고 위기에 처한 현실은 본래적으로 자연이라는 근원적인 기원으로부터 발현했을 터이지만, 우연에 의하든지 혹은 외적인 요인에 의하든지(여기서 왜 자연을 초과하는 우연이나 외부성이 있는가는 결코 설명되지 않는다) 그 조화를 잃어버렸기 때문에 그 정확한 기원에 자기를 통해 복귀해야만 한다는 것이다. 그 때문에 자연에 기원하는 의미(여기에는 스스로의 의도도 포함된다)를 표현하는 언어, 혹은 문장의 혼란을 바로잡아 순수한 의미를 다시금 되찾는 일을 목표로 하는 것이다.

5 일찍부터 시마다 겐지島田虔次(1917~2000)는 송학宋學의 전개를 '내면주의의 전개'로서 파악했다(시마다 겐지, 『주자학과 양명학朱子學と陽明學』, 126~127쪽, 143~144쪽). 주자학으로부터 양명학으로의 역사를 "내면주의의 전개라는 견지에서 파악한"(같은 책, 197쪽) 이 연구의 의의는 충분히 존중되어야만 할 것이다. 하지만 거기서 말하는 '내면'이나 '내면주의'

는 반드시 이해하기 쉬운 것은 아니다. '내內-외外'(안과 밖)라는 대립에 호소하는 것 자체는 결코 새로운 것이 아니고 '내-외'가 어떻게 규정되는지가 문제인데, '내면주의'는 그것을 설명하는 개념이 아니기 때문이다. 이에 대해 이 책에서 사용하는 '내자화內自化'라는 말은 자기에 기원을 두고 자기로부터 발출하는 '자-발'의 논리가 더한층 자기에게로 향해 내선內旋하고, 그것에 의해 '내-외'가 성립하며 외外가 내內로 환원되는 운동을 가리킨다.

또 여기서는 될 수 있으면 '내면'이라는 말을 피하려고 했다. 왜냐하면 우리가 이해하려고 하는 의미에서의 '내면'과, 주희가 말하는 '내內' 혹은 '기己'는 반드시 겹쳐지지 않기 때문이다. 요컨대 주희의 '내'나 '기'는 결국 타인을 포함한 만물을 대리하는 일종의 보편적 영역이고, 타자로부터 분리된 개별적 '나'라고 하는 의미에서의 '내면성'을 초월해 있기 때문이다.

물론 그 반대로 '내면성'을 개별적 '나'에 그치지 않고 그것을 확대해, 예를 들면 초월론적 주관성처럼 세계의 의미를 담당하는 절대적인 것이라고 생각할 수 있다(그리고 실은 대부분의 철학이 그 유혹에 빠져 있다). 하지만 그 경우 어떻게 해서 주희의 '내면성'이 세계와 합치하는가를 설명할 필요가 있다. 이때 주희가 '격물치지'라는 '외外'에 대한 지향을 포기하지 않느냐가 초점이 될 것이다. 시마다 겐지는 그것을 "주자의 격물설도 그것을 가장 기초적인 범주에서 생각해본다면, 내외의 관계라고 말할 수 있다. 요컨대 주자학에서는 송학이 지향하던 내면주의라는 것이 아직 충분하게 자기의 원리를 완전히 실현하지 못하고, 여전히 아직도 '외外'를 승인하지 않을 수 없다고 하는 단계였다"(같은 책, 126쪽)고 서술하고, '내면주의'와 '외'에 대한 언급이 상반된다고 생각했다. 그리고 "송학 혹은 주자학은, 필연적으로 양명학으로 귀착되어야만 할 운명이었다는 것이 나의 견해다"(같은 책, 143쪽)라고 하여 '외'의 참조는 필연적으로 소멸해가는 운명이었다고 결론짓고 있다.

그러나 후술하는 바와 같이 주희는 격물치지에 의한 '외'의 참조를 적극적으로 이용해 '내'를 보증하려 했다고 여겨진다. 즉, 주희는 '내면주의'의 불철저함 때문에 어쩔 수 없이 '외'를 승인한 것이 아니라, '내화內化'를 철저히 했기 때문에 '외'를 승인했던 것이다. 그 '외'를 산뜻하고 간단하게 환원한 양명학은 주자학의 강력한, 하지만 하나의 반복이다. 그렇지만 주희가 말하는 '내'와 왕양명王陽明이 말하는 '내'(당연히 그 '외'도)의 차이, '내-외' 구별 방법의 차이에는 간과할 수 없는 문제가 있고, 이 때문이라도 그 차이를 소거하려는 듯이 어느 쪽을 '내면'이라 부르는 일은 일단 보류해두고 싶다. 이상의 이유에서 이 책에서는 '내면주의'가 아니라, 감히 '내자화'라는 용어를 사용하고자 한다.

6 동일한 부분에 대한 해석이 『대학혹문大學或問』에 있는데, 거기서도 주희는 "조금이라도 자기기만의 맹아를 금지하는 것"이라고 서술하고 있다.

7 「격물보전格物補傳」에 부쳐 『대학혹문』에서는 "당신의 학문은 마음이 아니라 (현상으로 나타난) 흔적에 근거해 있고, 안內이 아니라 밖外에 근거해 있는 것은 아닌가?"라는 비판을 소개

하고 있다. 그것에 대해 주희는 "이리理는 만물 속에 산재해 있는 것이지만, 그 미묘한 작용은 실로 한 사람의 마음 밖外에 있는 것이 아니기 때문에 처음부터 내외內外 정조精粗(정미하고 거침)를 구별하여 논할 수는 없다"고 대답하고 있다.

8 '이理=의미'라는 해석은 야스다 지로安田二郞의 『중국근세사상연구中國近世思想研究』에 따른 것이다.

9 유명한 에피소드이지만, 주자학의 열렬한 신봉자였던 왕왕명은 젊을 때 어떻게 하든지 대나무의 이리理(의미)를 이해하고자 정신을 쏟은 결과 병이 난 적이 있다. 그래서 왕양명은 주자학을 비판하고 다시 한번 바깥外에서 안內으로 되돌아와 '심즉리心卽理', 즉 마음에야말로 '리'가 있기 때문에 애당초 바깥 사물外物에서 의미를 추구해서는 안 된다고 주장했다. 그리고 격물치지에 대한 해석을 "내 마음의 양지良知를 하나하나의 사물에 이르게 하는 일이다"(『전습록傳習錄』卷中)라고 변경했다. 왕양명은 의미를 내부로부터 전부 구성할 수 있다고 생각했던 것이다.

10 주자학에서 문장어(서면어)로서의 문장이 불가결하다는 것은 도통론道統論에서도 분명히 드러난다. "맹자가 별세함에 이르러 그 전함이 끊기니, 그 책이 비록 남아 있으나 아는 자가 적었다"(『대학장구』서)라고 한 것처럼 주희는 전승 그 자체에 대해 텍스트의 존속을 이차적인 것처럼 말하고 있지만, 그와 동시에 문장이 남아 있기 때문에 전승이 간신히 이정자二程子(정호·정이 형제)에 의해 다시금 전해졌다고 기술하고 있다. "그런데 다행히도 이 『중용』이라는 책이 아직 없어지지 않았다. 그러므로 이정자가 나와 고찰을 더하여 천 년 동안 전승된 일이 없던 전통을 잇고, 그것에 의거하여 불로佛老의 옳은 것처럼 보이는 잘못된 의견을 배척하였다"(『중용장구』서).

11 주희에게 배움이란 단지 몰랐던 지식을 획득하는 일만이 아니다. 그것은 본래적으로 알고 있을 터인 상태로 회귀하는 일이다. 인간은 본래적으로 하늘天에 유래하는 '밝은 덕明德'을 갖추고 있지만, 때에 따라서 '기품氣稟'이나 '인욕人欲'에 의해 가려지는 경우가 있다. 기원起源에 있는 '밝음'으로 회귀하기 위해서는 '분명히 밝히는 일', 즉 배움이 필요하다. 인간의 상태(자세)와 배움일을 표리일체라고 생각하는 것이다.

12 군자와 소인의 관계에 관한 주희의 견해에 대해서는 졸론「소인이 만일 한거閑居하지 않으면: 중국사상에서의 공공공간의 논법」(「小人がもし閒居しなければ: 中國思想における公共空間の論じ方」)을 참조.

13 성의誠意의 궁극적인 상태를 주희는 '사私'적인 것이 일체 없어지는 일이라고 생각했다. '사'적인 것이란 욕망이고 이해利害이며 무엇보다도 '위僞'다. "조금도 인욕의 사사로움私이 없는 것"(『대학장구』), "성誠의 궁극은 약간의 사위私僞도 마음이나 눈 속에 남아 있지 않는 것이며, 그 때문에 징조(조짐, 기미)를 분명히 볼 수 있다"(『중용장구』) 등의 구절이 그 예다.

14 '사私'적인 것이란 '간격'을 만들어내는 것, 혹은 '간격' 그 자체라고도 이야기된다. "이 의미는 조금도 사사로운 뜻私意의 간격이 없으면, 타인과 자기는 동일하고 사물과 자기가 동일하며 공공의 도리公道가 저절로 유행하고 있음을 간파한다는 것이다"(『주자어류』 권6)라는 부분을 참조.

제7장 고문, 백화 그리고 역사—후스

1 '표묘'란 끝없이 넓거나 멀어서 있는지 없는지 알 수 없을 만큼 어렴풋한 것을 의미한다. 여기서 연장한 '신운표묘神韻縹渺'라는 말이 있는데, 이것은 예술작품 등에서 신비한 기운이 어렴풋이 피어오름을 의미하고 예술작품의 뛰어난 정취情趣를 말한다. ─옮긴이

2 이 사항에 관해서는 노무라 고이치野村光一, 『근대 중국의 사상세계: 『신청년』의 군상近代中國の思想世界: 『新靑年』の群像』과 무라타 유지로村田雄二郎, 「문백의 저편: 근대 중국의 국어 문제文白の彼方に: 近代中國における國語問題」를 참조.

3 이 직후에 후스는 고문으로 쓰여진 루쉰 형제의 『역외소설집域外小說集』을 예로 들어, 그것이 훌륭한 내용임에도 불구하고, "10년이란 세월이 흘러도 스물한 권밖에 팔리지 않았다"(「50년래의 중국문학」, 전집 제2권, 281쪽)라고 말하고 있다. 다른 한편으로는 자신의 백화시白話詩인 『상시집嘗試集』(1920)이 "2년 동안에 1만 부가 팔렸다"며 자랑하고 있기도 하다(후스, 『상시집』 4판 자서自序, 전집 제2권, 813쪽).

4 물론 이러한 후스의 시도에 대해 펑하오쉬 등은 함홍차사가 되었다는 식으로 비판했다. 또 후스 이상으로 귀신을 타파하고, '귀신이 사람이 되는' 일을 원했던 루쉰도 '국고정리'에는 비판적이었다. 루쉰에게 있어서의 귀신의 문제 등에 관해서는 제10장에서 상세히 서술하기로 한다.

5 다음 해인 1928년에 후스는 류다바이劉大白의 『백옥문화白屋文話』에 발문跋文을 실었다. 류다바이가 문언과 백화에 대신해 '고백화문古白話文'과 '금백화문今白話文', 혹은 '귀화문鬼話文'과 '인화문人話文'을 주장하는 데 대해 후스는 백화와 고문이라는 말을 스스로가 주장한 이유를 풀어서 밝히면서 류다바이의 구별에 찬성했다. 그에 더해 류다바이와 함께 '귀화문'으로서의 고문은 '빨리 무덤으로 돌아가라'고 말했다. 이를 위해서는 독특한 유파의 문학이 필요한데, 그것이 등장하기만 하면 "태양이 하늘에 있는 듯하며 일체의 귀영鬼影은 자연스럽게 소멸해버린다"(후스, 「『백옥문화』발문跋『白屋文話』」, 1928, 전집 제3권, 762쪽)고 믿었던 것이다.

6 부언하자면 후스는 유의有意를 국어에도 적용하고 있다. 요컨대 중국에서 백화소설이 근

500년 동안에 크게 유행했는데도 왜 유럽과 같은 국어가 성립하지 못했던가를 설명하고 과거科擧가 죽은 고문을 온존케 한 데다 "의미 있는有意 국어의 주장"이 없었다는 것을 이유의 예로 들고 있다(「50년래의 중국문학」, 전집 제2권, 328쪽).

7 압운이란 시가詩歌에서 시행의 일정한 자리에 같은 운韻을 규칙적으로 다는 일 혹은 그 운을 말한다. ─옮긴이

8 후스과 듀이의 방법론에 대한 상세한 사항에 관해서는 졸론「중국철학사의 계보학: 존 듀이의 발생적 방법과 후스「中國哲学史」의 系譜学: ジョン・デューイの發生的方法と胡適」를 참조.

9 후스는 '철학의 방법'인 '내적 도리'에 대해 이렇게 말하고 있다.

> 외적 도리는 단지 변화할 뿐이지만, 내적 도리는 변화했다고 해도 결국은 일정의 경로를 벗어나는 일이 없다.
>
> 후스, 「중국철학의 도리」, 전집 제7권, 466쪽

후스에게 중요한 것은 철학을 통해 "일정의 경로를 벗어나는 일이 없는" '내적 도리'를 발견하는 일이었다.

10 질 들뢰즈는 펠릭스 가타리와 함께 다음과 같이 말하고 있다. "왜냐하면 예술 혹은 철학이 갈구하는 바와 같은 인종은 순수하다고 주장되는 인종이 아니라, 어떤 학대받은 잡종의 열등한, 무질서한, 노마드nomad적인, 어쩔 수도 없이 마이너인 인종이기 때문이다──칸트에 의해 새로운 《비판》에서 따돌림을 당한 어떤 자들……."(Gilles Deleuze et Félix Guattari, *Qu'est-ce que la philosophie?*, pp. 104~105/질 들뢰즈&펠릭스 가타리, 『철학이란 무엇인가』, 156쪽 ジル・ドゥルーズ&フェリックス・ガタリ, 『哲学とは何か』, p156).

제8장 공공공간이라고 말하는 것─한나 아렌트

1 아렌트와 레비나스의 저작 인용은 약호略號를 사용한다. 저작의 정식 명칭은 참고문헌을 참조. ─옮긴이

2 구조주의 언어학의 효시인 스위스의 소쉬르가 처음 사용한 용어다. 랑그Langue는 변하지 않고 본질적이며 사회적인 언어 체계를, 파롤Parole은 비본질적이며 개별적(개인적)인 언어 체계를 말한다. ─옮긴이

3 아렌트는 그리스로 거슬러 올라가 역사와 비판을 결부시키면서 "호메로스가 말하는 역사가는 판단하는 자다"(LM1 216*250)라고 말하고, "과거를 다루는 능력인"(앞의 책) 판단력으

로서 역사 서술의 중요성을 지적하고 있다. 그렇다고는 하지만 오늘날에 역사와 이야기가 동일하듯이 가능하다고 단순히 인정하는 것은 아니다. '근본적인 세계 소외의 상황'(BPF 89∗120)에서의 역사와 이야기의 불가능성, 특히 그중에서도 전체주의에 의한 철저한 복수성의 파괴가 증인을 소멸시키고 '기억되는 권리'(OT 452∗254[vol.3])까지도 빼앗아간 일, 그리고 '자발성의 파괴'(OT 455∗258[vol.3])에 의해 사람과 이야기에 대해 말하고자 하는데도 말을 할 수 없는 살아 있는 시체로 변해버린 일을 아렌트는 응시하고 있었다. 따라서 이 때문에 다시 한번 별도의 방식에서 역사와 이야기하는 일을 필요로 했던 것이다. 그러나 아렌트가 확실하게 들여다보았던 필요성의 차원은 그 확보를 서두른 나머지, 오히려 보다 강력한 가능성으로 변해갔다고 여겨진다. 이 일은 역사와 이야기뿐만 아니라, 본론에서 문제로 삼는 판단의 필요나 그것에 동반하는 정치의 재구축과 그 윤리성 모든 것에 꼭 들어맞는다. 다카하시 데쓰야高橋哲哉, 「기억하지 못하는 것, 이야기하지 못하는 것 記憶されえぬもの 語りえぬもの」을 참조.

4 cf. J. G. A. Pocock, *Politics, Language, and Time*, p. 291.

5 『혁명에 관하여革命について』(시미즈 하야오志水速雄 역)에서는 선과 악이 다같이 '근원적 폭력'을 갖고 있다고 지적하고 있다. 그리고 아렌트는 이 선과 악에 있는 폭력에 대항해 "아마도 선善보다는 뒤떨어져 있다고 하든지 간에, 그러나 독자적으로 '영속적인 제도를 구현할' 수 있는"(OR 84∗87) 덕德과, "죄와 덕의 사이를 동요시키고, 그것을 초월하는 것에 대해 인정할 수 없는"(OR 84∗88) 법法을 대치시킨다. 선과 덕의 최대의 차이는 선이 언어라는 개재介在의 과정을 생략하고 '직접=즉좌'적으로 상대방에 작용하는 데 비해, 덕은 설득·논쟁을 통해 표명되고 철저하게 언어에 의지해 인간과 인간과의 공간 혹은 거리를 유지하려는 점에 있다. 덕은 언어의 타성他性 혹은 반박 가능성을 유지하면서 그것에 견딘다. 선이 아니라 덕을 주장하는 일, 즉 윤리가 아니라 정치에 머무르는 일은 아렌트의 경우에 오히려 윤리적인 것이다. 이렇게 덕에 의해 열려지는 정치의 영역에서 인간을 위해 만들어지는 것이 법이다.

6 cf. Jacques Colléony, 《L'Éthique, le politique et la quesiton de monde (Hannah Arendt et Emmanuel Lévinas)》. 자크 콜레오니는 데리다에서 원용하여 활동을 가능하게 하는 활동으로서의 용서와 약속을 활동의 '준準초월론적 조건'이라고 말하고 있다. 여기서의 논의는 콜레오니로부터 큰 도움을 받았다. 콜레오니의 저서를 참조하기 바란다.

7 융즉融卽이란 세계의 객관성과 타인의 타자성他者性을 의식하지 않고 현존하는 것 이상의 존재에 자기를 합체시키는 상태를 말하는데, 프랑스의 사회학자 뤼시앵 레비브륄Lucien Lévy-Bruhl이 미개인의 집단적 표상에 대해 사용한 용어다. - 옮긴이

8 이 일체화의 전형이 노동이다. "이 '노동의 집단적 성질'은 노동집단 각각의 구성원에게 인지하고 동정同定할 수 있는 리얼리티를 가져오게 하는 것이 아니라, 그 반대로 개인성과 자기동

일성의 의식 모두를 실제로 버리도록 요구한다."(HC 213＊241)

9 일반의지一般意志가 문제인 것은 그것이 '완전 일치'(OR 76＊80)를 목표로 하고, 전체의지全體意志에 상당하는 것과 같은 "의견 교환의 모든 과정과 결과로서 일어날 수 있는 의견의 일치를 본질적으로 배제하기"(OR 76＊79) 때문이다. 즉, 모든 개개인의 차이가 배제되고, 그것에 근거하는 동의의 공간이 사라져버린다.

10 아렌트는 미국혁명이 성공한 이유로 "정당하게 구성된 정치체政治體는 각각이 고유의 커먼웰스이며, '사랑하는 친구와 이웃의 동의에 의해 자유롭게 선택될' 대표자가 있다"(OR 176＊185)는 것을 예로 들고 있는데, 그 권력과 공공공간인 커먼웰스Commonwealth(정치공동체, 연방, 단체)의 형성에 중요한 것이 '사랑하는 친구와 이웃' 사이에서 행해지는 활동, 그중에서도 상호 약속이다.

11 친구의 선행성先行性에 관해서는 다음 기술도 참조할 것. "나는 **자기 자신과 말하기 전**에 타인들과 먼저 말하고, 대화에서 문제가 되었던 일을 음미하며 그리고 내가 대화를 타자들과만 나눌 수 있는 것이 아니라, 자기와도 나눌 수 있음을 발견한다."(LM1 189＊219)

12 아렌트는 표현의 세계로부터 은퇴하여 관상적觀想的이며 타자를 결여하고, 동의가 사전에 보증된 자기와 자기 자신의 무언無言의 대화라고 하는 사고思考의 대극에 '소크라테스적인 사고'를 배치하고 있다. 그것은 타자에게 열려지고 언론에 의한 대화—보편적인 것에 지양止揚되는 일 없이, 개별적인 것의 음미에 머무른다—에 의해 표현의 세계에서 활동하는 것이다. 바꿔 말하면 그것은 근원적으로 분할된 "일자一者 속의 이자二者"의 대화이며, 자기 속에 들어간 친구로서의 주시자注視者와 자기와의 사이에서 이루어지는, 동의를 보증받은 일이 없는 대화다(LM1 187＊217).

13 다음 기술을 살펴보자. "활동자가 아니라 주시자가 인간 사상事象의 의미에 대한 열쇠를 갖고 있다. 이것은 결정적인 일이지만, 칸트의 주시자들만이 복수의 방식으로 존재한다. 그리고 이것이 칸트가 정치철학에 도달해서 얻은 이유다. 헤겔의 주시자는 엄밀하게 '단독=단수'로 존재한다. 철학자가 절대정신의 기관器官이 되는데, 그 철학자는 헤겔 자신인 것이다."(LM1 96＊113)

제9장 누가 타자인가—에마뉘엘 레비나스

1 그리스 초기의 자연 철학에서 만물을 지배하는 우주의 근본 원리. 만물이 나오고 다시 되돌아가는 만물의 근원이 되는 물질로, 후에 아리스토텔레스는 이것을 존재론의 제1원리의 의미로 사용했다. – 옮긴이

2 아리스토텔레스『형이상학』E와『니코마코스윤리학』VI 참조.

3 아렌트가 사이-존재inter-esse, 즉 사람 사이間에 상호 함께 존재하는 일이자 이익·이해 혹은 관심이라는 의미를 가진 말을 적극적으로 이야기한 것은 그것이 타자와의 거리를 유지하면서 타자에 관계하는 일이기 때문이다. 그러나 레비나스는 그러한 타자와의 거리를 타자의 타성他性을 감축하는 것이라 비판한다. 왜냐하면 레비나스의 경우 존재하는 일은 함께 존재하는 일이고 이해관계 그 자체이기 때문에 어떻게든 타자를 이겨내고 계속해서 존재하려고 하는 에고이즘끼리의 전쟁, 만인의 만인에 대한 투쟁이 되어버리고, 타자와의 거리를 유지하기는커녕, 그것을 가로막아 타자를 흡수하기 때문이다. 따라서 레비나스는 '몰이해=이해관계 없음dés-intér-essement'이라는 말을 하면서 여기에 전쟁으로서의 존재하는 일과는 별도의 방식을, 존재하는 것의 중단을, 이해득실에 대한 계산을 뺀 타자와의 관계를, 함께 존재하는 일로부터 몸을 떼어낸 주체성(대신代身의 주체)을 인정하려고 했던 것이다.

4 '무관심으로 있을 수 없는non-in-différence'이라는 말도 다 담을 수 없는 복수의 의미를 포함하고 있는데, 타자와 나 사이의 '무관심으로 있을 수 없다'고 하는 윤리적 관계가 첫 번째 의미다. 그것은 타자의 차이를 내부화하고 무시하는 일의 거절이다. 하지만 이 말의 의의意義 작용은 더한층 늘어나 스스로의 내측內側에 차이로서의 타자를 내포하지 않을 수 없는 '나', "타자에게 침투당한 일자一者"(AE 64＊103)가 자기를 떼어내고 타자에게 스스로를 폭로하는 일에까지 이른다. 그것이 말하는 일이며 책임을 지는 일인 것이다.

5 물론 레비나스도 자아의 생존을 단순하게 주장하는 것은 아니다. 여기서 '용서'가 이끌려 나온다. 아버지가 자신의 아들이라고 하는 것은, 한편으로는 그것에 의해 아버지인 자아가 비로소 용서되고 그 자동성自同性으로부터 해방되는 것을 의미한다. 그리고 다른 한편으로는 "현실에 존재하는 것은 그것이 그렇다고 하는 바의 것이지만, 다시 한번 거듭, 그리고 언젠가 별도의 기회에 자유롭게 재개되어 용서되는 것이다"(TI 260＊439)라고 한 것처럼 아들이 아버지를 답습하면서도 아버지로부터 해방되어 있음을 의미한다. 하지만 그것은 과거로부터 분리되어 무고無辜한 존재가 되는 일은 아니다. 용서는 "망각보다도 강한 의미에서 활동적이며, 망각이 망각된 사건(일)의 현실 존재에는 관계되지 않는 데 비해, 용서는 과거에 작용하고 사건을 정화淨化하면서 그것을, 말하자면 반복한다. 뿐만 아니라 망각이 과거와의 제 관계를 소멸하는 데 비해 용서는 용서된 과거를 정화된 현재 안에서 유지한다"(TI 259＊437). 이 때문에 반대로 보다 깊이 과거와 관계하고 더욱더 강하게 "외부에 의해 공인되어 용서되기를 희망하는"(TI 208＊356) 것이다. 무한책임은 용서에 의해 경멸되기는커녕 점점 더 증대한다. 그것은 아들이 아버지와는 별도의 운명을 짊어지기 때문이며, 더구나 '기결旣決'된 일로 지나가버린 것처럼 보이는 아버지의 과거도 '미결未決'로 다시금 짊어져야 하기 때문이다. 용서는 위로가 아니다. 용서되면 용서될수록 과거는 무거운 중압감의 시작이 되고 책임은 지속적으로

증대한다. 이러한 무한책임을 지속적으로 짊어지는 일이 무한의 시간을 무한의 존재로서, 용서 없는 용서하에서 존재하는 일인 것이다. 하지만 그것이 얼마나 외부로부터의 도래를 희망하는 것이든 용서는 자아의 용서이고, 역시 자아 생존의 정치를 회피하는 일은 없다.

6 레비나스는 우애(프라테르니테), 부자관계=부성(파테르니테), 번식성 등의 개념은 '생물학적 삶'으로 환원되는 것이 아니라, 그 반대로 후자가 전자의 하나의 형태라고 말한다(TI 225∗384). 다시 말해 딸, 어머니 혹은 여자라는 생물학적 의미의 여성을 이러한 개념으로 말하는 것도 부적절하지 않다는 것이다. 또다른 저술에서는 "문명으로부터 얻은 경험 전체에 근거한 페미니즘의 정당한 요구를 무시하려는 일 따위는 아니다"(TA 79∗86)라고도 말하고 있다. 그러나 문제는 남성적 은유의 선택 그 자체다. 그렇게 하지 않으면 이러한 문제가 의미를 얻지 못할 정도로 성性의 근원적 분할이 있다고도 말하는 것일까?

7 리비도란 사람이 내재적으로 갖고 있는 성욕 혹은 성적 충동을 말한다. 이것은 프로이트 정신분석학의 기초 개념이며, 이드id에서 나오는 정신적 에너지이자 특히 성적 에너지를 지칭한다. 융은 이를 생명의 에너지로 해석했다. ─옮긴이

8 Jacques Derrida, 『En ce moment même dans cet ouvrage me voici』, in *Textes pour Emmanuel Lévinas*, p. 52.

9 그런데 『존재와 다르게: 본질의 저편』에서는 또 하나의 '형식적 타성'인 '자아의 타성'이 '자동자自同者 속의 타자' 혹은 '모성'이라는 개념하에서 기억에 없을 정도로 먼 과거에 잉태해버린 타자로서 다시금 파악됨으로써 '형이상학적 타자'와 등치될 여지가 남아 있다. 그렇게 하면 식량 그리고 여성에게도 단순하게 이용되는 타성이 아니라, 절대적 타성으로서 이해할 수 있는 가능성이 나올지도 모르겠다. 하지만 '자동자 속의 타자'는, 반대로 '무無─기원'이면서도 실은 대문자의 기원이자 기억을 초과하는 것이면서 별도의 타자의 망각에 의해 유지되는 것은 아닐까라고 되물을 가능성도 또한 충분히 있다고 여겨진다.

10 레비나스는 사건(일)을 현재에 집약해 '재현전화再現前化'라는 방식으로 '자기영유自己領有'하는 듯한 역사와 이야기를 비판하고, 그것으로 회수할 수 없는 "비역사적으로 이야기되지 못하는 시간의 격시성隔時性"(AE 113∗170), "기억 불가능한 과거"(AE 113∗171)를 계속해서 말했다. 그렇다고는 하지만 레비나스가 역사와 이야기를 완전히 멀리해버린 것은 아니다. 레비나스는 "모든 역사 서술 이전의 역사"(AE 215∗307), "전승"(같은 책), "중단된 언설"(AE 217∗309)로서 "책"(같은 책)을 언급한다. 왜냐하면 그 '다시 이야기함(말함)' '석의釋義' '번역' 등이 '말하는 일(이야기하는 일)'이라고 해서 역사를 필요로 하기 때문이다. 한마디로 말하면 그것은 "애매함 내지 수수께끼"(AE 215∗307)로서의 역사다. 다만 레비나스가 말하는 전승으로서의 역사는 특정한 공동체의 기억과 겹쳐져 있을 가능성이 있다. 예를 들면 "전체성의 절단"(TI XII∗18)인 종말론을 "메시아적 평화의 종말론"(TI X∗16) 혹은 "예언적 종말론"(같

은 책)이라고 말하거나, "세계의 모든 문학이 앞다퉈 주석하고 있는 책 가운데 책(성서聖書)의 비유 없는 예언의 탁월함을 확신하고 있습니다"(EI 116*170)라고 말한다. 이것을 참조하면 아렌트가 그리스·로마의 기억에 호소하는 것처럼 레비나스도 또한 유대Judea의 기억을 특권화하고 있다. 하지만 기억되는 일이 없는 타자의 기억을 말하는(이야기하는) 일은 무엇보다도 먼저 이러한 특정한 기억의 특권화에 대항하는 것이다.

제10장 속후速朽와 늙음──루쉰

1 "인간은 있지만 소리가 없다."(「소리 없는 중국無聲的中國」, 1927년 2월 16일, 전집 제4권, 12쪽; 학연 제5권, 207쪽) 루쉰이 직면한 것은 문장에 의해 소리가 회복될 수 없을 정도로 훼손된 상황이다. 그것을 바꾸기 위해서는 어떻게 하면 좋을까. "우선 청년들이 중국을 소리 있는 중국으로 바꿔야 할 것입니다. 대담하게 말하고 용감하게 전진하며 일체의 이해를 잊고 오래된 인간을 밀어내어 진정한 자신의 마음으로부터 나온 말을 발표하는 것입니다"(같은 책, 15쪽; 같은 책, 210쪽)라고 루쉰은 말한다. 그는 소리를 회복하는 길이 구어문에 있다는 점, 하지만 그것이 극도로 곤란하고 '기적'과 같은 일이라는 점을 직시하고 있었다(같은 책, 13쪽; 같은 책, 207쪽).

2 아큐가 조사를 받는 장면을 주의 깊게 살펴보자.

노인이 부드럽게 물었다. "무언가 하고 싶은 말이 있는가?"
아큐는 생각해봐도 할 말이 없었다. 그래서 "없습니다"라고 대답했다.
그러자 두루마기를 입은 사람이 종이 한 장을 가져왔다. 그리고 또 붓 한 자루를 가져오더니, 아큐의 손에 쥐어주려고 했다. 이때 아큐의 놀라움은 문자 그대로 '혼이 사라져버린(혼비백산魂飛魄散)' 것과 같았다.

『아큐정전』, 전집 제1권, 523~524쪽; 문집 제1권, 149쪽

고문古文을 구사하면서 일방적으로 재판하는 권력을 갖고 있는 두루마기를 입은 사람들 앞에서 아큐는 소리도 없다. 그뿐인가, 그 조사에 동의했음을 나타내는 서명을 아큐는 동의 없이 하게 된다. 서명하기 위한 붓을 통해 아큐에게 문장의 귀신이 물고 늘어져 그 영혼을 없애려고 하는 것이다. 그런데 아큐는 (글자를 모르기 때문에) 이름 대신에 동그라미를 그려넣을 것을 요구받는다. 그러자 아큐는 그리기를 실행하려고 한다. 애당초 유령 같은 자신의 본명(유령으로서의 아큐에 관해서는 마루오 쓰네키丸尾常喜, 『노신: 「인」「귀」의 갈등魯迅:「人」

「鬼」の葛藤」 참조)이 동그라미로 대리代理되는 사태는 상상을 초월하는 것이지만, 더구나 그 동그라미조차 잘 그릴 수 없음으로써 '대리'의 실패를 드러낸다. 이렇게 해서 아큐는 어떤 사람도 아닌 사람으로서 사라져간 것이다.

3 일찍부터 루쉰은 사람을 잡아먹는 귀신을 타파하고, '사람의 나라'를 세우기 위해 귀신을 만들어냈던 문장을 소멸시키려고 했다. "한문漢文은 최종적으로는 폐지되어야 할 것이다. 생각건대 사람이 살아남는다면 문장은 반드시 폐지되고, 문장이 남는다면 사람이 반드시 망해야 할 것이다."(「쉬서우창許壽裳에게 보내는 편지」, 1919년 1월 16일, 전집 제11권, 357쪽; 학연 제14권, 75쪽)

4 루쉰의 '종말론'에 관해서는 이토 도라마루伊藤虎丸, 『루쉰과 종말론 : 근대 리얼리즘의 성립 魯迅と終末論 : 近代リアリズムの成立』 참조.

5 루쉰과 니체에 관해서는 이토 도라마루의 앞의 책 및 『루쉰과 일본인 : 아시아의 근대와 '개個'의 사상魯迅と日本人 : アジアの近代と「個」の思想』 참조.

6 『야초』 영역본의 서序에는 이렇게 되어 있다. "따라서 이것들(야초의 제편諸篇)은 대부분이 느슨해진 지옥 언저리의 새파랗게 변한 작은 꽃이라고도 해야 되지만, 물론 아름다워질 리는 없다. 하지만 이 지옥도 소멸해 사라지지 않으면 안 된다."(전집 제4권, 356쪽; 학연 제6권, 185쪽)

7 이 '종말론'을 공유한 이가 다케우치 요시미다. 그러나 다케우치에게 찾아온 것은 천지가 그 양상을 바꾸는 듯한 '종말'은 아니었다. 1960년대를 통해 전후 '혁명'의 좌절을 통감했을 때, 다케우치는 루쉰의 『야초』를 인용하면서 이렇게 서술했다.

> 망국의 백성은 망국의 노래를 부르는 일 이외에 따로 할 일은 없다. 즉 한 구절, 옛사람의 말을 빌려 가로되, "이리로 와서 나하고 놀자, 부모 없는 참새야!"
> 지화地火는 있을까. 지화가 꺼지는 일은 없다. 하지만 지화의 분출을 이 눈으로 보는 일은 단념하는 수밖에 없을 듯하다. 참새와 놀아볼까나!
> 「60년대·7년째 최종보고」, 1967년 1월, 『다케우치 요시미 전집』 제9권, 428쪽

나라는 멸망했지만, 지화는 분출하지 않았다. 다케우치가 노래할 수 있는 노래는 '망국의 노래'밖에 없다.

여기서 '망국의 노래'를 하이진俳人(하이쿠俳句를 짓는 사람) 고바야시 잇사小林一茶로부터 빌리고 있는 것은 우연이 아니다. 이 해에 다케우치는 57세였고, 이 구절을 읊은 당시의 잇사一茶도 57세였다.

잇사는 50세를 넘어 에도江戸 생활을 정리하고 가이바라柏原로 귀향했다. 하지만 계모가 사

는 고향이 잇사에게는 서먹서먹했다. 더불어 54세부터 57세에 걸쳐서는 어린 장남과 장녀를 차례차례로 잃고, 스스로도 두 차례 큰 병을 앓았다. 여기서 잇사는 아미타여래에게 모든 것을 맡기는 경지에 이른다. 57세 때의 구문집句文集 『나의 봄おらが春』이 "경사스러움(기쁨)도 중간 정도로구나 나의 봄이여"라고 시작되고, "여하튼 당신에게 맡긴 연말"로 끝나고 있는 것도 이러한 슬픔과 체념을 배경으로 한다. 다케우치가 언급한 "이리로 와서 나하고 놀자, 부모 없는 참새야!"라는 것은 그 가운데 수록된 한 구절이었던 것이다.

덧붙여서 말하면 이 구절만은 특별히 '육재미태랑六才弥太郎'이라는 작자명이 붙어 있다. 친어머니를 세 살 때에 여읜 '야타로弥太郎' 잇사는 "부모 없는 아이는 어디에서든 알려질 것이고, 손톱을 물고 문 앞에 서 있다"고 아이들에게 놀림당하는 것을 꺼려 해서 혼자 무언가의 뒤에 숨어 하루를 보냈다(고바야시 잇사, 『나의 봄』『잇사전집一茶全集』제6권, 147쪽). 이 구절에는 그러한 아이들을 향한 '(꼭 껴안아) 감싸 안는' 듯한 눈빛, "또 하나의 '모성'이 틈 사이에 엿보이는, 그러한 시선이 담겨 있다"(이정화李靜和, 『넋두리의 정치사상つぶやきの政治思想』).

다케우치도 또한 전해에 큰 병을 앓았고, 그러한 일도 있었기에 자기 몸을 잇사에게 중첩시켰을지도 모르겠다. 또 그때 아미타여래에게 모든 것을 맡긴 잇사처럼 다케우치도 또한 장자莊子를 언급하면서 "장자의 중심 사상의 하나는 생사를 자연에 맡기는 것이다"("60년대·6년째의 중간보고」, 1966년 1월 11일, 『다케우치 요시미 전집』제9권, 410쪽)라고까지 말했던 것이다.

'지화'가 분출하지 않는 '종말'은, 말하자면 '조금씩의 실패'이고 '마이너스'에 지나지 않는다("60년대·7년째 최종보고」, 『다케우치 요시미 전집』제9권, 425쪽). '반역의 맹사猛士'가 도래하지 않는다면 이미 '자연에 맡길' 수밖에 없다.

8 신과 악귀惡鬼, 그리고 사람들과의 공범관계에 관해서는 「잃어버린 좋은 지옥失掉的好地獄」, 『야초』수록)을 참조.

9 『광인일기』의 일부가 매우 깊이 니체에게 침투당하고 있다는 사항에 관해서는 이토 도라마루 외에 시로타 도모하루代田智明의 『루쉰을 독해한다, 수수께끼와 불가사의한 소설 10편 魯迅を讀み解く, 謎と不思議の小說10篇』, 「1 출발의 상처;『광인일기』의 수수께끼『出發の傷跡；狂人日記』の謎」참조.

10 "구구해자救救孩子……"는 『광인일기』의 마지막 구절이다(전집 제1권, 432쪽；학연 제2권, 31쪽). 그것은 다케우치 요시미 이래 "아이를 구해줘" 혹은 "어떻게든 아이를……"이라고 번역해 왔다. 시로타 도모하루代田智明는 그것을 "아이를 구하고"(시로타 도모하루의 앞의 책, 16쪽)라고 번역한 뒤에 "단말마斷末魔(임종 때의 고통 혹은 임종)의 몸부림, 중얼거리는 말"(같은 책, 47쪽)이라고 이해하고 있다. 그것은 명령형의 "아이를 구해줘"라는 해석이 갖고 있는 "청소년의 육성과 양호養護를 호소하는 슬로건"(같은 책, 19쪽)을 피하면서 "거의 말이 되

지 않는 말"(같은 책, 47쪽)이라는 것을 강하게 나타내고 있다.

이 해석에 동의하면서도 한편으로는 "아이를 구해줘"라는 명령형의 번역에 담긴 별도의 해석을 잊을 수만도 없다. 예를 들면 "'아이를 구해줘'라고 해도 논리적으로는 과거와 현재의 일체에 구제救濟가 없다는 것과 같은 뜻으로, 그 한도에서 약간의 당돌함 따위는 어디에도 없다"(기야마 히데오木山英雄, 「「야초」의 형성 논리및 방법에 관하여『野草』的形成の論理ならびに方法について」, 141~142쪽)고 하는 바와 같이 미래의 구제를 단순하게 규정하지 않는다. 하지만 구제 없는 구제를 이 명령형으로 인정하는 해석이라 할 수 있다. 그것도 또한 이 구절이 포함하고 있는 '초조와 비애의 진실'(같은 책, 145쪽)을 보다 잘 나타내고 있다고 여겨진다.

어쨌든 간에 이 구절에서 읽혀질 수 있는 것은 도래 불가능한 미래로서의 구제를 희구하는, 광기의 영혼의 중얼거림이다. 그리고 그것은 아마도 남성의 목소리는 아닐 것이다.

더구나 영어에서는 "Save the children……"을 채택하고 있다(Lu Xun, *Diary of a Madman and other stories*, translated by William A. Lyell, University of Hawaii Press, 1990, p. 41/ Lu Xun, *Selected Stories of Lu Hsun*, Foreign Languages Press, 1954, p. 30).

11 "현재는 그 자신의 알몸뚱이에 미래를 잉태하지 못했고, 현재로부터 절단된 채로의 미래도 철저히 가정에 지나지 않는다."(기야마 히데오의 앞의 논문, 142쪽)

12 다케우치 요시미는 이 구절을 두 차례 번역한 바 있다. 1956년의 번역에서는 이렇게 되어 있다.

인간을 먹은 적이 없는 아이는 아직 있을까?

아이를 구해줘…….

다케우치 요시미 역, 『루쉰전집魯迅選集』 제1권, 이와나미서점岩波書店, 1965, 27쪽

그런데 이 책 본문에서 인용한 것은 1976년의 새로운 번역이다.

또 가쿠슈겐큐사學習研究社 판版의 번역은 다음과 같다.

사람을 먹은 적이 없는 아이가, 혹시나 아직 있을까?

아이를 구해줘…….

학연 제2권, 31쪽

이 번역에서는 이 소리를 여성의 것이라고 상상하기가 어렵다.

13 일본어에서 오래欧는 주로 남자가 동료 또는 아랫사람에게 쓰는 1인칭 표현이다. 한자는 기나 엄俺으로 표기한다. ─옮긴이

찾아보기

잔향의 중국철학

초판 인쇄   2015년 4월 21일
초판 발행   2015년 4월 30일

지은이   나카지마 다카히로
옮긴이   신현승
펴낸이   강성민
편집   김인수 이은혜 박민수 이두루 곽우정
편집보조   이정미 차소영
마케팅   정민호 이연실 정현민 지문희 김주원
홍보   김희숙 김상만 한수진 이천희

펴낸곳   (주)글항아리 | 출판등록 2009년 1월 19일 제406-2009-000002호
주소   413-120 경기도 파주시 회동길 210
전자우편   bookpot@hanmail.net
전화번호   031-955-8891(마케팅) 031-955-1903(편집부)
팩스   031-955-2557

ISBN   978-89-6735-207-3 93150

글항아리는 (주)문학동네의 계열사입니다.

이 도서의 국립중앙도서관 출판시도서목록(CIP)은 서지정보유통지원시스템 홈페이지
(http://seoji.nl.go.kr)와 국가자료공동목록시스템(http://www.nl.go.kr/kolisnet)에
서 이용하실 수 있습니다.
(CIP제어번호 : CIP2015011782)